普通高等学校"十四五"规划物流管理与工程类专业数字化精品教材

编委会

主　任

刘志学　教育部高等学校物流管理与工程类专业教学指导委员会副主任委员
　　　　华中科技大学教授

编　委　（按姓氏汉语拼音排序）

冯　春　西南交通大学教授

黄福华　教育部高等学校物流管理与工程类专业教学指导委员会委员
　　　　湖南商学院教授

李文锋　教育部高等学校物流管理与工程类专业教学指导委员会委员
　　　　武汉理工大学教授

李　燕　江汉大学副教授

李严峰　教育部高等学校物流管理与工程类专业教学指导委员会委员
　　　　云南财经大学教授

刘　丹　教育部高等学校物流管理与工程类专业教学指导委员会委员
　　　　福州大学教授

马　璐　广西民族大学教授

庞　燕　教育部高等学校物流管理与工程类专业教学指导委员会委员
　　　　中南林业科技大学教授

冉文学　云南财经大学教授

王忠伟　教育部高等学校物流管理与工程类专业教学指导委员会委员
　　　　中南林业科技大学教授

谢如鹤　教育部高等学校物流管理与工程类专业教学指导委员会委员
　　　　广州大学教授

徐贤浩　华中科技大学教授

张得志　中南大学副教授

张　锦　教育部高等学校物流管理与工程类专业教学指导委员会副主任委员
　　　　西南交通大学教授

邹安全　佛山科学技术学院教授

普通高等学校"十四五"规划物流管理与工程类专业数字化精品教材

总主编◎刘志学

物流工程

LOGISTICS ENGINEERING

主　编◎宋志兰　冉文学
副主编◎金桂根　王家鹏　董跃宇

http://www.hustp.com

中国·武汉

内 容 提 要

本书从物流工程技术设计理论和实践的角度,向读者展示物流工程的系统理论知识。主要内容包括物流工程导论、企业物流系统设计、设施规划与设计、物料搬运系统设计、物料仓储与配送系统设计、物流园区规划设计、供应链设计、物流管理信息系统设计、物流工程风险分析、物流工程创新等方面的内容,以及物流工程案例分析、练习与思考题。全书结构合理、层次清晰、内容全面系统,是一部针对"物流工程"认知的,融合系统工程、物流工程、物流管理、物流技术等多领域知识的专业书籍。

本书适用于高等院校物流工程、物流管理、工业工程、交通工程等相关专业的应用型本科生和研究生的教材,同时也可作为从事物流管理、物流工程的研究人员和技术人员的参考书。

图书在版编目(CIP)数据

物流工程/宋志兰,冉文学主编. —武汉:华中科技大学出版社,2016.6(2022.8重印)
ISBN 978-7-5680-1655-1

Ⅰ.①物… Ⅱ.①宋… ②冉… Ⅲ.①物流-物资管理-高等学校-教材 Ⅳ.①F252

中国版本图书馆 CIP 数据核字(2016)第 059834 号

物流工程　　　　　　　　　　　　　　　　　　　宋志兰　冉文学　主编
Wuliu Gongcheng

策划编辑:陈培斌　周晓方
责任编辑:余　涛
封面设计:原色设计
责任校对:胡金贤
责任监印:周治超

出版发行:华中科技大学出版社(中国•武汉)　　电话:(027)81321913
　　　　　武汉市东湖新技术开发区华工科技园　　邮编:430223
录　排:华中科技大学惠友文印中心
印　刷:武汉邮科印务有限公司
开　本:787mm×1092mm　1/16
印　张:23.5　插页:2
字　数:585 千字
版　次:2022 年 8 月第 1 版第 3 次印刷
定　价:58.00 元

本书若有印装质量问题,请向出版社营销中心调换
全国免费服务热线:400-6679-118　竭诚为您服务
版权所有　侵权必究

总　　序

物流业是国民经济和社会发展的基础性、战略性产业。加快发展现代物流业对于促进产业结构调整和提高企业市场竞争力都具有非常重要的作用。进入21世纪以来,随着经济全球化的加速推进和信息技术的强力驱动,我国现代物流业发展迅速并呈现出强劲的发展潜力,企业物流管理水平不断提高,物流企业服务能力显著增强,迫切需要大批高素质的物流管理与物流工程专业人才。2014年国务院发布《物流业发展中长期规划》,指出,"要着力完善物流学科体系和专业人才培养体系,以提高实践能力为重点",对培养既有理论创新思维又有实践应用能力的应用型本科物流专业人才提出了明确要求。

在教育部《普通高等学校本科专业目录(2012年)》中,物流管理与工程类专业已上升为管理学学科的一级大类本科专业,不仅为全国高校物流管理与物流工程专业的发展带来了崭新的发展机遇,而且对加速培养社会和企业需要的物流本科专业人才提供了重要的发展平台。据最新统计,我国开办物流管理与工程类本科专业的高等学校已达到524所,专业布点数有570个,其中物流管理专业点456个,物流工程专业点109个,在校本科生约10万人。可见,我国物流高等教育已进入全方位发展新阶段,亟须全面创新物流管理与工程类本科专业人才培养体系,切实提升物流专业人才培养质量,以更好地满足日益增长的现代物流业发展对物流专业人才的需求。

在本科专业人才培养体系中,教材建设是极其重要的基础工程。在教育部高等学校物流管理与工程类专业教学指导委员会的大力支持下,华中科技大学出版社2015年7月召开"全国高等院校物流管理与工程类应用型人才培养'十三五'规划精品教材"建设研讨会,来自国内二十多所大学的物流专业资深教授和中青年学科带头人就课程体系、教材定位、教学内容、编著团队、编写体例等进行认真研讨,并达成共识,成立由多位物流管理与工程类专业教学指导委员会委员领衔组成的编委会,组织物流领域的专家学者共同编写定位于应用型人才培养的精品教材。

经多次研讨,编委会力求本套规划教材凸显以下特色。

一是充分反映现代物流业发展对应用型物流专业人才的培养要求。在考虑本套教材整体结构时,既注重物流管理学、供应链管理、企业物流管理等核心课程,更强调当今电商物流、冷链物流、物流服务质量等实践趋势;既注重知识结构的完整性,更强调知识内容的实践性,力求实现先进物流管理理论与当代物流管理实践的充分融合。

二是遵循《物流管理与工程类专业教学质量国家标准》规范要求。2015 年,教育部高等学校物流管理与工程类专业教学指导委员会颁布了《物流管理与工程类专业教学质量国家标准》,对物流管理与工程类本科专业人才的培养目标、培养规格、课程体系、教学条件等提出了明确要求。因此,本套教材从选题到内容组织都力求以《物流管理与工程类专业教学质量国家标准》为指南。

三是强化案例分析教学。应用型本科物流专业人才特别注重实践动手能力的培养,尤其是培养其独立发现问题、分析问题和解决问题的能力,而案例分析教学是实现学生能力提升的有效途径。因此,本套教材的每章都以案例导入,并配备了大量的同步案例和综合案例,力求通过案例教学增强学生独立思考和综合分析能力,学以致用,知行合一。

本套教材由多年从事物流管理与工程类本科专业教学、在本学科领域具有丰富教学经验的专家学者担任各教材的主编。首批教材涵盖《物流管理学》《供应链管理》《企业物流管理》《国际物流学》《物流信息技术与应用》《第三方物流》《运输管理》《仓储管理》《物流系统建模与仿真》《物流成本管理》《采购与供应管理》《物流系统规划与管理》《物流自动化系统》《物流工程》《物流项目管理》《冷链物流》《物流服务质量管理》《电子商务物流》《物流决策与优化》等书目。同时,编委会将依据我国物流业发展变化趋势及其对应用型本科物流专业人才培养的新要求及时更新教材书目,不断丰富和完善教学内容。

为了充分反映国内外最新研究和实践成果,在本套教材的编写过程中参考了大量的专著、教材和论文资料,其作者已尽可能在参考文献中列出,在此对这些研究者和实践者表示诚挚的谢意。如果有疏漏之处,我们表示非常抱歉,一旦获知具体信息将及时予以纠正。

应该指出的是,编撰一套高质量的教材是一项十分艰巨的任务。尽管作者们认真尽责,但由于理论水平和实践能力所限,本套教材中难免存在一些疏忽与缺失,真诚希望广大读者批评指正,不吝赐教,以期在教材修订再版时补充完善。

2016 年 5 月 20 日

前言

一致认为,作为工科的物流工程本科专业,应该为高新技术专业,是培养高级工程技术人才的专业。作为一个在企业从事先进技术开发20多年的工程技术人员,非常清楚物流装备企业、物流企业需要什么样的物流工程技术人才,同时,也在思考物流管理专业和物流工程专业究竟有什么区别,培养什么样的物流工程人才,才能契合社会的实际需求。现在很多高校都开设了物流管理、物流工程专业,可是,我没有看到它们之间的实质差别。

2009年,即我离开从事物流高新技术装备开发的企业后的第二年,云南财经大学申请了开设物流工程本科专业,2010年实现招生,2012年申请了物流工程硕士点,2013年实现招生,目前物流工程博士点正在建设之中。而物流管理在云南财经大学已经有10多年的历史,本科、硕士、博士,学科培养体系完善。怎样办好物流工程专业?使之不与成熟的物流管理专业雷同,这个问题我们一直在思考。还记得考虑开设物流工程专业的初衷:云南财经大学物流工程教师团队是一支长期在企业从事物流工程技术研发的团队,成员基本上是我国专业从事现代物流工程开发设计的第一代技术人员,一方面,在企业时,团队人员培养过计算机软硬件、机电一体化、自动控制等专业的技术人才,现在转向专门从事物流工程技术的研发;另一方面,确实希望年轻的学子们能够从这些具有丰富经验的工程技术人员的身上,学到一技之长,少走弯路,成就自己的人生。

2013年,教育部物流管理及物流工程教学指导委员会出台意见,要求物流管理、物流工程、采购管理等专业,必须在大学一年级时开设相应的专业认知课,让刚从高中阶段考进大学的一年级新生知道什么是物流管理、物流工程、采购管理专业,尽管物流实质进入我国已经有20年的历史,但社会上仍有不少人还在认为开卡车就是物流管理专业、送快递就是物流工程专业,要让年轻人认知自己努力的方向,并把一个专业当成自己的事业、自己的理想,并为之奋斗一生,这很重要。

本书就是为了大学新生对物流工程的认知而编著的,它既不能太浅,也不能太深,能让没有任何专业知识的大学新生了解这个专业,而且对先进的理论、技术方向有一定的认知。

当然，这些年云南财经大学物流工程教师团队一直在先进工程技术领域进行研究与探索，并已取得了丰硕的成果，本书自然融合了这些成果的先进理念。

本书分为10章。

第一章物流工程导论，讲述物流与物流工程，包括物流、物流系统、物流工程、物流工程的研究意义；介绍物流工程发展历程及趋势，包括国际物流工程发展历程、我国物流工程发展状况、现代物流工程发展趋势；介绍物流工程基础理论，包括物流工程的研究对象、物流工程的系统目标、物流工程的学科体系、物流工程的常用技术等。

第二章企业物流系统设计，讲述企业物流概述，包括企业物流、企业生产物流系统、企业物流系统类型及目标；介绍物流系统合理化的原则和途径，涉及企业物流合理化原则、实现物流合理化的途径、实现物流合理化的措施；介绍企业物流系统分析，包括企业物流系统分析基本概念、物流系统分析的主要指标、物流系统分析的理论依据、企业物流系统分析的方法；讲述企业物流系统设计，包括平面布置设计、动线分析设计、物流系统仿真等。

第三章设施规划与设计，讲述设施规划与设计概述，包括设施规划与设计的定义、设施规划与设计的范围、设施规划与设计的原则、设施规划与设计的图形符号；讲述场（厂）址选择，以及场（厂）址选择的任务和意义、工业生产力合理布局原则、场（厂）址选择考虑的因素、场（厂）址选择的步骤和内容、场（厂）址选择方法；讲述设施布置设计，包括设施布置设计的含义与内容，设施布置的目标和目标决策依据，设施布置分析的基本要素，设施布置设计原则、形式及运用，系统设计布置方法等。

第四章物料搬运系统设计，讲述物流搬运系统概述，涉及物料搬运与搬运系统、物料搬运的作用及特点、物流搬运的发展；介绍物料搬运的基本原理，涉及搬运系统设计目标、搬运活性理论、物料搬运方法及选择原则、物料搬运原则；介绍物料搬运设备及器具，包括物料搬运设备选择、物料搬运设备；介绍物料搬运系统设计，包括物料搬运系统分析方法、物料分类、物料搬运动线分析、物料搬运方案选择、系统布置设计（SLP）与系统搬运分析（SHA）的关系与结合等。

第五章物料仓储与配送系统设计，讲述物料仓储，包括仓储系统、仓库设计、仓库布局合理化、储存货架；介绍自动化仓库系统，包括自动化仓库系统及其构成、自动化仓库系统的特点、自动化仓库系统的分类、自动化立体仓库的设计；介绍物流配送，包括配送及配送中心的概念、配送中心基本业务流程、配送中心种类、配送中心的设施设备；讲述配送中心设计，包括配送中心建设的意义、配送中心规划、配送中心选址与布局、配送中心总体设计、配送中心设施设备选择等。

第六章物流园区规划设计，讲述物流园区概述，包括物流园区的定义、物流园区产生的原因、物流园区、物流中心及配送中心的比较；介绍物流园区的规划及设计，涉及物流园区规划设计原则、物流园区的规划设计的内容要求、物流园区功能分析、物流园区的结构性分析、物流园区总体设计流程；讲述物流园区的建设，包括物流园区分类、物流园区的选址、我国物流园区建设应注意的问题等。

第七章供应链设计,讲述供应链概述,包括供应链定义、供应链一体化的模式、常见供应链体系结构;讲述供应链管理策略设计,涉及供应链设计的策略、供应链管理方法、供应链管理模式下的库存控制、供应链运作参考模型——SCOR、供应链运作绩效评估;介绍供应链管理流程设计,包括业务流程重组、供应链管理环境下企业业务流程重构的几个问题、在供应链管理环境下进行企业的BPR等。

第八章物流管理信息系统设计,讲述物流信息,包括物流信息的概念和特点、物流信息的分类、物流信息的作用;讲述物流信息管理,包括物流信息管理的内容、物流信息管理的特点、物流信息管理的作用、物流信息管理的模式;介绍物流管理信息系统,包括物流管理信息系统的概念和特点、物流管理信息系统的种类、物流管理信息系统的主要功能;讲述物流管理信息系统设计与运行,包括系统设计目标和原则、物流管理信息系统框架与体系、物流管理信息系统运行管理等。

第九章物流工程风险分析,讲述物流工程风险概述,包括物流工程风险的分类、物流工程风险的特点、物流工程风险管理过程;介绍物流工程风险管理规划,包括物流工程风险管理规划的内容、物流工程风险管理规划过程;介绍物流工程风险识别与风险评估,涉及物流工程风险识别、物流工程风险评估、物流工程风险应对、物流工程风险监控等。

第十章物流工程创新,讲述物流创新概述,包括创新概论、物流创新的内涵及意义、物流创新的内容;讲述物流创新的必要性,包括创新是促进企业竞争和发展的有效手段、创新是物流企业应对不确定环境的必备手段、创新是物流企业发展的必然;介绍物流工程创新,包括理念创新、物流装备技术创新、物流软件技术创新、物流服务的创新等。

本书由宋志兰、冉文学任主编,金桂根、王家鹏、董跃宇任副主编,由冉文学、宋志兰负责总体构思和统稿工作。参加编撰的有宋志兰、冉文学、金桂根、王家鹏、董跃宇、陈凡、黄欢、赵迟明、张哲、刘会娟、张壮等。

本书在编写过程中参考了大量文献,已尽可能地列在书后的参考文献中,但其中仍难免有遗漏,这里特向被遗漏的作者表示歉意,并向所有的作者表示诚挚的感谢。

由于时间仓促及作者水平有限,本书错误之处在所难免,敬请读者批评指正。

冉文学

2015年11月

目　录

第一章　物流工程导论 / 1

第一节　物流与物流工程 / 1
一、物流 / 1
二、物流系统 / 3
三、物流工程 / 9
四、物流工程的研究意义 / 10

第二节　物流工程发展历程及趋势 / 11
一、国际物流工程发展历程 / 11
二、我国物流工程发展状况 / 13
三、现代物流工程发展趋势 / 14

第三节　物流工程基础理论 / 15
一、物流工程的研究对象 / 15
二、物流工程的系统目标 / 15
三、物流工程的学科体系 / 17
四、物流工程的常用技术 / 18

第二章　企业物流系统设计 / 27

第一节　企业物流概述 / 27
一、企业物流 / 27
二、企业生产物流系统 / 29
三、企业物流系统类型及目标 / 32

第二节　物流系统合理化的原则和途径 / 35
一、企业物流合理化原则 / 35

二、实现物流合理化的途径 / 37
三、实现物流合理化的措施 / 39
第三节 企业物流系统分析 / 40
一、基本概念 / 40
二、物流系统分析的主要指标 / 41
三、物流系统分析的理论依据 / 43
四、企业物流系统分析的方法 / 44
第四节 企业物流系统设计 / 50
一、平面布置设计 / 50
二、动线分析设计 / 53
三、物流系统仿真 / 54

第三章 设施规划与设计 / 65

第一节 设施规划与设计概述 / 65
一、设施规划与设计的定义 / 65
二、设施规划与设计的范围 / 66
三、设施规划与设计的原则 / 67
四、设施规划与设计的图形符号 / 68

第二节 场(厂)址选择 / 70
一、场(厂)址选择的任务和意义 / 70
二、工业生产力合理布局原则 / 71
三、场(厂)址选择考虑的因素 / 72
四、场(厂)址选择的步骤和内容 / 75
五、场(厂)址选择方法 / 77

第三节 设施布置设计 / 82
一、设施布置设计的含义与内容 / 82
二、设施布置的目标和目标决策依据 / 83
三、设施布置分析的基本要素 / 84
四、设施布置设计原则、形式及运用 / 86
五、系统设计布置方法 / 97

第四章 物料搬运系统设计 / 106

第一节 物流搬运系统概述 / 106
一、物料搬运与搬运系统 / 106
二、物料搬运的作用及特点 / 107
三、物流搬运的发展 / 108

第二节 物料搬运的基本原理 /109
一、搬运系统设计目标 /109
二、搬运活性理论 /110
三、物料搬运方法及选择原则 /111
四、物料搬运原则 /113

第三节 物料搬运设备及器具 /114
一、物料搬运设备选择 /114
二、物料搬运设备 /116

第四节 物料搬运系统设计 /126
一、物料搬运系统分析方法 /126
二、物料分类 /127
三、物料搬运动线分析 /128
四、物料搬运方案选择 /134
五、系统布置设计（SLP）与系统搬运分析（SHA）的关系与结合 /139

第五章 物料仓储与配送系统设计 /144

第一节 物料仓储 /144
一、仓储系统 /144
二、仓库设计 /149
三、仓库布局合理化 /155
四、储存货架 /157

第二节 自动化仓库系统 /158
一、自动化仓库系统及其构成 /158
二、自动化仓库系统的特点 /160
三、自动化仓库系统的分类 /160
四、自动化立体仓库的设计 /166

第三节 物流配送 /169
一、配送及配送中心的概念 /169
二、配送中心基本业务流程 /171
三、配送中心种类 /173
四、配送中心的设施设备 /175

第四节 配送中心设计 /176
一、配送中心建设的意义 /176
二、配送中心规划 /177
三、配送中心选址与布局 /178
四、配送中心总体设计 /179
五、配送中心设施设备选择 /181

第六章 物流园区规划设计 / 189

第一节 物流园区概述 / 189
一、物流园区的定义 / 189
二、物流园区产生的原因 / 190
三、物流园区、物流中心及配送中心的比较 / 191

第二节 物流园区的规划及设计 / 193
一、物流园区规划设计原则 / 193
二、物流园区规划设计的内容要求 / 195
三、物流园区功能分析 / 197
四、物流园区的结构性分析 / 200
五、物流园区总体设计流程 / 203

第三节 物流园区的建设 / 204
一、物流园区分类 / 204
二、物流园区的选址 / 205
三、我国物流园区建设应注意的问题 / 206

第七章 供应链设计 / 214

第一节 供应链概述 / 214
一、供应链定义 / 214
二、供应链一体化的模式 / 216
三、常见供应链体系结构 / 217

第二节 供应链管理策略设计 / 222
一、供应链设计的策略 / 222
二、供应链管理方法 / 229
三、供应链管理模式下的库存控制 / 238
四、供应链运作参考模型 / 244
五、供应链运作绩效评估 / 247

第三节 供应链管理流程设计 / 253
一、业务流程重组 / 253
二、供应链管理环境下企业业务流程重构的几个问题 / 255
三、在供应链管理环境下进行企业的BPR / 256

第八章 物流管理信息系统设计 / 264

第一节 物流信息 / 264

一、物流信息的概念和特点 / 264
　　二、物流信息的分类 / 265
　　三、物流信息的作用 / 268
　第二节　物流信息管理 / 269
　　一、物流信息管理的内容 / 269
　　二、物流信息管理的特点 / 270
　　三、物流信息管理的作用 / 271
　　四、物流信息管理的模式 / 271
　第三节　物流管理信息系统 / 273
　　一、物流管理信息系统的概念和特点 / 273
　　二、物流管理信息系统的种类 / 274
　　三、物流管理信息系统的主要功能 / 275
　第四节　物流管理信息系统设计与运行 / 276
　　一、系统设计目标和原则 / 276
　　二、物流管理信息系统框架与体系 / 278
　　三、物流管理信息系统运行管理 / 286

第九章　物流工程风险分析 / 297

　第一节　物流工程风险概述 / 297
　　一、物流工程风险的分类 / 297
　　二、物流工程风险的特点 / 299
　　三、物流工程风险管理过程 / 300
　第二节　物流工程风险管理规划 / 301
　　一、物流工程风险管理规划的内容 / 301
　　二、物流工程风险管理规划过程 / 302
　第三节　物流工程风险识别与风险评估 / 305
　　一、物流工程风险识别 / 305
　　二、物流工程风险评估 / 310
　　三、物流工程风险应对 / 314
　　四、物流工程风险监控 / 317

第十章　物流工程创新 / 326

　第一节　概述 / 326
　　一、创新概论 / 326
　　二、物流创新的内涵及意义 / 331
　　三、物流创新的内容 / 333

第二节　物流创新的必要性　　　　　　　　　　　　　　　/ 334
　一、创新是促进企业竞争和发展的有效手段　　　　　　　/ 335
　二、创新是物流企业应对不确定环境的必备手段　　　　　/ 336
　三、创新是物流企业发展的必然　　　　　　　　　　　　/ 337
第三节　物流工程创新　　　　　　　　　　　　　　　　　/ 338
　一、理念创新　　　　　　　　　　　　　　　　　　　　/ 338
　二、物流装备技术创新　　　　　　　　　　　　　　　　/ 341
　三、物流软件技术创新　　　　　　　　　　　　　　　　/ 345
　四、物流服务的创新　　　　　　　　　　　　　　　　　/ 348

参考文献　　　　　　　　　　　　　　　　　　　　　　　/ 358

第一章 物流工程导论

学习目标

1. 理解并掌握物流的定义;
2. 掌握物流系统的概念、分类以及功能构成、特征;
3. 掌握物流工程的概念,了解其研究意义、发展历程及趋势,掌握其理论体系、常用技术。

第一节 物流与物流工程

一、物流

"物流"概念最早起源于20世纪初的美国,到现在已有将近一百年的历史了,期间经历了由"Physical Distribution"到"Logistics"的演变。

1915年,阿奇·萧在《市场流通中的若干问题》一书中就提到物流一词,并指出"物流是与创造需求不同的一个问题"。在20世纪初,西方一些国家出现生产大量过剩、需求严重不足的经济危机,因此企业提出了销售和物流的问题,此时的物流指的是销售过程中的物流。第二次世界大战中,围绕战争供应,美国军队建立了"后勤"(Logistics)理论,并将其应用于战争活动。其中所提出的"后勤"是指将战时物资生产、采购、运输、配给等活动作为一个整体进行统一布置,以求战略物资补给的费用更低、速度更快、服务更好。后来,"后勤"一词在企业中广泛应用,有了商业后勤、流通后勤的提法,这时的后勤包含了生产过程和流通过程的物流,因而是一个包含范围更广泛的物流概念。因此,物流概念从1915年提出(Physical Distribution),经过70多年的时间才有定论(Logistics),现在欧美国家把物流称为Logistics的多于称为Physical Distribution的。Logistics包含生产领域的原材料采购、生产过程中的物料搬运及厂内物流和流通过程中的物流或销售物流即Physical Distribution,可见其外延更为广泛。

物流的概念主要通过两条途径从国外传入我国：一条是在20世纪80年代初随"市场营销"理论的引入而从欧美国家传入，因为在欧美的所有市场营销教科书中，都毫无例外地要介绍"Physical Distribution"，这两个单词直译为中文即为"实体分配"或"实物流通"。所谓"实体分配"指的就是商品实体从供给者向需求者的物理性移动。另一条途径是"Physical Distribution"先从欧美国家传入日本，日本人将其译为日文"物流"，20世纪80年代初，我国从日本直接引入"物流"这一概念。20世纪90年代中期，我国开始了现代物流高新技术及设备的开发，走出了中国物流跨越式的发展道路。

在物流概念传入我国之前，我国实际上一直存在着物流活动，即运输、保管、包装、装卸、流通加工等物流活动，其中主要是存储运输即储运活动。我国的物流业基本上就是国外的储运业，但其实两者并不完全相同，主要差别在于：

（1）物流比储运所包含的内容更广泛，一般认为物流包括运输、保管、配送、包装、装卸、流通加工及相关信息处理活动；而储运仅指储存和运输两个环节，虽然其中也涉及包装、装卸、流通加工及信息处理活动，但这些活动并不包含在储运概念之中。

（2）物流强调诸活动的系统化，从而达到整个物流活动的整体最优化，储运概念则不涉及存储与运输及其他活动整体的系统化和最优化问题。

（3）物流是一个现代的概念，在第二次世界大战后才在各国兴起；而在我国，储运是一个十分古老、传统的概念。

对于"物流"的定义，不同国家、不同机构、不同时期都有所不同，比较有影响的定义有以下几种。

美国物流管理协会（American Council of Logistics Management）2000年将物流定义为："物流是供应链管理的一部分，它是为满足客户需要对商品、服务及相关信息在源头到消费点之间的高效（高效率、高效益）、正向及反向流动和存储进行计划、实施和控制的过程。"

欧洲的物流业一直以注重全球性服务、满足客户需要、坚持高质量的人才培养和服务水准、设施投入、充分利用社会分工、强化咨询信息技术管理等著称于世。1994年，欧洲标准化委员会（FEM）给出了物流的定义："物流是在一个系统内对人员或商品的运输、安排及与此相关的支持活动的计划、执行与控制，以达到特定的目的。"欧洲的物流产业发展与美国相比，呈现出了不同的特点。特别是最近几年，欧洲在物流产业上具有明显的特色。

日本通商产业省运输综合研究所对物流的定义："物流是产品从卖方到买方的全部转移过程。为了全面实现某一战略、目标或任务，把运输、供应仓储、维护、采购、承包和自动化综合成一个单一的功能，以确保每个环节的最优化。"

在2006年12月颁布的中华人民共和国国家标准《物流术语》2006年第11号（总第98号）中，对物流的定义是：物品从供应地向接收地的实体流动过程中，根据实际需要，将运输、储存、装卸、搬运、包装、流通加工、配送、信息处理等基本功能实施的有机结合。物流以仓储为中心，促进生产与市场保持同步。该定义既参考了国外的物流定义，又充分考虑了中国物流发展的现实。从定义中可以看出，物流是一个物品的实体流动过程，在流通过程中创造价值，满足顾客及社会性需求，即物流的本质是服务。这个定义的不足之处是物流与供应链之间的关系描述不够。

本书支持美国物流管理协会2000年对物流定义，因为其符合时代发展的特征，它拓展了物流的外延，确立了"物流是供应链的组成部分"的开放性，强调物流的基础是顾客的需要,是"经济过程",包括物品进向、去向、内部和外部的移动以及以环境保护为目的的物料回收,将物流的范围扩大到经济的各个领域。物流的内容不仅包括货物,还包括服务、信息,反映了现代经济以顾客为中心的理念,并且,该定义强调了信息在物流中的地位和作用,因为信息管理是高效率运作现代物流、提高物流效益的关键因素。此外,该定义还提出了"逆向物流"的观点。

当然,物流的定义,无论是美国、欧洲、日本,还是我国标准物流术语的定义,都有以下共同点:

(1) 物流是一个过程,是一个将实物从起源地(供应地)向消费地(接收地)进行流动,以消除空间阻隔和时间阻隔的过程。

(2) 物流过程由若干环节组成,如运输、储存、装卸搬运、包装、流通加工、配送、信息服务等七个基本环节。

(3) 物流过程的有机组合,是为了提高过程效率,即以最少的投入,达到最佳的物流效果。

(4) 物流过程所追求的是满足顾客的要求。物流过程的设计、策划、整合,均应以满足顾客要求为最终目标,一切物流活动,均围绕顾客需求而展开。

二、物流系统

(一) 物流系统的概念与分类

物流系统是物流设施、物料、物流设备、物料装载器具及物流信息等所组成的具有特定功能的有机整体。物流系统是由产品的包装、仓储、运输、搬运、检验、装卸、流通加工和其前后的整理、再包装、配送、返回等所组成的运作系统与物流信息等子系统。运输和仓储是物流系统的主要组成部分,物流信息系统是物流系统的基础,物流通过产品的仓储和运输,尽量消除时间和空间上的差异,满足商业活动和企业经营的要求。

物流系统的分类可以有多种方法。

1. 按照作用分类

1) 供应物流

为生产企业提供原材料、零部件或其他物品时,物品在提供者与需求者之间的实体流动称为供应物流,也就是物资生产者、持有者至使用者之间的物流。对于工厂而言,是指生产活动所需要的原材料、备品备件等物资的采购、供应活动所产生的物流;对于流通领域而言,是指交易活动中,从买方角度出发的交易行为中所发生的物流。

企业的流动资金大部分是被购入的物资材料及半成品等所占用的。因此,供应物流的严格管理及合理化对于企业的成本有重要影响。

2) 销售物流

生产企业、流通企业出售商品时,物品在供方与需方之间的实体流动称为销售物流,也就是物资的生产者或持有者到用户或消费者之间的物流。对于工厂而言,是指售出产品;而对于流通领域而言,是指交易活动中,从卖方角度出发的交易行为中的物流。

通过销售物流,企业得以回收资金,并进行再生产活动。销售物流的效果关系到企业的存在价值是否被社会承认。销售物流的成本在产品及商品的最终价格中占有一定的比例。因此,在市场经济中为了增强企业的竞争力,销售物流的合理化可以收到立竿见影的效果。

3) 生产物流

生产过程中,原材料、在制品、半成品、产成品等在企业内部的实体流动,称为生产物流。生产物流是制造产品的工厂企业所特有的,它和生产流程同步。原材料、半成品等按照工艺流程在各个加工点之间不停顿地移动、流转形成了生产物流。若生产物流中断,则生产过程也将随之停顿。

生产物流合理化对工厂的生产秩序、生产成本有很大影响。生产物流均衡稳定,可以保证在制品的顺畅流转,缩短生产周期。在制品库存的压缩,设备符合均衡化,也都和生产物流的管理和控制有关。

4) 回收物流

不合格物品的返修、退货以及周转使用的包装容器从需方返回到供方所形成的物品实体流动称为回收物流。在生产及流通活动中有一些资料是要回收并加以利用的,如作为包装容器的纸箱、塑料筐、酒瓶等,建筑行业的脚手架也属于这一类物资。还有可用杂物的回收分类和再加工,例如,旧报纸、书籍通过回收、分类可以再制成纸浆加以利用,特别是金属的废弃物,由于金属具有良好的再生性,可以回收并重新熔炼成有用的原材料。目前我国冶金生产每年有 3 千万吨废钢铁作为炼钢原料使用,也就是说我国钢产量中有 30% 以上是由回收的废钢铁重熔冶炼而成的。

回收物资品种繁多,流通渠道也不规则,且多有变化,因此,管理和控制的难度大。

5) 废弃物物流

将经济活动中失去原有使用价值的物品,根据实际需要进行收集、分类、加工、包装、搬运、储存等,并分送到专门处理场所时形成的物品实体流动称为废弃物物流。生产和流通系统中所产生的无用废弃物,如开采矿山时土石、炼钢生产中产生的钢渣、工业废水以及其他一些无机垃圾等,但如果不妥善处理,不但没有再利用价值,还会造成环境污染,就地堆放会占用生产用地以致妨碍生产。对这类物资的处理过程产生了废弃物物流。

废弃物物流没有直接经济效益,但具有不可忽视的社会效益。为了减少资金消耗,提高效率,更好地保障生活和生产的正常秩序,对废弃物资综合利用的研究很有必要。

2. 按照物流活动的空间范围分类

1) 地区物流

所谓地区物流,有不同的划分原则。首先,按行政区域划分,如西南地区、河北地区等;其次是按经济圈划分,如苏(州)无(锡)常(州)经济区,黑龙江边境贸易区;还有按地理位置划分的地区,如长江三角洲地区、河套地区等。

地区物流系统对于提高该地区企业物流活动的效率,以及保障当地居民的生活福利环境,具有不可缺少的作用。研究地区物流应根据地区的特点,从本地区的利益出发组织好物流活动。如某城市建设一个大型物流中心,显然这对于当地物流效率的提高、降低物流成本、稳定物价很有作用。但是也会引起由于供应点集中、货车来往频繁、产生废气噪声、交通事故等消极问题。因此,物流中心的建设不单是物流问题,还要从城市建设规划、地区开发计划出发,统一考虑,妥善安排。

2）国内物流

国家或相当于国家的实体,是拥有自己的领土和领空的政治经济实体,它所制订的各项计划和法令政策都应该是为其自身的整体利益服务的。物流作为国民经济的一个重要方面,也应该纳入国家的总体规划的内容。我国的物流业是社会主义现代化事业的重要组成部分,全国物流系统的发展必须从全局着眼,对于部门分割、地区分割所造成的物流障碍应该清除。在物流系统的建设投资方面也要从全局考虑,使一些大型物流项目能尽早建成,为社会主义经济服务。

国家整体物流系统化的推进,必须发挥政府的行政作用,具体说有以下几方面。

(1) 物流基础设施的建设,如公路、高速公路、港口、机场、铁道的建设,以及大型物流基地的配置等。

(2) 制订各种交通政策法规,如铁道运输、公路运输、海运、空运的价格规定,以及税收标准等。

(3) 与物流活动有关的各种设施、装置、机械的标准化,这是提高全国物流系统运行效率的必经之路。

(4) 物流新技术的开发,物流技术专门人才的引进和培养。

3）国际物流

不同国家之间的物流称为国际物流。当前世界的发展主流是国家与国家之间的经济交流越来越频繁,任何国家不投身于国际经济大协作的交流之中,本国的经济技术就得不到良好的发展。工业生产也在走向社会化和国际化,出现了许多跨国公司,一个企业的经济活动范畴可以遍布各大洲。国家之间、洲际之间的原材料与产品的流通越来越发达,因此,国际物流的研究已成为物流研究的一个重要分支。

3. 按照物流系统性质分类

1）社会物流

企业外部的物流活动总称为社会物流。

社会物流一般指流通领域所发生的物流,是全社会物流的整体,所以有人称之为大物流或宏观物流。社会物流的一个标志是:它是伴随商业活动(贸易)发生的,即物流过程和所有权的更迭是相关的。

就物流的学科整体而言,可以认为主要研究对象是社会物流。社会物资流通网络是国民经济的命脉,流通网络分布的合理性、渠道是否畅通至关重要。必须进行科学管理和有效控制,采用先进的技术手段,保证高效率、低成本运行,这样做可以带来巨大的经济效益和社会效益。物流科学对宏观国民经济的重大影响是物流科学受到高度重视的主要原因。

2）行业物流

同一行业中的企业是市场上的竞争对手,但是在物流领域中常常互相协作,共同促进行业物流系统的合理化。

例如,日本的建设机械行业,提出行业物流系统化的具体内容有:各种运输手段的有效利用;建设共同的零部件仓库,实行共同配送;建立新旧设备及零部件的共同流通中心;建立技术中心,共同培训操作人员和维修人员;统一建设机械的规格等。又如,在大量消费品方面采用统一商品规格,统一法规政策,统一托盘规格、陈列柜和包装模数化等。

行业物流系统化的结果使参与的各个企业都得到相应的利益。

3) 企业物流

企业内部的物品实体流动称为企业物流。

企业是为社会提供产品或某些服务的一个经济实体。工厂要购进原材料,经过若干工序的加工,形成产品销售出去。运输公司要按客户要求将货物输送到指定地点。在企业经营范围内由生产或服务活动所形成的物流系统称为企业物流。

4. 其他物流

除了上述分类之外,还有所谓的绿色物流、军事物流、第三方物流、定制物流、虚拟物流等。

(1) 绿色物流:在物流过程中抑制物流对环境造成危害的同时,实现对物流环境的净化,使物流资料得到最充分的利用。

(2) 军事物流:用于满足军队平时与战时需要的物流活动。

(3) 第三方物流:由供方与需方以外的物流企业提供物流服务的业务模式。

(4) 定制物流:根据用户的特定要求而为其专门设计的物流服务模式。

(5) 虚拟物流:以计算机网络技术进行物流运作与管理,实现企业间物流资源共享和优化配置的物流方式。

(二) 物流系统的功能构成

1. 运输功能

运输是指利用设备和工具,把物品从一地点向另一地点运送的物流活动。它是物流活动的核心环节。运输是物流的核心业务之一,在物流活动中处于中心地位,也是物流系统的一个重要功能。它解决了物质实体从供应地点到需求地点之间的空间差异,创造了物品的空间效用,实现了物质资料的使用价值。

2. 仓储功能

仓储是对物资进行保管及对其数量、质量进行管理控制的活动。它与运输构成了物流的两大支柱,其他物流活动都是围绕着运输和储存而进行的。仓储是物流中的又一极为重要的职能。

仓储不但缓解了物质实体在供求之间时间和空间上的矛盾,创造了商品的时间效用,同时也是保证社会生产连续不断运行的基本条件。在物流活动中许多重要的决策都与仓储有关,如仓库数目、仓库选址、仓库大小、存货量等,物流决策者需要对存储和运输、存储规划中的优化配置等进行权衡,以期达到最佳效果。

3. 装卸搬运功能

装卸搬运是在同一地域范围内进行的,以改变物料的存放状态和空间位置为主要内容和目的的活动。其中,搬运是指在同一场所对货物进行水平移动为主的物流作业;装卸是指货物在指定地点以人力或机械把货物装入运输设备或卸下。装卸搬运是介于物流各环节之间起衔接作用的活动,它把物品运动的各个阶段连接成为连续的"流",使物流的概念名副其实。

4. 包装功能

包装是指在流通过程中保护产品、方便运输、促进销售,按一定技术方法而采用的容器、材料及辅助物等的总体名称。无论是产品还是材料,在搬运输送以前都要加以某种程度的包装捆扎或装入适当的容器,以保证产品完好地送到消费者手中,所以将包装称为生产的终点,同时也是社会物流的起点。

5. 物流加工功能

物流加工是指物品在从生产地到使用地过程中,根据需要施加包装、分割、计量、分拣、刷标志、拴标签、组装等简单作业的总称。在物流过程中,物流加工同样不可小视,它使流通向更深层次发展,在提高运输效率、改进产品品质等方面起着不可低估的作用。

6. 配送功能

配送是指在经济合理区域范围内,根据用户订单要求,对物品进行挑选、加工、包装、组配等作业,并按时送达指定地点的物流活动。配送是"配"和"送"的有机结合,是一种门到门的服务方式。配送由集货、配货、送货三部分组成。

7. 物流信息服务功能

物流信息是指物流活动的内容、形式、过程及发展变化的反映,是由物流引起并能反映物流活动的各种消息、情报、文书、资料、数据等的总称。它包括信息的收集、储存、加工和分析等,主要是为了提高物流系统的整体效益。

物流信息具有如下特征:

(1) 物流是大范围内的活动,信息源点多、分布广、信息量大。

(2) 动态性强。信息的价值衰减速度快,及时性要求高。这意味着对物流信息的收集、加工、处理要求速度快。

(3) 种类繁多。大千世界,物质资料种类繁多,针对不同的物质资料的物流业务有多种,由此而产生的信息种类繁多。

(4) 物流系统自身的信息,要求全面、完整地收集;而对其他系统信息的收集,则需根据物流要求予以选择。

(三) 物流系统的特征

物流系统具有一般系统所共有的特点,即整体性、相关性、目的性、环境适应性,此外,还具有规模庞大、结构复杂、目标众多等大系统所具有的特征。

1. 物流系统是一个"人机系统"

物流系统由人和形成劳动手段的设备、工具所组成。它表现为物流劳动者运用运输设备、装卸搬运机械、仓库、港口、车站等设施,作用于物资的一系列生产活动。在这一系列的物流活动中,人是系统的主体。因此,在研究物流系统的各个方面的问题时,通常要把人和物有机地结合起来,作为不可分割的整体,加以考察和分析,而且始终把如何发挥人的主观能动作用放在首位。

2. 物流系统是一个大跨度系统

这反映在两个方面:一是地域跨度大;二是时间跨度大。在现代经济社会中,企业间物流经常会跨越不同地域,国际物流的地域跨度更大。通常采取储存的方式解决产需之间的时间矛盾,这样时间跨度往往也很大。大跨度系统带来的主要是管理难度较大,对信息的依赖程度较高等问题。

3. 物流系统是一个可分系统

作为物流系统,无论其规模有多么庞大,都可以分解成若干相互联系的子系统。子系统的多少和层次的阶数,随着人们对物流的认识和研究的深入而不断扩充,系统与子系统之间,子系统与子系统之间,存在着时间和空间及资源利用方面的联系,也存在总目标、总费用以及总运行结果等方面的相互联系。

4. 物流系统是一个动态系统

一般的物流系统总是连接多个生产企业和用户,随着需求、供应、渠道、价格的变化,系统内的要素及系统的运行经常发生变化。这就是说,社会物资的生产状况,社会物资的需求变化、资源变化、企业间的合作关系,都随时随地影响着物流,物流受到社会生产和社会需求的广泛制约。物流系统是一个具有满足社会需要、适应环境能力的动态系统。为适应经常变化的社会环境,人们必须对物流系统的各组成部分不断地修改、完善,这就要求物流系统具有足够的灵活性与可改变性。在有较大的社会变化情况下,物流系统甚至需要重新进行系统的设计。

5. 物流系统是一个复杂系统

物流系统运行对象——"物",遍及全部社会物质资源。资源的大量化和多样化带来了物流的复杂化。从物流资源上看,品种成千上万,数量极大;从从事物流活动的人员上看,需要数以百万计的庞大队伍;从资金占用上看,占用着大量的流动资金;从物资供应经营网点上看,遍及全国城乡各地。这些人力、物力、财力资源的组织和合理利用,是一个非常复杂的问题。

在物流活动的全过程中,始终贯穿着大量的物流信息。物流系统要通过这些信息把各个子系统有机地联系起来,如何把信息收集全面并处理好,使之指导物流活动亦是非常复杂的事情。

物流系统的边界是广阔的,其范围横跨生产、流通、消费三大领域。这一庞大的范围,给物流组织系统带来了很大的困难。而且随着科学技术的进步、生产的发展、物流技术的提高,物流系统的边界范围还将不断地向内深化、向外扩张。

6. 物流系统是一个多目标系统

物流系统的总目标是实现宏观和微观的经济效益。但是,系统要素间有着非常强的"背反"现象,常称为"交替损益"或"效益背反"现象,在处理时稍有不慎就会出现系统总体恶化的结果。通常,人们对物流数量,希望最大;对物流时间,希望最短;对服务质量,希望最好;对物流成本,希望最低。

显然,要满足上述所有要求是很难办到的。例如,在储存子系统中,站在保证供应、方便生产的角度,人们会提出储存物资的大数量、多品种问题;而站在加速资金周转、减少资金占用的角度,人们则提出减少库存。又如,在运输中,选择最快的运输方式为航空运输,但运输成本高,时间效用虽好,但经济效益不一定最佳,而选择水路运输,则情况相反。

所有这些相互矛盾的问题,在物流系统中广泛存在。而物流系统又恰恰要求在这些矛盾中运行。要使物流系统在诸方面满足人们的要求,显然要建立物流多目标函数,并在多目标中求得物流的最佳效果。由于企业物流系统是企业经营管理系统的子系统,系统目标要服从企业目标;而社会物流系统是社会经济系统的子系统,系统目标也要服从社会经济目标。

三、物流工程

物流工程是关于物流系统分析、设计、改善、控制和管理的学科,起源于两种独立的工业生产活动:一是企业对生产领域的物料流和物料搬运,面向生产企业将原材料变成产品的制造过程的工艺过程、设施器具的研究与设计;二是物资流通部门及其所属研究机构对物资流通领域的物资流通和分配的规划、运作、系统设施及技术的研究工作。

随着信息科学的发展和产业的专门化、集成化,使不同领域的学科理论、先进技术高度融合,表现在以下几个方面:

(1) 物流管理体制的变化,从过去专门的物资流通部门的"统购统销",向多元化的市场经济发展;

(2) 物流的系统化、专业化、集成化,从而形成新型物流企业;

(3) 物流管理的信息化,决策的科学化;

(4) 传统的物料搬运设备和仓储设备向自动化、智能化方向发展;

(5) 物流系统的集中监控,集散控制系统在物流设备中的应用;

(6) 物流装备的监控与物流管理的集成;

(7) 计算机科学和电子商务的飞速发展,促进了物流业从传统的运作模式向现代物流的发展。

目前,对"物流工程"存在两种理解误区:一种认为"物流工程"是"物流系统工程"的简写,从这个意义上理解的"物流工程"是从系统科学的角度对物流进行研究;另一种认为"物流工程"与"物料搬运"的含义是相同的。产生这两种想法的原因在于物流工程起源的两个方面,因而其理解都是不全面的。

必须强调,物流工程是物流管理、工程技术和信息技术的有机结合。在物流工程中,如果把信息技术比喻成大脑和神经系统,工程技术构成它的骨架,而物流管理科学就是它的肉体,单纯强调某一方面的作用都会偏离发展方向。因此,物流工程(Logistics Engineering)是物流学与管理学、系统工程、机电工程、自动控制工程、信息工程等多学科相融合的产物。它是将物流看作一个系统,运用系统工程、管理学和信息科学的理论与方法,进行规划、设计、管理和控制,选择最优方案,依靠机电一体化技术、自动控制技术等先进的、省力的设施,以低成本、高效率、高质量为社会经济系统和企业提供最有力的支持和服务的活动过程。

物流工程体现了自然科学和社会科学相互交叉、相互融合的特征。

(1) 物流工程作为一门交叉学科,它与其他学科有着密切的联系,如机械工程、机械电子学、生产加工工艺学、计算机科学等。

(2) 物流工程是以多学科综合为其理论基础的,物流工作人员和研究人员需要有多方面的知识,除了要掌握生产、运输等技术知识外,还要掌握经济学、统计学等经济管理知识。

(3) 物流工程的研究对象一般是多目标决策的、复杂的动态系统。在系统分析时,既要考虑其经济性指标,又要考虑技术上的先进性、科学性。因此,其研究方法不仅要运用自然科学中常用的科学逻辑推理与逻辑计算,同时,也常采用对系统进行模型化、仿真与分析的方法。研究中,常采用定量计算与定性分析相结合的综合性研究方法。

四、物流工程的研究意义

资料表明,就单个企业而言,根据业务的类型、企业的地理区域以及产品和材料的重量——价值比率,物流成本一般占销售额的5%~35%。由此可见,开展物流工程研究对优化企业管理、降低劳动强度、提高经济效益具有重要作用,实现企业创造效益的"第三源泉"。

物流工程对企业管理的重要意义主要表现在如下几个方面。

(一) 可减轻工人的劳动强度

在机械制造企业中,一般地,从事搬运储存的工作人员占全部工人的15%~20%,加工1吨产品平均搬运量为60吨次以上。所以合理规划、设计物流系统,对企业降低制造成本关系重大。另外,在物流业务活动中,采用先进的自动化设施可提高作业效率,改善了劳动环境,降低工人的劳动强度。

(二) 可大幅度缩短生产周期

过去,设计人员在对生产系统进行设计时,往往只注意到先进的制造工艺对提高生产率、降低成本所起到的良好作用,而对物流系统所起的作用不够重视。据统计和分析,在工厂的生产活动中,从原材料进厂到成品出厂,物料真正处于加工等纯工艺时间只占生产周期的5%~10%,而90%~95%的时间都处于仓储和搬运状态。所以减少物流时间,可缩短生产周期和交货期,提高资金周转能力,增强企业竞争能力。

(三) 可以加速企业资金周转

在我国企业中,流动资金所占比例很大,而一般工业企业的在制品和库存物料占流动资金的75%左右,所以合理设计平面布置、优化物流系统,可以最大限度地减少物流量,降低流动资金占用,降低成本,缩短生产周期,提高企业的效益。

(四) 可降低搬运/运输费用

统计资料表明,在制造业中,总经营费用的20%~50%是物料搬运/运输费用,而优良的物流系统设计,可使这一费用减少10%~30%。在工业发达国家,除了降低营销费用、减少原材料和能源消耗外,已把改善物料搬运,看作是节省开支,以获取利润的"第三源泉"。

(五) 提高产品质量

产品在搬运、储存过程中,因搬运手段不当,造成磕、碰、伤,从而影响产品质量的现象非常普遍,而企业的管理者往往忽视这个问题。湖北某制造厂统计表明,该厂机床加工能力可保证质量合格率为98%,而运到装配线上后合格零件只剩下60%,搬运中损坏35%以上。

此后,他们加强工位器具研制和运输过程管理,现在零件到达装配线合格率达95%以上,产品质量得到大幅度提高。

(六)可有效地提高企业整体素质

物流贯穿于生产全过程,遍布企业各个角落,与各个部门都有不可分割的联系。所以,新工艺、新设备的采用,往往会使物流过程缩短,从而改善物流系统。

(七)保证文明生产,安全生产

某拖拉机制造厂统计,直接与搬运有关的工伤事故占总工伤事故的30%以上。所以,物流系统合理化,有利于改善环境和生产组织管理,提高安全生产水平。

(八)提高物流管理水平,实现生产管理现代化

当今人类已进入电子与信息时代,计算机的广泛应用以及自动化、柔性化的管理是提高企业竞争力的技术关键,只有提高物流系统的现代化管理水平,才能实现生产管理现代化。世界上各发达国家的高水平的生产系统都具有高水平的设施设计和物流系统的自动化、柔性化、信息化条件作保障。

第二节 物流工程发展历程及趋势

一、国际物流工程发展历程

生产力和社会经济的发展,促进了物流工程的发展。虽然人类自有生产以来就有物流的活动,但是物流工程作为一项专门的学问引起人们的重视,作为一个专门的学科被研究,却远远落后于生产制造。在传统社会生产力发展的初期,人们往往把主要精力放在生产制造过程,研究高效率高质量的生产设备,改进生产工艺,以及采用新材料等方面。随着科学技术的发展,生产制造业呈现以下三种趋势。

(1)自动化水平越来越高。生产设备从手工生产到机械生产,从单机制造发展成成套的生产线,生产率大大提高。

(2)生产规模不断扩大,专业分工越来越细。例如,内燃机的生产,一个中型的工厂,年产量超过百万台套;汽车的生产,规模更大。随着生产能力的提高,生产复杂产品的能力加强,加上生产效率的提高,生产规模不断扩大。随着生产力水平的提高,专业化协作不断发展,分工越来越细,生产工序与生产环节越来越复杂。所以,所有大型的制造业企业的周围,都围绕着许多配套的生产厂商,形成产业链。

(3)柔性化水平也越来越高。市场竞争促使多品种、小批量的产品生产日益增多,有的商品则出现大批量定制的新型生产模式。

然而,在生产制造迅速发展的初期,人们没有足够重视物流。其结果导致生产过程越自动化,越柔性化,生产规模越大,物流落后的矛盾就越突出,生产制造系统的高效率与物流系统的低效率越来越不匹配。人们在长期的探索过程中得出结论,为了满足市场竞争的需要,

商品的价格需要不断降低,生产过程中的"成本"已经得到严格控制,要从中找出足够的利润空间,已经相当困难,而物流仍是一块待开发的"处女地",降低物流成本,具有极大的潜力,所以,有学者把物流比作第三利润源泉,即在降低生产成本和销售成本的同时,重视采用新的技术手段,降低物流成本。特别是近几年,随着人们认识上的进步和现代科学技术的高速发展,物流技术迅速地发展起来,已经成为企业制造系统的重要组成部分。

回顾物流工程的发展历史,大致可以分为以下四个阶段。

(1) 原始物流工程阶段,又称为人工物流阶段。初始的物流是人们肩拉、背扛、手举,用木棍、石子等记数的状态,如图1-1所示。即使是人类高度文明的今天,这种物流状态依然广泛存在。

(2) 机械化物流工程阶段。由于机械的引入,人类的能力和活动范围得到了扩大,机械设备能够举起、移动和放置更重的物体,速度也更快,物料可以堆放得很高,如图1-2所示。在单位空间里,能够摆放更多的物体。

图1-1 原始物流工程

图1-2 机械化物流工程

(3) 自动化物流工程阶段。自动化物流体现了现代科学技术的发展状态,自动存储和出入库系统(AS/RS)、条码标示、自动输送机系统、自动导引车(AGV)、机器人、自动监控系统等技术的成熟应用,使物流的效率大大地提高了。

(4) 智能物流工程阶段。它强调在中央控制体系下各个自动化物流设备系统高速、可靠运行的协同性,中央控制系统通常由计算机系统实现,如图1-3所示。这种系统在自动化物流的基础上进一步将物流系统的信息集成起来,使得从物料计划、物料需求调度直到物料运输到达生产的各个过程的信息,通过计算机网络相互沟通,并且实现与生产系统的有机集成,使生产与物流之间得到协调。并且,物流工程根据市场即时需求条件,在生产计划做出后,自动生成物料需求和人力需求;自动查看存货单和购货单,规划并完成物流。如果物料不能满足生产需要,就自动推荐修改计划以生产出等值产品。这阶段的物流的主要特征是将人工智能等高新技术融于物流系统中。

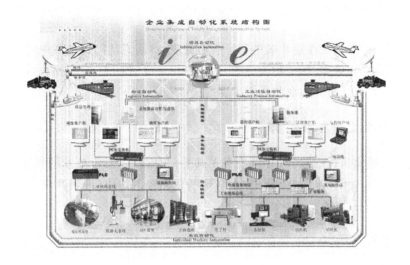

图 1-3　智能物流工程模型图

二、我国物流工程发展状况

我国的物流工程的最初形态是设施设计与工厂设计,根据其系统(如工厂、学校、医院、办公楼、商店等)应完成的功能(提供产品或服务),对其各项设施(如设备、土地、建筑物、公用工程)以及人员、投资等进行系统规划和设计。设施设计是工业工程的重要内容之一,近年来发展很快,已经形成一个重要的独立科研方向和技术体系。它以物流为研究对象来研究各种物质系统的分析、规划、设计、管理与控制,并强调信息流在系统中的作用,以求系统的最优效益。

新中国成立初期的工厂设计一直沿用苏联的设计方法,即注重设备选择的定量运算,对设备的布置以及整个车间和厂区的布置则以定性布置为主。这种方法在当时起到了积极作用。但是,随着科技的发展,新建或改建一个工厂仍完全按此粗放型布局已越来越不适应我国经济发展的需要。

1982 年,美国物流专家缪瑟来华讲授系统布置设计(Systematic Layout Planning,SLP)、系统搬运分析(Systematic Handling Analysis,SHA)、系统工业设施规划(Systematic Planning of Industrial Facilities,SPIF),国内将这 3 部著作翻译出版,产生了极大的影响;日本物流专家也在北京、沈阳、西安等地举办国际物流技术培训班,系统介绍了物流技术的合理化技术和企业物流诊断技术。

在这些理论的影响下,我国的物流工程与设施规划业迅速发展起来。1987 年国内出版了物流学方面的专著《物流学及其应用》,各地也纷纷建立物流研究机构。

实际上,物流工程的迅速发展最初来自于自动化物流系统装备和管理软件的发展,特别是由于我国高度发达的烟草工业需求支撑。昆明船舶设备集团公司自 20 世纪 90 年代初始,系统开发了现代物流高技术成套装备,走出了我国现代物流跨越式的发展道路,从而促进我国一些大型企业进行物流系统的建设和重组,如海尔集团、中国第一汽车集团公司、东风汽车、宝洁(中国)有限公司等已成为物流系统实施的重要领域。中国机械工程学会从

1994年开始举办现代物流技术与装备国际会议,2000年召开的第一届国际机械工程会议中专门设有物流工程论坛。

目前,物流工程的重要性逐步被中国社会所认识,被认为是国民经济中的一个重要组成部分。同时,提高物流效率,降低物流成本,向用户提供优质服务,实现物流合理化、社会化、现代化也是各国物流界所共同面临的重要课题。

三、现代物流工程发展趋势

随着经济全球化步伐的加快,科学技术尤其是信息技术、通信技术的发展,以及跨国公司的出现所导致的本土化生产、全球采购、全球消费趋势的加强,现代物流的发展呈现出新的特点。

(一) 物流的系统化

物流是从原料到最终商品流动的庞大的系统。物流工程必须以物流过程整体为对象,对供应、制造、销售广义制造过程中产品、服务及其相关信息的流动与储存进行规划、执行和控制。随着全球竞争和全球制造的日益加剧,越来越多的制造企业意识到,要想获得长期发展,不仅要降低生产成本,更重要的是要为顾客提供及时、准确、具有个性化的产品和服务。很多研究和实践表明,合理设计和管理物流系统,可以达到提高企业竞争优势的目的。

(二) 物流的信息化

随着全球经济的一体化趋势,当前的物流业正向全球化、信息化、一体化方向发展。商品与生产要素在全球范围内以空前速度自由流动与配置。电子商务与互联网的应用,使物流效率的提高更多地取决于信息管理技术。计算机软硬件技术的普及应用提供了更多的需求和库存信息,提高了信息管理科学化水平,使产品流动更加容易和迅速。物流的信息化包括:商品代码和数据库的建立、运输网络合理化、销售网络系统化、物流中心管理电子化及其企业管理信息系统等。

(三) 物流的社会化和专业化

为实现少库存或零库存,物流中心、批发中心或配送中心及代理中心应运而生,而且在国外已相当普遍。目前国外实行配送的产品十分广泛,不仅有生产资料、日用工业品,连图书、光盘也配送。制造企业的销售与供应很大程度上由物流公司或称第三方物流公司来实现,许多企业根本不设销售和供应部门。现在还产生了以经营物流为主的第四方物流。这些都可称为物流企业。通过这些形式可以进行集约化管理,在一定范围内实现物流合理化,从而大量节约流通费用和流动资金,并实现资金流的合理化。日本的流通产业就是一个成功的例子。

(四) 物流装备的现代化

现代物流离不开先进的物流技术与装备,物流装备的现代化要求高度综合机械化、自动化、标准化、信息化、集成化技术,组织起高效宜人的"人—机—物"系统。运输的现代化要求

第一章 物流工程导论

建立铁路、公路、水路、空运与管道的综合运输体系,这是物流现代化的必备条件。

所以,发达国家都致力于港口、码头、机场、铁路、高速公路、物流中心、配送中心等先进物流设施的建设,为了减少运输费用,大量改进运输方式与包装方式,比如发展集装箱、托盘技术,提高粮食、水泥等物资的散装率,研制新型的装卸机械等。物流装备正向信息化、自动化、集成化、智能化和系统化方向发展。

(五) 物流与商流、信息流一体化

传统的流通规律是商流、物流、信息流,三流相互分离。但是现代社会不同的产品会形成不同的流通方式与营销业态。比如生产资料不仅有直达供货与经销制,还有代理制、配送制,与人民生活有关的产品还有连锁经营,这就要求物流随之变化。许多国家的物流中心、配送中心实现了商流、物流、信息流的统一。代理制的推行也使物流更科学、更合理,许多代理行业实现三流合一。

(六) 物流系统的柔性化

随着市场经济的发展,计划经济时期的固定物流运作模式转变为多样化,市场的多变性,产品的小批量、多品种,要求物流系统具有对这种物流运作方式的适应性以满足生产企业和用户对产品的需求。

因此,现代物流工程的研究必然体现上述六个特征,以适应快速发展的物流需求。

第三节 物流工程基础理论

一、物流工程的研究对象

物流工程的研究对象涉及社会系统的方方面面,主要可分为如下几个方面:
(1) 企业物流系统;
(2) 运输及仓储业物流系统;
(3) 先进物流技术与装备;
(4) 社会物资流通调配系统;
(5) 社区、城市、区域物流规划系统;
(6) 供应链集成;
(7) 物流管理信息系统等。

二、物流工程的系统目标

物流工程的目标就是在分析、设计、控制过程中所要实现的总体目标,并采用先进的物流设施加以实现。概括来说,就是使物流系统的各组成部分合理、有机地配合,做到物畅其流,有效地满足供应、生产、销售全过程的管理及工艺环境等方面的要求,以最低的费用和最高的质量和效率,实现系统最佳的综合效益。简单来说,就是物流系统整体最优化。根据总目标的描述,总目标可分解为经济、效率、质量及管理和协调等四个分目标。

(一)物流系统费用的合理化

1. 物流系统成本

(1) 系统运输费用。包括运输费、燃料费、装卸费、管理费、运输工具的保修费、大修费、折旧费、养路费及其他费用。

(2) 物料储备费用。包括管理费、转运和搬运费、库存损耗费、检验挑选费及库存管理费等。

(3) 各种费用利息支出。包括流动资金占用利息,其中原材料、半成品、在制品、成品占用资金的利息支出。

2. 物流系统流动资金占用

系统设计、控制与管理水平决定了流动资金占用水平和数量。占用越多,系统效益越差;占用越少,系统效益越好。流动资金占用项目如上物流系统成本所述。

3. 系统投资费用

系统投资费用包括所需物流系统设施投资和运输道路投资两大项目。设施投资是企业为生产过程所需投资建设的仓库(在制品库、成品库、原材料库)和设备,包括运输设备(汽车、叉车、悬链、运输管道、转运车,甚至船只、飞机等)和搬运用周转容器(托盘、料箱、料架等)。道路投资包括运输所需的铁路、公路、码头、货场等。上述费用构成物流系统总费用。这些费用的多少是由物流系统规划、设计和管理所决定的。追求技术的先进性和投入的合理化结合,即追求最高的性价比,是物流工程规划与设计最主要的目标之一。

(二)物流系统效率

物流系统的效率是与许多因素有关的,主要是物流流动路径、流动速度、停滞和储存时间等,另外还与投料批量、设备可靠性、运输设备的效率、管理水平、工人的责任心和技术水平等因素有关。一般来说,可用物料通过系统的平均流动周期来描述,即

$$T = \frac{1}{n}\sum_{i=1}^{n} \bar{t}_i \quad i = 1,2,\cdots,n \tag{1-1}$$

$$\bar{t}_i = \frac{1}{m}\sum_{j=1}^{m} t_{ij} \quad j = 1,2,\cdots,m \tag{1-2}$$

式中:T——物流通过系统的平均流动周期;

t_{ij}——第 i 种物料在第 j 个流动场地中所占用的时间;

$\bar{t}_i$——第 i 种物料在系统中所占用的时间。

显然,T 值越小,物流系统效率越高,因而物流的迂回和倒流对总体系统效率是很不利的。

(三)物流系统质量

物流系统质量包括物流对象(商品)质量、物流服务质量、物流工作质量和物流工程质量等四大类质量。物流对象(商品)质量是由商品生产厂商决定的,物流服务就是要在整个商品流通过程中,维护物流对象(商品)的使用价值。物流服务质量是物流服务人员在其物流

服务过程中所形成的服务类软产品的质量,从提供物流服务开始到服务结束,物流服务过程完成,服务类软产品的质量就形成,所以,物流服务质量的管理必须以预防为主,防患于未然,实行全面质量管理。物流工作质量是物流服务人员在从事物流业务过程中,对服务流程业务的质量度量指标,物流工作质量决定物流服务质量。物流工程质量,则是物流服务过程中所借助的工具、器具、设施的质量,它同样可以影响物流的服务质量。

物流系统质量管理不仅是物流系统效率问题,也是整个企业质量管理问题,对企业整体效益影响甚大,应引起足够重视,并建立一套行之有效的管理技术和方法。

(四) 管理协调性

物流系统是企业经营管理大系统的子系统,对它的规划、设计要满足生产工艺、环境以及管理的条件和要求,并要与加工系统、行政管理系统、信息系统等有良好的协调性,这是物流系统目标的重要内容之一。

物流系统目标是物流系统设计、控制与管理所要达到的目标。对于不同的物流系统,各分目标在总目标中所占的比重不同,要视具体情况而定。物流系统是一个多目标系统,设计与管理过程就是要解决多目标的优化问题。

三、物流工程的学科体系

任何一个组织的系统(生产、服务、管理等)都可由生产(服务、管理)系统和物流系统组成,而物流工程所要做的,主要是物流系统中的三类问题:一是设施规划与设计;二是物流运行系统设计与管理;三是物流工具与设备设计、研发和管理。

(一) 设施规划与设计

设施规划与设计(Facility Planning and Design),包括物流系统的平面布置、布点选择以及设施规划等,即根据物流系统(如工厂、学校、医院、办公楼、商店等)应完成的功能(提供产品或服务),对系统各项设施(如设备、土地、建筑物、公用工程)、人员、投资等进行系统的规划和设计,用以优化人员流、物流和信息流,从而有效、经济、安全地实现系统的预期目标。系统管理的蓝图,如资源利用、设施布置、设备选用等各种设想都要体现在设施规划设计中,设施规划与设计对系统能否取得预想的经济效益和社会效益起着决定性作用。

一般地,设施规划与设计所需要的费用只占总投资的2%~10%,但对系统会带来重大影响。在设计、建造、安装、投产的各个阶段,如果系统要加以改变,所需要的费用会逐步上升,到了运行后再改进,则事倍功半,有时甚至不可能。因此,在设施规划设计阶段投入足够的时间、精力和费用是十分必要的。

对于企业物流系统,设施设计的核心内容是工厂、车间内部的设计与平面布置、设备的布局,以求物流路线系统的合理化,通过改变和调整平面布置调整物流,达到提高整个生产系统经济效益的目的。而对于社会物流系统,设施设计是指在一定区域范围内(国际或国内)物资流通设施的布点网络问题,如石油输送的中间油库、炼油厂、管线布点等的最优方案,以及远距离大规模生产协作网的各场址选择等。

(二) 物流运行系统的设计与管理

物流运行系统的设计与管理主要包括搬运系统设计与管理、仓储设计与管理、物流信息系统设计与管理以及包装与运输管理、第三方物流管理等。

1. 搬运系统设计与管理

物料搬运系统设计是对物料搬运的设备、路线、运量、搬运方法以及储存场地等做出合理的安排，使生产系统能以最低的成本、快捷的速度、完好无缺的流动过程，达到规划设计中提出的效益目标。研究内容涉及：

(1) 生产批量最佳化的研究；
(2) 工位储备与仓库储存的研究；
(3) 在制品的管理；
(4) 搬运车辆的计划与组织方法等。

2. 仓储设计与管理

仓储设计与管理是对物流系统中的仓库设计、仓储结构、储存数量、储存时间、储存网络和控制方法进行规划、设计与管理，充分发挥仓储在物流系统中缓冲和平衡供需矛盾的作用。

3. 物流信息系统的设计与管理

物流信息系统的设计与管理包括信息采集、分析和处理等，以求物流系统运行中的信息系统最佳运行与控制。

(三) 物流工具与设备的设计、研发与管理

通过改进搬运设备和流动器具来提高物流效益、产品质量等，如社会物流中的集装箱、罐、散料包装，工厂企业中的工位器具、料箱、料架以及搬运设备的选择与管理等。主要内容如下。

1. 容器、器具的设计与管理

如工位器具、料架、料箱、滑道、滚道、集装容器、简易小车等的设计与管理。

2. 物流装备的设计、开发与管理

如自动化立体仓库、巷道堆垛机、输送机、分拣设备、AGV、手推车、小拉车、电瓶车、吊车、天车、汽车、火车、轮船、飞机等物流装备的设计、开发与调度管理。

四、物流工程的常用技术

物流工程是一门多种管理与技术交叉融合的学科，相应地，物流工程的研究也涉及多个领域的技术支持。物流工程的常用技术包括以下几种。

(一) 基础工业工程技术

基础工业工程技术又称为工作研究技术，特别是工作研究中的流程分析技术，图、表技术，作业改善技术，方法研究技术等，是物流系统分析、设计与管理的最基本的技术与方法。

(二) 建模与仿真技术

物流系统活动范围广泛，涉及面宽，经营业务复杂，品种规格繁多，且各子系统功能部分相互交叉，互为因果。因此，物流系统设计是一项十分复杂的任务，需要严密分析。由于它的复杂性，一般很难做试验，即使可以做试验，往往需耗费大量的人力、物力和时间。因此，要对其进行有效研究，在系统设计和控制过程中，得出有说服力的结论，最重要的是要抓住作为系统对象的系统的数量特性，建立系统模型。

物流系统仿真的目标在于建立一个既能满足用户要求的服务质量，又能使物流费用最小的物流网络系统。其中最重要的是如何能使"物流费用最小"，在进行仿真时，首先分析影响物流费用的各项参数，诸如与销售点、流通中心及工厂的数量、规模和布局有关的运输费用、发送费用等。由于大型管理系统中包含有人的因素，用数学模型来表现其判断和行为是困难的。但是，人们正在积极研究和探索包含人的因素在内的反映宏观模糊性的数学模型。

仿真技术在物流系统工程中应用较广，已初见成效。但毕竟由于物流系统的复杂性，其应用受到多方限制，特别是资料收集、检验、分析工作的难度较大，从而影响仿真质量，所完成的模型的精度与实际的接近程度也还存在一定问题，有待进一步研究。

(三) 系统最优化技术

系统优化问题是系统设计的重要内容之一。所谓最优化，就是在一定的约束条件下，如何求出使目标函数为最大（或最小）的解。求解最优化问题的方法称为最优化方法。一般来说，最优化技术所研究的问题是对众多方案进行研究，并从中选择一种最优的方案。一个系统往往包含许多参数，受外部环境影响较大，有些因素属于不可控因素。因此，优化问题是在不可控参数发生变化的情况下才提出的。根据系统的目标，经常地、有效地确定可控参数的数值，使系统经常处于最优状态。系统最优化离不开系统模型化，先有模型化而后才有系统最优化。

物流系统所包含的参数绝大多数属于不可控因素，且相互制约，互为条件。在外界环境约束条件下，要正确处理好众多因素之间的关系，除非采用系统优化技术，否则难以得到满意结果。物流系统工程的基本思想是整体优化的思想，对所研究的对象采用定性、定量（主要是定量）的模型优化技术。经过多次测算、比较、求好选优、统筹安排，使系统整体目标最优。

系统最优化的方法很多，它是系统工程学中最具实用性的部分。到目前为止，它们大部分都是以数学模型来处理一般问题的，如物料调运的最短路径问题、最大流量、最小输送费用（或最小物流费用）以及物流网点合理选择、库存优化策略等模型。

数学规划法是最常用的系统优化方法，如运用线性规划解决物资调运、分配和人员分派的优化问题；运用整数规划法选择适当的厂（库）址和流通中心位置；采用扫描法对配送路线进行扫描求优等。

另外，运筹学中的博弈论和统计决策也是较好的优化方法。

物流系统的目标函数是在一定条件下，达到物流总费用最省、顾客服务水平最好、全社会经济效益最高的综合目标。由于物流系统包含多个约束条件和多重变量的影响，难以求优。解决的办法是根据 Dentzin Wlofe 分解原理和分解方法,巧妙地把大问题分解成多个小问题,对各子问题使用现有的优化方法和计算机求解。也可通过 Lagrange 方法求得大系统的动态优化解。所以说,系统最优化方法是物流系统方法论中的重要组成部分。

(四) 网络技术

网络技术是现代管理方法中的一个重要组成部分。它最早用于工程项目管理中,后来在企业(或公司)的经营管理中得到广泛应用和发展,它是以电子计算机作为先进技术手段的新型计划技术。典型的网络技术包括计划评审技术(Program Evaluation Review Technique,PERT)和关键路线法(Critical Path Method,CPM)。

网络技术对于关系复杂的、多目标决策的物流系统研究非常有效。利用网络模型来模拟物流系统的全过程以实现其时间效用和空间效用是最理想的。通过网络分析可以明了物流系统各子系统之间以及与周围环境的关联,便于加强横向经济联系。网络技术设计物流系统,可研究物资由始发点通过多渠道送往目的地的运输网络优化以及物料搬运最短路径的确定。

(五) 分解协调技术

在物流系统中,由于组成系统的项目繁多,相互之间关系复杂,涉及面广,这给系统分析和量化研究带来一定的困难。在此可以采用"分解-协调"方法对系统的各方面进行协调与平衡,处理系统内外的各种矛盾和关系,使系统能在矛盾中不断调节,直至处于相对稳定的平衡状态,充分发挥系统的功能。

所谓分解,就是先将复杂的大系统,比如物流系统,分解为若干相对简单的子系统,以便运用通常的方法进行分析和综合。其基本思路是:先实现各子系统的局部优化,再根据总系统的总任务、总目标,使各子系统相互"协调"配合,实现总系统的全局优化;并从系统的整体利益出发,不断协调各子系统的相互关系,达到物流系统的费用省、服务好、效益高的总目标。此外,还要考虑如何处理好物流系统与外部环境的协调、适应。

所谓协调,就是根据大系统的总任务、总目标的要求,使各分系统相互协调,在子系统局部优化的基础上,通过协调控制,实现大系统的全局最优化。研究协调要考虑以下两个方面的问题。

1. 协调的原则

这是指物流工程系统各子系统之间、及其与环境之间要相互协调。包括用什么观点来处理各子系统的相互关系,选取什么量作为协调变量,以及采取什么结构方案构成协调控制系统等问题。

2. 协调的计算方法

求得协调变量,加速协调过程,保证协调的收敛性,简化协调的技术复杂性,都需要探求一定的方法,这是设计协调机构的依据。

除上述方法外,预测、决策论和排队论等技术方法也较广泛地应用于物流系统的研究中。

小 结

(1) 对于"物流"的定义,不同国家、不同机构、不同时期都有所不同,比较有影响的定义有:美国物流管理协会(American Council of Logistics Management)2000年将物流定义为:"物流是供应链管理的一部分,它是为满足客户需要对商品、服务及相关信息在源头到消费点之间的高效(高效率、高效益)、正向及反向流动和存储进行计划、实施和控制的过程。"

(2) 物流系统是物流设施、物料、物流设备、物料装载器具及物流信息等所组成的具有特定功能的有机整体。物流系统按照作用、物流活动的空间范围、物流系统性质、其他物流等进行分类。

(3) 物流系统的功能有运输、仓储、装卸搬运、包装、物流加工、配送、物流信息服务等七大功能。

(4) 物流系统具有一般系统所共有的特点,即整体性、相关性、目的性、环境适应性,此外,还具有规模庞大、结构复杂、目标众多等大系统所具有的特征。

(5) 物流工程是关于物流系统分析、设计、改善、控制和管理的学科,回顾物流工程的发展历史,大致可以分为四个阶段。

(6) 物流工程是一门多种管理与技术交叉融合的学科,相应地,物流工程的研究也涉及多个领域的技术支持。

综合案例

德国大众德累斯顿工厂物流系统与精益生产

德国大众德累斯顿工厂(见图1-4)坐落于德国北部萨克森州的德累斯顿市中心,建于1998年9月,总投资2.2亿欧元,生产德国大众的旗舰车型辉腾。

图1-4 德国大众德累斯顿工厂

德国大众汽车制造工厂位于市中心,它并不是我们印象中那种冒着烟、进入厂区便会觉得灰蒙蒙的感觉,而是一座如博物馆一样的玻璃建筑。建造这座透明工厂,使用了20000块玻璃、60000吨混凝土和16000吨钢材,所以,很多人称它为玻璃工厂。

进入工厂,给人第一印象就是通透,可隔着玻璃看到生产物流由有轨电车完成。工厂照明利用玻璃折射太阳光线,物流装卸搬运使用感应机器人完成,装备工作台可以旋转60度,非常人性化的全定制生产系统,每一辆车都是按顾客要求定制。透明工厂共有三层,装配的顺序从上至下,第三层是对车辆基本配件的安装,包括线路、车身密封条等;第二层是对车辆的仪表台、动力系统、前后保险杠的装配;第一层是对车辆内部配件的装配和最后的检测。大众将这里对外开放,将辉腾的生产技术和过程充分地展示给游客和客户。

◆零配件的供应和运输

虽然是生产汽车的工厂,但零部件并不是在这里生产的,透明工厂就相当于一个总装车间,而车身的冲压焊接和涂装、发动机的组装等工序都是在其他地方完成的。

如图1-5所示,这种蓝色的封闭式有轨电车,长60米,每次可运载6辆除去辉腾车身之外所需要的零配件,每天运送6~8趟。辉腾的物流配送中心位于德累斯顿市西侧,而工厂位于市东侧。来自世界各地、用于辉腾的所有零配件统一运往位于辉腾的物流中心,运往透明工厂的交通工具就是这种蓝色有轨电车,该电车为全封闭式,与城市有轨电车使用相同的轨道,对于城市交通和环保都没有任何影响,有轨电车的使用很好地解决了其物流配送中心分处异地所造成的难题。

图1-5 运送零部件的有轨电车

◆透明工厂第三层:线束、密封条等辉腾车身基本设施的安装

每辆辉腾的车身在运送到工厂的第一件事就是发给它一个"身份证号",即车架号。完成编码后,便开始进行总装,每层的生产线成环形围绕,完成一层的所有工序之后,会用车顶的吊环把它运送到下一层的环形生产线上。整个生产线顶部的轨道称为EHB(电动悬挂链),车在工厂里所有的移动都是靠它完成的。辉腾的装配从第三层开始。

需要装配的零配件由AGV送到相应的位置上,整个过程完全不需要人工介入,如图1-6所示。AGV通过对地板下面的磁力感应线导引,所有作业均由计算机自动进行设置与控制。工厂内的所有地板均采用了来自加拿大的枫木,这种木质具有更强的抗压和抗磨能力,并且木质地板也给工人带来更加轻松的工作环境。

第一章

物流工程导论

图1-6 车间运送零部件的电磁导引AGV

当车身被放在相应的工位上,第一件事就是把四个车门拆掉,目的是为了更加方便地装配所有配件,车门拆下后被运送机器人送去仓库。工厂内的所有搬运工作都交给了AGV,全部实现自动化操作。而在具体的装配和检测作业工位上,大量使用更多专业工人,手工质量要比机器生产更加完美和精致。所以为了体现辉腾精雕细琢的制造工艺和品质,厂家将装配工序的97%工作量采用手工工艺来完成。

生产线按工人的生产节拍缓慢移动,每个工人在完成自己所负责工序的同时,每辆车便已经慢慢地达到下一道工位上,每个工位上都相应配备了降低工人劳动强度的自动化装置。

每个生产工位都会有相应的标号,除了数字还有相应的名称,辉腾的装配生产共有108个工位。透明工厂每天工作时间是从早上8点到晚上23点,工人分两个班次,人数总共在300左右。也就是说,每个班次会有150人左右,一辆辉腾从装配到完成要经过这一百多人的装配才可以完成。

◆透明工厂第二层:内饰装配,车身与底盘结合,以及车灯、前后保险杠等部件的安装

在透明工厂第三层的基本装配工序完成之后,辉腾的车身便通过自动悬挂链输送到第二层生产线上。安装仪表台便是第二层的第一道工序,安装时同样需要自动省力器协助完成,使用这种设备基本两个人就可以独立完成,有了机器设备的帮助,仪表台安装的位置和装配工艺也更加精准。安装内饰部件之后,车辆将被再次吊起,准备进行底盘和车身相结合的工序。将底盘和车身相连接是非常重要的环节,专门为悬挂车身设计了一种"德累斯顿夹"(见图1-7),它不但可以上下移动车身,还可以让车身翻转,以便于工人可以更加轻松地完成工作。

安装车身的基本设施后,就到了安装底盘悬架和动力系统的环节。如图1-8所示,AGV将底盘搬运到车身正下方后,地面的自动支架升起来,"德累斯顿夹"将车身向下移动,实现底盘和车身的完美对接。

此时,工人会对悬架、发动机等相关零配件进行仔细检查,确认其安装位置完全正确,保证万无一失。完成检查后,从地板下面翻起一套安装机构,安装底盘螺栓,这个环节让人觉得有些像变魔术一样,迅速将底盘和车身之间的40颗螺栓拧紧。

在完成底盘和车身的连接之后,就开始进行细节上的装备,其中包括前后车灯、保险杠、中网等,在安装车灯和保险杠环节,会使用一个中网的模具,这也是为了保证所有配件,哪怕

图 1-7 悬挂车身的"德累斯顿夹"

图 1-8 车身和底盘对接

是一个安装保险杠的卡口都要位置准确。

外观上的基本装配完成之后,进入安装轮胎和前后风挡玻璃的环节,这两个环节也是在整个参观过程中为数不多可以见到自动化生产的工位,用机器人自动化完成。而后,注入车辆所需的液体,包括刹车油、机油、汽油等,整个步骤均由计算机针对车辆的排量精确计算,独立完成。

完成以上工序后,透明工厂二层装配工艺已经完成,基本完成的辉腾被 EHB 系统移动到一层,以完成最后内部配件装配的工序。

◆ 透明工厂第一层:车门、座椅配件的安装,整车检测

到这里,辉腾已经完成了第二层的所有工序,就进入装配内饰的环节。在这部分,所装配的部件都是客户亲自挑选的,无论是颜色还是材质没有完全相同。除了装配座椅,之前被拆掉的车门现在也已经安装在车身上。

在完成整个装备过程之后,便进入检测环节,在这个环节工人会对车身表面、接缝等所有细节进行检查。

生产线上的每一位装配工人都持有德国国家工业制造技术证书,专业培训需要三年的时间,这三年包括在校学习以及在生产车间的实践实习时间,每个工人可以胜任任何一个装

配的工位。在大众透明工厂,大多数员工都拥有高级技师资格,也就是说,在辉腾生产线上,工作着一批手工制造技术极其熟练且有着极高项目操作能力的资深工程师,确保了汽车的精良品质。

在检测工序,对于任何细节上的瑕疵,都会被检查出来,甚至连内饰的安装接缝都要进行统一检查。当有任何小的瑕疵出现,都会在车身上标识出来。当出现问题,会把这辆车送到相关的生产部门,进行返工或者修复处理。每辆出厂的车辆都要在这个环节进行高达100多项的品质检查,此环节对于工人的要求更是严格,除了观察,还要用到触觉和嗅觉。

完成总装的车辆将会在透明工厂的一条专用测试路面上进行实际的路试,除了在专用跑道,还会在城市的部分道路行驶,以确保车辆在行驶方面的品质。

在完成全部工序之后,辉腾会送往两种地方停放:一是运往德国以外的国家,会被包得严严实实;二是停在停车楼里等候车主亲自提车。停车楼是一个圆柱体建筑,该建筑高40米,里面一共可以停放280辆车。左侧银色建筑下面就是辉腾的提车区,当车主来提车时,所属车辆会通过地下电梯直接运送到提车大厅。

● 定制中心

由于每一辆辉腾都是按照客户自己的要求定制的,所以,同时生产的辉腾没有哪两辆是完全相同的。这些都表现出了在程序化的生产模式之外,定制造车的方式和理念。

在定制中心里,客户可以按自身要求为自己的爱车选择玻璃的颜色、内饰的颜色、面料等。定制中心所展示的零配件,都要明确告诉客户使用什么材质、颜色、要经过多少道工序加工而成以及其质量等级等信息。在颜色和皮革面料的选择上,每个模具下面都会有一个感应芯片,工作人员将它扫描记录在计算机里就可以完成订单了。内饰选择的环节展示了木质装饰件从原材料转变为可以使用的装饰件的过程,除了切割、成型外,单最后的表面抛光就要经过八道工序的处理。

轮毂样式的选择,除了标准型,还有7种样式可供选择,其中有一款样式采用了兰博基尼跑车的设计,并且轮毂辐条上面的削切角度都是可以选择的。

在定制中心里,不但有各种部件样式和材料的选择,连座椅的内部结构都可以展现给大家。座椅的解剖非常清晰地展示了辉腾座椅在位置调节、按摩、通风和加热等功能的结构和原理。

案例讨论

1. 现代化工厂中,物流的作用是怎么样的?
2. 物流自动化与什么相关?

练习与思考

一、填空题

1. 物流是一个过程,是一个将实物从_____向_____进行流动,以消除_____和_____的过程。
2. 物流工程的发展进程大致可以分为_____、_____、_____、

_____四个阶段。

3. 物流工程所要做的，主要是物流系统中的三类问题：一是_____；二是_____；三是_____。

二、选择题

1. 按照作用分类，物流可以分为（　　）。
   A. 供应物流　　　　B. 生产物流　　　　C. 销售物流
   D. 回收物流　　　　E. 废弃物物流

2. 物流工程体现了自然科学和社会科学相互交叉、相互融合的特征，包括（　　）。
   A. 物流工程作为一门交叉学科，与其他学科有着密切的联系
   B. 物流工程是以多学科综合为其理论基础的，物流工作人员和研究人员需要有多方面的知识，除了要掌握生产、运输等技术知识外，还要掌握经济学、统计学等经济管理知识
   C. 物流工程的研究对象一般是独立的、简单的静态系统
   D. 物流工程的研究对象一般是多目标决策的、复杂的动态系统
   E. "物流工程"与"物料搬运"的含义是相同的

三、简答题

1. 从物流的发展历程角度归纳现代物流包含的内容。
2. 举例说明物流对经济发展的作用。
3. 试描述一个你所熟悉的物流系统，如饮料生产、服务系统或学校管理系统等。
4. 请举例说明物流及物流系统的目标。
5. 试述物流系统的常用技术及其作用。
6. 试述物流系统与物流工程的关系。

第二章 企业物流系统设计

学习目标

1. 理解企业物流的概念,了解企业物流与生产工艺流程的关系,掌握企业物流系统的特点;
2. 熟悉企业物流系统的类型及目标;
3. 掌握企业物流系统合理化的原则和途径;
4. 理解企业物流系统分析的基本概念和主要指标,掌握其主要的理论依据和分析方法;
5. 理解并掌握企业物流系统设计的方法。

第一节 企业物流概述

一、企业物流

企业物流(Internal Logistics)是企业内部物品实体的流动。企业的物流过程由四个阶段构成:原料由社会"流"入企业;企业生产过程中,物料在时间和空间上的流转;产品由企业"流"给客户;三个阶段中存在的物品报废与回收的过程。

在生产企业,从原材料的采购进厂开始,经过一道道工序加工成半成品,然后装配成产品,运至成品库存放,或运至物流配送中心,或运至客户,自始至终都离不开物料的流动。这种在企业内部的物料(包括半成品或在制品)按照一定的工艺流程要求、借助一定的搬运手段和工具、从一个单位(如供货单位或车间、工位)流入另一个单位,即形成企业物流。因此,企业物流实质上是从原材料的输入,经过生产过程的物理和化学的转换,使其成为所需的产品,并从系统输出的全部流动过程,实现对物料的加工、检验、搬运、储存、包装、装卸和配送等功能。这里有三点需要说明:

(1)企业物流研究与生产的工艺和设备密切相关,着重点并不只针对在工艺和设备上的改造,而是在于用科学、经济的手段把各个工艺环节和设计及人有机地结合起来,形成一个高效率的生产系统。

(2) 物料的储存和搬运是企业物流研究中两个很重要的问题,但不是物流研究的全部。物流研究内容广泛,是属于工业工程研究范畴之内的问题。

(3) 物料的含义取决于系统中流动的实体。对于生产系统,物料一般指原材料、在制品和产成品等;对于非生产系统,如商店,物料是指商品、人流等;对于客运系统,物料是指人、旅客;而对于信息系统,物料则指文件等信息流。

从系统论角度分析,企业物流系统是一个承受外界环境干扰作用的具有输入—转换—输出功能的自适应体系。该系统以供应物流为输入,经过生产物流的转换成为产成品,并经销售物流到达顾客手中。在这一转换过程中,废弃物的回收与处理正越来越成为企业物流系统的重要调整要素。供应物流、生产物流、销售物流以及回收与废弃物流,构成企业物流系统的水平结构,如图 2-1 所示。

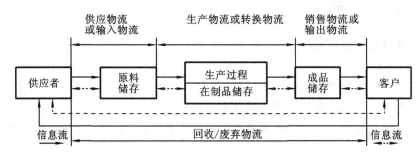

图 2-1 企业物流系统的水平结构

(1) 企业供应物流(Supply Logistics)是为生产企业提供原材料、零部件或其他物品时,物品在提供者与需求者之间的实体流动,即企业生产活动所需要的原材料、备品备件等物资的采购、供应活动所产生的物流。

(2) 企业生产物流(Production Logistics)是生产过程中,原材料、在制品、半成品、产成品等在企业内部的实体流动,即企业在生产过程中的物流活动。这种物流活动与整个生产工艺过程是伴生的,实际上,构成了生产工艺过程的一部分。生产物流包括各专业工厂或车间的半成品或成品流转的微观物流、各专业厂或车间之间以及它们与总厂之间的半成品和成品流转。生产物流系统中厂外运输部分包括:原材料、部件、半成品的流转和存放;产成品的包装、存放、发运和回收等相衔接。转换的起始边界为原材料、配件、设备的投入;终止边界为产成品从库中配送。所以,生产物流系统是一个与周围环境密切相关的开放式系统。

(3) 企业销售物流(Distribution Logistics)是生产企业、流通企业出售商品时,物品在供方与需方之间的实体流动,它是企业为保证自身的经营效益,不断伴随销售活动,将产品所有权转给用户的物流活动。对于企业物流来说,销售物流是终点,但对于社会宏观物流而言,它又是起点。组织好企业的销售物流,通过宏观物流在社会经济范围内的运作,将一个个相对独立的企业系统联系起来,形成社会再生产系统。

(4) 企业回收物流(Returned Logistics)是指不合格物品的返修、退货以及周转使用的包装容器从需方返回到供方所形成的物品实体流动。

(5) 废弃物物流(Waste Material Logistics)是指将经济活动中失去原有使用价值的物

品，根据实际需要进行收集、分类、加工、包装、搬运、储存，并分送到专门处理场所时所形成的物品实体流动。通过企业回收物流、废弃物物流实现对企业生产、供应、销售过程中产生的各种边角余料和废料的回收和对企业排放的无用物的运输、装卸、处理。

而从纵向角度看，在企业物流系统中，只有通过企业内部管理层、控制层和作业层三个层次的协调配合，该系统才能合理地、有效地实现其总体功能。图 2-2 所示的为企业物流系统的三层次协调配合的垂直结构。

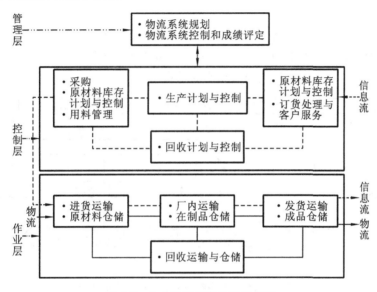

图 2-2　企业物流系统的垂直结构

管理层：对整个物流系统进行计划、实施和控制，主要内容有物流系统战略规划、系统控制和成绩评定，目的是形成有效的反馈约束和激励机制。

控制层：其任务是控制物料流动过程，主要包括订货处理与客户服务、原材料库存计划与控制、生产计划与控制、用料管理、采购等。

作业层：完成物料的时间转移和空间转移，主要包括发货与进货运输、厂内装卸搬运、包装、保管、流通加工等。

企业不是社会经济环境中的孤立个体，它需要不断地与外界进行物质与能量的交换。因此，从宏观角度看，若干企业物流的产成品的输出，相互交织成社会物流，而社会物流也正是企业物流活动的条件和环境。这种企业物流和社会物流之间的不断循环，就形成完整的物流过程。

二、企业生产物流系统

生产物流一般指原材料、燃料、外购件投入生产后，经过下料、发料、运送到各个加工点和储存点，以在制品的形态，从一个生产单位或仓库流入另一个生产单位或仓库，按照规定的工艺过程进行加工、储存，借助一定的运输装置在某个点内流转，又从某个点内流出，始终体现着物流实物形态的流转过程，这样就构成企业内部物流活动的全过程。所以，生产物流的边界起源于原材料、外购件的投入，止于成品仓库，贯穿生产全过程。

物料随着时间进程不断改变自己的事物形态和场所位置，物料不是处于加工、装配状态,就是处于储存、搬运和等待状态。由此可见,工业企业物流不畅将会导致生产停顿。

企业物流系统与企业生产系统密切相关,主要表现在:

(1) 从整个企业作为一个系统的角度看,物流是现代化生产的重要组成部分;

(2) 从企业的各个组成部分的角度看,企业中的各车间、工序等都是企业物流系统网络中的节点;

(3) 从企业生产系统的具体活动看,生产过程包含物流活动,生产活动自始至终伴随着物流活动。

物流过程要有物流信息服务,即物流信息要支持物流的各项业务活动。通过信息传递,把运输、储存、加工、装配、装卸、搬运等业务活动联系起来,协调一致,以提高物流整体作业效率。图 2-3 是生产物流中物料流和信息流的示意图。

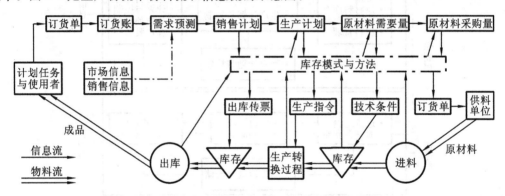

图 2-3 生产物流中物料流和信息流的示意图

从图 2-3 中可以看到,生产物流研究的核心是如何对生产过程中物料流(Material Flow)和信息流(Information Flow)进行科学的规划、管理和控制。

(一) 影响生产物流的主要因素

不同的生产过程有着不同的生产物流,生产物流的构成取决于下列因素:

(1) 生产类型。不同的生产类型对于产品品种、产品结构、精度与工艺要求等均有不同。这些特性影响着生产物流的构成及相互之间的比例关系。

(2) 生产规模。生产规模指单位时间的产品产量,一般以年产量计。生产规模与生产物流的物流量成正比。

(3) 企业的专业化与协作水平。社会专业化和协作水平的提高,使得企业生产过程趋于简化,生产物流的流程缩短,从而有利于物流成本控制。

(二) 企业物流与生产工艺流程的关系

在任何一个企业,物料自始至终都在不停地流动着,包括原材料、备品配件的输入、把输入转换为产出的中间在制品流转作业以及产品的输出,如图 2-4 所示。

因此,企业物流应按照生产工艺流程来组织,它与生产同步,但其范围又超出生产过程,即它向上延伸到原材料供应,向下延至产成品外销,而且中间还包括半成品、在制品库、总成及部件库和产成品库等环节。

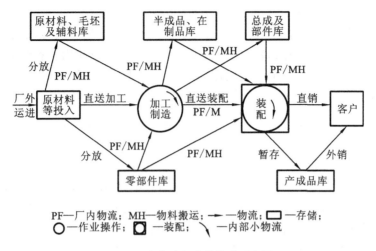

PF—厂内物流；MH—物料搬运；→—物流；□—存储；○—作业操作；⬛—装配；↘—内部小物流

图 2-4 生产过程中的物流示意图

（三）企业物流系统的特点

生产系统和物流系统密切地融合在一起，相辅相成，相互支撑地完成不同的生产操作。结合物流系统本身的操作方式，物流系统作为新的系统体系，它具有自己的特点。

1. 从系统的角度来看

（1）集合性：企业物流系统是由原材料供应、生产制造、产成品分销以及后勤服务等活动组成的一个供产销三位一体的集合体。

（2）相关性：企业物流系统内各子系统（即物流系统内的各环节）之间，以及总系统之间存在着普遍的联系，它们相互交叉、相互依存、相互渗透，关系十分密切。

（3）适应性：企业物流系统处在一个复杂的外部环境包围之中，深受环境制约。为使企业物流系统正常运行，必须对环境有很强的适应能力。

（4）整体目标性：企业物流系统的整体利益大于各子系统利益的简单相加，各子系统的活动以企业整体物流效益最优为出发点和目标。

2. 从企业内部的微观物流看

（1）连续性。企业的生产物流活动不仅支持企业生产过程中的作业活动，而且把整个生产企业的所有相对独立的作业点、作业区域有机地联系在一起，构成一个连续不断的企业内部生产物流。

企业内部生产物流是由静态和动态相结合的节点连接在一起的网络结构。所谓静态点是指物料处于空间位置不变的状态，如厂区用于装配、搬运、运输等所设置的区域，这与生产布局和运输条件相关；所谓动态点是指为了保证企业生产处于有节奏、有次序地连续不断地运作，企业生产物流的方向、流量、流速应相应地做动态的调整，以适应生产过程中多变的状态。

（2）物料流转。物料流转是企业生产物流的关键特征。物料流转的手段是物料搬运。在企业生产中，物料流转贯穿于整个生产与加工制造过程的始终。畅通无阻的物料流转是企业生产顺利、高效的基本保证。

（3）"背反"现象。在企业物流的成本管理中，物流在保管、运输、包装等方面存在着"降低企业物流成本"和"提高物流服务水平"两大矛盾。当一方费用降低时，常常会使另一方成本加大，如包装费用的节省，在运输或保管上需额外提供保护或使用便利的工具或采取其他措施。为了使企业物流整体上的合理化，需要用总的成本来进行综合评价。

3. 从合理组织生产物流看

（1）物流过程的连续性。为了支持生产过程的连续性，要求物料能顺畅地并以最快、最省的运作方式进入各个工序，完成最终产品的加工制造。每一个作业点物料供应不能发生不正常的阻塞，否则将影响整个生产进程，这就是物流过程的连续性。

（2）物流过程的平行性。在企业生产的产品品种中，根据每个产品的物料清单（BOM）组织生产。当每种零部件分配给不同车间、工序进行支流生产时，只有保证各个支流生产过程的顺畅，才能使生产最终产品的整个物流过程顺利进行。

（3）物流过程的节奏性。指产品在生产过程的各个阶段，从原材料的投入到产成品的入库，原料、零部件、外协外购件、在制品、成品等物料的流动都应按计划有节奏或均衡地进行。在形成最终成品时，都要求零部件成套地同时到达。因此在安排生产时，应考虑其节奏性；同时，要求所有车间、工位都能均衡生产，避免忙闲不一。

（4）物流过程的比例性。组成产品的各个零部件的物流量是不同的，有一定的比例性，因此物流过程需按不同物流量的比例进行流动。

（5）物流过程的适应性。为了支持生产过程的快速适应能力，物流过程同样应具备相应的应变能力，应与生产过程相适应。

三、企业物流系统类型及目标

企业物流与企业生产类型、方式密切相关，因此企业物流系统的类型也与企业生产系统类型密切相关。企业物流系统类型的划分，主要依据是其生产物流的形态。如果简单地从空间结构形式上分类，企业物流系统有以下四种类型。

（1）串联型，也称为直列型多阶段系统，如图 2-5 所示。物料移动按生产工艺流程顺序排列，如流水生产线使用的物流系统。单一物流系统是其特例。单一物流系统是指只有一个物流点，如机器设备、仓库、商店，作为独立体只有一个物流输入和一个物流输出。当多个物流输入和输出串联在一起时就构成直列型多阶段系统。

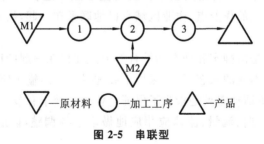

图 2-5 串联型

（2）并联型，也称收敛型或合流型多阶段系统，如图 2-6 所示。生产物流结构表现：由许多种原材料加工或转变成一种最终产品。物料根据物料清单（Bill of Material, BOM）和加工工艺流程分别被安排在单一或多道连续的生产阶段中进行流动而制成最终产品。合流型

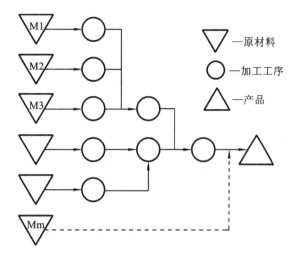

图 2-6 并联型

多阶段系统适用于装配工厂,如飞机、轮船等装配工厂。

(3) 发散型,也称分支型多阶段系统,如图 2-7 所示。生产物流结构表现:有一种原材料会转变成许多种不同的最终产品。最终产品的种类比原材料的种类多,所有最终产品的基本加工过程相同。这类企业一般为资金密集型且高度专业化,如炼油厂、钢铁厂等企业。

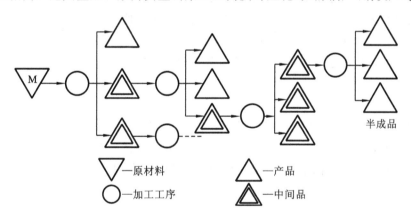

图 2-7 发散型

(4) 综合型,也称复合型阶段系统,如图 2-8 所示。从原料到成品经过许多阶段,系统中

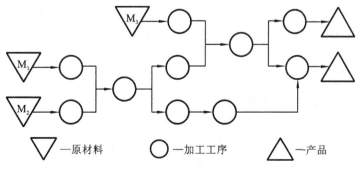

图 2-8 综合型

生产阶段有的呈发散状态,有的呈收敛状态,是串联型、并联型和发散型三种形式的综合。其生产物流结构表现为:有许多原材料加工或转变成多种最终产品。标准的零部件通过不同的工艺加工过程装配成多种成品,如制锁厂、汽车制造厂等。

在设计和运行企业物流时,必须以企业的经营目标为依据。具体涉及下列内容。

(一) 快速响应

快速响应是关系到一个企业能否及时满足顾客的服务需求的能力。信息技术的发展为企业创造了在最短时间内完成物流作业并尽快交付的条件。快速响应能力把作业的重点从预测转移到以装运和装运方式对顾客的要求做出反应上来。例如,使用电话、传真、电子商务订货以减少订单处理时间;使用快速响应供应系统(Quick Response,QR),及时准确地掌握销售和库存情况并与生产部门信息共享,实现高效率的商品供应;使用求货求车系统(即为车配货和为货配车的调度系统),快速指定配车计划以及时完成配送计划;高效客户响应系统(Efficient Consumer Response,ECR),企业将必要的商品,按照必要的数量,以最高的效率供应给零售商等。

(二) 最小变异

变异是指破坏物流系统的正常运作,如顾客收到订货的期望时间被延迟、制造中发生物品的损坏或是顾客收到被损坏的货物或是货物未送到正确地点等。这类在物流作业中潜存的变异可能直接影响企业内外物流作业的顺利完成。所以在充分发挥信息作用的前提下,应采用积极的物流控制手段尽可能地减少变异至最低限度。

(三) 最低库存

在企业物流系统中,存货所占用的资金是企业作业最大的经济负担,应在保证供应的前提下提高周转率,使库存占用资金得到有效利用。因此,保持最低库存的目标是把库存减少到和顾客服务目标相一致的最低水平,以实现最低的物流总成本。"零库存"是企业物流的理想目标。

(四) 物流质量

企业物流目标是持续、不断地提高物流质量。全面质量管理要求企业物流无论是对产品质量,还是对物流服务质量,都要求做得更好。若产品出现缺陷,或服务承诺未能履行,物流费用会增加。所以,"零缺陷"是企业物流管理所面临的高要求。

(五) 运输与配送

运输费用是物流成本中最主要的组成部分。据日本通产省对六大类物流成本的调查结果显示,其中运输成本占40%左右。多品种、小批量的精益生产方式要求高速度、小批量的运输,必然会使物流运输成本提高,所以需要将小批量集合成大批量的运输。

大型的配送中心采用规模大、专业性强、品种多的配送方式。大多数小企业采取分工合作的协同物流,开展共同配送业务,集成运输配送方式,提高运输的合理性。

（六）产品生命周期不同阶段的不同物流目标

在产品生命周期引入、成长、成熟和衰退的四个阶段中，为了达到不同的物流目标，需要实施不同的物流策略。新产品引入阶段采用快速反应的供货能力；处于成长期企业具有最大机会去设计物流作业并获得物流利润；成熟阶段的物流活动应以多渠道、独特的服务满足物流网络系统复杂性和灵活性的要求；衰退期除低价和有限配送外，最大限度地降低物流风险是非常重要的。总之，企业物流的有效定位是企业物流基本战略的关键。

第二节　物流系统合理化的原则和途径

所谓物流合理化，就是根据物流系统中各职能因素之间相互联系、相互制约、相互影响的关系，把物料的运输、包装、储存、装卸、加工、配送等流通活动和与之相关联的物流信息作为一个系统来构造、组织和管理，以使整个物流过程最优化，从而满足顾客需要，包括质量、数量、时间、地点、价格等，降低物流成本，提高客户服务水平。

实现上述物流的合理化，必须以物流组织结构合理化为基础，制定科学有效的物流组织体系。由此可见，物流合理化，就是实现物流组织结构合理化以及建立在此基础上的物流管理合理化和物流技术合理化的统一。

一、企业物流合理化原则

物流合理化原则是指物流系统分析、设计、控制与管理所应遵循的原则，是评价一个物流系统方案或物流系统过程优劣的基准，其建立在使物流系统低成本、高效率、高效益运行的基础上。主要原则如下。

（一）近距离原则

在条件允许的情况下，为求使物料流动距离最短，以减少运输与搬运量。因为运输与搬运只会增加系统成本，而不会增加产品价值。如企业的工厂常设计成几万平方米或几十万平方米的联合厂房，就是这个道理。

（二）优先原则

在物流系统规划设计时，应尽量使彼此之间物流量大的设施布置得近一些，而物流量小的设施与设备可布置得稍远些。

（三）避免迂回和倒流原则

迂回和倒流现象严重影响生产系统的效率和效益，必须使其减少到最低程度，尤其是系统中的关键物流。

（四）在制品库存最少原则

在制品既是生产过程的必需物，同时又是一种"浪费"。以拉动式"看板管理"为基础的准时化(JIT)生产管理,可以将库存降到最低限度,实现零库存生产。

(五)集装单元和标准化搬运原则

物流搬运过程中使用的各种托盘、料箱、料架等工位器具,要符合集装单元和标准化原则,以提高搬运效率、提高物料活性系数、提高搬运质量、提高系统机械化和自动化水平。因此,一个企业中工位器具、物料装载容器和物流设备的状况反映了物流系统的效益水平,也反映了该企业的基础管理水平。

(六)简化搬运作业、减少搬运环节原则

物料的搬运不仅要有科学的设备、容器,还要有科学的操作方法,使搬运作业尽量简化,环节尽量减少,提高系统的物流可靠性。

(七)省力原则

在物流系统中,使用重力方式进行物料搬运是最经济的手段,且方便有效。利用高度差,采用滑板、滑道等方法可节约能源。但对于重力搬运必须要有很好的控制和防护措施,以防止造成产品、零件、物料的磕碰和对人员的伤害以及设备的损坏。

(八)合理提高物料活性系数

物料的活性系数是度量物料流动难易程度的指标,在允许情况下,应尽量提高,但不可强求,否则会增加资金耗费。

图 2-9 搬运设备选择方法矩阵

(九)合理提高搬运机械化水平

机械化水平的提高,可提高搬运质量和效率,但要考虑物流量、搬运距离和资金条件等因素,合理选择机械搬运设备。图 2-9 给出搬运设备的选择方法。

(十)人机工程原则

物料搬运的目的应事先确定好,使物料搬运时一步到位,避免二次搬运、装卸。同时,搬运设备、装卸设备及工位器具的安全设计和布置应满足人机工程要求,在各个操作环节上应使操作者最省力、安全、高效,减轻疲劳。

(十一)自动化原则

物流自动化能够有效提高物流的效率,计算机管理是物流信息控制的重要手段,这些都是物流现代化的基本标志。在条件允许的情况下,应尽早、尽量实现自动化,采用计算机辅助管理,并注意与其他信息系统的集成开发。

(十二)系统化原则

物流系统是生产与管理系统的子系统,它的结构、功能、目标要与管理目标相一致。所以,既要重视单一物流环节的合理化,又要重视物流系统的合理化;既要解决个别物流环节

的机械化、省力化、标准化,又要解决物流的整体化和系统化;既要降低物流成本,又要使用户满意。物流系统的改善,需要加强自接受订货开始,直至产品送达客户的整个生产消费全过程的物流管理。

(十三)柔性化原则

产品结构、生产规模、工艺条件的变化或管理结构的变更,都会引起物流系统结构,包括平面布置的变化。因此,企业的物流设施要具有柔性,有利于生产工艺的变动和调整。

(十四)适应环境要求原则

物流系统的设计要符合可持续发展战略的思想和绿色制造的要求,不应只为追求物流系统的功能而破坏环境,应使其能与自然、社会等环境很好地协调,并且不对所处的环境造成危害。

二、实现物流合理化的途径

通过企业选址、设施设计、生产管理和销售等各个环节的改善,实现物流合理化。

(一)选址阶段

选址包括厂房定位、仓库布点、企业内部布局等,选址的决策结果对物流合理化起着至关重要的作用。

对于厂房定位,德国经济学家韦伯(Alfred Weber)指出,当工业在制造过程中是"增重"的,应在消费点建立设施;而当制造过程中是"失重"的,必须在接近原材料产地建立设施;如果制造过程中既不是"增重"的,也不是"失重"的,则可以在中间的地方选择厂址。

仓库的数量和地理位置由客户、制造点与产品等因素确定。

(二)设施设计阶段

1. 合理配置各种生产设施

工厂的整体布局,各种生产设施的合理配置,是物流合理化的前提,其目的是减少物流迂回、交叉以及无效的往复,避免往复运输,以及物料运输中的混乱、线路过长等。

2. 合理配置和使用物流设施

物流机械的自动化水平直接反映了物流系统的能力水平,物流机械化的配置主要考虑以下条件:

(1) 根据物料形态和特性、搬运工艺要求、环境条件等,选择合适的类别与规格的物流机械,而且要注意系统配套;

(2) 机械化与自动化水平要根据企业综合效益需要来确定;

(3) 物料的单元化、集装化和机械配置有密切关系;

(4) 谨慎吊起重物,注重采用水平运输方式;

(5) 采用集装单元和合适的运输设备,使运输手段合理化。

3. 系统设施应具有柔性

物流系统的各项设施,在产品的品种、数量发生变化后,应能在最小投入下,适应新的生产要求。

(三) 生产管理阶段

首先,要争取企业各部门的理解和支持,在管理上达到协调一致。其次,按物流结构实现供应物流、生产物流、销售物流的合理化,从而使整个物流系统达到最优。具体措施如下:

(1) 均衡生产。企业生产合理化的关键在于生产的均衡化和物流的准时化。生产企业各工序间应努力在规定的时间,将规定数量的零件,送到规定的地点,保证准时化生产和物流合理化。

(2) 适当库存。尽可能降低库存,适时供应加工装配所需零件;尽可能减少零件库存量,以加快企业资金周转,降低物流成本,缩短物流周期。

(3) 合理运输。设计合理的搬运次数和运输量,尽量缩小搬运距离,避免无效运输,使运输合理化。装卸方面,使用集装箱和托盘,使装卸机械化。

(4) 计算机化。广泛应用计算机进行物流系统的设计、规划、模拟和管理,以及物流过程的全计算机控制,建立完善的物流信息系统。

(5) 职工主人化。加强职工小组活动,建立企业与职工之间的信任关系。因为无论工厂的平面布置得有多么出色,设备有多么现代化,但最终使其运转的都是人,所以只有加强职工的责任心,并落实在日常操作中,物流合理化才能真正实现。

(6) 连续改善。连续改善的范围涉及企业的方方面面,其核心思想是不求一次"大跃进"式的提高,而是小步骤地、持续不断地改造和革新,取得连续的效益积累。

(四) 销售阶段

(1) 商物分离。建立物流基地(如物流中心、批发中心、配送中心等),从而改善企业功能,优化物流系统,提高物流效率,如图 2-10 所示。

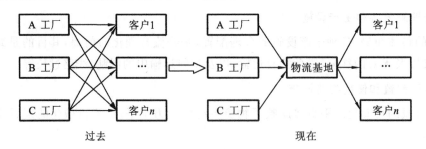

图 2-10 销售物流的变革

(2) 增加从工厂直接发货数量。

(3) 减少输送次数。

(4) 提高车辆满载率。

(5) 开展联合运输。

(6)选择适当的输送手段。

物流合理化是企业生产实现高质量、低成本、优质服务的重要前提,同时也是缩短产品交货周期的基础。国外企业因为成功地使用物流合理化技术来优化生产系统,使企业的管理水平和竞争力得到很大的提高。我国制造企业也应很好地借鉴、采用这一技术,努力改进和提高物流系统水平,力争在激烈的市场竞争中取得胜利。

三、实现物流合理化的措施

要适应生产力发展和消费水平增长的需要,必须在扩大物流量的同时,提高物流的质量,这也是实现物流合理化的一个基本要求。实现物流的合理化,主要应当采取以下几项措施。

(1)合理组织商品流通。合理组织商品的流通是实现物流合理化的重要前提。应当按照经济区域组织商品流通,使商品流向合理化。

商品流向是指商品流通过程中商品的运动方向。商品流向的合理与否,直接影响着物流的合理化,商品从产地流向销地应当尽量符合经济规律,但是由于实际生产布局情况的复杂性,消费者的需求又千差万别,运输能力和运输条件有限,很容易出现各种商品流向不合理的现象。所以,要充分考虑生产布局的实际情况,在分析各种产销、供需关系的基础上,按照近产近销的原则,规定商品流向和流动范围,建立合理的运输制度。

(2)合理开展共同物流业务。就是将零散的需求集中起来,把发往同一地区、同一方向的货物,在计划的基础上,进行集中运输,集中配送,提高汽车的装载效率,降低物流成本。

(3)合理开展直运业务。就是在组织配送货物时,尽量减少中间环节,特别是物流环节,把货物直接运到销售地或用户。

(4)物流业务的规模化。随着人们消费水平的提高,消费习惯的变化,对物流服务的要求正向"多品种、小批量、多频度、时间快"的趋势发展。为了克服零星订货、分散发运的问题,物流公司要重视服务网络建设,广泛汇聚顾客的需求,集中服务,形成物流业务的规模化运营。

(5)物流业务的社会化运营。第三方物流的产生与发展,使得各生产企业可以专心于核心业务,集中精力强化主业,降低物流成本,扩大公司业务能力。

(6)物流服务的系统化。物流管理的主要目的,是提高对顾客的服务水平,因此,服务化也是物流措施之一。运输、配送、储存、包装、装卸搬运以及流通加工、信息服务等,是物流大系统中的各个子系统。物流合理化,不是追求物流某一环节或某个子系统的合理化,而是谋求物流系统整体的合理化。只有这样,才是最优的物流合理化方案,才能取得企业和社会的最大经济效益。

(7)合理利用多式联运方式。商品运输方式指物流过程中采取的组织形式和业务活动方式,主要有铁路、公路、水路、航空、管道运输等。各种运输方式具有各自不同的特点,可以根据商品体积的大小、距离的远近、需求的紧急程度及商品价值的高低等因素,合理选择各种运输方式,组合应用,有利于促进物流的合理化。

第三节　企业物流系统分析

一、基本概念

物流系统分析是指从对象系统整体最优出发，在优化系统目标、确定系统准则的基础上，根据物流的目标要求，分析构成系统各级子系统的功能和相互关系，以及系统同环境的相互影响，寻求实现系统目标的最佳途径。

物流系统分析时要运用科学的分析工具和计算方法，对系统的目的、功能、结构、环境、费用和效益等，进行充分、细致的调查研究，收集、比较、分析和处理有关数据，建立若干个拟订方案，比较和评价物流结果，寻求系统整体效益最佳和有限资源配备最佳的方案，为决策者最后抉择提供科学依据。

物流系统分析的目的在于通过分析，比较各种拟订方案的功能、费用、效益和可靠习惯等各项技术、经济指标，向决策者提供可做出正确决策的资料和信息。所以，物流系统分析实际上就是在明确目的的前提下，来分析和确定系统所应具备的功能和相应的环境条件。

根据系统分析的基本含义，物流系统分析的主要内容有系统目标、系统结构、替代方案、费用和效益、系统模型、系统优化、系统的评价基准及评价等。

物流系统分析贯穿于从系统构思、技术开发到制造安装、运输的全过程，其重点放在物流系统发展规划和系统设计阶段。具体内容包括：制定系统规划方案；生产力布局、厂址选择、库址选择、物流网点的设置、交通运输网络设置等；工厂内（或库内、货场内）的合理布局，库存管理，对原材料、在制品、产成品进行数量控制，成本（费用）控制等。

物流系统分析常用的理论如下。

（一）数学规划法（运筹学）

这是一种对系统进行统筹规划，寻求最优方案的数学方法。其具体理论与方法包括线性规划、动态规划、整数规划、排队规划和库存论等。这些理论和方法都是解决物流系统中物流设施选址、物流作业的资源配置、货物配载、物料储存的时间与数量的问题。

（二）统筹法（网络计划技术）

统筹法，是指运用网络来统筹安排，合理规划系统的各个环节。它用网络图来描述活动流程的线路，把事件作为节点，在保证关键线路的前提下安排其他活动，调整相互关系，以保证按期完成整个计划。该项技术可用于物流作业的合理安排。

（三）系统优化法

在一定约束条件下，求出使目标函数最优的解。物流系统包括许多参数，这些参数相互制约，互为条件，同时受外界环境的影响。系统优化研究，就是在不可控参数变化时，根据系统的目标，如何来确定可控参数的值，以使系统达到最优状况。

（四）系统仿真

利用模型对实际系统进行仿真实验研究。

上述不同的方法各有特点，在实际中都得到广泛应用，其中系统仿真技术现在应用最为普遍。系统仿真技术的发展及应用依赖于计算机软件技术的飞速发展。目前，随着计算机科学与技术的巨大发展，系统仿真技术的研究也不断完善，应用不断扩大。

系统分析在整体系统建立过程中处于非常重要的地位，它起到承上启下的作用，特别当系统中存在着不确定因素或相互矛盾的因素时更需要通过系统分析来保证，只有这样，才能避免技术上的大量返工和经济上的重大损失。

二、物流系统分析的主要指标

（一）当量物流量

物流量是指一定时间内通过两物流点间的物料数量。在一个给定的物流系统中，物料从几何形状到物化状态都有很大的差别，其可运性或搬运的难易程度相差很大，简单地用重量作为物流量的计算单位是不合理的。因此，在系统分析、规划、设计过程中，必须找出一个标准来，把系统中所有的物料通过修正、折算为一个统一的量，也就是当量物流量，才能进行比较、分析和运算。

所谓当量物流量是指物流运动过程中一定时间内按规定标准修正、折算的搬运和运输量。这种修正与折算是充分考虑了物料在搬运或运输时的载货量等因素来计算的。例如，一台载重量为 10 t 的汽车，当它运输 10 t 锻件的当量重量为 10 t；而它运输 2 t 组合件时，则 2 t 组合件的当量重量为 10 t。实际系统中，所提及的物流量均指当量物流量。当量物流量的计算公式为

$$f = nq \tag{2-1}$$

式中：f——当量物流量，当量吨/年、当量吨/月、当量 kg/h；

n——单位时间内流经某一区域或路径的单元数，单元数/年；

q——一个搬运单元的当量质量，当量 t、当量 kg。

目前，当量物流量的计算还没有统一标准，一般根据现场情况和实际经验自行确定。当量物流量的确定仍有待于今后的进一步研究。

（二）物料活性系数

物料活性系数是选择工位器具和合理的物料搬运方法以建立适合的物料搬运系统的重要参数。

（三）物流综合强度分析

物流强度和非物流强度分析的目的是为了给新方案提供依据，也可对原方案进行强度等级标定。

1. 物流强度

物流强度指两点间的物流量。把所有路线上的物流强度按大小排列，在图样上画成直

方图便得到物流强度图。再对强度图进行分级标定,从而为物流系统的重点分析和新方案的平面布置指明了重点分析对象。强度等级从高到低可分为 A(Apparently Important)、E(Especially Important)、I(Important)、O(Ordinary Important)、U(Unimportant)等五级,如表 2-1 所示。

表 2-1 物流强度等级

等 级	含 义	等 级
A	特大物流量	一般占最高强度坐标值的 40%
E	很大物流量	一般占最高强度坐标值的 30%
I	大物流量	一般占最高强度坐标值的 20%
O	一般物流量	一般占最高强度坐标值的 10%
U	不重要的物流量	可以忽略

2. 非物流强度

非物流强度指两点间密切关系的强度,简称密切度。非物流强度用来标定非物流部门之间的关系。它也可定量表示,像物流强度一样,画出适当长度的直方图,按大小次序排队就绘出了非物流强度的直方图。

该直方图也可以划分为 A、E、I、O、U 等五级。必要时还可增设 X 级,表示疏远级,如果为 X 级的两点位疏远关系,则布置上必须远离。

3. 综合强度

将物流强度和非物流强度统一在一起,就得到综合强度。统一的方法是,首先要确定系统中物流部门和非物流部门各自的重要程度的比例关系。用这种比例关系来确定非物流强度的具体量值,就得到按比例关系度量的非物流强度直方图,把它与物流强度直方图相加就得到综合物流强度直方图,如图 2-11 所示。

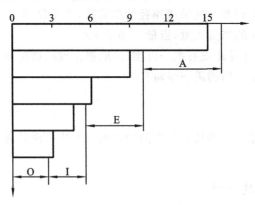

图 2-11 物流系统综合强度图

例 3-1 表 2-2 说明了综合强度的求法,表中数值是假设的。

表 2-2　某物流系统综合物流强度计算

从一至	物流强度	非物流强度	综合物流强度
▽—②	10	5	15
③—⑥	6	3	9
②—▽	4	2	6
③—▽	3	1.5	4.5
▽—⑥	2	1	3

表中物流强度和非物流强度的比例为 2∶1。

对已得的综合物流强度进行分级标定,也采用 A、E、I、O、U、X 级标定。这样,无论是物流部门还是非物流部门,以及两者都包括的系统,都可以用这种方法进行强度分析。也就是说,根据这种分析方案做平面布置,对于任何部门都适用。

三、物流系统分析的理论依据

系统分析首先要对现有系统进行详细调查,包括调查现有系统的工作方法、业务流程、信息数量和频率、各业务部门之间的相互联系,在对现有系统从时间和空间上对信息的状态作详细调查基础上,分析现有系统的优缺点,并了解其功能。图 2-12 表示了应用 5W1H（Why、What、When、Where、Who、How）法在物流系统分析中所探讨的内容,以及所提供的分析问题、解决问题的方法和思路。简言之,5W1H 法给出了内容、方法和思路。

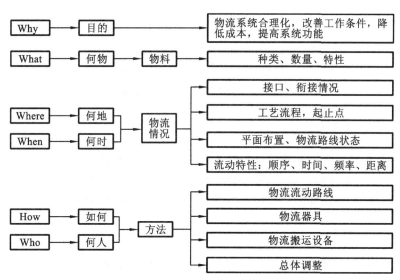

图 2-12　5W1H 法在物流系统分析中的应用

Why：物流系统分析的目的,涉及物流系统的合理化、改善工作条件、降低成本、提高系统功能性指标等。

What：指物流服务对象,即物料,包括种类、数量、特性等。

Where 和 When：指物流系统的地点、时间指标,包括：①物流系统接口、衔接情况；②物流系统服务工艺流程,服务的起止点；③物流系统工艺平面布置,物流路线的状态等；④物流的流动特性,包含顺序、时间、频率、距离等指标。

How 和 Who:指何人如何服务,涉及物流服务方法,包含物流流动路线、物流器具、物料搬运设备、总体调整等方面的内容。

四、企业物流系统分析的方法

企业物流系统分析是针对企业物流系统的环境、输入/输出情况、物料性质、流动路线、系统状态、搬运设备与器具、库存等进行全面、系统的调查与分析,找出问题,求得最佳系统设计方案。其分析过程如图 2-13 所示。

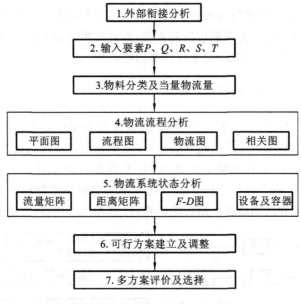

图 2-13 企业物流系统分析过程

(一) 外部衔接分析

外部衔接是指对确定了系统边界的物流系统,研究其物料输入与输出系统的情况,包括物料输入/输出工厂系统的方式(运输车辆、装载容器、路线入口等)、频率以及输入/输出系统的条件(如时间、道路以及工厂周围环境)等的统计资料,必要时可用统计图表来表达。

(二) 输入要素

这一步骤是系统内部的调研与资料搜集工作。即对系统的 P、Q、R、S、T 等要素进行系统分析,这些资料和资料的搜集通常需要列表来整理,比如对于产品的零件(物料)、路线、数量可列一个产品零件一览表,如表 2-3 所示。表中内容还可以有装载容器(如料箱、每箱装载多少零件)、搬运设备种类(叉车搬运、天车搬运)等内容。通过这样详细的调查和统计,可将系统中的 P、Q、R、S、T 情况统计清楚,以备以后分析时用。当零件种类繁多时,可忽略一些影响小、流量很小的物料或零件。

表 2-3 产品零件一览表

序号	零件名称	几何形状	单位质量/kg	年产量/t	工艺路线
1	曲轴	长杆件	50.4	5800	下料—锻造—正火—校正
2	齿轮1	圆盘件	10.2	1400	下料—锻造—调质—清理
3	转向臂	复杂件	14.5	1500	下料—锻造—调质—冷校
…	…	…	…	…	…

(三) 物料分类及当量物流量

对于搜集到的资料,必须进行适当的分析与处理才能使用。系统中的物料往往很多,并且千差万别,必须根据其重要性(价值和数量)进行分类。分类前先进行物料的当量物流量计算。因为在搬运过程中,实际消耗搬运能量的不仅仅是物料的重量,还有与其相关的物理、化学等状态的当量物流量。

之后,按照物料种类及其物流量的大小排序绘制出 P-Q 图。其中 P 代表物料种类,Q 代表流量(当量物流量)。对每一物料 $P_i(i=1,2,\cdots,n)$,按照其当量物流量 Q_i 的大小进行排队,并标在直角坐标图上,即可画出由直方图表示的 P-Q 图(见图 2-14)。

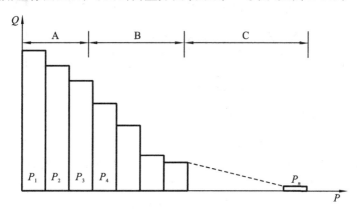

图 2-14　P-Q 分析图

根据该图对物料进行 ABC 分类。一般来说,A 类物料占总品种数的 5%～10%,物流量占 70% 以上;B 类物料占总品种数的 20% 左右,物流量占 20% 左右;C 类物料占总品种数的 70% 以上,物流量仅占 5%～10%。当然,这些百分比不是绝对的。

这样分类的目的是为物流分析与设计提供依据。通常先对 A 类物料进行单一物料流程分析,B 类物料视具体情况而定,C 类一般不做流程分析。

(四) 物流系统流程分析

物流系统流程分析步骤如下。

1. 绘制平面图

平面布置与物流路线紧密相连,因为它决定了物流的起点、终点和所经路线。绘制平面图的目的就是为了研究物流路线系统是否合理,反过来物流路线系统的合理又会使平面布置更加合理。平面图上的各设施、设备、储存地、固定运输设备等要用工业工程的标准符号（国际通用的标准符号）来标明，并且进行阿拉伯数字编码。常用的工业工程符号主要有以下几种：

○表示操作，它既可以表示操作过程，也可以表示加工设备、生产部门等；

▽表示储存，指储存地、仓库、工位储存地等；

⇨表示搬运或运输；

□表示检验，包括加工过程检验和最终检验等。

系统内每一个与物流作业有关的活动都用以上这几种符号来表达。经过上述符号标定并编码的平面图如图 2-15 所示。从图中可以看出，1⇨ 和 26⇨ 是该车间物流输入与输出的地点，其他是加工、储存和检验。

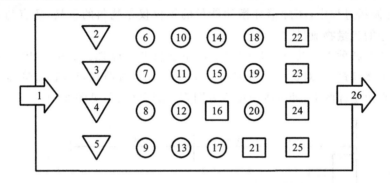

图 2-15　某车间编码平面图

2. 物流流程汇总表与物流流程图

得到经过工业工程的标准符号表达并编码的平面图后，根据物料分类和当量物流量，任意一条物流路径均可用编码来表示其物流流程路线。如果将系统中所有物流流程用表的形式表达出来，则称该表为物流流程表，如表 2-4 所示。

表 2-4　物流流程表

序号	零件名称	物流流程	当量物流量/t
1	轴 1	1—2—8—15—16—17—18	51.7
2	轴 2	1—2—7—16—18	60.3
3	轴 3	2—3—7—16—18	38.6
4	轴 4	2—6—9—16—12—18	15.3
5	齿轮 1	2—5—10—16—17—18	47.6
6	齿轮 2	1—5—10—16—17—18	8.4
7	齿轮 3	2—6—11—12—13—19	3
8	齿轮 4	2—6—11—17—19	39.6
9	齿轮 5	2—6—11—17—18	22
10	连杆	2—5—9—16—17—19	11.2

注：1、2、18、19 为搬运活动；3、4、5、6 为储存活动；7~16 为操作活动；17 为检验活动。

如果将表中的各条物流流程绘制在一张图上,则该图就是所研究系统的物流流程图,如图 2-16 所示。该图的画法不受平面图的限制,任意物流的起点和终点间的物流量大小取决于两点间的权数,即通过两点间所有物流量(当量物流量)之和。

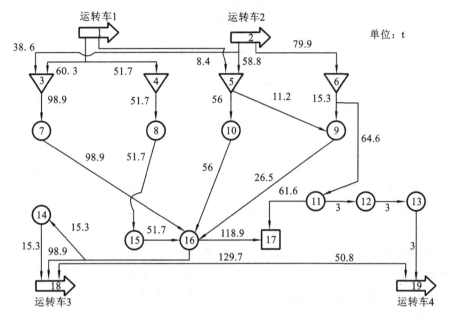

图 2-16 某车间物流流程图

系统中 A 类物料往往需要进行单一流程分析,根据"5W1H"法进行研究,考虑物流合理化的原则,采用取消、合并、改进、重排、简化等手段,使大流量物流尽量避免迂回和倒流,保持流动距离最短。

3. 物流图

根据物流流程,用几何表达方式将各条物流的物流量大小(可以用物流图中的线宽表示)和经过的物流点绘制在编码平面图上,该图即称为物流图。绘制物流图时,不同种类的物料用不同的线段来表示,线段的宽度是按一定比例来表示物流量,即物流强度。从物流图上可直接看出系统内的倒流、迂回、平面布置不合理的地方,有利于分析与设计。

合理的物流系统在物流图上表现为:简洁而有条理,密度不断改变的物流线组,两场地通过设施和区域,在适当的地点流出系统。

4. 相关图

相关图又称相关分析图。它将系统中所有部门(包括物流部门和非物流部门)绘制在一张表达相互关系的图上(见图 2-17),以便分析与设计时用。图中的英文字母表示两部门间的密切关系,称之为密切度。按照密切程度,密切度可分为 5 级,分别为 A、E、I、O、U。

(五)物流系统状态分析

1. 流量矩阵

当研究的产品、零件或物料品种非常多时,用流量矩阵(又称从至表)研究物流状态就非

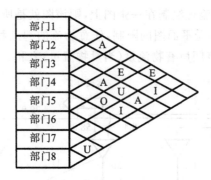

图 2-17 某车间部门相关图

常方便。

所谓从至表,是一个矩阵式表格,以一定顺序按行排列物料移动的起始作业单位(工序),以相同顺序排列物料移动的终止作业单位(工序),行列相交的方格中记录从起始作业单位到终止作业单位的各种物料搬运量的总和,有时也可同时注明物料种类代号。当物料沿着作业单位排列顺序正向移动时,即没有物流倒流现象,从至表中只有上三角方阵有资料,这是一种理想状态;当存在物流倒流现象时,倒流物流量出现在从至表的下三角方阵中,此时从至表中任何两个作业之间的总物流量(物流强度)等于正向物流量与逆向(倒流)物流量之和。从至表上,越靠近对角线的方格,两工作地间距离越小。于是,根据系统流程图 G,对应得到关联矩阵 F:

$$F = \begin{bmatrix} f_{11} & \cdots & f_{1n} \\ \vdots & \ddots & \vdots \\ f_{n1} & \cdots & f_{nn} \end{bmatrix} \tag{2-2}$$

f_{ij} 表示从 i 点到 j 点的物流量($i,j=1,2,\cdots,n$),n 为系统平面图编码的数量。当 i 点到 j 点没有物流量关系时,则 $f_{ij}=0$。

2. 距离矩阵 D

根据编码平面图得到距离矩阵 D,即

$$D = \begin{bmatrix} d_{11} & \cdots & d_{1n} \\ \vdots & \ddots & \vdots \\ d_{n1} & \cdots & d_{nn} \end{bmatrix} \tag{2-3}$$

由 F、D 可以计算出系统的物流量与距离乘积和 S(也称系统搬运工作量),公式如下:

$$S = \sum_{i=1}^{n} \sum_{j=1}^{n} f_{ij} d_{ij} \tag{2-4}$$

S 的单位为当量吨米或当量吨公里。为了方便,有时"当量"二字可以省略。

3. F-D 图

将每两点间的物流按其流量大小和距离大小绘制在一直角坐标图上,即 F-D 图(流量-距离图),如图 2-18 所示。根据分析的需要,按照确定的物流量和距离,将该图划分为若干部分,如划分为 Ⅰ、Ⅱ、Ⅲ、Ⅳ 四个部分。划分的目的,是为了发现不合理的物流。从图中可以看出,Ⅱ 部分的物流是不合理的,因为物流量大且距离远。F-D 图可作为平面布置调整的依据。经过调整,使第 n 部分无物流量时,该方案才为可行方案。无法调整的情况例外。

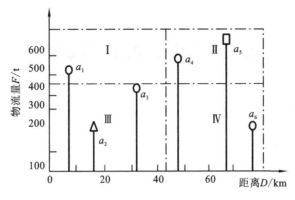

图 2-18 某车间 F-D 图

4. 搬运设备、容器统计

以表格形式记录下任意方案中,在各设施、设备之间从事物料搬运的设备、装载容器等的状况,分析其合理与否,提出改进意见。

(六)可行方案的建立与调整

根据上述分析,对于每种方案均可计算出 $\sum_{i=1}^{n}\sum_{j=1}^{n}f_{ij}d_{ij}$。根据 F-D 图调整系统中设施或设备的所在位置,可得到新的距离矩阵 $\boldsymbol{D}'=[d'_{ij}]_{n\times n}$。若工艺路线未发生变化,则矩阵 $\boldsymbol{F}$ 无变化;有时需要改变工艺方法,则矩阵 $\boldsymbol{F}$ 也会变化为 $\boldsymbol{F}'=[f'_{ij}]_{n\times n}$。总之,只要矩阵 $\boldsymbol{D}$ 变为 $\boldsymbol{D}'$ 或矩阵 $\boldsymbol{F}$ 变为 $\boldsymbol{F}'$,则必有 $S'=\sum_{i=1}^{n}\sum_{j=1}^{n}f_{ij}d'_{ij}$ 或 $S'=\sum_{i=1}^{n}\sum_{j=1}^{n}f'_{ij}d'_{ij}$(这时工艺方案发生变化)。如果 $S'<S$,则新方案的物流设计优于原方案。

当然,这种调整要根据生产系统的环境与条件来进行,而不是任意调整。如果在条件与环境允许时,进行了 l 次调整(一般 l 值不会太大,在实际设计中不会有几十种方案,一般有几种或十几种方案就不算少了),这样可得到 l 个系统搬运工作量值。显然,搬运工作量最小的方案即为最优物流系统方案。

$$S^*=\min\{S_1,S_2,\cdots,S_l\} \tag{2-5}$$

如果在任意两物流点间的单位搬运费用 C_{ij}^0(元/(吨·米),元/(吨·千米))、距离、物流量等相关参数可以实测和统计出来,则系统搬运费用 C 也可计算出来:

$$C=\sum_{i=1}^{n}\sum_{j=1}^{n}C_{ij}^0 f_{ij}d_{ij} \tag{2-6}$$

在 l 个方案中也可得到最小搬运费用方案:

$$C^*=\min\{C_1,C_2,\cdots,C_l\} \tag{2-7}$$

一般情况下,若 C_{ij}^0 的值不易得到,则可用 S 代替 C。

(七)多方案评价及选优

物流平面设计除了需要考虑物流部门要求,还需要考虑非物流部门要求、工艺水平要求、人员、工作条件、环境保护等多种要素。因此,在确定了初步方案之后,要综合考虑这些要求,才能确定最优方案。评价方法则可采用关联矩阵、模糊综合评判或 AHP 等方法。

第四节　企业物流系统设计

一、平面布置设计

现在最常用的方法是用前面介绍的方法实现物流系统的最佳设计,然后结合非物流因素进行统一的模糊综合评价来进行最后决策。

表 2-5 所示的是新、旧方案部分参数的比较。

表 2-5　新、旧方案部分参数比较示意表

序号	从—至	f_{ij}/t	d_{ij}/m(旧)	$W_{ij}/(t \cdot m)$(旧)	d_{ij}/m(新)	$W_{ij}/(t \cdot m)$(新)
1	1—3	60.3	4	241.2	4	241.2
2	1—4	51.7	8	413.6	8	413.6
3	1—5	8.4	12	100.8	12	100.8
4	2—5	58.8	4	235.2	4	235.2
5	2—6	79.9	8	639.2	8	639.2
6	3—7	98.9	4	395.6	4	395.6
7	4—8	51.7	4	206.8	4	206.8
8	5—9	11.2	15	168	15	168
9	5—10	56	4	224	4	224
10	6—9	15.3	4	61.2	4	61.2
11	6—11	62.4	25	1615	25	1615
12	7—16	98.9	110	10879	12	1186.8
13	8—15	51.7	45	2326.5	10	517
14	9—16	26.5	20	530	20	530
15	10—16	56	45	2520	15	840
16	11—12	3	105	315	40	120
17	11—17	61.6	120	7392	55	3388
18	12—13	3	4	12	25	75
19	13—19	3	30	90	20	60
20	14—18	15.3	40	612	55	841.5
21	15—16	51.7	20	1034	12	620.4
22	16—14	15.3	30	459	30	459
23	16—18	98.9	110	10879	12	1186.8
24	16—17	118.9	110	13079	14	1662.6
25	17—18	129.7	10	1297	8	1037.6

续表

序号	从—至	f_{ij}/t	d_{ij}/m(旧)	W_{ij}/(t·m)(旧)	d_{ij}/m(旧)	W_{ij}/(t·m)(旧)
26	17—19	50.8	80	4064	60	3048

注:$W_{ij}/(\text{t}\cdot\text{m}) = f_{ij}(\text{t}) \times d_{ij}(\text{m})$。

(一) 物流系统的单目标平面布置设计模型

对于给定的制造企业物流系统,可假设:

(1) 物流系统中物料的流动过程是均匀的、连续的、不确定的;

(2) 系统中有 k 种物料(k 是有限正整数),且每种物料都可用同一种当量物流量表示。

则平面布置设计模型如下:

(1) 设系统中 k 种物料的当量物流量分别为 $Q_1, Q_2, \cdots, Q_k$,则系统总当量物流量

$$Q = \sum_{h=1}^{k} Q_h, \quad h \in k \tag{2-8}$$

(2) 将工艺系统平面图按物料加工过程停滞地(加工、储存、检验等工作单元)分块,并用 $1, 2, \cdots, n$(n 为一有限正整数)进行编码,则任一种物料,如第 h 种物料,在系统平面上流动过程可用所经编码地的编码描述为一流程图,记为 G,G 为一有向图。这样,系统的总位移为

$$G = G_1 + G_2 + \cdots + G_k = \sum_{h=1}^{k} G_h, \quad h \in k \tag{2-9}$$

(3) 由于系统中任一物料都可用当量物流量来表示,所以经任意两点间的各种物料的物流量为

$$f_{ij} = \sum_{h=1}^{k} Q_{h(i,j)}, \quad i, j \in n \tag{2-10}$$

式中:f_{ij}——表示从 i 点到 j 点的当量物流量;

$Q_{h(i,j)}$——表示从 i 点到 j 点的第 h 种物料的当量物流量。

(4) 根据已分块编码的平面系统,可测得一个距离矩阵 $\boldsymbol{D}' = [d_{ij}]_{n \times n}$,其中 d_{ij} 表示从 i 点到 j 点的距离。记 $w_{ik} = f_{ij} d_{ij}$ 为从 i 点到 j 点的物流矩,则系统的物流矩矩阵为 $w = [w_{ij}]_{n \times n} = [f_{ij}, d_{ij}]_{n \times n}$,所以系统的物流矩和为

$$M = \sum_{i=1}^{n} \sum_{j=1}^{n} w_{ij} = \sum_{i=1}^{n} \sum_{j=1}^{n} f_{ij} d_{ij} \tag{2-11}$$

(5) 若 c_{ij}^0 为从 i 点到 j 点的单位物流流动费用,则物流系统的流动费用为

$$C_m = \sum_{i=1}^{n} \sum_{j=1}^{n} c_{ij} w_{ij} = \sum_{i=1}^{n} \sum_{j=1}^{n} c_{ij}^0 f_{ij} d_{ij} \tag{2-12}$$

(6) 改变平面系统平面布置中各分块的几何位置,则可得到

$$M' = \sum_{i=1}^{n} \sum_{j=1}^{n} w'_{ij} = \sum_{i=1}^{n} \sum_{j=1}^{n} f_{ij} d'_{ij} \tag{2-13}$$

和

$$C'_m = \sum_{i=1}^{n} \sum_{j=1}^{n} c_{ij}^0 w'_{ij} = \sum_{i=1}^{n} \sum_{j=1}^{n} c_{ij}^0 f_{ij} d'_{ij} \tag{2-14}$$

(7) 如果 $M' < M$ 或 $C'_m < C_m$,则新布置方案优于原方案。如果将系统平面在工艺、环

境等允许条件下改变 $l-1$ 次（l 为有限正整数），则可得 l 个结果：

$$M, M^{(1)}, \cdots, M^{l-1}$$

和

$$c_m, c'_m, \cdots, c_m^{l-1}$$

这样，物流系统单目标最优平面布置方案为

$$g = \min\{M, M^{(1)}, \cdots, M^{l-1}\}$$

或

$$g_c = \min\{c_m, c'_m, \cdots, c_m^{l-1}\} \tag{2-15}$$

这说明它是以系统物流最小流量矩（最小流动费用）为目标的。

（二）物流系统的多目标平面布置设计模型

模糊评价法是物流系统设计时处理多目标问题的常用方法。其要点是：选出 l 个评价方案，定出 n 个评价因素及权重值，并请专家对 l 个方案打分评定，得分最高者为最优方案。实际应用时，常用表 3-10 所示的关联矩阵完成（见第三章第二节）。

（三）渐推法

以上介绍的物流系统平面布置优化模型适用于解决新建车间、新建工厂平面布置优化问题，但当设施数目增多时计算量也急剧增加，因此只适合小规模的问题求解。此时，在平面布置中采用渐推法，目的在于找到一个与最优解接近的次最优解。

目前，渐推法分为两类：一类是新建法，即从零开始，按一定顺序逐步增加设施，直到所有的设施都布置好，即得到最终方案，如 PLANET（Plant Layout Analysis and Evaluation Technique）；另一类是改进法，它是从一个可行方案开始，通过改变设施位置，并计算目标函数，从而获得更好方案，直至不能再改进为止，从而得到最终布置方案，如 CRAFT（见第三章第三节）。改进法比新建法慢，但优化程度较高。

[例 2-1] 有一加工车间，要安排 4 台机床（编号记为 A、B、C、D，场址记为 1、2、3、4），使运输量（物流量距离）最小。现已知机床间的物流量 V 及距离 d 如表 2-6 所示，现用新建法求机床最佳平面位置。

表 2-6 物流量及距离表

V	V_{AB}	V_{AC}	V_{AD}	V_{BC}	V_{BD}	V_{CD}
	2	8	3	4	9	5
d	d_{12}	d_{13}	d_{14}	d_{23}	d_{24}	d_{34}
	8	10	2	4	7	9

解 将参数 V 由大到小排列如下：

$$V_{(大\to 小)} = (V_{BD}, V_{AC}, V_{CD}, V_{BC}, V_{AD}, V_{AB}) = (9, 8, 5, 4, 3, 2)$$

将参数 d 由小到大排列如下：

$$d_{(小\to 大)} = (d_{14}, d_{23}, d_{24}, d_{12(21)}, d_{34}, d_{13}) = (2, 4, 7, 8, 9, 10)$$

根据物流量大、距离短的原则，得到

位置排布　　　　　　　　14　　23　　24　　12(21)　34　　13

机床的排布　　　　　　　BD　　AC←　CD　　CB　　　AD　　AB

在理想环境（无其他约束）下，调整 C、A 位置，则得到新的布置方案

场址　1　2　3　4
机床　B　C　A　D

其运输量为　$Z = \sum_{i=1}^{4}(V_i \cdot d_i) = 9 \times 2 + 8 \times 4 + 5 \times 7 + 4 \times 8 + 3 \times 9 + 2 \times 10 = 164$

由此得到最优方案。

[**例 2-2**]　在上例中随意将 A、B、C、D 布置到场址 1、2、3、4 中去,可用改进法求出最优布置方案。

解　初始布置方案为:

场址　1　2　3　4
机床　B　C　A　D

其运输量为　$Z = \sum_{i=1}^{4}(V_i \cdot d_i) = 2 \times 8 + 8 \times 10 + 3 \times 2 + 4 \times 4 + 9 \times 7 + 5 \times 9 = 226$

在此方案基础上,机床位置两两互换,并计算其运输量,如表 2-7 所示。

表 2-7　不同位置运输量及数值表(第一次)

初始方案	改进方案(两两互换)					
	AB	AC	AD	BC	BD	CD
运输量 $Z = 226$	172	220	230	222	227	186

得到 $Z_{AC} = 172$ 较小,故以此改进方案 $\begin{bmatrix} 1 & 2 & 3 & 4 \\ B & A & C & D \end{bmatrix}$ 为初始方案,再进行二次改进(两两交换),结果如表 2-8 所示。

表 2-8　不同位置运输量及数值表(第二次)

初始方案	改进方案(两两互换)					
	AB	AC	AD	BC	BD	CD
运输量 $Z' = 172$	221	164	229	224	174	227

得到最小值 $Z'_{AB} = 164$,经比较可知,它对应的方案最优,即

$$\begin{bmatrix} 1 & 2 & 3 & 4 \\ B & A & C & D \end{bmatrix}$$

二、动线分析设计

如前面所述,物流系统的平面布置设计是在一定目标下设计成的最优或较优平面布置方案,它是根据给定的生产经营目标、物流量确定的。因此,不能把一次静态的布置看成是最终结果,必须使布置设计适应企业中长期发展的需要,具有良好的动态柔性。

在进行布置优化时,要从以下几方面考虑:

(1) 确定发展规划,做到远近结合。一般来说,可通过对市场的预测研究,提出 1~3 个量化方案,作为动态柔性布置的依据。

(2) 确定合理算法,做到动静结合。以常规算法求出静态布置方案作为基础,考虑规

划,采用合理算法(如分析、仿真、计算程序等),求出"动态理想方案"。

(3) 单体设施的可扩展性与总体布置的可调整性相结合。在理想方案的基础上,经过单体设施扩展协调后提出动态柔性的推荐方案。

(4) 动态分析设计应以产品预测为先导。

在优化和决策的问题解决之后,如有可能,还应进行动态仿真研究分析,以此估计和推断系统的设计是否合理,然后修改系统参数、重复设计、规划步骤,直到满意为止。

三、物流系统仿真

生产物流过程实际上是物料流动加信息流动的过程。图 2-19 是生产物流系统的物料流示意图。图 2-20 是生产物流系统的信息流示意图。

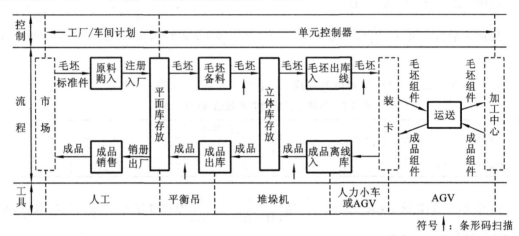

图 2-19 生产物流系统的物料流示意图

(一) 物流系统的数学模型

对物流系统进行仿真,其目的是通过仿真了解物料运输、储存的动态过程的各种统计信息,如运输设备的利用是否合理、运输路线是否通畅、物料系统的流动周期是否过长等。由于物流系统是一个复杂的离散事件系统,其运行受到许多随机因素的影响,很难找到一个固定的解析式来描述和表达这一过程。

这里介绍物流系统的排队模型。

排队系统主要解决服务与被服务的问题,如物料在库房、机房、装卸工具、运输工具前等待,接受入库、出库、搬运、装卸等服务。这类问题的基本过程如图 2-21 所示。

图 2-21 所示的过程由两个基本单元组成:顾客和服务台。

服务过程包括三个基本因素:①接受服务;②进行服务;③等待接受服务的队列。

与排队系统对应,物流系统中物料(毛坯、半成品、成品、废料、加工工具、托盘等)就是顾客,而仓库、运输设备、装卸设备、操作工人等则是服务台。

排队问题的核心是解决系统的效率和效益,即确定适当的服务台数量和服务时间,减少排队等待时间,缩短物料储存运输的周期。

为了对一个物流系统进行仿真,首先要对系统进行数学描述,也就是建立系统模型。系

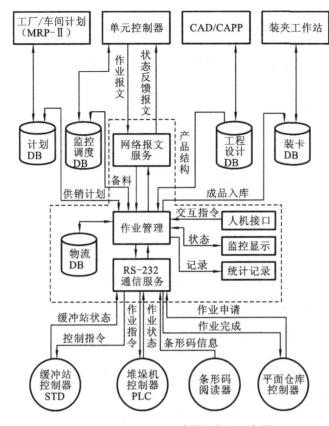

图 2-20　生产物流系统的信息流示意图

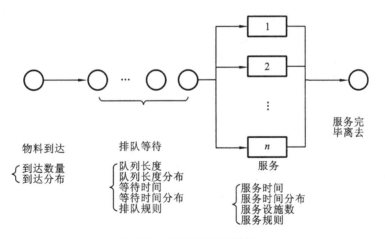

图 2-21　物流排队系统模型

统模型应说明：①物料在各设备间的流动过程；②设备对物料的作用；③物料的排队规则。

排队系统的模型可以是一个流程图。例如，一台运输车把物料从立体仓库运送到装配工位。为了掌握运输车的利用率，确定是否增加运输车的数量，可以对这一系统进行仿真。如果把物料与运输车组成的系统看作一个简单的单服务台排队系统，那么物料是系统的临时实体，运输车是永久的实体，可以用图 2-22 所示的流程图来描述。

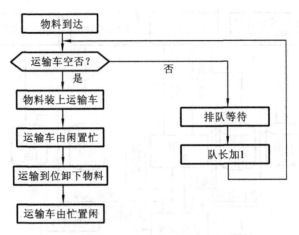

图 2-22　简单物流排队系统流程图

流程图描述了物料的到达模式、运输车的服务模式以及物料的排队规则。画出流程图后，还要进一步分析系统的实体、事件以及参数。

系统参数一般分为三类：输入参数、状态参数和输出参数。

（1）输入参数：物料到达时间间隔、运输车装载时间、运输车卸载时间、运输车运输时间。

（2）状态参数：运输车状态（忙或闲）、物料排队长度。

（3）输出参数：物料平均排队等待时间、物料平均排队长度、物料平均滞留时间（排队时间＋装载时间＋卸载时间＋运输时间）。

输出参数不仅限于上述几种，还可以根据仿真要求确定其他输出。在通常的物流系统中，输入参数往往不是确定的，而是随机的，如物料到达时间间隔可以是指数分布、泊松分布、正态分布、均匀分布等。在完成上述工作后，就可以进行系统仿真了，如图 2-23 所示。

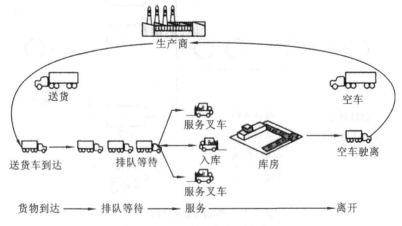

图 2-23　物流系统排队模型图

（二）系统仿真的优点

1. 符合人们的思维习惯，有助于系统分析

研究分析物流系统的方法，大体上可分为两种类型：一类是解析法；另一类是非解析法。

解析法是把物流系统抽象成一种数学表达式后寻找最优解,这是一种完全通过逻辑推理来获得启发和借鉴的方法,如运筹学中的线性规则和动态规划等。解析法有比较悠久的发展历史,在实际中应用广泛,是比较成功的方法。但是,解析法过于拘泥于数学抽象,人们面对抽象的假想的逻辑模型,很难获得系统的真实感受,因此虽然解析法可以求最优解,但却不便于人们进行实际的系统分析。

非解析法不依据抽象的假想,而是以现实为依据。系统仿真方法是一种非解析法,所依据的是对系统的实际观测获得的资料建立起来的动态模型。这种方法所建立的模型,既表达了系统的物理特性,又有其逻辑特征;既反映了系统的静态特征,又反映了其动态的性质,更贴近实际、更真实、更便于对系统进行分析。

2. 系统仿真对各种复杂的系统具有很好的适应性

系统仿真所建立的模型,完全是实际系统的映像。它既反映系统的物理特征、几何特征,又反映系统的逻辑特征。因此,对于各种复杂的物流系统,无论是线性的还是非线性的,无论是静态的还是动态的,都可以用系统仿真法来研究。

3. 系统仿真有利于解决随机因素的影响

系统仿真模型的另一特点是因为它是一个随机模型,系统的参数受随机因素影响所发生的变化在模型中得到充分体现,这一点是解析法所无法比拟的。解析法一般是针对一种固定的约束条件或环境求解。而实际系统,特别是复杂的离散事件系统往往受很多随机因素的影响(物流系统就是这样的系统)。忽略随机因素的影响,用确定性模型代替随机模型研究系统,将会使分析结果有很大的误差。

4. 系统仿真可以帮助系统优化

仿真模型的一次运行,只是对系统一次抽样的模拟。从这点来说,系统仿真方法不是一种系统优化方法,即它不能求系统的最优解。但是,系统仿真可以让人们依据系统模型的动态运行效果,多次修改参数,反复仿真。从这个意义上,系统仿真又是一种间接的系统优化方法。现在人们越来越认识到,对于多目标、多要素、多层次的系统(物流系统正是这样的系统)来说,并不存在绝对意义上的最优解,优化只是相对而言的。即使是最优化解法,其本身由于若干的假设、抽象和简化所造成的误差,已经使"最"字打了折扣。因此,不单纯追求最优解,而寻求改善系统行为的途径和方法,应该说是更加有效的。系统仿真方法提供了这种环境。

以上特点使系统仿真技术应用越来越广泛。当然,系统仿真方法应用与发展的外部条件,首先是计算机硬件技术的发展与支持。

首先,建立可信的系统模型是仿真最重要的前提,也是仿真中比较困难的部分。其次,仿真需要从实际系统搜集大量的资料。仿真模型的每一个细节都以实际资料为依据,要花费较多的时间。资料搜集和分析的难度也较大,这些都会影响仿真的质量。借助仿真方法优化系统时,需要对每次仿真过程反映出的现象,进行深入的综合分析,提出改进建议,再仿真检验改进措施的效果。这种优化过程是很灵活的,优化路径常常是多种多样的。这就要求仿真人员不仅对实际系统具有深入的了解,准确把握系统的多种目标,而且要有综合的系统分析能力。

(三) 系统仿真在物流系统研究中的作用

物流系统研究中,系统仿真技术的应用主要有以下方面。

1. 物流系统设施规划与设计

在没有实际系统的情况下,把系统规划转换成仿真模型,通过运行模型,评价规划方案的优劣并修改方案,是系统仿真经常用到的一方面。还可以在系统建成之前,对不合理的设计和投资进行修正,可避免资金、人力和时间的浪费。

例如,一个复杂的物流系统,由自动化立体仓库、自动导引搬运车(Automatic Guided Vehicle,AGV)、缓冲站等组成。系统设计面临的问题是,如何确定自动化立体仓库的货位数,确定 AGV 的速度、数量,确定缓冲站的个数,确定堆垛机的装载能力(运行速度和数量),以及如何规划物流设备的布局,设计 AGV 的运送路线等。这里生产能力、生产效率和系统投资常常都是设计的重要指标,而它们又是相互矛盾的,需要选择技术性与经济性的最佳结合点。系统仿真运行准确地反映了未来物流系统在有选择地改变各种参数时的运行效果,从而使设计者对规划与方案的实际效果更加胸有成竹。有人说,系统仿真把明天的工厂放到了今天,是不无道理的,如图 2-24 所示。

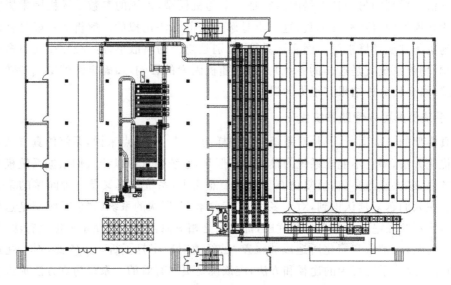

图 2-24 某物流配送中心设备平面布置图

2. 物料控制

生产加工的各个工序,其加工节奏一般是不协调的,物料供应部分与生产加工部门的供求关系存在矛盾。为确保物料及时准确的供应,最有效的办法是在工厂、车间设置物料仓库,在生产工序间设置缓冲物料库,来协调生产节奏。

通过对物料库存状态的仿真,可以动态地模拟入库、库存的实际状况。根据加工需要,正确地掌握入库、出库的时机和数量。

3. 物料运输调度

复杂的物流系统经常包含运输车辆、多种运输路线。合理地调度工具、规划运输路线、保障运输线路的通畅和高效等都不是一件轻而易举的事。运输调度策略存在着多种可能性,如何评价各种策略的合理性呢?怎样才能选择一种较优的调度策略呢?策略制定者如果只是说"假如……就会……,所以……"是不足以说服人的。因为,这种假设往往不止一个,要对所有的假设找到最好的解决办法。

例如,在一条生产装配线上,各个装配工位同时提出送料申请,应该先为哪个工位服务呢?如果按装配顺序先给前面工序的工位送料,似乎是合理的。但这样一来,就会造成运输路线的堵塞,使后面的工序选料延续时间太长,也可能是不合理的。

又例如,在调度运输车时,经常要考虑调动哪一辆最合理。是对每一个申请进行判断,选择最近的车辆,还是照顾到一个时间段可能出现的申请,以平均运输路线最短的目标调度呢?运输调度是物流系统最复杂、动态变化最大的,很难用解析方法描述运输的全过程,系统仿真是比较有效的方法。

建立运输系统模型,动态运行此模型,再用动画将运行状态、道路堵塞情况、物料供应情况等生动地呈现出来。仿真结果还提供各种资料,包括车辆的运行时间、利用率等。

通过对运输调度过程的仿真,调度人员对所执行的调度粗略进行检验和评价,就可以采取比较合理的调度策略。

4. 物流成本估算

物流过程是非常复杂的动态过程。物流成本包括运输成本、库存成本、装卸成本,成本的核算与花费的时间直接有关。物流系统仿真是对物流整个过程的模拟,过程中每一个操作的时间,通过仿真被记录下来。因此,人们可以通过仿真,统计物流时间的花费,进而计算物流的成本。这种计算物流成本的方法,比用其他数学方法计算更简便、更直观。而且,可以同时建立起成本与物流系统规划、成本与物料库控制、成本与物料运输调度策略之间的联系,从而用成本核算结果(或说用经济指标)来评价物料系统的各种策略的方案,保证系统的经济性。实际仿真中,物流成本的估算可以与物流系统其他统计性能同时得到。

系统仿真在物流系统的应用,除以上四个主要方面外,还可以用来对物流系统进行可靠性分析等。

(四)系统仿真应用实例

下面是几个系统仿真应用的实际例子,这些例子分别表示了系统仿真在生产流程设计、生产线协调、物料控制等方面的作用。

[例 2-3] 有一条半导体电子组件装配与检验生产线。生产线流程有 27 个工序,每道工序有不同的加工时间。原设计的生产线存在三个问题:在制品数量过多,组件加工周期过长,生产线经常因加工紧急任务而被终止。为了解决这几个问题,对系统进行了仿真。仿真的目标是减少加工周期,仿真输出结果是每一道工序加工数量、每一道工序的平均在制品数量和每一道工序的利用率。

根据分析认为,控制各工序特别是关键工序在制品的数量是使整个生产协调顺畅的关键。于是通过仿真,为各工序特别是关键工序设置和规定了最少与最多在制品数量,从而使实际加工周期比仿真前缩短了 30%,降低了成本,也减少了因紧急任务的中断。

[例 2-4] 有一条消费品装配与检验生产线。产品经过 STN1、STN2(STN2A)、STN3、

STN4 四道工序的装配,最后在 STN5 被检验。工件进入生产线时,首先被安装在一个托盘上,然后随托盘自动在传送线上从一个工序传送到下一个工序。加工并检验合格的工件从托盘上拆下来,离开生产线。空托盘继续在线上运送。该生产线要提高产量,需要增加搬运工件的托盘数量。由于托盘是非常精密和昂贵的,为了减少投资,同时也为了避免在生产线上空托盘过多造成传送线拥挤,影响运输和生产,需对系统进行仿真。仿真的目的是对设计的 26 个托盘的数量进行评价。仿真输出的是日生产量、加工周期中的阻塞时间、设备平均利用率。

经过仿真,确定托盘数量为 24 个,比初步设计的 26 个托盘减少了 2 个,仅该项就减少了 60 万美元的投资。

[例 2-5] 某汽车厂要设计汽车零件检验台,在每个检验工位设置一个旋转盘和一个机器人。其工作过程是:工件从入口处经传送带进入,机器人将它放到旋转着的圆形转盘的一个工位上,转盘自动旋转至检验台时,检验工人取下工件进行检验,同时将已经检验完的工件放回到旋转盘上;旋转盘继续旋转,机器人把合格的工件放到传送带上送到出口处;未经检验过的工件将随转盘继续旋转,到检验台重新检验;每个工件检验够 24 s 才得知检验结果。这个系统的设计要求是确定旋转盘上的位置数,设计目标是使检验效率最高且旋转盘最少。

通过仿真对不同位置数、每天检验的工件数及转盘位置数不同时检验台的利用率进行分析,可确定在每个转盘上设置 12 个位置是最佳的。这一设计使整个检验流程减少了一个检验台,不仅满足了生产线的需要,也节约了投资。

小 结

(1) 企业物流(Internal Logistics)是企业内部物品实体的流动。企业的物流过程由四个阶段构成。企业物流应按照生产工艺流程来组织。

(2) 企业物流系统的特点可以从系统、企业内部的微观物流、合理组织生产物流等角度来分析。

(3) 企业物流与企业生产类型、方式密切相关,因此企业物流系统的类型也与企业生产系统类型密切相关。企业物流系统类型的划分,主要依据是其生产物流的形态。

(4) 物流合理化,就是实现物流组织结构合理化以及建立在此基础上的物流管理合理化和物流技术合理化的统一。物流合理化原则是指物流系统分析、设计、控制与管理所应遵循的原则,是评价一个物流系统方案或物流系统过程优劣的基准。

(5) 通过企业选址、设施设计、生产管理和销售等各个环节的改善,实现物流合理化。

(6) 物流系统分析是指从对象系统整体最优出发,在优先系统目标、确定系统准则的基础上,根据物流的目标要求,分析构成系统各级子系统的功能和相互关系,以及系统与环境的相互影响,寻求实现系统目标的最佳途径。

(7) 5W1H法在物流系统分析中的应用为物流系统分析中所探讨的内容,以及所提供的分析问题、解决问题的方法和思路提供了技术指导。

(8) 企业物流系统设计的方法要使物流系统达到最佳设计,然后结合非物流因素进行统一的模糊综合评价来进行最后决策,最后对物流系统进行仿真。

综合案例

解密亚马逊中国的物流传奇

1. 飞轮上的"成长红利"

自建物流并没有成为亚马逊中国的负担。大数据的分析优化、标准的"模块化"复制,以及本土化的创新,构成亚马逊中国"巧夺"市场的最大优势。

某人生活在昆明,对某品牌的笔有收藏的偏好。有一天,他得知该品牌有新款上市,当他打开熟悉的亚马逊中国官方网站的时候,看到该货品只有哈尔滨有货。因为对这款笔的了解还不够多,所以他先选择了收藏。当他第二次打开这款笔的页面时,又为选择什么样的颜色而迟疑……几经犹豫后,终于下定决心购买,但他发现这款笔在昆明已经有货了,下单的当晚,货品就配送到家了。事实上,在他的这次购物体验背后,蕴藏了亚马逊中国运营中心的强大功能。亚马逊后台会通过该顾客对某种产品点击的频次,测算出顾客对该产品购买的概率,如果配送距离较远,它可能会被提前安排送达到离顾客最近的运营中心。由此,亚马逊中国在多数城市推出的"当日达"和"夜间送货"服务也可以让消费者当日下单,当晚收货。

目前,亚马逊中国已经在全国范围内建设了13个运营中心,实现23个城市当日达、123个城市次日达服务。从广州运营中心到天津运营中心、从上海运营中心到成都运营中心,一个个现代化的运营中心拥有全球最先进的技术、IT智能管理系统,能够在全国范围内以最优化的成本实现最快、最精准的物流配送。

当竞争对手在为自建物流而头疼高昂的成本时,亚马逊中国却利用运营中心一边满足和提高用户体验,一边"巧夺"着市场份额。千万不要以为亚马逊这些"高大上"的运营中心会抬高用户的体验成本,相反,因为它们的合理规划设计和管理系统的巧妙运用使得成本得以控制,加上为第三方卖家提供的物流服务,甚至会产生一些成长红利。亚马逊中国会把这些成长红利反哺于用户体验,不断增加选品和提升购物便利,如此正向循环,产生飞轮效应。

2. 运营中心的"可塑化"

曾经有人说电商很难发展下去,因为它缺乏人与人之间的交流,与中国的传统购物习惯相违背,所以,有人担心对顾客的服务总是有欠缺。但是,在大数据时代,通过数据的精确分析和技术系统的合理运用,电商反而更懂顾客的需求,会根据顾客日常的消费习惯为他们推荐更多的选品,进而做好更精细的服务。

位于天津的16万平方米的运营中心是目前亚马逊中国占地面积最大的运营中心,它就像一座体型庞大、随处联网、智能化的巨型机器,以满足顾客的购物需要而生。亚马逊把这类大体量的运营中心称为"核心仓库",它们的建立一方面是为了辐射那些对配送速度有更高要求的区域,另一方面是满足暴增的有网购需求的顾客。例如,亚马逊会根据运营中心辐射范围内用户的数据,分析得出他们对收货速度的期望值,以此来优化配送。比如在天津这个"核心仓库"会辐射到周边更多对"当日达"需求强烈的二、三线城市的顾客。因为有管理信息系统的支持,中国境内所有的订单处理最长的不超过三个小时;而当日达则更快,产品下单后一个小时就可发出去。

强大的IT管理和数据分析能力,让亚马逊中国的运营中心可比肩一个云计算数据处理中心。通过核心城市覆盖区域城市的布局策略,亚马逊中国建立起了在全国范围内的灵活配送体系,不论用户身在哪里都能将其心仪的商品以极高的效率送到消费者手中。同时,亚马逊中国的整个物流平台一直在扩展,从物流中心到地区中心,从卡车到物流速递员,亚马逊中国的业务能够到达的地方将会越来越多。如果某个区域出现产品短缺,系统会自动计算出从别处调拨的最优途径。管理信息系统如同人的"大脑",某些神经元的缺失可能会让大脑自动调节,然后达到最优的状态,这种情况称为运营中心"可塑化"。

这种"可塑化"也衍生出"夜间配送""预约配送"等创新模式。以"预约配送"为例,当顾客下单的货品需要在某个特定时段发货时,IT系统会传递给运营中心一个"调整"时间,顾客需要的货品会被调拨到最合理的位置,而这无须增加额外的物流成本。

就像云服务和数据中心成为在线商业模式的实现保障一样,亚马逊中国运营中心具有能够成为消费经济网络中枢的能力。从第三方卖家的角度,如果有亚马逊成为其物流助手,他们将有更多时间和精力来优化他们的产品,而非花时间考虑分销和物流。

3. 标准化是成本"杀手"

用户体验,如果是以牺牲成本而带来的体验,绝非是最好的体验,因为商家很可能把增加的成本转嫁给消费者。

如何摊薄运营中心的成本是对每个经营者的考验。亚马逊中国的管理者亲自演示一个测量物品大小的工具,在亚马逊中国的每个运营中心里都有一个测量工具——立体测量仪,运营管理者通常不会在乎在货架上要摆放什么产品,而只在乎这个产品的长、宽、高,道理很简单——为了节省费用,运营中心的一个重要职能就在于如何高效存储。

对亚马逊中国来说,降低成本就意味着可以换来顾客最好的体验。所以,运营中心的管理者往往要善于从整个业务的层面找到节省却又不失体验效果的方法。如果你在亚马逊中国的仓库里发现杯子放在笔的旁边,不要奇怪。因为通过后台计算,系统显示消费者往往同时购买杯子和笔,这种行为属于大概率事件。据此设计路线和摆放位置最合理,处理效率也最高。在每一件货物上人花的时间越多,工作效率就会变低,而相对来说花费在这件货物上的人力成本就越高。

很多"标准化"的流程是经过亚马逊多年来验证的结果,而当它们被复制到中国的时候,便成为决胜于市场的"杀手铜",这些"标准化"也包括对运营中心的选址。如果把运营中心和仓库的布局想象成两个极端情况,则其中一种是相对密集的、分散布置的多个仓库;另一种是只有一个巨型仓库。相对密集的仓库一定会做到高效配送但是会浪费很多资源,因为仓库之间可能有很多是重叠的,所以,用户的成本体验会降低;只有一个巨型仓库虽然节省了仓储成本,但是如果面向全国各地,配送周期一定会很长,用户体验也会很差。找到平衡点至关重要,亚马逊中国通常会综合很多因素考量,比如地方的消费密度、公路的建设情况等。

此外,亚马逊中国在运营中心的另一个创新在于,运营中心除了保证亚马逊直营产品的配送外,还能为第三方卖家提供服务,这样就极大程度地摊薄了其物流成本,甚至转化为了亚马逊新的盈利点。

4. 决胜本土化创新

尽管拥有总部最先进的供应链体系、管理理念、IT 系统以及标准化的服务,但是地域的差异仍然让亚马逊人感到不小的挑战。

美国人大多住在郊区,他们的购物频次是以周计算,所以,当把这种需求带到网购的体验时,只要在一周内配送,基本上不会影响到他们的生活。但是中国完全不一样,中国的运营中心有着比总部更大的挑战,为了更灵活地将配送服务体验达到极致,亚马逊中国摸索到了一条本土化创新的路径——自提点。

2013 年,亚马逊中国和上海的全家便利店合作推出了包裹自提服务。2014 年初,亚马逊自提点扩展到了 300 多家。2014 年 8 月,亚马逊自提点迅速拓展到北京、广东、湖南、河南、江西等地,共计 820 个并全部支持"货到付款"服务,为更多的消费者带来安全、便捷和个性化的服务体验。

消费者的起居时间以及便利店在布局和营业时间上的便民服务,为便利店创造了自提快递的机会。类似的创新有很多,比如货到付款、当日达、次日达、夜间配送等。

每一个亚马逊的用户都知道亚马逊配送的箱子里有一种独具特色的气泡袋,这个看似简单的小东西能够有效防止货物在运送过程中的磨损。这个小气泡袋其实就是亚马逊员工的发明和创造,而这种创新行为正是亚马逊人血液中蕴含的 DNA 之一。

案例讨论

1. 讨论亚马逊中国的物流传奇是如何创造的。
2. 思考数据处理技术对亚马逊中国的重要性体现在哪里。

练习与思考

一、填空题

1. 企业的物流过程由三个阶段构成:＿＿＿＿、＿＿＿＿、＿＿＿＿。
2. 不同的生产过程有着不同的生产物流构成,生产物流的构成取决于下列因素:＿＿＿＿、＿＿＿＿、＿＿＿＿。
3. 在设计和运行企业物流时,必须要以企业的经营目标为依据。具体涉及＿＿＿＿、＿＿＿＿、＿＿＿＿、＿＿＿＿、＿＿＿＿、＿＿＿＿。

二、简答题
1. 简述物流系统的特征及分类。
2. 简述物流合理化原则。
3. 简述物流合理化途径。
4. 有哪些计算当量物流量的方法?
5. 何谓企业物流系统分析方法的模式?
6. 为何要进行仿真设计?

第三章 设施规划与设计

学习目标

1. 理解设施规划与设计的定义、范围、原则及图形符号;
2. 理解场(厂)址选择的意义以及工业生产力合理布局的原则,掌握场(厂)址选择时需考虑的因素以及选择步骤、选择方法;
3. 理解设施布置设计的含义、目标及目标决策依据,掌握设施布置分析时的基本要素、原则、形式及方法。

第一节 设施规划与设计概述

一、设施规划与设计的定义

设施规划与设计是从"工厂设计"发展而来的,重点探讨各类工业设施、服务设施的规划与设计概念、理论及方法,是工业工程学科的重要研究领域。它以物流系统的空间静态结构(布局)为研究对象,从系统的动态结构——物流状况分析出发,探讨企业平面布置设计目标、设计原则,着重研究设计和设计程序(步骤),使企业人力、财力、物力和物流、人流、信息流得到最合理、最经济、最有效的配置和安排,从根本上提高企业的生产效率,达到以最少的投入获得最大效益的目的。

对设施规划与设计的定义,有各种不同的表述。

美国的詹姆士·A.汤普金斯和约翰·A.怀特合著的《设施规划》将其定义为:"设施规划是就如何使一个有形的固定资产,为实现其运营的目标提供最好的支持,做出决定。"

理查德·缪瑟和李·海尔斯合著的《系统化工业设施规划》给出的定义为:"工业设施规划就是设计或确定怎样具体地把一个工厂建造出来,使之运行或生产。工业设施规划人员的工作,是为一个工业公司有效实现其产品的设计、制造、分发,提出所必需的工厂面积、构筑物、机器和设备。"

而詹姆士·M.爱伯尔在《工厂布置与物料搬运》中将设施设计定义为："设施设计工程师为商品制造系统或服务系统进行分析、构思、设计并付诸实施,设计通常表现为物质设施(设备、土地、建筑物、公用事业)的一个平面布置或一种安排,用以优化人流、物流、信息流以及有效、经济、安全地实现企事业目标的措施之间的相互关系。"

德国的汉斯·克特纳等合著的《工厂系统设计手册》则认为:"工厂设计的任务是,在考虑众多总体条件和边界条件的情况下,为工厂创造实现企业目标、社会功能和国民经济功能所需的先决条件。也就是说,工厂设计要保证生产工艺流程既正确又经济,工厂人员能在良好的工作条件下进行工作。"

我国学者在《中国大百科全书》机械工程篇中,对"机械工厂设计"的释义是:"为新建、扩建或改建机械工厂进行规划,论证和编制成套设计文件。工厂设计是一项技术与经济相结合的综合性设计工作。"

综上所述,尽管各国学者对设施规划与设计所下的定义不同,但在以下两个方面却是一致的:

（1）设施规划与设计的对象是新建、扩建或改建的制造系统或服务系统;

（2）设施规划与设计的内容是通过综合分析、设计、规划、论证、修改和评价,使资源得到合理配置,使系统能够有效、经济、安全地运行,实现各个组织制定的预期目标。

因此,本书将设施规划与设计定义为:设施规划与设计是对新建、扩建或改建的制造系统或服务系统进行综合分析、设计、规划、论证、修改和评价,使资源得到合理配置,使系统能够有效、经济、安全地运行,实现各个组织制定的预期目标的一门工程学科。

二、设施规划与设计的范围

从物流工程的角度,设施规划与设计的范围可以界定为场（厂）址选择和设施设计两个组成部分。设施设计应用于工厂等工业部门,它主要包括布置设计、物料搬运系统设计、建筑设计、公用工程设计、信息系统设计。设施规划与设计的理论体系如图3-1所示。

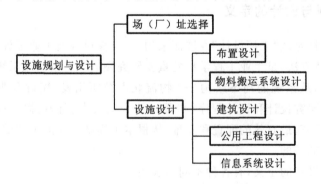

图3-1 设施规划与设计的理论体系

1. 场（厂）址选择

任何一个制造或服务系统都不能脱离环境而单独存在。外界环境对制造或服务系统输入劳动力、原材料、能源、科技和社会因素,同时,制造或服务系统又对外界环境输出其产品、服务、废弃物等。外界环境千变万化,制造或服务系统不断受外界环境影响而改变其活动;

制造或服务系统的活动结果又不断改变其周围环境。因此,制造或服务系统所在的地区和具体位置对运营非常重要。

场(厂)址选择就是对可供选择的地区和具体位置的有关影响因素进行分析和评价,达到场(厂)址最优化。

2. 布置设计

布置设计就是通过对系统物流、人流、信息流进行分析,对建筑物、机器、设备、运输通道、场地,按照物流、人员流、信息流的合理需要,做出有机组合和合理配置,使系统更加符合工艺要求,达到内部布置最优化。

3. 物料搬运系统设计

据资料统计分析,产品制造成本费用的20%~50%是用于物料搬运,物料搬运系统设计是对物料搬运的路线、运量、搬运方法和设备、储存场地等做出合理安排。

在物料搬运系统设计中,物料搬运系统分析 SHA(Systematic Handling Analysis)是一种重要的分析方法,其分析方法、分析程序与系统布置设计 SLP(Systematic Layout Planning)非常相似。

4. 建筑设计

建筑设计是根据对建筑物和构筑物的功能和空间的需要,在满足安全、经济、适用、美观的要求下,进行建筑和结构设计。

5. 公用工程设计

公用工程设计是对热力、煤气、电力、照明、给水、排水、采暖、通风、空调等公用设施进行系统、协调的设计,为整个系统的高效运营、改善劳动环境提供可靠的保证。

6. 信息系统设计

信息系统设计是对物料管理信息软件系统、计算机硬件系统以及通信传输系统进行的全面设计,促进生产、管理的现代化。随着计算机技术的广泛应用,信息网络系统的复杂程度也大幅提高,信息系统设计成为设施设计中的一个重要组成部分。

三、设施规划与设计的原则

为了达到优化系统人流、物流和信息流,有效、经济、安全地实现系统预期目标的目的,现代设施规划与设计应遵循如下原则。

(1) 减少或消除不必要的作业,这是提高企业生产率和降低消耗的最有效方法之一。只有在时间上缩短生产周期,空间上减少占地,物料上减少停留、搬运和库存,才能保证投入资金最少,生产成本最低。

(2) 以流动的观点作为设施规划的出发点,并贯穿规划设计的始终。因为制造系统的有效运行依赖于人流、物流、信息流的合理化。

(3) 运用系统的概念、系统分析的方法求得系统的整体优化。

(4) 重视人的因素,运用人机工程理论,进行综合设计,并考虑环境条件等因素对人的工作效率和身心健康的影响,包括空间大小、通道配置、色彩、照明、温度、湿度、噪声。

(5) 设施规划与设计是从宏观到微观,又从微观到宏观的反复迭代、并行设计的过程。

要先进行总体方案布置设计,再进行详细布置;而详细布置设计方案又要反馈到总体布置方案中,对总体方案进行修正。

总之,设施规划与设计就是要综合考虑各种相关因素,对制造系统或服务系统进行分析、规划、设计,使系统资源得到合理的配置。

四、设施规划与设计的图形符号

设施规划与设计采用一套多年来发展形成并在实际工作中广泛应用,或有关专业学会规定的图例符号。这套图例符号用于记录、表示和评定,既可作为节省时间的简写工具,又可作为同别人交流的手段;既可给规划人员提供统一的语言,又便于相关人员理解问题。

这套图例符号包括以下两个部分。

1. 流程和面积类型图例符号

这类图例符号表示流程、功能、作业和作业区。其中,流程类型的图例符号采用美国机械工程学会(the American Society of Mechanical Engineers,ASME)所定标准中的流程图例符号,颜色和阴影采用国际物流管理协会的标准,如表3-1所示。

表 3-1 流程和面积类型符号

流程和作业	室内的功能、作业和作业区	颜色	阴影
○ 操作	○ 初级工序:配料、成型、处理、加工	绿	⧄
	○ 次级工序:装配、灌瓶、包装	红	‖
⇨ 运输	⇨ 与运输有关的作业或作业区	橘黄	‖
⌒ 搬运	⬠ 搬运区	橘黄	‖
▽ 储存	▽ 储存作业或作业区	浅黄	⁙
D 停滞	D 卸货或停放区	浅黄	⁙
□ 检验	□ 检验、试验、校核区	蓝	═
	⌂ 服务、辅助作业或作业区	蓝	═
	⇧ 办公室、实验室及办公区	棕(灰)	▦
美国机械工程学会标准		国际物料管理协会标准	

对于室外场地和面积的颜色和阴影,要与室内的有一定区别,以免混淆。如在绘制场地布置图时,所有生产面积或室内区域都用紫色,其他室外面积尽量采用自然色彩,如表3-2所示。

表3-2 室外场地和面积图例符号

室内的功能、作业和作业区	颜色	阴影
室内区域（或生产面积）	紫	▨
绿化区、草地、美化区、空地	绿	▨
水、水池、水流、服务型建筑物或公用管线	蓝	≡
室外或露天库	橘黄	‖‖‖
办公楼、实验室、行政楼和人员服务楼	棕（灰）	≡
界和地段权范围	浅黄	— — —
建筑物轮廓		———
人行道和停车场	蓝	□▦
铁路、汽车路、货车停车场		▦

2. 评级和评价类型图例符号

这类图例符号用于等级评定和优劣评价，用元音字母、数值、线条、颜色表示。其中，颜色标志采用国际物料管理协会审定的标准，如表3-3所示。

表3-3 评级和评价类型符号

评定等级和评价尺度	字母	数值	线条数	颜色
绝对必要，近于完美无缺，特优	A	4	////	红
特别必要，特别好，优	E	3	///	橘黄
重要，获得重要效果，良	I	2	//	绿
一般，获得一般效果，中	O	1	/	蓝
不重要，获得不重要效果，劣	U	0		无色
不能接受，不能令人满意	X	−1	∿	棕（灰）
	XX	−2,−3,−4	∿∿	黑

第二节 场(厂)址选择

场(厂)址选择,也称设施选址,是设施规划与设计的重要内容之一。一个工厂设施或服务设施建在何处,将关系到该设施在今后长期生产运行的合理性、可靠性和经济性。场(厂)址选择选得好,不但可以缩短建设工期,降低造价,并且会对组织的长期运行产生重要影响,同时还会对社会经济、政治、文化与环保等领域产生深远影响。

一、场(厂)址选择的任务和意义

(一)场(厂)址选择的任务

1. 新建设施

新建设施,必须选择适当的场(厂)址。

场(厂)址选择就是要对可供选择的地区和地点的多种因素进行分析、评价,力争达到场(厂)址的最优化。它不仅存在于工业领域,而且在服务性行业也同样存在,尤其是在物流服务业。

2. 重建设施

当企业寻求降低成本和改善服务的新方法时,将物流和制造设施放置何处就变得非常重要了。重新设计企业的物流通路和物流网络,除了改善物流作业的效率和效果外,还可以在市场上对企业进行划分,促进企业占领细分市场,提高企业的竞争力。如某企业物流网络中的配送中心的削减,大大改善了物流服务水平。

场(厂)址选择分为以下两种。

(1)单一设施的场(厂)址选择。

根据确定的产品(或服务)、规模等目标为一个独立的设施选择最佳位置。

(2)复合设施的场(厂)址选择。

即要为某个企业(或服务业)的若干个下属工厂、仓库、销售点、服务中心等选择各自的位置,并使设施的数目、规模和位置达到最佳化。特别是在物流网络设计中,考虑一些关键的选址决定因素,重点确定物流区域的划分,具体位置的确定。

场(厂)址选择与企业的经营战略有关。例如,根据我国区域灾害特征和救灾工作的需要,全国在沈阳、天津、郑州、武汉、长沙、广州、成都和西安建立了8个中央级救灾物资储备仓库;麦当劳在全球范围内选择经营连锁店,就是由经营战略决定设施布置的典型案例。

场(厂)址选择包括地区选择和地点选择两项内容。这两项内容的实施有时是先选择建设的地区后进一步确定适宜的地点;有时这两项选择相互结合起来进行。

需要注意的是,场(厂)址选择常常需要其他有关人员(如地区/城市规划人员、勘测人员),甚至还需要环保部门的人员参与,而不能由设计人员单独完成。

(二)场(厂)址选择的意义

场(厂)址选择的好坏,对于生产力布局、城镇建设、企业投资、建设速度及建成后的生产经营好坏都具有重大意义。如果先天不足,会造成很大损失。因为场址一旦确定,设施建设完工,一般就无法轻易改动。

需要注意的是,场(厂)址选择是一个非常复杂的问题,它的好坏常常随时间和空间的变化而发生改变。有时很难判断。即使当前好,但十几年后是否还好就不好确定了。所以,随着规模经济的发展,城镇建设的进一步整体规划,重点工程的实施等多方面外部因素与自身内部的变化,使得有些场(厂)址不得不作出改变,如天津市的海河改造工程、城市地铁的发展、个人住房选址问题、某些企业造成的环境污染问题等。

场(厂)址选择应注意要进行充分的调查研究与勘察,要科学分析,不能凭主观意愿决定,不能过于仓促;要考虑自身设施、产品的特点,注意自然条件、市场条件、运输条件;要有长远考虑的观点。如果选址不当,就会给企业带来意想不到的损失。例如,位于天津红桥区河北大街的某饭店,由于忽略了交通问题,在建成之后就一直亏损。

目前,场(厂)址选择决策对企业未来的发展有着深远的意义。如今的经济、竞争和技术都处于动态变化的环境,目前定位的设施和即将制定的场(厂)址选择决策将会在物流、营销、制造和财务等领域对未来的成本产生巨大的影响。因此,场(厂)址选择时必须慎重考虑预计的商业环境,同时也要重视灵活性和不断满足顾客需求的适应性。所以在后面的章节中还要考虑第三方物流的选择。

二、工业生产力合理布局原则

场(厂)址选择的工业生产力布局原则,就是工业企业在全国各地区的地理分布。合理配置生产力,对充分利用全国各地的资源,合理调整经济结构,实现国民经济持续、稳定、协调的发展有重要意义。针对我国各地区经济发展阶段、生产力水平、自然条件、地理环境的差异,国家通过产业政策和生产力布局规划来指导项目和资金的投向,从而实现宏观调控。在不同的时期,中央和地方政府常常会对某些地区发展某些产业提供激励,如对筹集建设资金提供优惠条件、优惠税额,帮助获得市场和订货合同等。

基于如上分析,场(厂)址选择应符合国家生产力布局规划和有关政策,这样才能既满足国民经济发展的总体需要,又有利于企业自身的生存与发展。从某种意义上讲,场(厂)址选择过程就是工业生产力布局的过程。

工业生产力合理布局一般应遵循以下主要原则。

1. 最低成本原则

最低成本原则,即要求在完全成本最低的地点配置相应的生产力。完全成本是指产品在生产过程中的制造费用、输入物料的运输费用以及产品到达客户地点流通费用的总和。

2. 专业化分工协作原则

打破大而全、小而全和区域观念的束缚,集中自然资源、科学技术以及劳动生产力优势,发展跨地区的分工和协作,建立重点突出、具有特色的地区工业结构。如南京地区的扬子、仪征、南化和金陵由于分属石油部、化工部、商业部和南京地区4个不同部门的领导,故整体利益意识不强,而且面临开工不足、成本居高不下等问题。为此,1997年11月四个公司合并成中国东联石化工业总公司,直属国务院,挂靠经贸委。合并后年产值达400亿以上,具有了一定的规模,从而大大降低了成本。

3. 分散与集中相结合原则

即适度集中、合理分散。工业布点的适度集中,有利于企业之间的专业化协作分工。但是,工业布点的集中程度并非愈高愈好,合理分散将有利于各地区自然资源的充分利用,有利于缩短物料的运输距离。

4. 重点开发原则

一定时期内集中财力、物力形成重点建设地区,如开发西部地区。

5. 吸引外资合理投向原则

通过良好的投资环境,如土地使用、税收、销售经营等方面特殊的优惠政策,吸引外资投向国家急需发展的地区和行业,促进国民经济均衡发展,如开发区、保税区的建设与发展。

三、场(厂)址选择考虑的因素

场(厂)址选择需要考虑众多的、复杂的因素,涉及许多方面,尤其是市场条件、资源条件、运输条件、社会环境、行业竞争力等对场(厂)址选择的效果影响巨大,是首先需要考虑的因素。

(1) 市场条件。要充分考虑该地区的市场条件对企业的产品和服务的需求情况、消费水平及与同类企业的竞争能力。要分析在相当长的时期内,企业是否有稳定的市场需求及未来市场的变化情况。

(2) 资源条件。要充分考虑该地区是否可使企业得到足够的资源,如原材料、水、电、燃料等。例如,发电厂、化工厂等需要大量的水;制药厂、电子厂需要高度纯净的水;电解铝厂需要大量的电。因此,在选址时尽量选择靠近资源的地区。

(3) 运输条件。大型企业往往具有运量大、原材料基地多、进出厂货物品种复杂的特点。选择场(厂)址时,应考虑该地区的交通运输条件、能够提供的运输途径以及运力、运费等条件。铁路的运输效率高,但建设费用高;水路的运输费用低,但速度较慢。在选址时还要考虑是否可以利用现有的运输线路。

(4) 社会环境。要考虑当地的法律规定、税收政策等情况是否有利于投资。

当前国内很多地区在大力开展招商引资活动,对投资的企业有若干年的免税政策。

(5) 行业竞争力。为了成为有效的市场参与者,场(厂)址选择必须考虑竞争对手并加以详细分析,掌握行业的基本服务水平,并在此基础上,寻求恰当的市场定位,以发展自己的核心竞争力,企业忌讳扎堆布局、生产同样的产品,或者提供同样的服务。

对于这些影响场(厂)址选择的因素,本节将从成本相关性的角度和选址的主要决定因素这两个方面来进行分类。

1. 成本相关性角度

那些影响场(厂)址选择与成本有直接关系的因素,称为成本因素,可以用货币单位来表示其实际成本值;而那些影响场(厂)址选择与成本无直接关系的、但能间接影响产品成本和未来企业发展的因素称为非成本因素,如表3-4所示。

第三章 设施规划与设计

表 3-4 场(厂)址选择考虑的成本因素和非成本因素

成 本 因 素	非成本因素
1. 运输成本	1. 社区情况
2. 原料供应	2. 气候和地理环境
3. 动力和能源的供应量及成本	3. 环境保护
4. 水供应	4. 政治稳定性
5. 劳动力素质	5. 文化习俗
6. 建筑和土地成本	6. 当地政府政策
7. 税费、保险和利率	7. 扩展机会
8. 财务供应：资本及贷款的机会	8. 当地竞争者
9. 各类服务和保养费用	9. 公众对工商业的态度
……	……

(1) 主要的成本因素。

①运输成本。对于企业，运输成本在企业成本中占有较大的比重，所以选址时应注意使运输距离缩短、减少运输环节中装卸次数，并尽量靠近码头、公路、铁路等交通设施，且考虑铁路、公路、水路三者均衡问题。我国东西部经济发展差距之所以大，与运输条件有很大关系。

②原料供应。某些行业对原料的量和质都有严格的要求，如钢铁企业、煤矿等资源型企业，长期以来主要分布在原料产地附近，以降低运费，减少运输时间，从而得到较低的采购价格。由于技术进步导致单位产品原料消耗的下降；原料精选导致单位产品原料用量、运费的减少；工业专业化的发展导致加工工业向成品消费地转移；交通运输条件的改善，物流的快捷与通畅，导致单位产品运费的降低等。目前，工业生产对原料地的依赖性呈缩小趋势。尽管如此，采掘业、原料用量大或原料可运性小的加工工业选址仍以接近原料产地为佳。

③动力、能源的供应量和成本。对于火力发电厂、有色金属冶炼、石油化工等行业来说，动力能源的消耗在生产成本中的比重可占到 35%～60%。对于重型机器制造、水泥、玻璃、造纸等行业，动力、能源的供应量和成本的影响也是举足轻重的。

④水供应。酿酒工业、矿泉水、钢铁工业、水力发电厂等必须靠近江河水库。

⑤劳动力素质。劳动力素质对技术密集型和劳动密集型企业产生不同的影响，构成不同的劳动力成本。

⑥建筑成本。指土地的征用、赔偿、拆迁、平整的费用，并注意应尽量少占用农业用地。

(2) 主要的非成本因素。

①社区情况。包括服务行业、商店、加油站和娱乐设施的状况等。

②气候和地理环境。包括风力、风沙、温度、湿度、降雨量等。

气温对于产品和作业人员均会产生影响，过冷或过热都将增加气温调节的费用，潮湿多雨的地区不适合棉纺、木器、纸张的加工。

一般制造厂要求土地表面平坦，易于平整施工，如选择稍有坡度的地方，则可利用斜面，便于搬运和建造排水系统；在地震断裂层地带、下沉性地带、地下有稀泥或流沙、泥石流易发地带,以及在可开采的矿床或已开采过的矿坑上、有地下施工的区域应慎重选址。

③环境保护。为了防止制造系统的污染(包括空气污染、水污染、噪声污染、恶臭污染、放射污染以及固体废料污染等),各国和各地区都制定了保护当地居民及生态环境的各种环保法规。印度的博帕尔毒气泄漏事件、前苏联的切尔诺贝利核电站事故,使人类得到了血的教训。

④当地政府的政策。有些地区为了鼓励在当地投资建厂,划出工业区及各种经济开发区,低价出租或出售土地、厂房、仓库,并在税收、资金等方面提供优惠政策,同时拥有良好的基础设施情况。

2. 选址的主要决定因素

表 3-5 列出一系列在区域和具体地址选择方面的主要决定因素。这些因素以重要性的顺序列出来。每个因素的相对权重取决于所考虑选址决策的详细情况。

表 3-5　场(厂)址选择的主要决定因素

成 本 因 素	非成本因素
劳动力环境	可用运输方式
运输的可行性与便利性	卡车
靠近市场和顾客	飞机
生活水平	火车
税收等经济发展激励措施	轮船
供应商网络	大城市内/外
土地成本和配套设施	劳动力的可得性
企业优势	土地成本和税收
政策	配套设施

表 3-5 中所述的主要选址决定因素因行业和处在具体行业的各个企业而异。劳动密集型行业,如纺织、家具和家用电器等,将重点放在区域和地方市场上劳动力的可得性和成本上;而高技术行业,如计算机和外设、半导体及科学设备的制造商,则将大部分重心放在确保具有专业技能的高素质的劳动力以及靠近顾客市场上;对于像药品、饮料和印刷品及出版物这样的行业,竞争和物流成本巨大,因此,其对物流成本的构成非常重要。

下面讨论表中列出的区域性决定因素,根据具体情况获取。

(1)劳动力环境。指劳动力的可得性、成本和劳动力的联合程度、技能水平和工作方面的道德规范,以及生产力和当地政府的支持情况及失业率等。

(2)运输的可行性。由于对高质量、可靠性运输的需要,对运输设施的运输能力范围进行选取与评价,如 FedEx、UPS、DHL 等,这些企业提供时效性非常强的服务。

(3)靠近市场和顾客。靠近市场这一因素通常考虑物流和竞争两个方面的变量。物流变量包括运输可能性、运输成本和所供应地市场的规模。虽然有些公司都优先将物流设施放置在靠近市场和顾客的地方,但从成本上考虑,一个过于复杂的物流网络可能不具有优势。同时,从物流设施的及时性方面看,高质量运输服务和有效信息技术的可得性都引起地理区域的扩张。

(4) 生活水平。生活水平影响人们的购买力,同时也影响员工的精神状态和工作质量。

(5) 税收等经济发展激励措施。国家和地方政府的税收政策等经济发展措施是决定企业发展的重要因素,也有利于促进一国或地区的经济发展。因此,企业在选址时必然要考虑到税收等经济发展环境的影响。

(6) 供应商网络。就制造业而言,研究原材料和部件的可得性和成本,以及将这些材料运到计划中的工厂所在地的运输成本有非常重要的意义。供应商的进货运送成本和服务敏感性都需要考虑。

(7) 土地成本和配套设施。根据所考虑设施的不同类型,土地成本和需要的配套设施具有不同的意义。以制造工厂或配送中心为例,它可能需要一个最小面积的土地规模,以备当时使用和未来的扩张。这就意味着潜在的巨大费用。地方建筑法规和建筑成本等因素是需要考虑的重要因素。同时,电力、排污和工业废物处理等设施的可用性和费用都需要作为考虑因素进入决策制定过程。

四、场(厂)址选择的步骤和内容

场(厂)址选择的基本流程如图 3-2 所示。

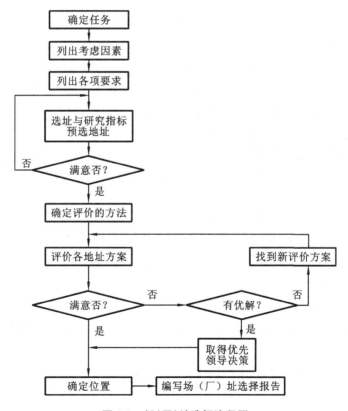

图 3-2 场(厂)址选择流程图

按照工作内容,场(厂)址选择的基本流程可分为四个阶段,每个阶段的具体任务如下。

1. 准备阶段

(1) 企业生产的产品品种及数量(生产纲领或设施规模);

(2) 要进行的生产、储存、维修、管理等方面的作业;

(3) 设施的组成、主要作业单位的面积及总平面草图;

(4) 计划供应的市场及流通渠道;

(5) 需要资源(原料、材料、动力、燃料、水等)的估算数量、质量要求与供应渠道;

(6) 产生的废物及其估算数量;

(7) 概略运输量及运输方式的要求;

(8) 需要的职工的概略人数及等级要求;

(9) 外部协作条件;

(10) 信息获取方便与否。

2. 地区选择阶段

(1) 走访行业主管部门;

(2) 选择若干地区,收集资料;

(3) 进行方案比较;

(4) 各方面(生产、供应、销售、财务等)参加人员比较。

3. 地点选择阶段

组成场(厂)址选择小组到初步确定地区内的若干地点进行调查研究和勘测,包括:

(1) 从当地城市建设部门取得备选地点的地形图和城市规划图,征询地点选择的意见;

(2) 从当地气象、地质、地震等部门取得有关气温、气压、湿度、降雨及降雪量、日照、风向、风力、地质、地形、洪水、地震等历史统计资料;

(3) 进行地质水文的初步勘察和测量,取得有关勘测资料;

(4) 收集当地有关交通运输、供水、供电、通信、供热、排水设施的资料,并交涉有关交通运输线路、公用管线的连接问题;

(5) 收集当地有关运输费用、施工费用、建筑造价、税费等经济资料;

(6) 对各种资料和实际情况进行核对、分析及各种资料的测算,经过比较,选定一个合适的场址方案。

4. 编制报告阶段

(1) 对调查研究和收集的资料进行整理;

(2) 根据技术经济比较和分析统计的成果编制出综合材料,绘制出所选地点的设施位置图和初步总平面布置;

(3) 编写场(厂)址选择报告,对所选场址进行评价,供决策部门审批。

5. 场(厂)址选择报告内容

(1) 场(厂)址选择的依据(如批准文件等);

(2) 建设地区的概况及自然条件;

(3) 设施规模及概略技术经济指标,包括占地估算面积、职工人数、概略运输量、原材料及建筑材料需要量等;

(4) 各场(厂)址方案的比较,包括自然条件比较、建设费用及经营费用比较、环境影响比较、经济效益比较等;

(5) 对各场(厂)址方案的综合分析和结论;

(6) 当地有关部门的意见;

(7) 附件,包括各项协议文件的抄件;区域位置、备用地、交通线路、各类管线走向;设施初步总平面布置图等。

五、场(厂)址选择方法

影响场(厂)址选择的因素很多,有些因素可以定量,转为经济因素,而有些则只能是定性的非经济因素分析。在进行场(厂)址选择的综合分析中,一般根据条件采用定量与定性相结合的方法来解决场(厂)址选择问题。常用的场(厂)址选择方法有优缺点比较法、重心法、线性规划——运输法、德尔菲分析模型、网络布点模型等。

1. 优缺点比较法

优缺点比较法是一种最简单的场(厂)址选择方法,尤其适用于非经济因素的比较。如果几个场(厂)址方案在费用和效益方面比较近似,则非经济因素就可能成为考虑的关键因素,此时可采用优缺点比较法对若干方案进行分析比较。

常见的场(厂)址方案中非经济因素有区域位置、面积及地形、地势与坡度、风向、日照、地质条件(如土壤、地下水、耐压力)、土石方工程量、场(厂)址现在所有者、拆迁、赔偿情况、铁路与公路交通情况、与城市的距离、供电、供水、排水、地震、防洪措施、经营条件、协作条件、建设速度等。

在实际操作时,先确定选址决策要考虑的因素,然后根据这些因素的相对重要性程度确定其各自的权重,再对各备选场址的各决策因素比较打分,最后给出综合比较结果。计算处理方法参见本节其他方法中的"关联矩阵法"。

2. 重心法

场(厂)址选择时,如果生产费用中运费是很重要的因素,而且多种原材料由多个现有设施供应,则可根据重心法确定场址位置。这种方法适用于运输费率相同的产品,使求得的场址位置离各个原材料供应地的距离乘以各点供应量之积的总和为最小。归结起来,重心法的思想是:在确定的坐标系中,各个原材料供应点坐标位置与其相应供应量、运输费率之积的总和等于场所位置坐标与各供应点供应量、运输费率之积的总和。

假设 $P_0(x_0, y_0)$ 表示所求设施的位置,$P_i(x_i, y_i)$ 表示现有设施(或各供应点)的位置 ($i=1,2,\cdots,n$),则重心法中的坐标图如图 3-3 所示。图中 w_i 表示第 i 个供应点的运量。若用 c_i 表示各供应点的运输费率,则根据重心法有:

$$\left. \begin{array}{l} \sum_{i=1}^{n} x_i w_i c_i = x_0 \sum_{i=1}^{n} w_i c_i \\ \sum_{i=1}^{n} y_i w_i c_i = y_0 \sum_{i=1}^{n} w_i c_i \end{array} \right\} \quad (3-1)$$

重心坐标为

$$\left.\begin{array}{l}x_0 = \dfrac{\sum\limits_{i=1}^{n} x_i w_i}{\sum\limits_{i=1}^{n} w_i} \\[2ex] y_0 = \dfrac{\sum\limits_{i=1}^{n} y_i w_i}{\sum\limits_{i=1}^{n} w_i}\end{array}\right\} \qquad (3\text{-}2)$$

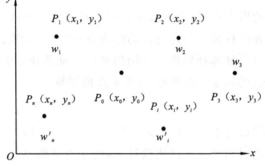

图 3-3 重心法中的坐标图

[例 3-1] 某汽车制造厂,每年需要从 P_1 地运来钢材,从 P_2 地运来铸铁,从 P_3 地运来焦炭,从 P_4 地运来各种造型材料。各地与某城市中心的距离和每年的材料运量如表 3-6 所示。

表 3-6 距离、运量表

原材料供应地及其坐标	p_1		p_2		p_3		p_4	
	x_1	y_1	x_2	y_2	x_3	y_3	x_4	y_4
距城市中心的坐标距离/km	20	70	60	60	20	20	50	20
年运输量/t	2000		1200		1000		2500	

解 利用方程(3-2)得

$$\left.\begin{array}{l}x_0 = \dfrac{20 \times 2000 + 60 \times 1200 + 20 \times 1000 + 50 \times 2500}{2000 + 1200 + 1000 + 2500} \text{ km} = 38.3 \text{ km} \\[2ex] y_0 = \dfrac{70 \times 2000 + 60 \times 1200 + 20 \times 1000 + 20 \times 2500}{2000 + 1200 + 1000 + 2500} \text{ km} = 42.1 \text{ km}\end{array}\right\}$$

该场址应选在坐标(38.3,42.1)的位置,单位为 km。

需要注意:按重心法求得场(厂)址位置是否适合建厂,还要考虑其他因素并通过综合分析选定。

3. 线性规划——运输法

线性规划法是一种最优化技术,在考虑特定约束条件下,从众多备选方案挑选出最佳行动方案。对于物流问题最为广泛使用的线性规划形式是网络最优化。运输法作为网络最优化方法,其目标是在给定的供给、需求和生产能力的约束条件下,使生产、输入运输、输出运输的可变成本最小化。而对于复合设施的选址问题,如对于一个公司设有多个工厂、多个分销中心(或仓库)的选址问题,用线性规划——运输法求解,使得所有设施的总运费最小。

运输法的数学模型如下：
目标函数
$$f_{\min} = \min \sum_{i=1}^{m} \sum_{j=1}^{m} C_{ij} X_{ij} \tag{3-3}$$

约束条件
$$\left.\begin{array}{l} \sum_{i=1}^{m} x_{ij} = b_j \\ \sum_{j=1}^{n} x_{ij} = a_i \\ x_{ij} \geqslant 0 \end{array}\right\} \tag{3-4}$$

式中：m——工厂数；

n——销售点数；

a_i——工厂 i 的生产能力，$i=1,2,\cdots,m$；

b_j——销售点 j 的需求，$j=1,2,\cdots,n$；

c_{ij}——在工厂 i 生产的单位产品运到销售点 j 的生产运输费用；

x_{ij}——从工厂 i 运到销售点 j 的产品数量。

[例 3-2] 已有两个工厂 F_1 和 F_2，供应 4 个销售点 P_1、P_2、P_3、P_4。由于需求量不断增加，须再设一个工厂。可供选择的地点是 F_3 和 F_4。试求：在其中选择一最佳厂址。根据资料分析，各厂单位产品生产和运输费用的总费用如表 3-7 所示。约束条件是工厂不能超过其生产能力，销售点不能超过其需求量。

表 3-7 生产、运输总费用表

从至点	P_1/万元	P_2/万元	P_3/万元	P_4/万元	年产量/台
F_1	8.00	7.80	7.70	7.80	7000
F_2	7.65	7.50	7.37	7.15	5500
F_3	7.15	7.05	7.18	7.65	12500
F_4	7.08	7.20	7.50	7.45	12500
需求量/台	4000	8000	7000	6000	

解 根据运输法，用最小费用分配法进行求解。其程序是：在不超过产量和需求量的条件下，将产品尽可能地分配到总费用最少的组合中去。如果第一次只分配和满足了一部分，就继续进行分配。依此类推，直至需求全部满足，产量全部分配完毕。

（1）若新厂设在 F_3，具体步骤如下。

①表 3-7 中 $F_3 - P_2$ 组合的费用最少，为 7.05 万元。但需求量仅为 8000 台，就把 F_3 的 8000 台分配给 P_2，还有 4500 台的剩余产量。由于 P_2 的需求量已全部满足，这一列可以不再考虑。

②其余组合中费用最少的是 $F_3 - P_1$ 和 $F_2 - P_4$，都是 7.15 万元。可把 F_3 的 4500 台剩余产量中的 4000 台分配给 F_3。这时，P_1 的需求已全部满足，这一列可以不再考虑。F_3 还有 500 台剩余产量。

③其余组合中费用最少的是 $F_2 - P_4$，可把 F_2 的 5500 台产量全部分配给 P_4。F_2 的产量

已全部分配完毕。

④其余组合中费用最少的是 F_3-P_3，是 7.18 万元。可把 F_3 的 500 台剩余产量分配给 P_3。这时，F_3 的产量已全部分配完毕。

⑤其余组合中费用最少的是 F_1-P_3，是 7.7 万元。P_3 还需要 6500 台，可把 F_1 产量中的 6500 台分配给 P_3。这时，P_3 的需求量已全部满足，这一列可以不再考虑。

⑥最后，P_4 还有 500 台的需求量尚未满足，由 F_1 的 500 台剩余产量分配给 P_4。至此，所有销售点都得到满足，所有产量都分配完毕。

所有产量分配如表 3-8 所示。

表 3-8 设厂于 F_3 处的产量分配

至 从	P_1	P_2	P_3	P_4	年产量/台
F_1	8.00	7.80	⑤ 7.70 6500	⑥ 7.80 500	7000
F_2	7.65	7.50	7.35	③ 7.15 5500	5500
F_3	② 7.15 4000	① 7.05 8000	④ 7.18 500	7.65	12500
需求量/台	4000	8000	7000	6000	25000

这样，设厂于 F_3 处，全部费用至少为

$C_3 = (6500 \times 7.70 + 500 \times 7.80 + 5500 \times 7.15 + 4000 \times 7.15 + 8000 \times 7.05 + 500 \times 7.18)$ 万元
$= 181865$ 万元

(2) 若设厂于 F_4 处，相同解法，得结果如表 3-9 所示。

同样可得设厂于 F_4 处的全部费用至少是

$C_4 = (7000 \times 7.70 + 5500 \times 7.15 + 4000 \times 7.08 + 8000 \times 7.20 + 500 \times 7.45)$ 万元
$= 182870$ 万元

两方案比较有 $C_4 > C_3$，所以选 F_3 设厂为优，可节省生产运费：

$C_4 - C_3 = (182870 - 181865)$ 万元 $= 1005$ 万元

表 3-9 设厂于 F_4 处的产量分配

至 从	P_1	P_2	P_3	P_4	年产量/台
F_1	8.00	7.80	⑤ 7.70 7000	7.80 0	7000
F_2	7.65	7.50	7.35	② 7.15 5500	5500
F_3	① 7.08 4000	③ 7.20 8000	7.50	④ 7.45 500	12500
需求量/台	4000	8000	7000	6000	25000

以上是产销平衡问题的解法,对于产销不平衡问题,可通过增加产地或销地的方法,将问题转化为产销平衡问题求解,最后求得最佳场址位置。

4. 德尔菲分析模型

典型的布置分析考虑的是单一设施的选址,其目标不外乎是供需之间的时间或距离最小化、成本的最小化、平均反应时间的最小化等。但是,有些选址分析涉及多个设施和多个目标,其决策目标相对模糊,甚至带有感情色彩。解决这类选址问题的一个方法是使用德尔菲(Delphi)分析模型。该模型在决策过程中考虑了各种影响因素。使用德尔菲分析模型涉及三个小组,即协调小组、预测小组和战略小组。每个小组在决策过程中发挥不同的作用。

使用德尔菲分析模型的步骤如下。

(1) 成立三个小组:协调小组、预测小组和战略小组。协调小组充当协调者,负责设计问卷和指导德尔菲调查;预测小组负责预测社会的发展趋势和影响企业的外部环境;战略小组则确定企业的战略目标及优先次序。

(2) 识别存在的威胁和机遇。

(3) 确定企业的战略方向和战略目标。

(4) 提出备选方案。

(5) 优化备选方案。

在考虑企业优势和劣势的基础上,该模型可识别出企业的发展趋势和机遇。

此外,模型还考虑了企业的战略目标,在场(厂)址选择中被作为一种典型的综合性群体决策方法广泛使用。

5. 其他方法

除了以上方法外,下面的方法亦在场(厂)址选择中使用。

1) 费用-效果分析法

这是对技术方案的经济效果进行分析评价的一种方法。它的实质是要求系统给社会提供财富或服务价值——效益,必须超出支出费用。该方法以经济评价为主,是所有评价方法的基础。

2) 关联矩阵法

该方法是对多目标系统方案从多个因素出发进行综合评定优劣程度的方法,基本原理如表 3-10 所示。

表 3-10 关联矩阵表

评价指标		x_1	…	x_n	综合评价结果
指标权重		w_1	…	w_n	
备选方案	A_1	v_{11}	…	v_{1n}	$v_1 = \sum_{j=1}^{n} v_{1j} \cdot w_i$
	⋮	⋮		⋮	⋮
	A_m	v_{m1}	…	v_{mn}	$v_m = \sum_{j=1}^{n} v_m \cdot w_j$

注:其中 v_{ij} 是 i 方案的 j 指标的百分制评分值。

3）层次分析法（AHP法）

该方法是一种定性与定量相结合的评价与决策方法。它将评价主体或决策主体对评价对象进行的思维过程数量化。应用AHP方法，首先将评价对象的各种评价要素分解成若干层次，并按同一层次的各个要素以上一层次要素为准则，进行两两的比较、判断和计算，来求得这些要素的权重，从而为选择最优替代方案提供依据。

4）基于遗传算法的选址模型

该模型利用遗传算法采用全局寻优和优胜劣汰的随机搜索策略，使得模型具有较好的动力学特性，可有效、快速求得选址问题的全局（或近似）最优解。

5）仿真技术

应用仿真技术仿真计算场址选择所构建物流系统的相关费用。静态仿真试图设计一种特定计划的结果或未来行动的路径。静态仿真是一个非常灵活的工具，它可对广大的复杂渠道结构范围进行评估。一个综合性的静态仿真器的能力及运作范围，较最优化技术更能就市场、产品、分销设施及运输量大小，进行更为详细的重要的合成。

近年来选址方法发展很快，除以上介绍的以外，还有整数或混合整数规划法、蒙特卡洛法、启发式规划法等。

第三节　设施布置设计

设施布置设计（Facility Layout）是设施规划与设计的又一个重要研究领域。

设施布置设计主要研究企业在各种不同情况下的生产或服务设施布置问题，并提出有助于布置设计的技术方法和指导方针。不仅各种有形产品的生产和服务设施会碰到布置和重新布置的问题，即使是非有形产品生产的服务性系统，如百货公司、宾馆、饭店等也同样面临这个问题。

设施布置应用于工厂等工业部门，也可称为工业设施设计，它主要包括工厂布置、物料搬运系统设计、建筑设计、公用工程设计、信息通信系统设计。本章主要研究工厂设备布置。

一、设施布置设计的含义与内容

设施布置设计是指根据企业的经营目标和生产纲领，在已确认的空间场所内，按照从原材料的接收、零部件和产成品的制造、成品的包装和发运的全过程，力争将人员、设备和物料所需要的空间做最适当的分配和最有效的组合，以获得最大的经济效益。

设施布置包括工厂总体布置和车间布置。工厂总体布置设计要解决工厂各个组成部分，包括生产车间、辅助生产车间、仓库、动力站、办公室、露天作业场地等各种作业单位和运输线路、管线、绿化及美化设施的相互位置，同时要解决物料的流向和流程、厂内外运输的连接及运输方式。

车间布置设计要解决各生产工段、辅助服务部门、储存设施等作业单位及工作地、设备、通道、管线之间的相互位置，同时也要解决物料搬运的流程及运输方式。

当企业出现如下情况之一时，通常需要进行制造系统的设计与平面布置。

(1) 新建与扩建企业。一旦选定了厂址，就需要进行全面的工厂布置。

(2) 产品需求的变化。当产品需求量远远超过了现有制造系统生产能力时就需要新建或扩建厂房。而产品需求量发生较小变化时,会使得原有制造系统出现不平衡现象,因此需要对制造系统进行调整。

(3) 产品的更新与新产品开发。新产品投入生产后,原有制造系统的平衡被打破,而且新产品往往要求新的设备或新的生产线,因此需要对原有布置重新作出调整。

(4) 新技术新工艺的引入。新技术新工艺的引入往往改变原有的生产工艺过程,进而影响物流系统的工作状态,此时需要对制造系统进行改进乃至重新布置。

(5) 制造系统发现薄弱环节,或物流系统显著不合理,也有必要进行局部的重新布置。

此外,还有许多诸如安全因素、环境因素等都可能要求对制造系统进行重新布置。

合理的平面布置,能够充分发挥制造系统的生产能力。若一个不合理的平面布局投入使用,就需要经常改建或调整,会给生产造成混乱,阻碍效率的提高并增加生产成本。

二、设施布置的目标和目标决策依据

设施布置的主要目标如下。

(1) 符合工艺过程的要求。尽量使生产对象流动顺畅,避免工序间的往返交错,使设备投资最小,生产周期最短。

(2) 最有效地利用空间。要使场地利用达到适当的建筑占地系数(建筑物、构筑物占地面积与场地总面积的比率),使建筑物内部设备的占有空间和单位制品的占有空间较小。

(3) 物料搬运费用最少。要便于物料的输入和产品、废料等物料运输路线短捷,尽量避免运输的往返和交叉。

(4) 保持生产和安排的柔性。使之适应产品需求的变化、工艺和设备的更新及扩大生产能力的需要。

(5) 适应组织结构的合理化和管理的方便。使有密切关系或性质相近的作业单位布置在一个区域并就近布置,甚至合并在同一个建筑物内。

(6) 为职工提供方便、安全、舒适的作业环境。使之合乎生理、心理的要求,为提高生产效率和保证职工身心健康创造条件。

有时,这些目标相互矛盾。例如,对性质相近的作业单位布置在一个区域可能满足了第(5)条目标,但却可能导致物流量的增大;同样,满足了尽量减少往返这一目标,做出的布置有可能违反柔性目标。因此,上述任何一项目标,都不能无视其他目标的存在而片面地应用。虽然布置的方法越来越科学化,但如同不存在包治百病的灵丹妙药一样,尚不存在着能解决一切问题的方法。所以说,和家庭布置一样,工厂布置在一定程度上仍然是一种艺术,或者说具有科学加艺术的性质。

设施布置决策,可以定义为确定制造系统内各物质部分的最优安排。这里的"物质部分"不仅包括主体设备,如直接参与生产加工的机器设备,还包括其他辅助设施,如陈列架、消耗品的物料箱、灯具工具箱等。设施布置需要决策部门的位置,部门内的工作组、工作站、机器的位置以及在制品储存位置等,目的在于以一种顺利的工作流(工厂内)或一种特殊的流动方式(服务组织内)来安排这些要素。解决布置决策问题,主要取决于以下几方面。

(1) 系统应达到的目标,作为布置决策的第一重要依据。储存费用、劳动力、闲置设备和保管费用保持在一定的水平之下,达到预期的产量和利润。这些因素的大部分是存在于所有布置决策中的,但它们的相对重要性却不完全一致。例如,即使经营面积相同的百货商店都有部门经理、售货员和售货柜台,但不是都能设计成可盈利的商店(不考虑经理人员的管理水平和售货员的本身素质的高低)。

(2) 系统对产品和服务的需求,作为布置决策的第二重要依据,需求量的预测对布置决策的"目标确定"有着重要意义。在这方面,我们关心的是当前的与未来的需求量水平以及产品品种搭配。依据多变市场、技术更新与产品的更新换代,不同类型的产品在布置策略上将有明显的区别。

(3) 加工过程的要求,作为布置决策的第三重要依据。它是所选择布置类型的主要约束条件。

(4) 建筑物或场所的有效空间,作为布置决策的第四重要依据。

布置一般是约束在建筑物的实际范围以内的。根据系统各部门之间物流和人流的大小,决策场所空间的有效利用率。当系统目标、用户需要、加工过程、空间有效利用率确定后,下一步就是要把这些因素转变为需要容量和有效容量的数量估算。"需要容量"指必须满足目前需要的生产能力和满足经过一段时间后的生产能力两方面,"有效容量"指通过重新布置现有设施而获得的生产能力,或是通过布置新的设施而获得的生产能力(在预算限度内)。

要想获得对一能力的数量估计,首先要适当地选择生产能力的测定单位。部分制造系统生产能力的测定单位如表3-11所示。

表 3-11 部分制造系统的能力容量单位

系　　统	单　　位
钢铁公司	吨数/时间周期
炼油厂	桶数/时间周期
航空公司	可用飞机数/时间周期
纺织公司	织物米数/时间周期
饭店	座位容量
医院	病床数
汽车厂	生产车辆数/年
大学	学生数/年
百货商店	销售收入/平方米场地

知道了设施布置的依据和生产能力的测定单位,就可以开始对设施进行布置了。理想情况是,布置能适应环境状态的变化(使得布置的计划工作,除了考虑到现有产品当前与未来需求的变化外,还考虑到新产品),能适应工艺与材料方面的技术突破,而不必花很多钱去做重新布置。

三、设施布置分析的基本要素

好的设施布置设计,要考虑众多因素。按照理查德·缪瑟的观点,影响布置设计最基本的要素是：P(Products)，系统中物料的种类，包括在制品、原材料和产成品；Q(Quantity)，数量，指物料在单位时间流动的量，也指物料的总量；R(Routing)，路线，包括工艺路线、生产流程、各工件的加工路线以及形成的物流路线；S(Service)，公用设施、辅助部门及与周围环境有关的非物流部门，如维修部门、搬运设备、信息传递的设备部门等；T(Timing)，时间安排和时间性因素。这5个要素是建立有效的布置方案的关键，因此被形象地称为解决布置问题的钥匙，如图3-4所示。

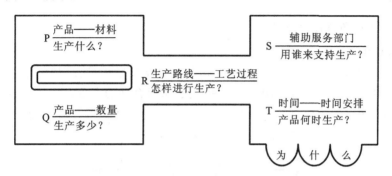

图 3-4 解决布置问题的钥匙(P、Q、R、S、T)

1. P

P(产品或材料或服务)指系统所生产的商品、原材料、加工的零件、成品或提供服务的项目。这些资料由生产纲领(工厂的和车间的)和产品设计提供，包括项目、种类、型号、零件号、材料等。产品这一要素影响着设施的组成及其相互关系、设备的类型、物料搬运的方式等。

2. Q

Q(数量或产量)指所生产、供应或使用的产品量或服务的工作量。其资料由生产统计和产品设计提供，用件数、重量、体积或销售的价值表示。数量这一要素影响着设施规模、设备数量、运输量、建筑物面积等。

3. R

R(生产路线或工艺过程)是工艺过程设计的成果，可用设备表、工艺路线卡、工艺过程图等表示。它影响着各作业单位之间的关系、物料搬运路线、仓库及堆放地的位置等。

4. S

S(辅助服务部门)指公用、辅助、服务部门，包括工具、维修、动力、收货、发运、铁路专用线、卫生站、更衣室、食堂、厕所等，由有关专业设计人员提供。这些部门是生产的支持系统，在某种意义上加强了生产能力。有时，辅助服务部门的总面积大于生产部门所占的面积，必须给予足够重视。

5. T

T(时间或时间安排)指在什么时候、用多长时间生产出产品，包括各工序的操作时间、更换批量的次数。在工艺过程设计中，根据时间因素可以求出设备的数量、需要的面积和人员，平衡各工序的生产能力。这些都是影响着仓储、收货、发运以及辅助部门配合的因素。

当然，要完成布置设计，还必须在掌握五项基本要素的基础上，收集和分析其他有关因素,包括城市规划、外部协作条件、交通运输条件、地质水文条件、自然条件,以及关于职业安全和卫生、消防、环境保护、建筑、道路、通道等方面的技术规范、规程和标准等。

四、设施布置设计原则、形式及运用

(一)设施布置的原则

1. 工厂总平面布置设计原则

(1) 要符合生产工艺要求。

工厂布置要符合生产工艺要求,使生产工艺运输路线通畅、连续和短捷,尽量避免主要工艺路线交叉往返。为此需要采用物流分析方法,求得合理的布置。如根据经验,机械加工工厂的总平面布置一般可以划分为厂前区、冷加工区、热加工区和厂后区,如图3-5所示。

图 3-5 机械加工工厂的一般区域布置

与铸造车间、锻造车间、锅炉房等有关的大宗原材料,如生铁、废钢铁、焦炭、型砂、耐火材料、煤等库房和露天堆场宜安放在厂后区,与进厂铁路和货运道路结合布置,使之尽可能短捷地进入热加工区的各车间和站房。

铸造车间、锻造车间和锅炉房等布置在热加工区,一方面靠近原材料库和堆场,使用方便;另一方面热加工车间生产的铸件、锻件等毛坯可方便地进入冷加工区的各加工车间。

冷加工区布置在热加工区和厂前区之间,可使生产路线通顺,又由于冷加工车间比较洁净,外形整齐,因而在布置设计中通常把工厂主要干道放在冷加工车间之间。

厂前区是工厂与城市以及住宅区联系起来的枢纽,一般包括办公楼、主要出入口、行政车库、自行车库、医务所、食堂、浴室等;辅助车间、仓库和动力设施,应尽量靠近它所服务的主要车间。

(2) 要满足防火、防爆、防振和防噪声。

安全生产是工厂布局首先要考虑的问题,在某些危险生产部门之间应留出适当的防火、防爆间距。振动会影响精密作业车间的生产,因此精密车间必须远离振源或采用必要的隔振措施。例如,机械厂的精加工车间及计量部门应远离锻造车间或冲压车间。噪声不仅影响工作,而且还会摧残人的身体健康,因此,在工厂总平面布置时要考虑防噪声问题:一可以采取隔音措施,降低噪声源发出的噪声级;二可以采取使人员多的部门远离噪声源等方法。

(3) 利用气候等自然条件,减小环境污染。

生产中产生的有害烟雾和粉尘会严重影响工作人员的身体健康,并会造成环境污染。进行工厂总平面布置前,必须了解当地全年各季节风向的分布、变化转换规律,利用风向变化规律避免空气污染。另外,建筑物的朝向也是工厂总平面布置时应注意的问题,特别是对日照、采光和自然通风要求较高的建筑物,更应注意这个问题。

(4) 合理紧凑布置，节约建设用地。

节约用地是我国的一项基本国策。工厂设计中，在确保生产和安全的前提下，应尽量合理地节约建设用地。在工厂总平面布置时可以采取如下措施。

首先，根据运输、防火、安全、卫生、绿化等要求，合理确定通道宽度以及各部门建筑物之间的距离，力求总体布局紧凑合理。

其次，在满足生产工艺要求的前提下，将联系密切的生产厂房进行合并，建成联合厂房。联合厂房不仅能节约用地，还可收到缩短运输距离，改善车间工艺流程的效果。

最后，合理预留建筑发展用地，除必须在车间周围预留扩建用地之外，整块建筑发展用地尽可能留在厂区外，做到近期建设与远景发展相结合，并使近期建设集中，避免过早、过多地占用土地。

(5) 具体布置时，还应注意如下几个方面。

其一，要满足厂区内外交通运输要求，尽量避免人流与货运路线交叉，一般大中型工厂应将人员和汽车货运出入口分开设置。厂区铁路干线宜与主要人流道路平行布置，避免交叉。

其二，厂区前和厂区主要道路两侧的建筑物在外形、色彩等处理上要取得相互呼应和协调，使之具有整齐、简洁的轮廓线，形成有建筑艺术的整体，并能丰富城市街区面貌。

其三，要结合区域地形、地质条件进行总体布置，一般建筑物宜顺地形等高线布置，避免建筑物处在深挖高填的地段上，当地形坡度较大时，设计成不同宽度的台阶地。主要生产车间要布置在地质条件较好、地下水位较深的地段，避免地质软弱、滑坡不稳定的地段。

其四，厂区建筑占地系数。即构筑物的建筑面积与全厂厂区面积之比，以百分数表示，这是工厂布置的主要考核指标之一。建筑系数过高，会使厂区运输条件复杂化，生产条件和卫生条件恶化。建筑系数过低则造成土地浪费。一般新建的综合性机械工厂建筑系数应以 $25\%\sim35\%$ 为宜。冷加工专业厂的建筑系数可高一些。

最后，对于改建、扩建的项目，在布置时，应尽可能利用原有建筑、构筑物和工程管线。

2. 车间布置设计原则

(1) 确定设备布置形式。

根据车间的生产纲领，分析产品-产量关系，确定生产类型是大量生产、成批生产还是单件生产，由此决定车间设备布置形式是采用流水线式，或者是单元式，还是机群式。

(2) 满足工艺流程要求。

车间布置应保证工艺流程顺畅、物料搬运方便，减少或避免往返交叉物流现象。

(3) 实行定置管理，确保工作环境整洁、安全。

车间布置时，除对主要生产设备安排适当位置外，还需对其他所有组成部分包括在制品暂存地、废品废料存放地、检验试验用地、工人工作地、通道、辅助部门（如办公室、生活卫生设施）等安排出合理的位置，确保工作环境整洁及生产安全。

(4) 选择适当的建筑形式。

根据工艺流程要求及产品特点，配备适当等级的起重运输设备，进一步确定建筑物高度、跨度、柱距及外形。

此外还应注意采光、照明、通风、采暖、防尘、防噪声，并应使布置具备适当的柔性，以适应生产的变化。

(二) 设施布置的基本形式

1. 按工作流程形式分类

设施布置形式受工作流程形式的限制,它有三种基本类型(基于工艺布置(Process Layout)、基于产品布置(Product Layout)、定位布置(Fixed Layout))和一种混合类型(成组技术布置(Group Layout))。

(1) 基于工艺布置。

基于工艺布置又称机群布置或功能布置,是一种将相似设备或功能集中布置在一个地方的布置形式,比如按车床组、磨床组等分区。被加工的零件,根据预先设定好的流程顺序,从一个地方转移到另一个地方,每项操作都由适宜的机器来完成。它适用于多品种小批量的生产方式。超市、医院是采用基于工艺布置的典型。

(2) 基于产品布置。

基于产品布置也称装配线布置,是一种根据产品制造的步骤来安排设备或工作过程的方式。产品流程是一条从原料投入到成品完工为止的连续线。固定制造某种部件或某种产品的封闭车间,其设备、人员按加工或装配的工艺过程顺序布置,形成一定的生产线,适用于少品种、大批量的生产方式。

(3) 定位布置。

产品(由于体积或重量庞大)停留在一个位置上,设备、人员、材料都围绕着产品而转。飞机制造厂、造船厂、建筑工地等都是这种布置方式的实例。

(4) 成组技术布置。

它是将不同的机器组成加工中心(工作单元)来对形状和工艺相似的零件进行加工。成组技术布置和基于工艺布置的相似点是加工中心完成特定的工艺过程。加工中心完成的品种有限,适应于中小批量生产。

2. 按系统功能分类

(1) 储存布置。

储存布置指在仓库或储藏室内安排各组成部分的相对位置。它不同于其他布置类型,即只起到储存的功能,不对产品进行加工或服务。

(2) 销售布置。

销售布置指对组成部分的布置只考虑便于产品的销售而不考虑其生产,如零售商店、超级商场、展览会及顾客阅览室。

(3) 工程项目布置。

工程项目布置指对组成部分做一次性的排列。如开发建筑、拦河坝和公路等建设场地,有固定的设备,且随着项目的进展,地点经常变动。

值得注意的是,各类布置的综合是常见的。如在地窖里储存葡萄酒,不仅是作为库存功能的布置,而且也是按工作流程的布置。

3. 基于工艺布置

基于工艺布置是最常用的方法,它用来对具有类似的工艺流程的工作部门进行布置,使其相对位置达到最优。在很多设备安排中,最优布置通常意味着对那些相互有大运输量的部门相邻布置,使总的物流运输管理费用最小。基于工艺布置的优缺点如表3-12所示。

表 3-12 基于工艺布置优缺点

优 点	缺 点
1. 机器利用率高,可减少设备数量 2. 可调用设备 3. 设备和人员的柔性程度高,更改产品品种和数量方便 4. 设备投资相对较少 5. 操作人员作业多样化,提高人员工作兴趣和职业满足感	1. 流程较长,搬运路线不确定,运费高 2. 生产计划控制较复杂 3. 生产周期长 4. 库存量相对较大 5. 操作人员从事多种作业,需要较高的技术等级

[例 3-3] 假设需要布置一个玩具工厂的8个部门(包括1—收发部;2—塑模和冲压车间;3—金属铸造成形车间;4—缝纫车间;5—小型玩具装配线;6—大型玩具装配线;7—喷漆车间;8—机械装配车间),要使各个部门间物料搬运费用最少。为了简化,假定所有部门有相同的面积,譬如说40 m×40 m。建筑物空间为宽80 m,长160 m,如图3-6所示。这里假设:

(1) 所有物料都装进标准尺寸的木箱来运输,用叉车每次运输一个木箱车(构成"装载量")。

(2) 邻近部门之间运输费用是搬动一个装载量为1元,每隔一个部门增加1元。

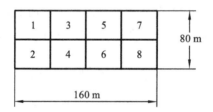

图 3-6 建筑面积和部门

(3) 对角线之间允许移动,并认为是相邻的。

求解过程如下。

解 步骤1:确定部门之间预期的搬运量(运行第一年后),如表3-13所示。

表 3-13 部门之间预期的搬运量

	1	2	3	4	5	6	7	8
1		175	50	0	30	200	20	25
2			0	100	75	90	80	90
3				17	88	125	99	180
4					20	5	0	25
5						0	180	187
6							374	103
7								7
8								

步骤2:计算布置方案的搬运费用,如表3-14所示。注:车间1与车间2之间的年物流成本为175元,即为1元×175次搬运;车间1与车间5之间的年物流成本为60元,即为2元×30次搬运,依此类推。

表3-14 布置方案的搬运费用矩阵

	1	2	3	4	5	6	7	8
1		175	50	0	60	400	60	75
2			0	100	150	180	240	270
3				17	88	125	198	360
4					20	5	0	50
5						0	180	187
6							374	103
7								7
8								

计小 3474元

步骤3:改变部门位置布置以降低成本。根据成本矩阵,将1与6的距离缩短一些,可以减少它们之间高额的成本费用,此时新布置方案的搬运费用如表3-15所示。而新布置的总成本比初始方案的总成本高出262元,显然是车间6与车间7之间的运输距离增加而导致成本上升。

表3-15 新布置方案的搬运费用矩阵

	1	2	3	4	5	6	7	8
1		175	50	0	60	200	60	75
2			0	200	150	90	240	270
3				17	88	125	198	360
4					20	5	0	25
5						0	180	187
6							784	206
7								7
8								

小计 3736元

事实上,对于8个部门的问题,可能存在的布置有8!(40320)种。所以说,需要通过大量的试验次数,才能求得一个最优布置。

假设我们在只考虑物料搬运费用的基础上得到一个理论最佳布置方案,如图3-7所示。

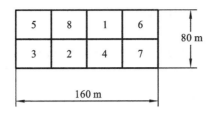

图 3-7 理论最佳布置方案

搬运费用如表 3-16 所示。

表 3-16 新布置方案的搬运费用矩阵

	1	2	3	4	5	6	7	8
1		175	50	0	60	200	60	75
2			0	100	75	90	80	180
3				51	88	250	99	180
4					40	5	0	75
5						0	180	187
6							374	206
7								7
8								

小计 2967 元

然而,从布置图分析,发运与收货部门处于工厂的中心区,不合理;缝纫车间与涂漆车间相邻,将会增大绒布、线头和碎布飘到已漆好的物品上的危险。另外,小玩具装配线和大玩具装配线布置在厂房两头,将会增加装配工的走动时间和两个车间主管人员的监控时间。总之,除了物料搬运成本之外的因素还需要在设备布置时加以考虑。

根据上述实际情况,经综合分析、调整,得到一个合理可行的布置方案,如图 3-8 所示,且搬运总成本为 3027 元。

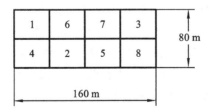

图 3-8 合理布置方案

4. 基于产品布置

基于产品布置与基于工艺布置最基本的区别是工作流程的路线不同。在基于工艺布置中,物流线路是高度可变的,而基于产品布置中,设备和车间服务于专门的产品线,采用相同的设备能避免物料迂回,实现物料的直线运动。只有当给定产品或零件的批量远远大于所生产的产品或零件的种类时,基于产品布置才有意义。基于产品布置的优缺点如表 3-17 所示。

表 3-17 基于产品布置优缺点

优　　点	缺　　点
1. 由于布置符合产品工艺过程,物流顺畅 2. 由于上下工序衔接,库存量少 3. 生产周期短 4. 物料搬运工作量少 5. 可做到作业专业化,对工人的技能要求不高,易于培训 6. 生产计划简单,易于控制 7. 可使用专用设备和机械化、自动化搬运方法	1. 设备发生故障时将导致整个生产线中断 2. 产品设计变化将引起布置的重大调整 3. 生产线速度取决于最慢的机器 4. 投资相对较大,因为生产线上有的设备负荷不饱满 5. 生产线上重复作业,易使工人工作单调乏味,产生厌倦 6. 维修和保养费用高

特殊情况下的基于产品布置,如装配线布置中,工厂设计人员将面临"如何达到装配线平衡,使得装配线上操作的工人空闲时间最短"这个较复杂的问题,这时往往面临两个问题:

(1) 给定周期时间,求最少工作地数——布置问题;

(2) 给定工作地数,求最小周期时间——编制进度表问题。

"装配线"是由一些物料搬运设备连接起来的连续生产线。

"工作地"或称"工作站",通常是为完成给定工作量的特定位置,装配线是由多个工作站组成,在整个产品工艺流程中,每一个工作站对应完成各个工序的内容。

而每一个工作站要完成的操作—传递—装配都是由许多操作单元组成,称为任务、要素或基本工作单元。这种基本工作单元是操作—传递—装配作业中不可再细分的实际作用任务。

"周期时间"是指相邻产品通过装配线尾端的间隔时间。通常装配线是以相同的时间间隔顺次经过各个工作站的移动输送生产线。这种时间间隔成为工作站周期。

装配线平衡是一个与设施布置相牵连的问题,它是将所有基本工作单元分派到各个工作站,以使每个工作地点在周期时间内都处于繁忙状态,完成最多的操作量,从而使各个工作地点的未工作时间(闲置时间)最少。由于各个基本工作单元有作业先后关系,它决定了装配过程中操作完成的先后次序,所以它成为装配线平衡中关键问题之一。

[例 3-4] J 型手推车要在一个传送带上组装,每天需生产 $D=500$ 辆,每天的生产时间为 $P=420$ min。表 3-18 列出了手推车的组装步骤及其时间,请根据周期时间和作业次序的限制,求工作地点数量最少的平衡方式。

表 3-18 J 型手推车装配步骤和时间

基本工作单元 (作业)	完成时间 /s	说　　明	紧前工序
A	45	安装后轴支架,并将 4 个螺母紧固在 4 根螺杆上	—
B	11	插入后轴	A

续表

基本工作单元（作业）	完成时间/s	说　　明	紧前工序
C	9	拧紧后轴支架螺母,将其紧固在螺杆上	B
D	50	安装后轴支架,并将4个螺母紧固在4根螺杆上	—
E	15	拧紧前轴装配螺钉	D
F	12	安置1♯后车轮,紧固轮壳轴承盖	C
G	12	安置2♯后车轮,紧固轮壳轴承盖	C
H	12	安置1♯前车轮,紧固轮壳轴承盖	E
I	12	安置2♯前车轮,紧固轮壳轴承盖	E
J	8	沿前轴装配手推车手把,拧紧螺栓与螺母	F,G,H,I
K	9	紧固螺栓与螺母	J
完成作业所需要的时间总量为 195 s			

解 步骤1：绘制双代号网络图,如图3-9所示。

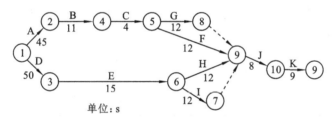

图 3-9　J 型手推车装配网络图

步骤2：确定工作站周期（周期时间）。

$$周期时间(C) = \frac{每天生产时间}{每天计划产量} = \frac{60P}{D} = \frac{60 \times 420}{500} \text{ s} = 50.4 \text{ s}$$

步骤3：计算满足周期时间要求的最少工作站理论值（取不小于计算值的最小整数）。

$$工作地数量(N_{\min}) = \frac{完成作业所需时间总量}{周期时间} = \frac{T}{C} = \frac{195}{50.4} \approx 4$$

步骤4：选择作业分配规则,以确定装配线的平衡。

规则1：首先分配后续工作较多的作业。

规则2：首先分配操作时间最长的作业。

依据规则1,如表3-19所示。

表 3-19　作业排序一览表

作　　业	下面的作业数目
A	6
B,D	5
C,E	4
F,G,H,I	2

续表

作　　业	下面的作业数目
J	1
K	0

步骤 5：分配各工作地点的作业，分配结果如表 3-20 所示。

表 3-20　根据规则 1 确定的装配线平衡

	作业	作业时间/s	剩余未分配时间/s	可行的遗留作业	最多的后续作业	操作时间最长的作业
工作地点 1	A	45	5.4	没有		
工作地点 2	D	50	0.4	没有		
工作地点 3	B	11	39.4	C,E	C,E	E
	E	15	24.4	C,H,I	C	
	C	9	15.4	F,G,H,I	F,G,H,I	F,G,H,I
	F	12	3.4	没有		
工作地点 4	G	12	38.4	H,I	H,I	H,I
	H	12	26.4	I		
	I	12	14.4	J		
	J	8	6.4	没有		
工作地点 5	K	9	41.4	没有		

步骤 6：计算装配线平衡后的效率。

$$效率 = \frac{完成作业所需的时间总量}{实际工作地点数 \times 时间周期} = \frac{\sum_{i=1}^{11} t_i}{N \times C} = \frac{195}{5 \times 50.4} = 77\%$$

步骤 7：由于效率不高，按规则 2 确定装配线平衡，如表 3-21 所示。

表 3-21　根据规则 1 确定的装配线平衡

	作业	作业时间/s	剩余未分配时间/s	可行的遗留作业	最多的后续作业	操作时间最长的作业
工作地点 1	D	50	0.4	没有		
工作地点 2	A	45	5.4	没有		
工作地点 3	E	15	35.4	B,H,I	H,I	H,I
	H	12	23.4	B,I	B	
	I	12	11.4	B		
	B	11	0.4	没有		

续表

	作业	作业时间/s	剩余未分配时间/s	可行的遗留作业	最多的后续作业	操作时间最长的作业
工作地点4	C	9	41.4	F,G	F,G	F,G
	F	12	29.4	G	G	
	G	12	17.4	J	K	
	J	8	9.4	K	K	
	K	9	0.4	没有		

此时,效率为

$$效率 = \frac{完成作业所需的时间总量}{实际工作地点数 \times 时间周期} = \frac{\sum_{i=1}^{11} t_i}{N \times C} = \frac{195}{4 \times 50.4} = 97\%$$

按规则2布置装配线,基本满足要求。

若按两个规则排列任务均不满意,可选用其他决策准则重新对装配线进行平衡。

5. 其他布置

1) 成组技术(单元式)布置

成组技术(单元式)布置是将不同的机器分成单元来生产具有相似形状和工艺要求的产品。成组原则应用的目的是要在车间中获得基于产品布置的好处,包括以下几方面。

(1) 改善人际关系:单元包括几个操作人员组成团队共同完成整个任务。

(2) 提高操作技能:在有限的生产周期中,操作人员除了加工有限数量的不同零件外,还相互学习,熟练掌握生产的多种技能。

(3) 减少在制品和物料搬运:一个生产单元完成几个生产步骤,大大减少零件在不同工序中的移动。

(4) 缩短生产准备时间:相似零件的成组使加工种类减少,从而提高模具的更换速度。

成组技术布置现在被广泛应用于金属加工、计算机芯片制造和装配作业。成组技术布置可以通过以下三个步骤来实现:

(1) 将零件分类,建立零件分类编码系统;

(2) 识别零件组的物流类型,以此作为工艺布置和再布置的基础;

(3) 将机器和工艺分组,组成工作单元。

成组技术布置的优缺点如表3-22所示。

2) 定位布置

与基于工艺布置和基于产品布置相比,定位布置的特点是具有相对较少的产品数量。在定位布置中,按照作业的级别来安排顺序是很普遍的。根据先后工序来决定生产阶段,按照物料的技术优先性来安排物料。表3-23给出了定位布置的优缺点。

表 3-22 成组技术布置优缺点

优 点	缺 点
1. 由于产品成组,设备利用率较高 2. 可达到流程通顺,运输距离较短,搬运量少 3. 有利于发挥班组合作精神 4. 有利于扩大工人的作业技能 5. 缩短生产准备时间 6. 兼有基于产品布置和基于工艺布置的优点	1. 需要较高的生产控制水平以平衡各单元之间的生产流程 2. 如果单元之间流程不平衡,则需要中间储存,增加了单元之间的物料搬运 3. 班组成员需要掌握所有作业的技能 4. 减少了使用专用设备的机会 5. 兼有基于产品布置和基于工艺布置的缺点

表 3-23 定位布置优缺点

优 点	缺 点
1. 物料移动少 2. 当采用班组方式时,可提高作业连续性 3. 提高质量,因为班组可以完成全部作业 4. 高度柔性,可适应产品和产量的变化	1. 人员和设备的移动增加 2. 设备需要重复配备 3. 需要较高技能的工人 4. 会增加面积和工序间储存 5. 生产计划需要加强控制和协调

3) 零售服务业布置

如商店、银行和餐馆这样的零售服务业布置的目的,是使店铺单位面积的净收益达到最大。实际中,这个目标经常被转化为如"最小搬运费用"或"产品摆放最多"这样的标准。同时,在布置中还有其他许多人性化的因素需要考虑。

4) 办公室布置

办公室布置越来越倾向于开放式的办公室,员工的工作空间仅用低层分隔墙隔开。前面讨论的徽牌、标志和装饰品,很可能在办公室布置中要比在零售服务业布置中更重要。

中心管理部门的办公室设计和布置反映公司期望的形象。

总之,在制造系统的设计和运作中,第一步是设施布置。一个好的工厂(或办公室)布置可以通过改进物料流和信息流提供真正的具有竞争性的优势,同时也可以延长员工的工作寿命。一个好的服务设施布置可成为高效服务的舞台。

一般地,好生产车间和后台布置具有如下特征:①直线型(或进行适当改变)流动;②回溯减少;③生产时间可预先估计;④在制品少;⑤开放的工厂车间,每个人都可以看到工厂里发生的情况;⑥瓶颈操作可被控制;⑦工作地之间的距离较近;⑧物料搬运和储存有序;⑨没有不必要的物料搬运;⑩根据条件变化易于调整。

好的高接触化服务布置方式特征:①一目了然的服务流程;②有足够的供等待时使用的设备;③便于与顾客沟通;④实施顾客监督;⑤拥有充足的服务窗口和明确的进出口;⑥部门安排和商品摆放合理,以便顾客看到所需或提供的物品;⑦休息区与服务区面积平衡;⑧人流和物流最少;⑨物品摆放有序;⑩每平方米的设施有很强的赢利能力。

第三章 设施规划与设计

五、系统设计布置方法

1. 系统布置设计

自20世纪50年代以来,西方国家的很多专家对工厂布置和物流展开了系统的分析与研究,提出了很多定性和定量的工厂布置方法,其中最著名的和最具有代表性的是美国工厂布置专家理查德·缪瑟的系统布置设计(System Layout Planning,SLP),图3-10所示的为SLP的基本程序。按照该程序,系统布置一般经过如下步骤。

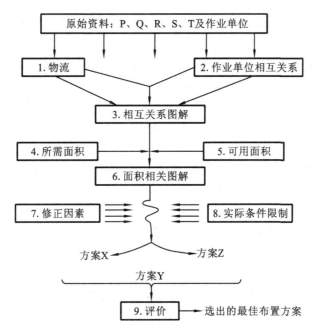

图3-10 系统布置设计(SLP)程序图

（1）准备原始资料。

在系统布置设计开始时,首先必须明确给出基本要素的原始资料。这些要素主要是指P、Q、R、S、T五要素。同时也需要对作业单位元的划分情况进行分析,通过分解与合并,得到最佳的作业单位划分情况。对这些资料的收集整理,是系统布置设计效果的关键。

（2）物流分析与作业单位相互关系分析。

针对某些以生产流程为主的工厂,物料移动是工艺过程的主要部分时,如一般的机械制造厂,物流分析是布置设计中最重要的方面;对某些辅助服务部门或某些物流量小的工厂来说,各作业单位之间的相互关系(非物流联系)对布置设计就显得更重要了;介于上述两者之间的情况,则需要综合考虑作业单位之间物流与非物流的相互关系。

物流分析的结果可以用物流强度等级及物流相关表来表示。作业单位间的相互关系可以用量化的关系密级及相互关系表来表示。在需要综合考虑作业单位间物流与非物流的相互关系时,可以采用简单加权的方法将物流相关表及作业单位间相互关系表综合成综合相互关系表。

（3）绘制作业单位位置相关图。

根据物流相关表与作业单位相互关系表,考虑每对作业单位间相互关系等级的高或低,决定两作业单位相对位置的远或近,得出各作业单位之间的相对位置关系,有些资料上也称为拓扑关系。这时并未考虑各作业单位具体的占地面积,从而得到的仅是作业单位相对位置,称为位置相关图。

(4) 作业单位占地面积计算。

各作业单位所需占地面积与设备、人员、通道及辅助装置等有关,计算出的面积应与可用面积相适应。

(5) 绘制作业单位面积相关图。

把各作业单位占地面积附加到作业单位位置相关图上,就形成作业单位面积相关图。

(6) 修正。

作业单位面积相关图只是一个原始布置图,还需要根据其他因素进行调整与修正。此时需要考虑的修正因素包括物料搬运方式、操作方式、储存周期等,同时还需要考虑实际限制条件如成本、安全和职工倾向等方面。考虑了各种修正因素与实际限制条件以后,对面积图进行调整,得出数个有价值的可行工厂布置方案。

(7) 方案评价与择优。

针对得到的数个方案,需要进行技术、费用及其他因素评价,通过对各方案比较评价,选出或修正设计方案,得到布置方案图。

依照上述可以看出,系统布置设计(SLP)是一种采用严密的系统分析手段及规范的系统设计步骤的布置设计方法,具有很强的实践性。

2. 利用相互关系法进行工厂布置

相互关系法主要通过研究部门间的相互关系来进行工厂布置。工厂间各部门之间的关系有以下三种情况:①生产部门之间的关系;②生产部门与辅助、服务部门之间的关系;③辅助、服务部门之间的关系。缪瑟对上述三种关系提出了接近度的分级法,分为 A、E、I、O、U、X 六个级别,如表 3-3 所示,确定接近度的理由是:

(1) 使用公共记录(信息流);
(2) 共享同样人员(人员关系);
(3) 共享同一地点(物流);
(4) 人员联系频繁(人员关系);
(5) 文件报表联系频率(信息流);
(6) 工艺流程的顺序(物流);
(7) 进行类似工作(人员关系);
(8) 使用同一设备(物流);
(9) 有噪声、异味、振动等。

[例 3-5] 设某工厂有 8 个部门,部门关系如图 3-11 所示。

根据部门关系表,做出如表 3-25 所示的部门关系检查表,检查表中每一行中的各部门是否齐全。如第一行收发站,与其他部门的关系有 2、5、3、4、8、6、7,说明已经齐全,其余各行类推。

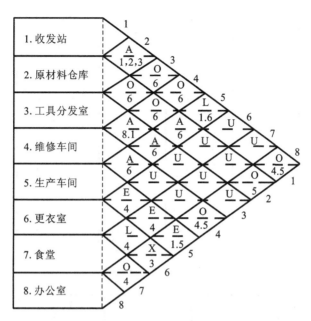

图 3-11 某工厂 8 个部门间的相互关系图

表 3-25 部门关系检查表

序号	部门	接近度					
		A	E	I	O	U	X
1	收发站	2		5	3,4,8	6,7	
2	原材料仓库	1,5			3,4,8	6,7	
3	工具分发室	4,5			1,2	6,7,8	
4	维修车间	3,5			1,2,8		
5	生产车间	2,3,4	6,7,8	1			
6	更衣室		5	7		1,2,3,4	8
7	食堂		5	6	8	1,2,3,4	
8	办公室		5		1,2,4,7	3	6

从图 3-12 所示的部门样片图中将各部门的样片剪下来,然后进行排列。首先是将 A 级的组合在一起,其次是 E 级和 I 级,X 级的不能相邻。本例中先将部门 1 排在左上角,然后按 A 级和 E 级组合,最后排列成如图 3-13 所示的形状。

如果已知各部门所需要的面积,就可排成具体的布置方案,如图 3-14 所示。当然按照上述方法和原则也可以排成其他各布置方案。

3. 计算机辅助设施布置设计

计算机辅助设计软件,能够提高工作效率,改善设计环境。目前在设施布置领域,已有许多计算机软件,其中,应用最广泛的就是计算机辅助设施布置技术(Computerized Relative Allocation of Facilities Technique,CRAFT)。

CRAFT 遵从玩具厂的布置中提出的基本思想,但是在操作上却有明显的不同。例如,

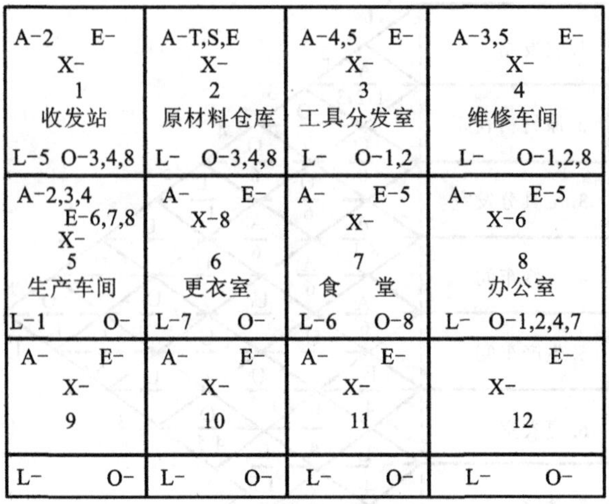

A-2 E-
X-
1
收发站
L-5 O-3,4,8
A-T,S,E
X-
2
原材料仓库
L- O-3,4,8
A-4,5 E-
X-
3
工具分发室
L- O-1,2
A-3,5 E-
X-
4
维修车间
L- O-1,2,8
A-2,3,4
E-6,7,8
X-
5
生产车间
L-1 O-
A- E-
X-8
6
更衣室
L-7 O-
A- E-5
X-
7
食 堂
L-6 O-8
A- E-5
X-6
8
办公室
L- O-1,2,4,7
A- E-
X-
9
L- O-
A- E-
X-
10
L- O-
A- E-
X-
11
L- O-
E-
X-
12
L- O-

图 3-12 部门样片图

A-2 E-
X-
1
收发站
L-5 O-3,4,8
A-1,5 E-
X-
2
原材料库
L- O-3,4,8
A-3,5 E-
X-
4
维修车间
L- O-1,2,8
A- E-5
X-6
8
办公室
L- O-1,2,4
A-2,3,4 E-6,7,8
X-
5
生产车间
L-1 O-
A-4,5 E-
X-
3
工具分发室
L- O-1,2
A- E-5
X-
7
食 堂
L-6 O-8
A- E-5
X-8
6
更衣室
L-7 O-

图 3-13 按优化方案排列的部门样片图

收发站
原材料仓库
办公室
出入口
生产车间
装修车间
食堂
更衣室
工具分发室

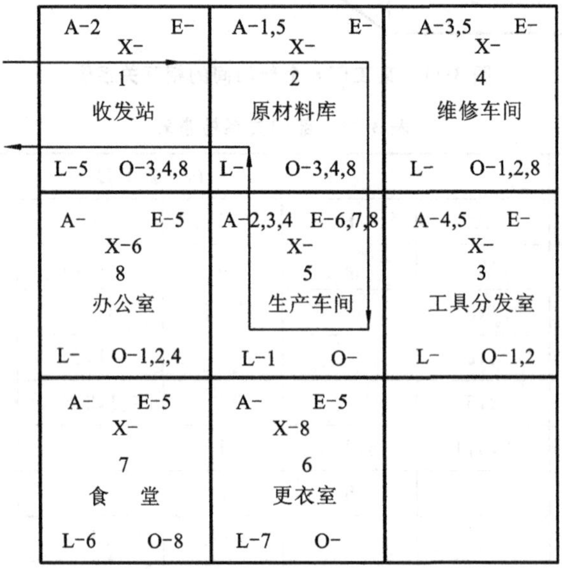

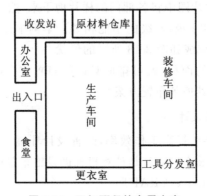

图 3-14 已知面积的布置方案

玩具厂的布置设计,需有一个物流矩阵和一个距离矩阵作为最初输入。另外,还要知道单位距离运输成本,如 10 元/m。假定:当物料需跨越一个车间时,成本加倍;需跨过两个车间时,成本为原来的 3 倍,依此类推。从这些输入和最初布置方案开始,CRAFT 试图用布置方案的总物流成本来衡量方案的优劣,车间之间的物流成本＝物流量×车间中心间的直线距离×单位距离运输成本,并不断改进。

CRAFT 以迭代的方式不断交换两个车间的位置来改进布置,直到所得布置方案的物流成本不能再降低为止。也就是说,CRAFT 要不断计算两个车间位置交换后总成本的影响;如果成本降低,则交换位置。如同手工方法中看到的那样,车间是物流网络的一部分,因此即使是两个车间位置的简单互换,也会影响到其他车间的物流状况。

[例 3-6] 玩具厂的 CRAFT 布置实例。

解决玩具厂布置问题的 CRAFT 方法如图 3-15 所示。

这种方法得到的布置方案的物流成本高于手工方法得到的方案成本,假设分别为 3497 元和 3244 元。值得注意的是,这些成本是不能拿来进行精密比较。因为 CRAFT 采用的是正交直线距离,而不是手工方法中采用的欧几里得几何学的直线距离。

CRAFT 连接的是各车间的中心,而不是车间入口。因为本例中并未给出不同距离的单位运输成本,CRAFT 采用将相邻车间的固定单位运输成本 1 元分成两个 50 分来计算。图 3-15 列出了两个例子来说明 CRAFT 是如何计算单位运输成本的。例如,玩具厂正方形的车间面积采用该计算方法非常合理。还要注意,在使用 CRAFT 方法中固定了收发部的位置,这样它就能与货运码头相邻。

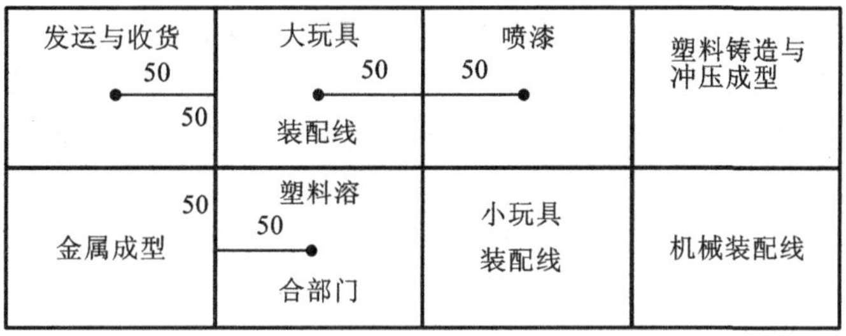

发运与收货 50	大玩具 50 装配线	喷漆 50	塑料铸造与冲压成型
金属成型 50	塑料溶 50 合部门	小玩具装配线	机械装配线

图 3-15 用 CRAFT 得到的玩具厂布置方案

CRAFT 的布置特点与有关说明如下。

(1) CRAFT 采用的是启发式算法,其评价决策使用的规则是:每次互换两个车间的位置,如果布置的总成本降低了,则互换两个车间。这个规则甚至对分析中等规模的布置问题也非常必要。

(2) CRAFT 并不能确保得到最优方案。

(3) CRAFT 严重依赖于初始状态:初始状态(也就是说最初布置)在一定程度上决定了最终的布置方案。

(4) CRAFT 从一个合理的方案开始有可能产生一个成本更低的方案,但并不总是这样。这就意味着使用 CRAFT 时最好提出几种不同的初始布置以得到不同的结果。

(5) CRAFT 最多能解决具有 40 个车间的布置问题,迭代不到 10 次就能得到最终结果。CRAFT 车间由标准的方块组成,典型的为 10 ft×10 ft(1 ft＝0.3048 m),车间允许多种构形,但经常会得到奇形怪状的车间,为了得到一种理想的布置必须人为地改变车间形状。

(6) CRAFT 经过修正后的软件成为"SPACE CRAFT",该软件已经可用来解决多层布置问题。

(7) CRAFT 假设可以使用叉车等路径可变的物料搬运设备。因此,当使用计算机控制的固定路径搬运时,CRAFT 的应用可能性就大大降低了。

小结

(1) 设施规划与设计是从"工厂设计"发展而来的,有多种不同的表述,但是其对象与内容都是一致的。设施规划与设计的范围可以界定为场(厂)址选择和设施设计两个部分,主要包括布置设计、物料搬运系统设计、建筑设计、公用工程设计、信息系统设计。

(2) 设施规划与设计要综合考虑各种相关因素,遵循相应的原则,对制造系统或服务系统进行分析、规划、设计,使系统资源得到合理的配置,有效、经济、安全地实现系统预期目标。

(3) 场(厂)址选择过程就是工业生产力布局的过程,对设施在今后长期生产运行的合理性、可靠性和经济性具有重大的影响,应符合国家生产力布局规划和有关政策。场(厂)址选择需要考虑众多的、复杂的因素。例如,市场条件、资源条件、运输条件、社会环境、行业竞争力等都是需要考虑的因素。

(4) 场(厂)址选择常用的方法有优缺点比较法、重心法、线性规划-运输法、德尔菲分析模型、网络布点模型等。操作时可遵循一定的步骤选择合适的方法进行分析。

(5) 设施布置包括工厂总体布置和车间布置。影响布置设计最基本的要素是:系统中物料的种类、数量、路线、公用设施、辅助部门及与周围环境有关的非物流部门、时间安排和时间性因素。设施布置根据工作流程形式或系统功能可以进行分类,不同类型的布置适用于不同的情况。

(6) 相互关系法主要通过研究部门间的相互关系来进行工厂布置。目前在设施布置领域中应用最广泛的是计算机辅助设施布置技术(CRAFT)。

综合案例

海尔集团供应链管理启示

海尔在供应链管理上面,并不是像一些企业一样纸上谈兵。正如张瑞敏所说,供应链管理最重要的理念就是企业的核心业务和竞争力。因为企业的资源有限,企业要在各行各业中都获得竞争优势很困难,企业要想发展,必须集中资源在某个所专长的领域即核心业务上。

海尔集团从 1984 年开始创业,通过 20 年的艰苦奋斗,从一个濒临破产的集体小厂发展成为国内外著名的跨国公司。在这 20 年里,很多企业都遇到这样那样的困难退出了历史舞台,海尔之所以发展得越来越好,我认为与它的供应链管理模式有着密不可分的关系。

从 1998 年开始,海尔就提出要注重供应链的管理,以优化供应链为中心,在全集团范围内对原业务流程进行了重新设计和再造,与国际化大公司全面接轨,强化了企业的市场应变能力,大大提升了海尔的市场快速反应能力和竞争能力,保证了企业的可持续发展。而且,在供应链管理方面,海尔财务公司也发挥了重要作用。海尔集团供应商中有许多为中小型企业,长期与海尔集团保持着稳定的供货关系。他们为了配合海尔的大量订单需要发展配套生产,但是从银行很难融资,就算能够融资成本也很高。这时海尔出现了一时的供应链断裂。为了解决供应商融资难、融资成本高的问题,海尔财务公司利用集团账面大额应付账款做质押为供应商提供融资。同时又可以丰富海尔财务公司的业务,增加了财务公司的利润来源,而且还推动了集团的流程再造。在供应链金融延伸方面,海尔做得很出色,值得其他企业学习。

海尔在供应链管理上面,并不是像一些企业一样纸上谈兵。它针对自身的情况,做到具体问题具体分析,而且还会随着周边环境的改变随时调整自己的供应链管理模式。

1. 供应链管理关键是核心业务和竞争力

正如张瑞敏所说,供应链管理最重要的理念就是企业的核心业务和竞争力。因为企业的资源有限,企业要在各行各业中都获得竞争优势很困难,企业要想发展,必须集中资源在某个所专长的领域即核心业务上。海尔之所以能够以自己为中心构建起高效的供应链,就在于它们有着不可替代的核心竞争力,并且仰仗这种竞争力把上下游的企业串在一起,形成一个为顾客创造价值的有机链条。而供应链中的各个伙伴之所以愿意与海尔结成盟友,也正是看中了它不可替代的竞争力。

众所周知,海尔的核心竞争力,主要是在以海尔文化下所形成的市场开拓和技术创新能力。海尔在获取客户和用户资源上有着别的企业不可比的超常能力。

2. 强化创新能力

要在供应链管理中取胜,就要强化创新能力,满足市场的需求。海尔内部有一个理念,就是先有市场后有工厂。要使自己的产品有市场,最重要的就是围绕顾客需要,生产他们需要的产品。海尔的科研人员很欣赏这样一句话:"想出商品来"。想出商品,就是想出新市场,也就是要创造新市场。企业通过创造市场引导消费来领先市场。而做大市场蛋糕的前提,是产品要有个性化,不断保持创新的活力。

在这方面,海尔有足够的发言权。在它的核心业务冰箱领域上,海尔做到了"想出商品来"。亚洲第一代四星级电冰箱、中国第一代豪华型大冷冻电冰箱、中国第一代全封闭的抽屉式冷冻电冰箱、中国第一台组合电冰箱都是海尔制造生产的,紧接着是中国第一台宽气候带电冰箱、中国第一代保湿无霜电冰箱、中国第一台全无氟电冰箱,每一个新品都创造了一个新市场、新消费群。正是这种源源不断的新产品之流,保证了海尔经济效益的稳步增长。

3. 以供应链为基础的业务流程再造

业务流程是企业以输入各种原料和顾客需求为起点,到企业创造出对顾客有价值的产品或服务为终点的一系列活动。一个企业的业务流程决定着组织的运行效率,是企业的竞争力所在。以客户需求为切入点,对原来的业务流程进行重新思考和重新设计,它强调以首尾相接的、完整连贯的业务流程来代替过去的被各职能部门割裂的破碎性流程,使企业产品质量、成本和各种绩效目标取得显著的改善。

海尔的业务流程再造是以供应链的核心管理思想为基础,以市场客户需求为纽带,以海尔企业文化和战略经营单位管理模式为基础,以订单信息流为中心,带动物流和资金流的运行,实施"三个零"(服务零距离、资金零占用、质量零缺陷)为目标的流程再造。它通过供应链同步的速度和强度,以市场效益工资激励员工,从而完成订单,构建企业的核心竞争力。

4. 注重供应链管理中的信息技术

供应链管理中的信息流程是企业员工、客户和供货商的沟通过程,以前只能以电话、传真甚至见面达成信息交流的目的,现在利用电子商务、电子邮件甚至互联网进行信息交流,虽然手段不同,但内容并没有改变。而计算机信息系统的优势在于其自动化操作和处理大量数据的能力,使信息流通速度加快,同时减少失误。

为了适应供应链管理的发展,必须从与生产产品有关的第一层供应商开始,环环相扣,直到货物到达最终用户手中,真正按供应链的特性改造企业业务流程,使各个节点企业都具有处理物流和信息流的自组织和自适应能力。

海尔的供应链纽带离不开IT技术的支撑,在1998年,集团第一次通过订单处理集中化的方式进行业务重组,由按库存生产转向了按订单生产,开始了真正意义上的海尔现代物流模式。

由于物流技术和计算机管理的支持,海尔物流通过3个JIT,即JIT采购、JIT配送、JIT分拨物流来实现同步流程。这样的运行速度为海尔赢得了源源不断的订单。目前,海尔集团平均每天接到销售订单200多个,每个月平均接到6000多个销售订单,定制产品7000多个规格品种,需要采购的物料品种达15万种。由于所有的采购基于订单,采购周期减到3天;所有的生产基于订单,生产过程降到一周之内;所有的配送基于订单,产品一下线,中心城市在8小时内、辐射区域在24小时内、全国在4天之内即能送达。总起来,海尔完成客户订单的全过程仅为10天时间,资金回笼一年15次(1999年我国工业企业流动资本周转速度年均只为1.2次),呆滞物资降低73.8%,同时海尔的运输和储存空间的利用率也得到了提高。

在经济和信息飞速发展的今天,竞争将不是单个企业之间的竞争,而是供应链与供应链之间的竞争。正式由于上述的4点,使得海尔的供应链总成本降低,对市场响应速度加快,赢得了市场。海尔在抓住用户需求的同时,加强对可以满足用户需求的全球供应链的管理,这就是海尔为什么那么多年都一直走在前面的原因之一。

案例讨论

讨论海尔发展供应链管理的意义。

练习与思考

一、填空题

1. 设施规划与设计的范围可以界定为场（厂）址选择和设施布置两个组成部分。设施布置应用于工厂等工业部门，它主要包括_____、_____、_____、_____、_____、_____。

2. 工业生产力合理布局一般应遵循以下原则：_____、_____、_____、_____。

3. 常用的场（厂）址选择方法有_____、_____、_____、_____、_____等。

4. 影响布置设计最基本的要素是：_____、_____、_____、_____、_____。

二、简答题

1. 场（厂）址选择一般分为哪几个阶段？试列举一个机场的场址要求（至少5条）。

2. 装配线平衡的目的是什么？如果有一个工人，无论其怎样努力，工作速度总是比同一条装配线上的其他人慢15%，你如何处理这种情况？

三、计算题

一条装配线的预定日产量为360单位。该装配线每天运行450 min。表3-26给出了该产品的作业时间和紧前工序。

表 3-26 习题附表

作业	作业时间/s	紧前工序
A	30	—
B	35	A
C	30	A
D	35	B
E	15	C
F	65	C
G	40	E,F
H	25	D,G

(1) 画出流程图。
(2) 周期时间是多少？
(3) 用后续作业最多规则平衡该装配线。用最长的作业时间作为第二个规则。
(4) 所做装配线平衡的效率是多少？

第四章 物料搬运系统设计

> **学习目标**
>
> 1. 了解物料搬运系统及其作用与特点,了解物流搬运的发展状况;
> 2. 熟悉搬运系统设计目标,掌握搬运活性理论,精通物料搬运方法及选择原则,掌握物料搬运原则;
> 3. 了解物料搬运设备及器具,掌握物料搬运设备的选择方法;
> 4. 掌握物料搬运系统的分析方法,了解物料的分类,能熟练进行物料搬运动线分析以及搬运方案的选择,掌握系统布置设计(SLP)与系统搬运分析(SHA)的关系与结合。

第一节 物流搬运系统概述

装卸搬运是物流系统的一个子系统,由物料装卸和物料搬运两个主要部分组成,这两部分密不可分,所以,人们习惯以"装卸"或"搬运"代替"装卸搬运"的完整意义。

物料搬运(Material Handling)是物流系统中承上启下的重要环节,是生产和流通过程中最普遍的辅助过程,它是工步之间、工序之间、车间之间、工厂之间,以及工厂到各种流通渠道、到消费者(用户)消费使用过程中物流不可缺少的环节。

据国外资料统计,在中等批量的生产车间里,零件在机床上的时间仅占生产时间的5%,而95%的时间消耗在原材料、工具、零件的搬运、等待上,物料搬运费用占全部生产费用的30%~40%。为此,设计一个合理、高效、柔性的物料搬运系统,以压缩库存资金占用、缩短物流搬运所占时间,是十分必要的。

本章在介绍物料搬运系统的基本概念、基本设备和器具之后,着重介绍物料搬运系统的分析设计方法(System Handling Analysis,简称 SHA 法)。

一、物料搬运与搬运系统

物料搬运是指在同一场所范围内进行的、以改变物料的存放(支撑)状态(即狭义的装卸)和空间位置(即狭义的搬运)为主要目标的活动,即对物料、产品、零部件或其他物品进行搬上、卸下、移动的活动。其实质是在已经设计和建立的物流系统条件下,使系统中的物料(包括液体、散装物体、单件物体、包装件、单元装载体等)按照生产、工艺及服务的要求运动,以实现系统设计提出的目标。

物料搬运活动有个四维度,从不同角度表达该项活动的基本性质与特征。

运动维度:包括货物在储存设备的转进和转出,及其在设备内的传递。那么,有效的物料搬运就意味着货物运进储存设备或从储存设备中运出以及在储存设备中的高效移动。

时间维度:与为生产或者履行顾客订单的物品准备有关。把原材料送至生产所花费的时间越长,越可能出现停工、高库存和储存空间需求增大的情况。同样,把成品送至运输区域所需的时间越长,订单周期所需时间就越长,顾客服务水平就越低。

数量维度:阐述的是原材料和成品各自的使用率和交付率。人们设计物料搬运系统,是为了保证将正确数量的产品运去满足生产和顾客的需要。因此,准确的数量是满足客户需求的第一要素。

空间维度:物料搬运设备占用仓库和工厂空间。仓库里的空间是固定的,物料搬运系统必须能够有效利用这个空间。例如,带有延伸平台的叉车可以伸出 $8\sim 9$ m,因而具有提高仓库容纳能力的作用。

物流的各个环节之间和同一环节的不同作业之间,都必须进行装卸搬运作业。正是装卸搬运作业起着相互转换的桥梁作用,把物的运动的各个阶段连接成为连续的"流",使物流的概念名实相符。

物料搬运系统:物料搬运系统是指一系列的相关设备和装置,用于一个过程或逻辑动作系统中,协调、合理地将物料进行移动、储存或控制。物料搬运系统和设备、容器性质取决于物料的特性和流动的种类,每一系统都是经过专门设计、服务于特定物流系统环境和规定的物料。物料搬运系统的设计要求合理、高效、柔性和能够快速装换,以适应现代制造业生产周期短、产品变化快的新特点。

二、物料搬运的作用及特点

由于物料搬运在生产领域各个生产环节中起着相互连接与转换的作用,使生产能连续、正常地进行,因此,物料搬运系统的合理与否将直接影响生产率和企业的经济效益。采掘业(采矿、采煤)的很多生产过程,实质上就是物料搬运过程。如露天矿开采,通过挖掘和开采将矿石装入载重汽车或直接装入火车车厢,然后由载重汽车直接运出或由铁路运出。又如加工工业,在各工位之间都要依靠各种搬运设备进行移动,如果没有搬运环节,则无法进行生产。因此,物料搬运是生产工艺过程中的自然组成部分,或者成为直接生产不可缺少的保障系统。近年来,越来越多的专家倾向于把物料搬运作为生产的有机组成部分。据调查,我国机械加工厂每生产 1 吨产品,需要进行 252 吨次的物料搬运,其成本为加工成本的 14.5%。由此可见,改善物料搬运作业,可以取得明显的经济效益。

物料搬运与运输、储存不同,运输是解决物料空间距离,储存是解决时间距离,而物料搬运既没有改变物料的空间价值,又没有改变物料的时间价值,因而往往引不起重视。可是一旦忽略了这个环节,轻则造成生产混乱,重则造成生产停顿。所以物料搬运在生产领域里具有"闸门"和"咽喉"的作用,是企业的动脉,如果动脉梗阻,整个企业将陷于瘫痪。

物料搬运具有如下特点。

(1) 具有"伴生"(伴随产生)性和"起讫"性。

因为物料搬运的目的总是与物流的其他环节密不可分(有时甚至视为其他环节的组成部分),不是为了搬运而搬运,如运输、储存、包装等环节,一般都以装卸搬运为起始点和终结点。因此与其他环节相比,它具有"伴生"性和"起讫"性的特点。

(2) 具有"保障"性和"服务"性。

物料搬运保障了生产中其他环节作业的顺利进行,在搬运过程中不消耗原材料,不排放废弃物,不大量占用流动资金,不产生有形产品,因此具有提供劳务性质的特点。

(3) 具有"闸门"和"咽喉"的作用。

因为物料搬运制约着生产领域其他环节的业务活动,如果这个环节处理不好,整个生产系统将处于瘫痪状态。

(4) 具有作业的均衡性与稳定性。

均衡性是生产的基本原则,所以物料搬运作业基本上是均衡、平稳、连续的,而且作业对象仅限于企业内部,相对稳定,若有变化也有一定规律。

三、物流搬运的发展

到现在为止,物料搬运的发展大体经历了如下5个阶段。

(1) 人力物料搬运时期。

人力物料搬运,虽然是原始的、简单的,但时至今日,仍然存在于几乎所有的物料搬运中,只不过是主要由体力型向智力型转变。

(2) 机械化物料搬运时期。

它主要表现在19世纪中叶至20世纪中叶,如今仍是众多物料搬运系统中的重要组成部分。

(3) 自动化物料搬运时期。

出现了自动化仓库系统(Automatic Storage & Retrieval System,AS/RS)、AGV、计算机以及条码识别技术等,机器人也引入物料搬运系统从事托盘上货物码垛和包装工作。它是20世纪60至80年代解决物料搬运问题的常用方法。

(4) 集成化物料搬运时期。

20世纪90年代,不仅单机自动化,而且开始在中央控制室内通过主计算机或熟练的人员操作,使若干诸如AS/RS、AGV、机器人等自动化搬运设备协调动作,组成一个集成系统并能与生产系统相协调,以取得更好的经济效益。

(5) 智能型物料搬运系统。

它出现于20世纪90年代末期、21世纪初始。这种系统大幅度拓展了物料搬运系统的外延,强调物料搬运的智能化、系统化,能将一个阶段的计划自动分解成物料和人员需求计划,并对物料搬运进行规划和实施。而所需物料不足时,能自动修改计划而改为生产相同产值的其他产品。

第二节 物料搬运的基本原理

一、搬运系统设计目标

物料搬运系统设计的一般目标如图 4-1 所示。

图 4-1 物料搬运的一般目标

(1) 提高仓储的有效容积。

这是物料搬运的一个基本目标。仓库有固定的内部容积,应尽可能多地利用空间使得仓库的运营费用最小化。

(2) 走道空间最小化。

在避免过道过窄以至于阻碍设备移动的前提下,减少过道的空间。同时注意所使用的搬运设备的不同条件,如叉车设备经常需要掉头的空间,因而比其他类型的物料搬运设备需要更宽的过道。

(3) 减少货物的处理时间。

货物不论是在仓库还是在储存区域,都有几个不可避免的移动,所以,要减少运货时间,进行有效的运营就要避免多余的搬运活动。物料搬运系统的设计和它的关联活动应该使货物在仓库内部和进出仓库的移动最小化,同时有效设计的物料系统应使移动的次数最小化,达到货物移动的高效性。

(4) 创造有效的工作条件。

所有物料搬运系统,无论是与物流还是与生产相联系的,应该在提高生产率的同时,使它对临近的工人安全的威胁最小化。物料搬运系统应尽可能消除短距离、单调和重体力劳动。

(5) 减少人工运作。

应尽可能地采用仓库自动化、搬运自动化设施。

(6) 改进物流服务。

物料搬运通过让物流系统对工厂和顾客的需求做出快速高效的反应来提高效率。物料搬运在把货物以合适的数量及时送到顾客手里起着关键作用。

(7) 降低成本。

高效的物料搬运可以通过提高生产率(通过给出更多的、更快的产出)来削减成本。同时更有效地利用空间、减少物品放错的频率也可以带来成本的降低。

二、搬运活性理论

在一次物料搬运作业中,要完成装货、移动和卸货作业,这三种作业在多数情况下以一个整体出现。由此看出,装和卸的次数之和与移动次数之间是 2∶1 的关系。通常,装货卸货的劳动强度大,费时也多,因此在改善搬运系统的过程中,更应重视次数多、劳动强度大、耗时多的装卸环节。"重视装卸"是现代搬运管理的基本论点。如使用叉车、机器人就是减轻装卸的劳动强度。"良好的搬运状态",首先是装卸花费时间少的状态,"良好的搬运"就是装卸次数少的搬运。

1. 搬运的活性

物料平时存放的状态各式各样,可以散放在地上,也可以装箱放在地上,或放在托盘上等,由于存放的状态不同,物料的搬运难易程度也不一样。人们把物料的存放状态对搬运作业的方便(难易)程度,称为搬运活性。装卸次数少、工时少的货物堆放方法称为搬运活性高。从经济上看,搬运活性高的搬运方法是一种好方法。

2. 搬运活性系数 α

搬运活性系数 α 用于表示各种状态下的物品的搬运活性。

最基本的活性是水平最低的散放状态的活性,规定其活性系数 α 为 0。对此状态每增加一次必要的操作,或者与此操作后的相同状态,其物品的搬运活性系数 α 加 1。活性水平最高的状态活性系数 α 为 4。图 4-2 直观地表示了物品的搬运活性指数。

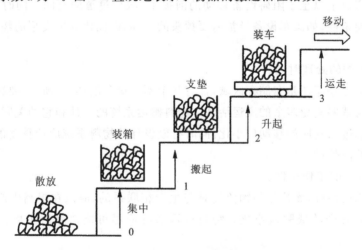

图 4-2 搬运活性指数之间的关系

从图 4-2 可以看出,散放在地的物品要运走,需要经过集中、搬起、升起、运走 4 次作业,需要进行的作业次数最多最不方便,即活性水平最低;而集装在箱中的物品,只要进行后 3 次作业就可以运走,物料搬运作业较为方便,活性水平高一等级;运动着的物品,不需要再进行其他作业就可以运走,活性水平最高。活性系数确定的原则如表 4-1 所示。

表 4-1　活性的区分和活性指数 α 表

物品状态	作业说明	作业种类				还需要的作业数目	已不需要的作业数目	搬运活性系数 α
		集中	搬起	升起	运走			
散放在地上	集中、搬起、升起、运走	要	要	要	要	4	0	0
集装箱中	搬起、升起、运走（已集中）	否	要	要	要	3	1	1
托盘中	升起、运走（已搬起）	否	否	要	要	2	2	2
车中	运走（不用升起）	否	否	否	要	1	3	3
运动着的输送机	不要（保持运动）	否	否	否	否	0	4	4
运动着的物品	不要（保持运动）	否	否	否	否	0	4	4

在对物品的活性有所了解的情况下，可以利用活性理论，改善搬运作业。

3. α 的合理选择

活性系数越高，则所要求的工位器具及其工位器具所消耗的费用水平就越高。两者的关系如图 4-3 所示。

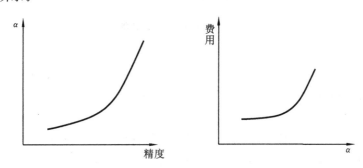

图 4-3　α 与精度、费用的关系
(a) α 与精度的关系　(b) α 与费用的关系

从以上分析得知，α 值越高，物料流动越容易，相应投资费用越高。所以系统设计时，不应机械地认为 α 越高越好，要综合考虑。因此合理选择 α 就是要根据具体情况，充分考虑工艺要求和成本费用等。

4. 活性系数曲线

活性系数曲线是用来分析某一物流在系统中的平均机动性。将某一物流按其流程及各段的活性系数 α 绘制在坐标图上，即得到该物流的活性系数曲线，并可计算出该物流的平均活性系数 $\bar{\alpha}$。计算模型如下：

$$\bar{\alpha} = \frac{1}{n} \sum_{i=1}^{n} \alpha_i \tag{4-1}$$

图 4-4 所示的为某物流活动的活性系数曲线。

三、物料搬运方法及选择原则

物料搬运方法是指物料搬运路线、搬运设备和搬运单元的结合。

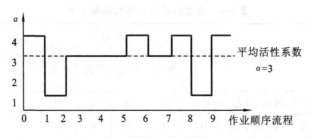

图 4-4　物流活动的活性曲线

1. 搬运路线的分类

搬运路线分为直达型、渠道型和中心型,如图 4-5 所示。

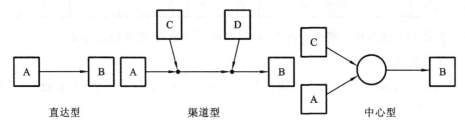

图 4-5　物料搬运路线分类

1) 直达型

各种物料从起点到终点经过的路线最短。当物流量大、距离短(或距离中等)时,采用这种形式比较经济,尤其适合于物料有一定的特殊性而时间又较紧迫的情况。

2) 渠道型

一些物料在预定路线上移动,同来自不同地点的其他物料一起运到同一个终点。当物流量为中等或少量,而距离为中等或较长时,采用这种形式是经济的,尤其当布置不规则、分散时更为有利。

3) 中心型

各种物料从起点移动到一个分拣中心或分发中心,然后再运往终点。

当物流量小而距离中等或较近时,这种形式是非常经济的,尤其当厂区外形基本上是方整的且管理水平较高时更为有利。

物料搬运过程中,若物流量大且距离又长,则说明这样的布置不合理。距离与物流量可作为确定搬运路线的依据矩阵,如图 4-6 所示。

2. 搬运设备选择原则

(1) 根据距离与物流量的大小,确定设备类别。

从图 4-7 中可以看出:

①距离短,物流量小——简单的搬运设备,如两轮手推车;

②距离短,物流量大——复杂的搬运设备,如窄通道带夹具的叉车;

③距离长,物流量小——简单的运输设备,如机动货车;

④距离长,物流量大——复杂的运输设备,如电子控制的无人驾驶车辆。

(2) 根据设备的技术指标和物料特点,选择设备规模及型号。

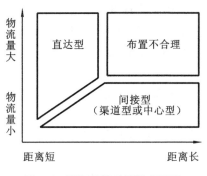
图 4-6 搬运路线种类选择矩阵

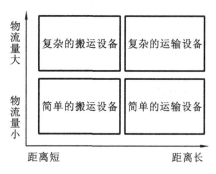
图 4-7 搬运设备选择矩阵

3. 物料搬运单元化与标准化

单元化是将不同状态和大小的物品，集装成一个搬运单元，便于搬运作业，也称为集装单元化。单元化可以是集装箱、托盘、箱、袋、筒等。

物料的搬运单元化，可以缩短搬运时间、提高搬运的灵活性和作业的连贯性，这是提高搬运效率的前提。

物料搬运的标准化，是指物品包装与集装单元的尺寸要符合物流标准模数法则，即国际标准基础模数 600 mm×400 mm，其他包装尺寸由国际标准基础模数按倍数系列推导出来，仓库货架运输车辆、搬运设备等也要根据标准模数决定其主要性能参数。物料搬运的标准化有利于物流系统中各个环节的协调配合，提高通用性，减少搬运作业时间，减轻物品的散失、损失，从而节约费用。

四、物料搬运原则

采用合适的物料搬运方式，既提高了作业效率，又减轻了人的劳动强度。如何设计出生产企业理想的物料搬运解决方案呢？以下原则需要重点考虑。

(1) 解决问题的原则。任何一个物料搬运解决方案，都必须解决物料的搬运作业问题。

(2) 规划原则。所设计的方案，必须以获得生产企业物料搬运系统最大工作效益为目标，规划所有的物料搬运和物料存储工作。

(3) 系统化原则。尽可能广泛地把各种搬运活动视为一个整体，使之组成相互协调的、完整的搬运系统。其范围涉及供货厂商、收货、储存、生产、检验、包装、成品储存、发货、运输和消费用户等。

(4) 物流通畅原则。在确定生产顺序与设备平面布置时，应力求物流系统的最优化。

(5) 精简原则。在方案中，尽量减少、取消或合并不必要的动作与设备，精简方案，以简化搬运作业。

(6) 绿色搬运原则。在方案设计时，尽量考虑利用实际环境条件，在可能的条件下，尽量采用省力、省电、节能的搬运方式，如尽量利用重力搬运物料，但应注意防止磕碰。

(7) 充分利用空间原则。在方案设计时，最大可能地充分利用建筑物的整个空间，紧缩设备占用的平面面积。

(8) 集装单元化原则。尽可能一次搬运多个物品，采用标准容器与装载工具集装物料，使搬运过程标准化、集装化。

(9) 机械化原则。合理采用搬运机械设备和提高搬运机械化程度。

(10) 自动化原则。在生产、搬运和储存物料的过程中,采用适度、合理的作业自动化。

(11) 最少设备原则。充分考虑被搬运物料各个方面的特点,包括物的运动方式和采用最佳的搬运方法,选择最少设备。

(12) 标准化原则。在方案设计时,充分使搬运方法、搬运设备、搬运器具的类型、尺码标准化。

(13) 柔性原则,又叫灵活性原则。所采用的搬运方法和搬运设备,应能适应由市场变化带来的、各种变化的搬运任务和实际应用的要求。

(14) 减轻自重原则。在解决问题的同时,设计先进的移动设备,降低移动设备的自重,提高载荷与移动式设备自重的比例。

(15) 设备利用率最高原则。力求使人员与搬运设备得到充分利用。

(16) 维修保养原则。选用的设备尽量考虑其维修、维护的方便性,为全部搬运设备制定预防性保养和计划维修制度。

(17) 摒弃落后原则。当出现可提高效率的方法和设备时,应及时改造,合理更新陈旧设备与过时搬运方法。

(18) 控制原则。利用物料搬运工作改进对生产、库存和接订单、发货等工作的控制管理。

(19) 利于提高生产能力原则。利用搬运设备促使系统达到或提高所要求的生产能力。

(20) 搬运作业效能原则。以每搬运一件单元货物所耗成本的指标考核搬运作业的效能。

(21) 安全原则。设计时需要考虑采用安全性最佳的搬运方法,选用安全性好的设备,运行时,制定完整的安全防范条例,并严格执行。

这些原则可以作为对物料搬运系统优劣的判断。但是要注意,其中有些原则是相互冲突的,在设计方案时,需要根据具体情况做出取舍。

第三节 物料搬运设备及器具

一、物料搬运设备选择

1. 物料搬运要素

完成物料搬运作业必须具备劳动力(搬运、操作人员)、装卸搬运设备及设施、货场等"硬"要素,以及工艺(作业方法)、信息、管理等"软"要素。既依赖这些要素构成的作业系统,也离不开其组成的保障系统。

(1) 劳动力:在人力物料搬运时期,劳动力是第一要素;在机械化、自动化阶段,人依然是决定因素,需要提高劳动者的素质,这是改进搬运作业的关键。

(2) 装卸搬运设备及设施:是完成搬运作业的重要手段,它包括机械、设备、辅助工具、集装用具及相应设施,要发挥其作用,必须合理配置、配套使用。

(3) 货物:是搬运作业的服务对象,对不同的货物要进行分类,以使其处于"良好的搬运状态"和制定合理的搬运工艺。

(4) 工艺：即搬运的作业方法，要配合生产工艺流程的需要，选择合理的作业方法，使物流合理化，以提高生产效益。

(5) 信息管理：是搬运系统的指挥系统，又是其保障系统，要用先进的设备和科学的管理方法，使搬运作业效率高且安全可靠。

2. 搬运设备的选择方法

选择搬运设备是物料搬运中很重要的内容，选择正确与否对搬运效果和成本有直接的关系。选择搬运设备一般应遵循如下基本思路：

(1) 明确问题性质。弄清楚是否确实需要进行这个搬运步骤。

(2) 要有长远考虑。制订设备选择计划时应当有长远发展的眼光。

(3) 牢记系统化的概念。所选用的设备不仅仅局限于工厂某一角落，它要在整个生产系统的总目标下发挥作用。

(4) 简化原则。没有充分的理由时，不要盲目追求不必要的高级设备。

(5) 选用合适的规格型号。应尽量采用标准产品，而不采用价格比较昂贵的非标准设备。

(6) 要考虑多方案的比较。不要局限于一种设备与搬运方法去完成某项搬运工作，要想到可能会有更好、更低廉的设备与搬运方法。

3. 搬运设备选择应考虑的因素

选择物料搬运设备时一般要考虑设备的性能、可靠性、经济性、管理、安全性、工厂特性、环境等。具体说来应考虑如下因素：

(1) 设备的技术性能。即能否完成所需要的任务和工作，还有设备应该具有一定的灵活性等。

(2) 设备的可靠性。在规定的时间内能够工作而不出现故障，或出现一般性故障能立即修复且安全可靠。

(3) 与工作环境的配合和适应性。工作场合是露天还是室内，是否有振动，是否有化学污染及其他特定环境要求等。

(4) 经济因素，包括投资水平、投资回收期及性能价格比等。设备性能、可靠性高，但是价格太高，需花费大量的外汇，也不一定适合。

(5) 可操作性和可使用性。工人是否能很快熟练掌握设备的操作，培训的复杂程度等。

(6) 能耗因素。对燃料和电力供应情况要做充分估计，设备能耗是否过高。这既是经济问题，也是燃料供应的可能性问题。

(7) 备件及维修因素。有的企业购买的设备很好，但一个零件磨损后，无法得到配件导致整个设备不能使用。

(8) 与物料的适配程度。这与物料本身物理、化学性质有关，是否易燃易爆、易损坏，是否为液体状态等。

(9) 物料的运动方式。不同的物料运动方式需要选择不同的搬运设备。物料运动方式与搬运装备选择的关系如表4-2所示。

物流工程

表 4-2 物料运动方式与搬运设备选择

运动方式	搬运设备
水平式	卡车、连续输送机、小推车、滑道缆索、索道
垂直式	各种提升机、起重机卷扬机
倾斜式	连续输送机、提升机、料斗卷扬机、滑道
垂直及水平	叉车、起重机、升降机、提升机
多平面式	旋转起重机

二、物料搬运设备

物料搬运设备是机械化生产的主要组成部分,它的技术水平是搬运作业现代化的重要标志之一。按搬运设备的作业特征,搬运设备可分为 4 大类:输送机械、搬运车辆、起重机械和垂直搬运机械。搬运车辆包括各式手推车、托盘搬运车、电瓶搬运车、叉车和无人搬运车等;输送机械主要包括辊子输送机、链式输送机、带式输送机和悬挂输送机等;起重机械包括一般通用起重机和立体仓库堆垛机等;垂直搬运机械包括电梯、剪式升降台以及各种垂直提升机等。

1. 输送机械

输送机在工作时连续不断地沿着同一方向输送散料或重量不大的单件物品,装卸过程无需停车。在流水作业生产线上,连续运输机已成为整个工艺过程中最重要的环节之一,其优点是:生产率高,设备简单,操作简便。输送机械可分为重力式和动力式两类,如图 4-8 所示。

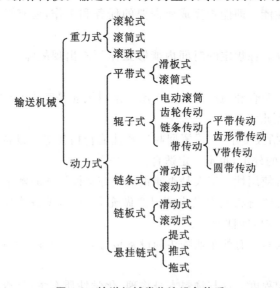

图 4-8 输送机械类物流设备体系

重力式输送机又称为无动力输送机。重力式输送机在倾斜输送面上靠重力的分力作用,使物料沿输送面运动。重力式因滚动体的不同,可分为滚轮式、滚筒式和滚珠式等。

动力式输送机一般以电动机为动力,根据其驱动介质的不同可分为皮带输送机、辊子输送机、链条式输送机和悬挂链输送机等。有两类输送机的技术较为复杂,按使用的方式分类,分为积放式输送机和分类输送机。

输送机械搬运设备的主要特点是结构简单,动作单一,造价低,制造容易,并且能够实现连续的较高效率的搬运作业,由多台设备可以组成搬运系统,实现自动化作业。其缺点是输送系统的占地面积较大,且不宜变更货物的运输路线。

2. 搬运车辆

搬运车辆种类很多,通常包括无轨道运输车,如起重汽车、自卸汽车、拖车、工程专用汽车等;有轨道运输车,如蒸汽机车、内燃机车、电力机车、各种铁路车辆等。小型的车辆则有手推车、简易叉式搬运车、牵引车、电瓶搬运车、叉车、曳引小车、穿梭车、AGV、卫星小车等。搬运车辆的作业具有一定的柔性,搬运作业的范围大。下面简单介绍一些常见的运输车辆。

1) 卡车

卡车是一种通用型载货汽车的通称,是主要的运输机械。在物料搬运中,配合装卸机械在厂内外进行运输工作,其类型、型号很多,选用时可根据需要在机电产品目录中选用。

2) 拖车

拖车由牵引车牵引行驶,其运载能力强,适应尺寸大、重量大的货物运输,有全挂车和半挂车两种。一般由汽车牵引,也有用蓄电池搬运车或其他车辆牵引。

3) 手推车

手推车是一种以人力为主,一般不带动力,在路面上搬运货物的小型搬运车辆的总称。手推车的分类如图4-9所示。其特点是轻巧灵便、易操作、转弯半径小。手推车的选择需考虑货物的形状和性质,当搬运多品种货物时,应采用通用性的手推车;搬运单一品种货物,则考虑专用性的手推车以提高搬运效率。

4) 叉车

叉车是车站、码头、仓库、货场、车间之间,广泛用来承担装卸、搬运、堆码等作业的一种搬运工具,具有适用性强、机动灵活、效率高等优点,它不仅可以将货物进行水平运输,还可以叉取货物进行垂直堆码。

叉车的分类如图4-10所示。

(1) 简易叉式搬运车。

简易叉式搬运车是一种小型的利用人力提升货叉的装卸、搬运设备,用于搬运装载于托盘上的货物,多用于不需要堆垛的场合。其特点是转弯半径小,适用于搬运3吨以下的托盘(或带托盘结构的容器)的货物,搬运效率较高,但要求运行的道路平整度好,否则会影响安全提升高度、搬运效率和操作性。

(2) 牵引车。

牵引车俗称拖头,其特点是没有承载货物的平台,只能作为牵引工具,用来牵引挂车,不能单独运输货物。牵引车只在牵引时才与挂车连在一起,当挂车被拖到目的地进行装卸货物后,牵引车就可脱开与挂车的连接,再去牵引其他挂车,从而提高了设备的利用率。采用牵引车——挂车方式搬运货物,在一定条件下比采用平板搬运车能获得更好的经济效果。

(3) 电瓶搬运车。

电瓶搬运车有固定的承载平台,可载重运输,也可以用作牵引。电瓶搬运车车体小而

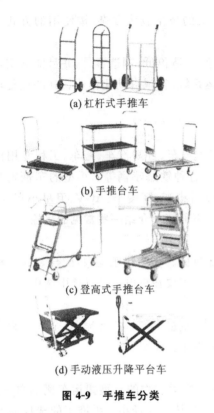

图 4-9 手推车分类

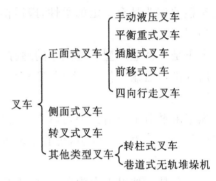

图 4-10 叉车分类

轻,动作灵活,使用清洁卫生,无污染,适宜于室内工作。但其无防爆装置,故不能在易燃、易爆的场所工作;还有,蓄电池不能经受强烈的振动,故需要在平坦的路面上行驶,行驶的速度不高,一般为 10 km/h。

为了缩小转弯半径,扩大叉车的使用范围,人们发明了许多新型的叉车,如图 4-11 所示。

5) 曳引小车

曳引小车系统是现代无人搬运车系统的原型,是在工厂或仓库里用来输送货物的连续输送设备,如图 4-12 所示,如系统具有闭合的地链轨道,其结构包括牵引链、驱动装置、回转装置、张紧装置、道岔、停止器、传感器以及各种保护装置。载货小车前部的销杆,能够很方便插入和脱离牵引链的引导装置,通过埋在地沟槽中的输送链驱动小车。该系统的特点是用人少,不占用地面以上的空间,小车与牵引链没有固定连接,因此有一定的灵活性。缺点是地沟的防污措施难以解决,必须同时启动整个系统,不能单独启动其中一条运输路线,对地面的平整度要求高。

6) 穿梭车

穿梭车是近年来发展起来的新型的搬运设备,逐步形成系列产品,并在各行业得到广泛的应用。它的优点是由它构建的自动化搬运系统,工艺简捷,设备最少,运行效率高,在搬运过程中,具有灵活分拣、分配的功能,系统具有一定的柔性。缺点是,因为有导轨,更改输送路线较难。

穿梭车按导轨形式分类,可分为单轨穿梭车和双轨穿梭车;按用的路径分,可以分为往复式穿梭车和环行穿梭车等。图 4-13 所示的是往复式穿梭车,运行速度达 360 m/min,承载

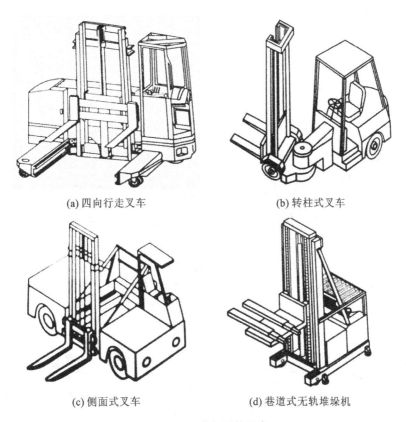

(a) 四向行走叉车　　　　(b) 转柱式叉车

(c) 侧面式叉车　　　　(d) 巷道式无轨堆垛机

图 4-11　几种新型的叉车

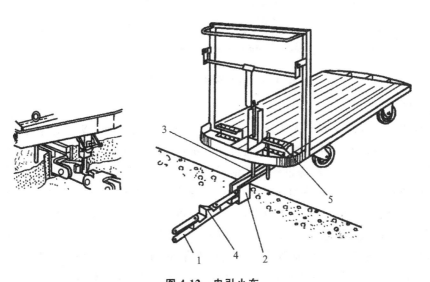

图 4-12　曳引小车

1—输送链；2—导引槽；3—金属销；4—小车导引装置；5—路径选择触发开关

800 kg,定位精度为±3 mm；图 4-14 所示的是复杂路径的行李搬运的环形穿梭车,其最快运行速度达 720 m/min,定位精度为±3 mm。

图 4-13　往复式穿梭车

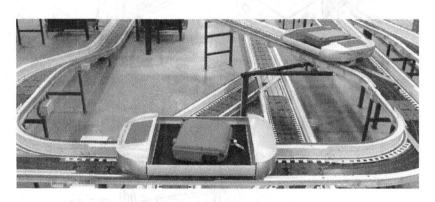

图 4-14　复杂路径的环形穿梭车

7) AGV

自动导引车 AGV,又叫无人搬运车,装备有自动导引装置,能够独立自动寻址,并具有多重安全防护装置以及各种功能装置,通过计算机系统集中控制,自动完成无人驾驶及特定功能的搬运车辆。AGV 与输送设备等其他系统设备结合,可方便灵活地构成由计算机系统集成控制的自动仓库或全自动物流系统。AGV 系统(AGVS)具有服务面广,运输路线长,柔性好,运输路线灵活多变,运行费用少,系统安全可靠及无人操作等特点,广泛使用于厂内运输、装备生产线、仓库、医院等场所,特别适用于有噪声、有污染、有放射性等有害人体健康的地方,以及通道狭窄、光线较暗等不适应驾驶车辆的场合。当货物运量增大时,可以方便地增加车辆数量,方便构建新的搬运系统,并且不影响正常的生产作业。

AGV 的导引方式有许多种,可分为固定路径导引和自由路径导引,分类情况如图 4-15 所示。目前应用最广泛的是电磁导引和激光导引技术,最先进的是视觉导引技术。图 4-16

所示的为一种电磁导引 AGV。

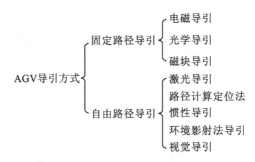

图 4-15　AGV 分类

图 4-16　电磁导引 AGV

8）卫星小车

卫星小车是叉车和巷道堆垛机衍生的设施，有两类：一类是穿梭板类；另一类是带货叉的分配小车。穿梭板类又有两种：一种与叉车配套使用，采用无线遥控方式，由叉车驾驶员操作；另一种则与堆垛机配套使用，相当于延长了的堆垛机货叉，与堆垛机一起组成全自动的卫星小车搬运系统。

卫星小车的能源供给有两种：一种是在堆垛机上带可伸缩的电源线缆；另一种则是使用蓄电池供电。

3. 垂直搬运机械

垂直搬运机械，主要用于连接楼房仓库或高层建筑各层的楼层面之间的货物运输需要，以及在不同作业层面货物输送的需要。主要的设备有载货电梯、液压升降平台和板条式垂直提升机。

液压升降平台相对简单，且适应能力很强，能够精确定位在不同的高度位置，适合于不需要经常性提升货物的场所。

板条式提升机，有的人又称其为连续提升机，如图 4-17 所示，其特点是占地面积小，可连续提升输送货物。提升过程中，由板条组成的载货平台保持水平，回程时，载货平台转为垂直位置，回程结束时，又转为水平位置，从而减少占地面积。此外，提升机还有秋千式垂直提升机、念珠式垂直提升机等。

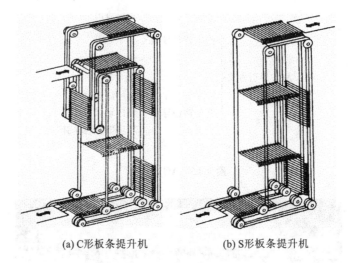

(a) C形板条提升机　　　(b) S形板条提升机

图 4-17　板条式提升机分类

4. 起重机械

起重机械是一种以间歇作业方式对物料进行起升、下降和水平移动的搬运机械。其中机械的作业通常带有重复循环的性质，一个完整的循环一般包括取物、起升、平移、下降和卸载等环节。经常启动、制动、正反方向运动是起重机械的基本特点，广泛应用于工业、交通运输业、建筑业、商业和农业等。

常用的起重机有电动梁式起重机、通用桥式起重机、门式起重机、固定旋转起重机、轮胎式起重机等，如图 4-18、图 4-19、图 4-20、图 4-21 所示。

图 4-18　电动单梁起重机

图 4-19　固定旋转起重机

图 4-20　门式起重机

第四章

物料搬运系统设计

图 4-21 港口起重机

在物料搬运中,主要根据以下参数进行起重机的类型、型号选择:①所需起重物品的重量、形态、外形尺寸等;②工作场地的条件(长×宽×高,室内或室外等);③工作级别(工作频繁程度、负荷情况)的要求;④每小时的生产率要求。主要起重机类型的特点与使用范围如表 4-3 所示。

表 4-3 主要起重机类型的特点与使用范围

类 别	特 点	使用范围
电动梁式起重机	采用电葫芦为起重机构,具有重量轻、轮压小、范围大等特点	适用于小吨位起重量及工作不繁忙的场所
通用桥式起重机	起升机构为卷扬小车,有单钩和双钩。具有起重量大,起升、运行范围广等特点	适用于机加工、修理、装配车间或仓库、料场作一般装卸搬运作业
门式起重机	采用单梁或双梁结构,起升机构为通用小车,取物装置为吊钩	适用于露天堆场的装卸搬运作业
固定转柱式旋转起重机	立柱作为臂架金属结构的组成杆件之一,随同臂架一起绕轴心线旋转 90°~270°,起重量不超过 5 吨	可安装在室内或室外有立柱的场合使用
固定定柱式旋转起重机	立柱和起重机臂架分开,能转 360°,起重量一般不超过 10 吨	可安装在室内或室外任何场合使用
汽车起重机	起重装置在标准或特制汽车底盘上,运行速度高,机动性能好,能直接与汽车编队行驶	适用于仓库、码头、货栈、工地等场所大装卸和安装工作
轮胎起重机	采用专用的轮胎底盘,重心低,起重平稳。在使用短臂时,可在额定起升重量 75% 的条件下带负荷行驶,扩大了起重作业的机动性	适用于港口、车站、货场、工地等场所大装卸和安装工作

5. 堆垛起重机械

巷道堆垛机简称堆垛机,主要用途是在高层货架的巷道内来回运行,将位于巷道口入库站台上的货物,自动随机存入货位;或者将货架货位上的货物取出,送到巷道口的出库站台上。

堆垛机的特点是:整机的结构高而窄,结构的刚度和精度要求高,堆垛机的运行速度高,启动、制动快而平稳,运行平稳性好,停靠精度高,安全性保护措施完善。

堆垛机按支撑方式分类,可分为悬挂式堆垛机和地面支撑式堆垛机;按结构形式分类,可分为单立柱堆垛机和双立柱堆垛机;按货叉结构分类,可分为单深堆垛机和多深堆垛机;按作业方式分类,可分为单元式堆垛机、拣选式堆垛机、拣选-混合式堆垛机等。近年来,堆垛机发展了转轨堆垛机和换轨堆垛机等新的形式。图4-22所示的是一种自动换轨巷道堆垛机。

图4-22 自动换轨巷道堆垛机

6. 机器人

工业机器人是一种能自动定位控制,可重复编程、多功能的、多自由度的操作机。机器人是一种智能性的高新技术搬运设备,能搬运材料、零件或操持某些工具,以完成各种作业,主要用在生产线上和自动化物流系统的码垛、拆垛上,用在集装化单元货物和货物体积、重量较大的场合,具有定位精度高、运行效率高、可靠性高等特点。图4-23所示的是一种直角坐标机器人,其拆码垛的效率高于极坐标机器人,具有中国人自己的知识产权。

7. 物料搬运器具

物料搬运器具是人工与机械化之间的桥梁,包括垫板、托盘、标准料箱、料架、料斗、装运箱、集装箱等。

物料搬运过程中,器具的选用既要根据物料的不同采用多样形式,又要考虑标准化问题。集装单元化是物料搬运自动化的重要标志,它不仅使装运时间大为缩短,还减轻了搬运

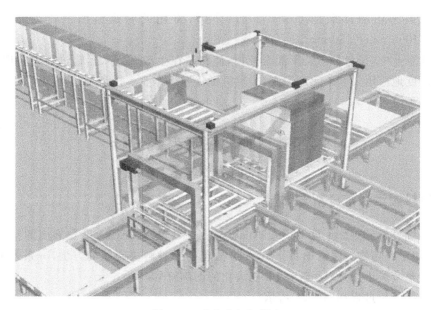

图 4-23 直角坐标机器人

工人的劳动强度,提高了装运效率和搬运质量,也有利于提高现场管理水平。

托盘作为搬运器具的主要种类,是一种用于机械化装卸、搬运和堆放货物的集装工具,由两层铺板中间加以纵梁(或垫块)或单层铺板下设纵梁(或垫块、支腿)所组成。托盘按结构可分为平托盘、箱式托盘、柱式托盘、轮式托盘等;按材质可分为木托盘、钢托盘、铝托盘、胶合板托盘、波纹纸托盘、塑料托盘、复合材料托盘等;按使用寿命可分为一次用(消耗性)和多次用(循环性)两种;按使用范围可分为企业内部用和联运用两种。

图 4-24 所示的是几种常用物流器具。

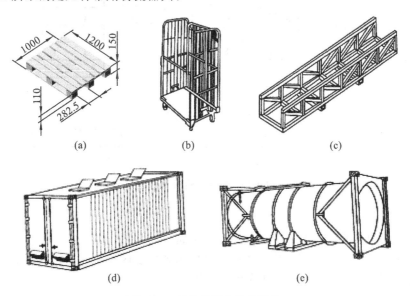

图 4-24 几种常用的物流器具

托盘规格尺寸标准化,是托盘流通的前提。

目前我国采用的标准是 GB/T 2934—2007,常用的联运通用平托盘外形尺寸为 1200 mm×1000 mm×150 mm。

在工业企业中,托盘常与叉车配套使用,使物品在生产、储存、运输过程中实现机械化。它能最大限度地应用集装单元的原则,实现机械化搬运作业。托盘是实现物流过程机械化、合理化的一种重要工具。

第四节　物料搬运系统设计

一、物料搬运系统分析方法

搬运系统分析(System Handling Analysis,SHA)是理查德·缪瑟提出的一种系统分析方法,适用于一切物料搬运项目。SHA 方法包括一种解决问题的方法,一系列依次进行的步骤和一整套关于记录、评定等级和图表化的图例符号。

搬运系统分析过程如图 4-25 所示。

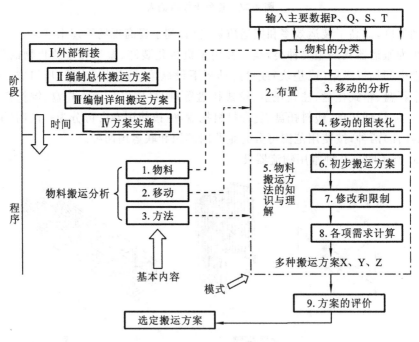

图 4-25　物料搬运分析过程

1. 阶段结构

阶段Ⅰ——外部衔接。这个阶段要弄清所分析区域的物料进出情况。

阶段Ⅱ——编制总体搬运方案。本阶段拟定出各主要区域之间搬运物料的方法。对物料的搬运路线、搬运设备及容器类型做出初步决策。

阶段Ⅲ——编制详细搬运方案。这个阶段要考虑每个主要区域内部各工作地之间的物料搬运,要确定详细的物料搬运方法。

阶段Ⅳ——方案实施。这个阶段要进行必要的准备工作,订购设备,完成人员培训,安排进度并安装具体的搬运设施。然后对所规划的搬运方法完成实验工作,验证操作程序,以确保在全部安装之后它能正常工作。

这 4 个阶段依次交叉进行,其中Ⅱ、Ⅲ阶段是工业工程师的主要任务。

2. SHA 的主要输入

主要输入资料有 5 个:P——物料,如产品、部件、零件、商品等;Q——数量,如销售量或合同订货量等;R——路线,如操作顺序和工艺过程等;S——后勤与服务,如库存管理、订货单管理、维修等;T——时间因素,如时间要求和操作次数等。

3. SHA 的程序模式

物料搬运的程序模式是以物料、移动和方法 3 项为基础的,因此,物料搬运分析包括分析所要搬运的物料、分析需要进行的移动和确定经济实用的物料搬运方法。SHA 的程序模式是一个分步骤进行的程序,如图 4-25 右侧的 9 个步骤。问题越复杂,这个模式就越有用。

二、物料分类

1. 物料分类的主要依据

(1)物料的可运性。影响可运性的主要因素是物料本身的物理、化学特性,外界的因素,如工位器具、托盘、货架和搬运设备等,也有重要影响。

(2)物流条件。其中包括生产工艺方面的要求,质量保证体系方面的要求,如精密件的搬运等;生产管理方面的要求,如生产中的间隙性、周期性、配套性、不均匀性等;环保要求以及一些特殊要求,如贵重物品的控制和法律管制品等。

2. 物料分类程序

根据物料的主要特征,对所调查的物品进行经验判断,从而编制物料特征表,如表 4-4 所示。

表 4-4 物料特征表

厂名:　　　　　　　项目:
制表人:　　　　　　参加人:
日期:　　　　　　　第___页 共___页

物料名称	物料实际最小单位	单位元物料的物理特征							其他特征			
		尺寸/in①			重量/lb②	形状	损伤的可能性(物料、人、设施)	状态(湿度、稳定性、刚度)	数量(产量或批量)	时间性	特殊控制	类别
		长	宽	高								
1.钢带	卷	直径24,高1			6~12	盘状	—	—	少	—	—	d
2.空纸袋	捆	28	18	24	48	矩形	易撕破	—	少	—	—	d
3.空桶	桶	直径18,高31			35	圆柱形	—	—	多	—	—	a

续表

| 物料名称 | 物料实际最小单位 | 单位元物料的物理特征 | | | | | 损伤的可能性（物料、人、设施） | 状态（湿度、稳定性、刚度） | 其他特征 | | | 类别 |
| | | 尺寸/in[①] | | | 重量/lb[②] | 形状 | | | 数量（产量或批量） | 时间性 | 特殊控制 | |
		长	宽	高								
4.药物(20种)	盒	6	6	12	8	矩形	—	—	很少	—	政府规范	d
5.油料豆	袋	32	16	8	96	矩形	—	—	中等	—	—	c
6.乳酸	坛	24	24	30	42	方形	严重	—	很少	—	—	d
7.黏性油	罐	约1加仑[③]			10	圆柱形	怕破裂	—	少	—	—	d
8.浓缩维生素	纸箱	6	12	6	20	矩形	—	要避热	少	—	—	d
9.备件	各种	各种			各种	各种	有些	—	很少	急	—	d
10.润滑油	桶	直径12,高18			50	圆柱形	—	油腻	很少	—	—	d

注：①1 in＝24.4 mm；②1 lb＝0.454 kg；③1加仑＝4.5 L。

步骤如下：

(1) 列表标明所有的物品或分组归并的物品名称；

(2) 记录其物理特征及其他特征；

(3) 分析各类物料的各项特征，并在那些是主导的、起决定作用的特征下面划出标记线；

(4) 确定物料类别，把那些具有相似的主导特征或特殊影响特征的物料归并为一类；

(5) 对物料进行分类后，用 a、b、c、A 表示，即可编制物料特征表。

三、物料搬运动线分析

设施布置决定了物料搬运的起点和终点之间的距离，它是选择任何搬运方法的主要因素。因此，所选择的方案必须是建立在物料搬运作业与具体布置相结合的基础之上。

1. 收集各种动线分析的资料

在开始分析各项移动时，需要掌握的资料包括：①物料的分类；②路线的起点、终点和搬运路径；③物流的物流量和物流条件。

2. 动线分析方法

目前常用的方法有以下两种。

(1) 流程分析法。

这种方法是每次只观察一类物料，并跟随着它沿着整个生产过程收集资料，必要时跟随从原料库到成品库的全过程,然后编制出流程图表或流程,如表 4-5 所示。当物料品种很少或是单一品种时,常采用该方法。

表 4-5　流程图表

本表所列单元与最终单元的关系		
本表所列单元	大小或重量	表列单元数/最终单元数
瓶	4oz[①]	1/1
纸箱(空)	4 lb	1/12
托盘(空)	386 lb	1/1008
纸箱(实)	11 lb	1/12
托盘(实)	924 lb	1/1008

厂名:海波药物公司　　项目:68-29
制表人:IS　　参加人:____
日期:9月1日　　第 1 页　共 2 页
起点 进厂
终点 发运
☐ 现有的　☒ 建议的(方案代号)____
方案摘要:叉车和托盘。从进厂直到成品库及发运。

本表所列流程:片剂装箱从空瓶进厂直至成品发运
单位时间的最终单元数量　　生产线速度　48 瓶/分钟

本表所列单元和每次荷载的单元数	作业符号	作业摘要	荷载的重量/lb	每小时次数	距离/m	备　注
1. 纸箱(空)1		在载重卡车上	4			
2. 纸箱(空)1		装到托盘上	4			每托盘 0.25 人小时
3. 托盘(空)1		至验收站	386	15	50	
4. 托盘(空)1		在验收站				
5. 托盘(空)1		验收及称重	386			
6. 托盘(空)1		在验收站				
7. 托盘(空)1		至装箱材料库	386	15	50	
8. 托盘(空)1		在装箱材料库储存				
9. 托盘(空)1		至装瓶及装箱	386	15	360	
10. 瓶,12		瓶从纸箱取出,至装瓶生产线	40			
11. 瓶,—		把药片装瓶				
12. 瓶,—		装入纸箱				
13. 纸箱(实)1		装到托盘上	11			生产线速度为 4 箱/分钟
14. 托盘(实)1		至成品库	924	15	420	
15. 托盘(实)1		在成品库储存				
"空"—未装成品　"实"—装有成品　共计					880	

注:1oz=0.028 kg。

(2) 起讫点分析法。

起讫点分析法也称为从至表法,这种方法有以下两种不同的分析思路。

①在物料品种数目不太多时,首先通过观察每次移动的起讫点收集资料,然后分析各条搬运路线,绘制出搬运路线表,如表 4-6 所示。

表 4-6 搬运路线表

厂名_____ 项目_____
起点原料库 制表人_____ 参加人_____
终点压力机车间 日期_____ 第___页 共___页

物料类别		路线状况距离 280 m			物流或搬运活动		特定等级依据
名称	类别代号	起点	路程	终点	物流量(即单位时间的数量)	物流要求(数量要求、管理要求、时间要求)	
钢板	a	原料库(配有桥式起重机)	穿过露天场地到达	剪切机旁边(地方有限)	平均每天60块	必须与剪切计划步调一致	
托盘货物	b	物料从托盘上起运(有些托盘在托盘架上)	生产厂房,电梯至三层楼。有雨雪,冬天4个门	预焊接线(极为拥挤)	平均每天18托盘	与每天的油漆进度密切联系	
小件	e	从料架和料箱取下,放在存放区	夏天2个门。生产厂房的底层交通拥挤	分布在小件所用的三个不同的料架上	平均每天1600 lb,平均每天30种	共计120种零件;有些1天,有些2天,有些1周	
空盒	j	堆放在地上,位置在原料库内的东北角		"无装配"件集合点	每天0至25盒;平均每天18盒	每天一次就行了	

②若物料品种数目多,则对一个区域进行观察,收集运进运出这个区域的一切物料的有关资料,编写物料进出表,如表 4-7 所示。

表 4-7 物料进出表

厂名_____ 项目_____
制表人_____ 参加人_____
区域_____ 日期_____ 第____页 共____页

产品与物流名称（品种或大类）	运进 每单位时间数量			来自	操作或区域	去往	运进 每单位时间数量			产品与物流名称（品种或大类）
	单位	平均	最大				单位	平均	最大	
1										
2										
3										
4										
5										
6										
...										
30										

备注_____

物料进出表填表说明

本表用于汇总某一个区域全部运进和运出的搬运活动
①填写本表表头各项
②列出所有进来的物料,包括数量和起运地点
③说明该区域内对物料所进行的操作
④列出所有运出的物料,包括数量和运往地点
⑤把进一步解释以上数据的有关资料填写在备注栏内

3. 编制搬运活动一览表

搬运活动一览表如表 4-8 所示。编制该表是为了把收集到的资料进行汇总,编制在一张表上,达到明了、全面地了解情况以及运用的目的。在表中要对每条路线、每类物料和每项移动的物流量及运输工作量进行计算,并按 A、E、I、O、U 进行等级评定。A——超高物流量,E——特大物流量,I——较大物流量,O——普通物流量,U——可忽略物流量。

表 4-8 搬运活动一览表

搬运活动一览表用法说明

① 填写本表表头各项,表明物流量的计量单位
② 每条路线填一行(注明是单向还是双向),记下路线的距离和具体状况(在左下角说明代号的意义)
③ 填写各类物料,每类占一栏或两栏视需要确定
④ 按项目重要性填写物料搬运工作量,典型的填写内容包括:物流量(必填)、物流要求(在本表右下方加以说明)和运输工作量。留个地方供以后填写每个物流量的等效。在本表的空白地方对有关此项目所填的内容加以说明
⑤ 合计每条路线的物流量,必要时填写运输工作量。用元音字母或颜色对每条路线的相对重要性标定等级
⑥ 纵向合计每类物料的物流量(必要时包括运输工作量),用元音字母或颜色对每类物料的相对重要性标定等级
⑦ 纵向及横向合计,核对无误,填写物流量和运输量的总数

4. 各种移动的图表化

图表化就是将各项移动的分析结果标注在区域布置图上,起到一目了然的作用。各种移动的图表化是 SHA 程序模式中的一个重要步骤。

物流图表化的方法有:

(1) 物流流程简图,如图 4-26 所示。它可帮助我们了解流程,因图中无工作区域的正确位置及距离,所以不能用来选择搬运方案。

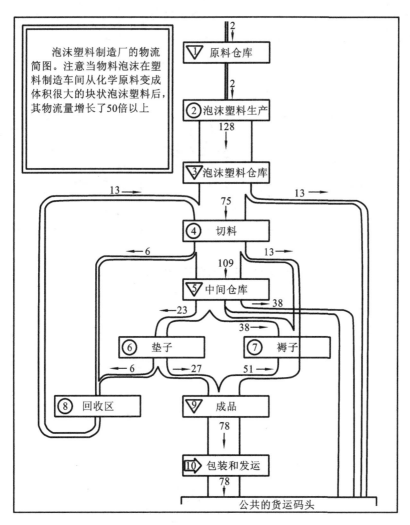

图 4-26 物流流程简图

（2）在布置图上绘制的物流图，如图4-27所示。由于注明了准确位置及距离，可用来选择搬运方案。

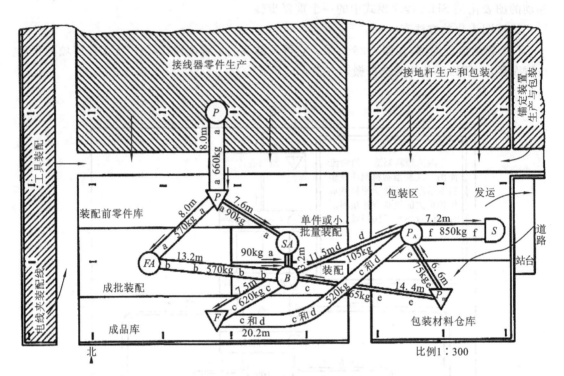

图 4-27　平面布置图上的物流图

（3）坐标指示图，如图4-28所示。它是距离与物流量的指示图。

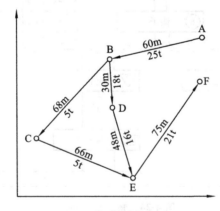

图 4-28　坐标指示图

四、物料搬运方案选择

企业搬运活动可以采用同一种搬运方法，也可以采用不同的搬运方法。一般情况下，搬运方案都是几种搬运方式的组合。

1. 初步搬运方案分析

（1）收集原始资料，包括物料的类型、物流量、物流路线和距离、设施设备的布置、机械设备的选用、时间要求、环境条件等。

（2）根据原始资料，设计出几个搬运方案。

（3）根据各种可能性，对几个初步方案进行改进和调整，计算各项需求，并进行评价。

（4）确定初步搬运方案。

2. 搬运方案分析方法

（1）物料搬运符号如图 4-29 所示。

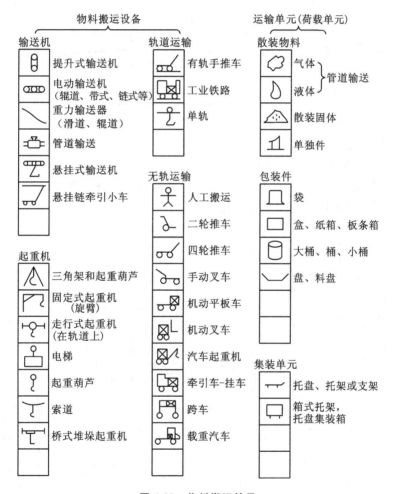

图 4-29　物料搬运符号

（2）物料搬运方法工作表如表 4-9 所示，它适应于物料品种单一或很少，而且在各路线上顺次流通无折返的情况。

表 4-9 物流搬运方法工作表

①厂名_____ 项目_____
制表人_____ 参加人_____
日期_____ 第____页 共____页

路线	物料类别	建议搬运方法 路线、搬运设备和运输单元	备注
⑩进厂 — ②原料库	桶 a 袋 b 贵重物料 d	直接型—叉车—托盘 直接型—叉车—托盘 直接型—人工—纸箱	重建装卸站台
②原料库 — ③造粒	桶 a 袋 b 贵重物料 d	直接型—叉车—托盘 直接型—叉车—托盘 直接型—人工—盘	由主管人搬运
③造粒 — ⑤制成片剂	桶 a	渠道型—两轮手推车—桶	
③造粒 — ⑥药水车间	桶 a	渠道型—两轮手推车—桶	
⑥瓶装及装箱 — ⑧成品库	纸箱 c	直接型—叉车—托盘	堆放在货架上
⑧成品库 — ⑨发运	纸箱 c	直接型—叉车—托盘	

注：建议的渠道型路线系统按照下述路线：③造粒→⑤制成片剂→⑥瓶装及装箱

（3）系统化方法汇总表。

它适应于物料品种和路线较多时，如表 4-10 所示。从该汇总表上，可以全面了解所有物料搬运的情况，还可以汇总各种搬运方法，综合各条路线和各类物料的同类路线、设备和运输单元，也能把全部搬运规划汇总在这张表上。

表 4-10 系统方案汇总表

系统化方案汇总表用法说明：
本表用于填写一个或多个物料搬运规划
①填写本表头各项
②填写物料或产品类别号并加以说明，每类填写一大栏
③列出现在（或将来）物料移动的各条路线（单向或双向），每条填一行，填明其迄点
④填写每条路线上各类物料的搬运方法，在相应小栏内填明路线系统的形式（S栏）、搬运设备（E栏）和运输单元（T栏）。如果代用第二方案，则在小方格内标明字母。在"代用"和"S"上面的横内调协物流量，运输工作量等级和计算数据究竟填什么，在表头内注明
⑤填写搬运方法的代用方案或第二方案
⑥记载其他有关资料以进一步解释表内资料数据

备注：_____

(4) 需求计算表。表 4-11 是需求计算表的一般形式。

表 4-11　需求计算表

厂名_____　　　　项目_____
制表人_____　　　参加人_____
□现有建议方法：叉车,直接型　日期_____　第____页　共____页

采用方法说明：用 1 t 叉车和 1000×1200 托盘,司机从物料搬运小组长处接受指令,需要新任务时向他汇报。所有运件直接由起点运到终点

▽⑪⑱三个区域有堆放托盘的场地

搬 运 说 明	设备和运输单元计算	人 员 计 算
③到⑦托盘 ③到⑤板条箱 ▽到⑦托盘 ▽到③⑪⑭ 17⇒托盘 到和由③托盘,板条箱 ⑨到 17⇒ 88⇒紧急订货到和由③托盘 ⑨⑦ 14⇒到 2 均为 PM 类	35⎫ 7 ⎪ 14⎪ 42⎬ 3 ⎪ 8 ⎪ 5 ⎪ 11⎭　125 次/日,平均 5 min 一个来回,由于停滞和季节性原因,另加 80% 总计：1125 分钟/日 叉车需要量：3 台 投资(元) 叉车 3 台：91000 元 附具等：21000 元 总计：112000 元	每台叉车需司机 1 人 共 3 台叉车 人工费用：6 元/小时 每台叉车年共计 2000 h 6×3×2000＝36000 元
	设备使用费(每年)(元) 固定费用 24500 元 可变费用 18200 元 共计 42700 元 注：未包括托盘费用	
注：①折旧、利息和杂项 　　②电力、维护、修理	共计：投资 112000 元 　　　经营费 42700 元/年	共计： 人工费用 36000 元/年

3. 方案的修改和限制

初步确定的方案是否符合实际、切实可行,必须根据实际的限制条件进行修改。

解决物料搬运问题,除了路线、设备和运输单元以外,还要考虑正确和有效地操作设备问题、协调和辅助物料搬运正常进行的问题(如生产和库存的协调),等等。

各物料搬运方案中经常涉及的一些修改和限制的内容有：
(1) 已确定的同外部衔接的搬运方法；
(2) 既满足目前生产需要,又能适应远期发展或变化；
(3) 和生产流程或设备保持一致；
(4) 可以利用现有公用设施和辅助设施；
(5) 面积、空间对布置方案的限制条件；
(6) 建筑物及其结构特征；

(7) 库存制度以及存放物料的方法和设备；
(8) 投资的限制；
(9) 影响工人安全的搬运方法等。

对修改后的几个初步搬运方案,要逐个方案进行说明和计算,其内容包括：
(1) 每条路线上每种物料搬运方法的说明；
(2) 搬运方法以外的其他必要的变动说明,如更改布置、作业计划、生产流程、建筑物、公用设施、道路等；
(3) 计算搬运设备和人员的需求量；
(4) 计算投资费用和预期的经营费用。

4. 方案的评价方法

评价分析方法有两类：一类为成本费用或财务比较；另一类为无形因素比较。

1) 成本费用或财务比较
(1) 投资费用,包括基建投资和项目费用等。
(2) 经营费用,包括物料、人员、管理费用等。

2) 无形因素比较
常用的方法有优缺点比较法和加权因素比较法。
无形因素包括的内容很多,主要有：
(1) 与生产流程的关系及其服务的能力；
(2) 搬运方法的通用性和适应性；
(3) 灵活性（已确定的搬运方法是否易于变动或重新安排）和柔性（搬运方法是否便于今后拓展）；
(4) 布置和建筑物扩充的灵活性是否受到搬运方法的限制；
(5) 面积和空间的利用；
(6) 安全和建筑物管理；
(7) 是否便于管理和控制；
(8) 可能发生故障的频率及对生产造成的中断、破坏和混乱的程度；
(9) 能否适应生产周期时间的要求和对生产流程时间的影响；
(10) 与仓库设施是否协调；
(11) 同外部运输是否适应等。

5. 搬运方案的详细设计

搬运方案的详细设计是在搬运方案初步设计的总体方案基础上,制定从工作地到工作地,或从具体取货点到具体缺货点之间的搬运方法。详细搬运方案必须与总体搬运方案协调一致。

实际上,SHA 的方案初步设计阶段和方案详细设计阶段用的是同样模式,只是在实际运用中两个阶段的设计区域范围不同、详细程度不同。详细设计阶段需要大量的资料、更具体的指标和更多的实际条件。

五、系统布置设计(SLP)与系统搬运分析(SHA)的关系与结合

1. SLP 和 SHA 的相互关系

SLP 和 SHA 的关系极为密切。

(1) 两者具有共同的目标,其出发点都是力求物流合理化。

SLP 重点在于空间的合理规划,使得物流路线最短,在布置时位置合理,尽可能减少物流路线的交叉、迂回、往复现象。

SHA 重点在于搬运方法和手段的合理化,即根据所搬运物料的物理特征、数量以及搬运距离、速度频度等,确定合理的搬运方法,选定合理的搬运设备,使搬运系统的综合指标达到最优。

(2) SLP 和 SHA 具有相互制约、相辅相成的关系。

如前所述,良好的设施布置和合理的物料搬运系统相结合才能保证物流合理化的实现。在进行设施布置设计时,必须同时考虑到物料搬运系统的要求,如果采用传送带作为主要物料搬运手段,则各种设施应该按传送带的走向呈直线分布;如果采用叉车,则应考虑有适当的通道和作业空间。

在进行设施布置设计时,如果对物料搬运系统中的临时储存、中间库、成品包装作业场地等未给予足够的重视,则可能造成投产后生产系统物料拥挤混乱的现象。

总之,设施布置设计是物料搬运系统设计的前提,而前者则是通过完善搬运系统才能显示出其合理性。所以 SLP 和 SHA 彼此关联紧密。

2. SLP 和 SHA 的结合(SLP + SHA)

一般地,SLP 根据产品的工艺设计进行,即根据产品加工工艺流程的顺序,以及所选定的加工设备规格尺寸,进行布置设计。而物料搬运系统则以布置设计为前提选择适当的搬运设备,以及确定搬运工艺。由于两者之间的相辅相成关系,操作时应相互兼顾。

(1) 进行 SLP 时,尽量考虑到 SHA 的需要。

SLP 的主要依据虽是产品加工工艺流程和加工设备的规格尺寸,但对尚未进行的物料搬运系统仍需考虑相关内容:

① 采用连续输送或搬运输送;
② 采用传送带、叉车或是其他起重运输机械;
③ 作为物流缓冲环节的临时储存、中间仓库的数量和规模;
④ 进料以及产品包装、存放的场所;
⑤ 废弃物的排除方法。

考虑上述因素,尽可能地为 SHA 创造一个良好的前提条件。

(2) SLP 和 SHA 相互进行、相互补充。

SLP 是 SHA 的前提,但在进行 SLP 设计时为 SHA 留出必要的空间,并且进行 SHA 设计后可对 SLP 进行必要的修正与补充,最终使 SLP 和 SHA 得到完善的结合,实现比较理想的物流合理化。

小 结

（1）物料搬运的实质是在已经设计和建立的物流系统条件下，使系统中的物料按照生产、工艺及服务的要求运动，以实现系统设计提出的目标。物料搬运系统是指一系列的相关设备和装置，用于一个过程或逻辑动作系统中，协调、合理地将物料进行移动、储存或控制。系统设计的目的是为了提高仓储的有效容积、减少走道空间、减少货物的处理时间、创造有效的工作条件、减少人工运作、改进物流服务、降低成本。

（2）物料的存放状态对搬运作业的方便（难易）程度，称为搬运活性。各种状态下的物品的搬运活性可用系数 α 表示。

（3）物料搬运方法是指物料搬运路线、搬运设备和搬运单元的结合。生产企业理想的物料搬运方式需按照既定原则来设计。

（4）完成物料搬运作业必须具备：劳动力、装卸搬运设备及设备、货场等"硬"要素，以及工艺、信息、管理等"软"要素。物料搬运设备是机械化生产的主要组成部分，按其作业特征，可分为 4 大类：输送机械、搬运车辆、起重机械和垂直搬运机械。

（5）搬运系统分析（SHA）适用于一切物料搬运项目。它包括一种解决问题的方法，一系列依次进行的步骤和一整套关于记录、评定等级和图表化的图例符号。系统布置设计（SLP）与系统搬运分析（SHA）的关系极为密切，物料搬运系统方案必须将两者相结合。

综合案例

7-11 便利店高效的物流配送系统

遍布全球的便利名店 7-11，名字的来源是这家便利店在建立初期的营业时间是从早上 7 点到晚上 11 点，后来这家便利店改成了一星期七天全天候营业，但原来的店名却沿用了下来。

一家成功的便利店背后一定有一个高效的物流配送系统支撑，7-11 从一开始采用的就是在特定区域高密度集中开店的策略，在物流管理上也采用集中的物流配送方案，这一方案每年大概能为 7-11 节约相当于商品原价 10% 的费用。

这家 70 多年前发源于美国的商店是全球最大的便利连锁店，在全球 20 多个国家拥有 2.1 万家左右的连锁店。到今年一月底，光在中国台湾地区就有 2690 家 7-11 店，美国 5756 家，泰国 1521 家，日本是最多的，有 8478 家。

一间普通的 7-11 连锁店一般只有 100 到 200 平方米，却要提供 23000 种食品，不同的食

第四章
物料搬运系统设计

品有可能来自不同的供应商,运送和保存的要求也各有不同,每一种食品又不能短缺或过剩,而且还要根据顾客的不同需要随时能调整货物的品种,种种要求给连锁店的物流配送提出了很高的要求。一家便利店的成功,很大程度上取决于物流配送系统的成功。

7-11 的物流管理模式先后经历了三个阶段三种形式的变革。起初,7-11 并没有自己的物流配送中心,它的货物配送依靠批发商来完成。以日本的 7-11 为例,早期日本 7-11 的供应商都有自己特定的批发商,而且每个批发商一般都只代理一家生产商,这个批发商就是联系 7-11 和其供应商间的纽带,也是 7-11 和供应商间传递货物、信息和资金的通道。供应商把自己的产品交给批发商以后,对产品的销售就不再过问,所有的配送和销售都会由批发商来完成。对于 7-11 而言,批发商就相当于自己的配送中心,它所要做的就是把供应商产品迅速有效地运送到 7-11 手中。为了自身的发展,批发商需要最大限度地扩大自己的经营,尽力向更多的便利店送货,并且要对整个配送和订货系统作出规划,以满足 7-11 的需要。

渐渐地,这种分散化的、由各个批发商分别送货的方式无法满足规模日渐扩大的 7-11 便利店的需要,7-11 开始和批发商及合作生产商构建统一的、集约化的配送和进货系统。在这种系统下,7-11 改变了以往由多家批发商分别向各个便利点送货的方式,改由一家在一定区域内的特定批发商统一管理该区域内的同类供应商,然后向 7-11 统一配货,这种方式称为集约化配送。集约化配送有效地降低了批发商的数量,减少了配送环节,为 7-11 节省了物流费用。

这种特定批发商(又称为窗口批发商)提醒了 7-11,何不自己建一个物流配送中心? 与其让别人掌控自己的经脉,不如自己把自己的脉。7-11 的物流共同配送系统就这样浮出水面,共同配送中心代替了特定批发商,分别在不同的区域统一集货、统一配送。配送中心有一个计算机网络配送系统,分别与供应商及 7-11 店铺相连。为了保证不断货,配送中心一般根据以往的经验保留 4 天左右的库存,同时,中心的管理信息系统每天都会定期收到各个店铺发来的库存报告和需求报告,物流配送中心把这些报告集中分析,最后形成一张张订单,由管理信息系统把这些报告发给供应商,供应商就根据要求,在预定时间之内向物流配送中心发货。7-11 物流配送中心收到货物后,对各个店铺所需要的货物分别打包,等待发送。第二天一早,派送车就会从配送中心鱼贯而出,择路向自己区域内的店铺送货。整个配送过程就这样每天循环往复,为 7-11 连锁店的顺利运行修石铺路。

物流配送中心建设的优点在于 7-11 从批发商手上夺回了配送的主动权,7-11 能随时掌握在途商品、库存货物等的真实数据,对财务信息和供应商的其他信息也能掌握在自己的手中,对于一个零售企业来说,这些数据是至关重要的。

另外,有了自己的物流配送中心,7-11 就能和供应商讨价还价了。7-11 和供应商之间定期会有一次定价谈判,以确定未来一个时间段内大部分商品的价格,其中包括供应商的运费和其他费用。一旦确定价格,7-11 就省下了每次和供应商讨价还价这一环节,少了口舌之争,多了平稳运行,7-11 为自己节省了时间也节省了费用。

随着店铺的扩大和商品的增多,7-11 的物流配送越来越复杂,配送时间和配送种类的细化势在必行。以中国台湾地区的 7-11 为例,全省的物流配送就细分为出版物、常温食品、低温食品和鲜食食品四个类别的配送,各区域的配送中心需要根据不同商品的特征和需求量每天作出不同频率的配送,以确保食品的新鲜度,以此来吸引更多的顾客。新鲜、即时、便利和不缺货是 7-11 的配送管理的最大特点,也是各家 7-11 店铺的最大卖点。

与中国台湾地区的配送方式一样,日本的 7-11 也根据食品的保存温度来建立配送体系。日本 7-11 对食品的分类是:冷冻型(零下 20 摄氏度),如冰淇淋等;微冷型(5 摄氏度),如牛奶、生菜等;恒温型,如罐头、饮料等;暖温型(20 摄氏度),如面包、饭食等。不同类型的食品会用不同的方法和设备配送,如各种保温车和冷藏车。由于冷藏车在上下货时经常开关门,容易引起车厢温度的变化和冷藏食品的变质,7-11 还专门用一种两仓式货运车来解决这个问题,一个仓中温度的变化不会影响到另一个仓,需冷藏的食品就始终能在需要的低温下配送了。

除了配送车辆设备,不同食品对配送时间和配送频率也有不同要求。对于有特殊要求的食品,如冰淇淋,7-11 会绕过配送中心,由配送车早、中、晚三次直接从生产商门口拉到各个店铺。对于一般的商品,7-11 实行的是一日三次的配送制度,早上 3 点到 7 点配送前一天晚上生产的一般食品,早上 8 点到 11 点配送前一天晚上生产的特殊食品如牛奶,新鲜蔬菜也属于其中,下午 3 点到 6 点配送当天上午生产的食品,这样一日三次的配送频率在保证了商店不缺货的同时,也保证了食品的新鲜度。为了确保各店铺供货的万无一失,配送中心还有一个特别配送制度来和一日三次的配送相搭配。每个店铺都会随时碰到一些特殊情况造成缺货,这时只能向配送中心打电话告急,配送中心则会用安全库存对店铺紧急配送,如果安全库存也已告罄,中心就转而向供应商紧急要货,并且在第一时间送到缺货的店铺手中。

案例讨论

1. 讨论 7-11 为什么要建设自己的物流配送中心。
2. 思考 7-11 的高效配送机制。

练习与思考

一、填空题

1. 物料搬运活动有 4 个维度,包括 _____、_____、_____、_____ 等。
2. 物料搬运系统设计的一般目标包括 _____、_____、_____、_____、_____、_____。
3. 搬运设备的选择方法包括 _____、_____、_____、_____。

二、多项选择题

1. 物料搬运具有如下特点(　　)。
   A. 具有"伴生"(伴随产生)性和"起讫"性
   B. 具有"保障"性和"服务"性
   C. 具有"闸门"和"咽喉"的作用
   D. 具有社会性和复杂性
   E. 具有作业的均衡性与稳定性
2. 搬运路线分为(　　)。

A. 社会型　　B. 重大型　　C. 直达型　　D. 渠道型　　E. 中心型

三、简答题

1. 物料搬运方法及选择的原则是什么？
2. 物料搬运的基本原则是什么？
3. 选择搬运设备应考虑的因素是什么？
4. 物料搬运器械标准化、集装单元化的意义是什么？
5. SHA 的 4 个阶段、程序模式、七大内容是什么？

第五章 物料仓储与配送系统设计

学习目标

1. 了解仓储系统的构成和功能,掌握仓库设计的方法及影响因素;
2. 了解自动化仓库系统的定义、构成、特点和分类;
3. 掌握自动化立体仓库的设计原则和设计程序;
4. 了解配送及配送中心的概念、配送中心的业务流程、配送中心的设施设备构成;
5. 了解配送中心建设的意义,配送中心规划的原则和配送中心选址的步骤;
6. 掌握配送中心的设施设备规划的内容和方法。

第一节 物料仓储

一、仓储系统

(一)仓储系统的构成

仓储系统的主要构成要素包括储存空间、货品、人员及设备等要素。

1. 储存空间

储存空间即仓库内的保管空间。在进行储存空间的规划设计时,必须考虑到空间大小、柱子排列、净空高、走道、设备回转半径等基本因素,再配合其他相关因素的分析,方可做出完善的设计。

2. 货品

货品是仓储系统的重要组成要素,是仓储系统的服务对象。分析货品的特征、货品在储存空间的摆放方法,以及货品的管理和控制是仓储系统要解决的关键问题。

3. 人员

规模较大的仓库中,人员分工比较细,可能包括仓管人员、搬运人员、理货拣货和补货人员等。仓管人员负责管理及盘点作业,拣货人员负责拣货作业,补货人员负责补货作业,搬运人员负责出入库搬运作业、倒库作业(为了货品先进先出、通风、避免气味混合等目的)。

对于一般仓库,作业人员实行统一调配,不细分作业工种。

仓库作业人员在存取搬运货品时,讲求的是省时、高效。而在照顾员工的前提下,讲求的是省力。因此,要达到存取效率高、省时、省力的目标,作业流程必须合理化;货位配置及标识要简单、清楚、一目了然;货位上的货品好放、好找、好取。另外,库区货位分类要简单、统一、规范化和标准化。

4. 设备

仓储系统的另一个关键要素是储存设备、搬运输送设备。如果货品没有集装化,还需要考虑相关的托盘、笼车、货架等;如果不是仅仅依靠人力搬运,则必须考虑叉车、输送机、堆垛机等输送搬运设备。

(二)仓储系统的作业

仓储系统是物流系统的子系统,作为供应和消费的中间环节,能起到缓冲和平衡供需矛盾的作用。仓储系统的作业一般包括收货、存货、取货、发货等环节。

1. 收货

运货车辆停靠后,通过升降平台将载货车辆与站台连接,再用人工、托盘搬运车或叉车等设备完成卸车作业。

卸车后需要核对货物的品名、数量,检查货物是否完好无损,一般还需要把货物整齐地码放在仓库内部专用的托盘上或货箱内。

在现代化仓库的收货处一般都设有计算机终端,用来输入收货信息。有时需要打印出标签或条形码贴在货物或托盘上,以便在储存过程中识别和跟踪。

2. 存货

存货是仓储的主要功能,存货之前首先要确定存货的位置。

采用人工管理库存时,为了便于查找和避免出现差错,通常都采用分区存放或固定货位存放的原则,即每一种货物都固定不变地存放在某区域。这种存放方式管理简单,但容易出现货位闲置的现象,导致货位利用率降低。

采用计算机管理库存时,可以根据实际情况灵活地设定存取原则和确定货物的存放位置,通过存取位置优化来提高仓库的利用率和减少存取时间。

自动化立体仓库的存货作业通常用叉车或巷道堆垛机来完成。对所存的货物,仓库应保持所规定的保管环境,有时还需要配备相应的设备,对库存货物进行必要的维护保养,如清洗、涂油、重新包装等;或加工处理,如分割、配货等。

3. 取货

根据不同的情况可以有不同的取货原则,最通常采用的原则是先入先出。如果同一种货物多次存入仓库,则取货时要把最早存入的货物取出。从取货的数量上,可以分为整托盘取货和零星拣取两种。前者一般采用机械化或自动化方式,后者则多由人工完成。

4. 发货

发货的对象可分为单一用户和多个用户。

当用户需要的是多种货物时,在发货前通常需要配货和包装。向多个用户发货时,一般需要多个站台。

在自动化程度较高的仓库,拣出的货物通过运输机运到发货区,货物上或装有货物的托盘或货箱上贴有条形码和装箱单。自动识别装置在货物运动过程中阅读条形码,识别该货物属于哪一个用户。

信息输入到计算机管理信息系统中,随即控制分选运输机上的分岔机构把货物拨到相应的包装线上,包装人员按装箱单核查货物的品种和数量,确认无误后装箱封口。然后码放成托盘单元,由叉车完成装箱任务。

(三) 仓储的功能

仓储的功能体现在由于仓库的使用而带来的经济效益和服务效益两方面。

1. 经济利益

当利用一个或多个仓储设施能直接降低物流的总成本时,即产生了仓库的经济利益。这意味着,如果一个物流系统增加一个仓库能够使运输总成本下降的金额大于该仓库的固定成本和变动成本,即该仓库的使用能够使该物流系统的总成本下降,则该仓库在经济上合理。

具体而言,仓库的基本经济利益来源于4个方面:整合、分类、加工和延迟、堆存。

1) 整合

整合仓库把来自一系列制造企业中需送往某一特定客户的材料,整合成单一的一票装运,从而有可能实现最低运输费率,并减少客户在收货站台处发生拥塞。整合仓库可以把从制造商到仓库的内向转移和从仓库到客户的外向转移都整合成更大的装运。图 5-1 说明了仓库的整合流程。

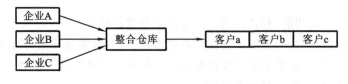

图 5-1 整合流程

为了提供有效的整合装运,每一个制造企业都必须把仓库用作货运储备地点,或者用作产品分类和组装设施。因为整合装运的主要利益就是把几票小批量装运的物流流程结合起来,装运到一个特定的市场地区。

整合仓库可以由单独一家厂商使用,也可以由几家厂商联合起来共同使用。通过这种整合方案的利用,每一个单独的制造商或托运人都能够享受到物流总成本低于其各自分别直接装运时的物流成本。

2) 分类

分类仓库和交叉站台仓库的作业与整合仓库作业相类似。分类仓库把来自工厂的客户组合订货分类或分割成个别订货,装运给个别客户,分类流程如图 5-2 所示。由于长距离运输转移的是大批量装运,所以运输成本相对较低,进行跟踪也不太困难。

图 5-2　分类流程

交叉站台设施具有类似功能。零售连锁店广泛采用交叉站台作业补充快速转移的商店存货,如图 5-3 所示。在这种情况下,交叉站台先从多个工厂运来整车货物,然后按客户或地点进行分类,穿过"站台"装上指定的拖车,运往零售店。交叉站台的经济性体现在从制造商到仓库的满载运输,以及从仓库到客户的满载运输。

图 5-3　配送分类流程

由于所有车辆都进行充分装载,能更有效地利用站台设施,使站台装载利用率达到最大。同时,由于产品不需要储存,因而降低了在交叉站台设施处的搬运成本。

3) 加工和延迟

仓库通过承担加工或参与少量的制造活动,使产品延期或延迟生产。

具有包装能力或粘贴标签能力的仓库可以把产品的最后一道生产一直推迟到该产品有需求时为止。例如,没有贴上标签的罐头产品,意味着该产品还没有被指定用于具体客户,如果接到具体的客户订单,仓库即刻给产品加上标签,完成最后一道加工,并最后敲定包装。

加工和延迟提供了两个基本经济利益:一是风险最小化,因为最后的包装要等到敲定具体的订购标签和收到包装材料时才完成;二是通过对基本产品使用各种标签和包装配置,可以降低存货水平。降低风险与降低存货水平相结合,往往能够降低物流系统的总成本。

4) 堆存

堆存作为仓储服务的重要环节,堆存方式的选择直接影响经济利益,堆存服务对季节性储存也至关重要。仓库的堆存能支持市场营销活动,提供存货缓冲,使生产活动在受到材料来源和需求等限制的条件下提高效率、降低成本。

2. 服务利益

当一个仓库主要根据服务条件证明其存在是否合理时,支持它的理由便是整个物流系统在时间和空间方面能力得到的改进。在这种情况下,物流系统通过仓库获得的主要是服务利益,其物流成本不一定会降低。对以这种理由进行的投资,其报酬比较难以量化,因为它涉及成本与服务的交换。例如,一个物流系统安排一个仓库服务于某个特定的分市场,这种做法也许会增加成本,但也有可能增加市场份额、收入和毛利。

通过仓库实现的 5 个基本服务利益分别是:现场储备、配送分类、组合、生产支持以及市场形象。

1) 现场储备

在实物配送中,因为产品的品种有限或产品具有高度季节性,其厂商经常使用现场储备这种服务,这些厂商不是按照年度计划在仓库中安排各种存货,而是直接从制造工厂进行装运,并通过在战略市场中获得提前存货的承诺,从而大大减少递送时间。

利用仓库设施进行现场储备,厂商们可以在销售的最旺季节到来之前把各种存货堆放到最接近关键客户的各种市场中去。例如,农产品供货商常常向农民提供现场储备服务,在销售季节把农产品定位在更接近对服务敏感的市场中。销售季节过后,剩余的存货被撤存到中央仓库中。

2) 配送分类

按照对客户订货的预期,制造商、批发商或零售商利用提供配送分类服务的仓库,对产品进行组合储备。这种配送分类可以代表来自不同制造商的多种产品,也可以是由客户确定的各种配送分类。

现场储备与配送分类之间的区别在于仓库利用的程度和持续时间的不同,采用现场储备战略的厂商,通常会在大量的小仓库里临时堆放品种分类较狭窄的产品,并在有限期间内指定具体市场;而提供配送分类服务的仓库,通常具有较多的产品品种,局限于一些战略地区,并且全年发挥作用。

3) 组合

除了涉及几个不同制造商的装运外,仓库组合类似于仓库分类过程。

当制造企业在地理上被分割开时,通过长途运输组合,有可能降低整个运输费用和仓库需要量。在典型的组合运输条件下,从制造工厂装运整卡车产品到批发商处,每次大批量装运可以享受尽可能低的运输费率。

产品到达组合仓库后,可以按照客户要求或市场需求,选择每一种产品的运输组合。通过运输组合进行转运,在经济上通常可以得到特别运输费率的支持,即给予各种转运优惠。

在仓库组合概念下,内部的产品也可以与定期储存在仓库里的产品相结合。组合之所以被分类为服务利益,是因为存货可以按照客户的精确分类进行储备。

4) 生产支持

生产支持仓库向装配工厂提供稳定的零部件和材料供给。

由于存在较长的采购提前期或使用过程中的重大变化,对向外界采购的项目进行安全储备完全必要。对此,大多数总成本解决方案都建议经营一个生产支持仓库,以经济而又适时的方式,向装配厂供应加工材料、零部件和装配件。

5) 市场形象

尽管市场形象利益也许不如其他服务利益明显,但是常常被营销者看作是地方仓库的一个主要优点。

市场形象因素基于这样一种观点:地方仓库比距离更远的仓库对客户需求反应更敏感,提供的递送服务也更快。因此,地方仓库将会提高市场份额,并有可能增加利润。

二、仓库设计

(一) 仓库规模与数量的确定

在仓库的设计中,每个仓库都应该根据效率最大化和生产最大化的原则进行布置和设计。而仓库的规模与数量往往是逆向关系,随着仓库数量的增加,仓库的规模将会减小。在实际工作中一般追求的是较少但规模较大的仓库。

1. 仓库的规模

仓库的规模通常是用仓库面积来衡量的,它忽略了现代仓库的垂直存储能力,因此现在提倡使用较为科学的立体空间(仓库设施可用的空间容积)来衡量。

影响仓库规模的主要因素包括客户服务水平、所服务市场的产品数目、投入市场的产品数目、产品大小、所用的物料搬运系统、吞吐率、生产提前期、库存布置、通道要求、仓库中的办公区域、使用的支架和货架类型以及需求的水平和方式等。

仓库最小空间一般是根据各期存货所需的最小空间需求,但在考虑其他因素的基础上可适当增加容量。

企业在确定仓库的规模时,一般根据其存货速度,如用周转率来衡量,以及在最大程度上"直接送货"给客户的特征(如通过一个地区性仓库或者批发商的仓库)来计算工厂/批发商的仓库所需的面积,再在每种主要产品的基本储存空间基础上增加通道、站台以及垂直和水平存储提供的场地面积。

通过处理计划销售量、存货周转以及直接运输给客户的流经存货,可精确地计算出将来所需的仓库空间。

2. 仓库的数量

确定仓库的数量一般要考虑四个因素:销售机会损失的成本(即缺货成本)、存货成本、仓储成本以及运输成本。

图 5-4 表明了除销售机会损失的成本外,其他成本与仓库数量之间的关系。从图 5-4 中可以看到,由于在每个地点都应存有安全库存的所有产品,库存成本将随着设施数目的增加

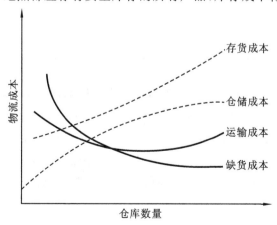

图 5-4　物流成本与仓库数目之间的关系

而增加;更多的仓库意味着拥有、租赁或租用更多的空间,仓储成本也会增加,当仓库数达到一定数量后,其增加趋势将会减缓。

运输成本开始随着仓库数的增加而降低,但是如果仓库数太多,将会导致进出运输成本的综合增加。

另外,客户的购买方式、竞争环境以及计算机和其他信息技术的使用也将影响到仓库的数目。

3. 仓库规模确定方法及其评价

确定仓库规模的方法在很大程度上具有反复试验的性质,但仍具有一定的优劣性。仓库规模的确定对仓库的运用有着一定的制约。如果仓库规模设计不合理将会出现物料搬运费用的增加或产生不必要的空间费用。

用库存来确定仓库规模一般可以考虑以下两种情况。

(1) 静态规模的确定,即在某段时期内空间需求变化不大,但随着存货的售出或补入,短期内空间需求会发生季节性变动。

企业对货物进行存储一般有租用仓库或自营仓库两种选择。如果一段时间内库容需求波动较小时,可按照费用的高低采取某一种方式。如果库容需求波动较大时,单纯的按高峰期库容需求来确定自营仓库的规模将会造成库容空间的浪费,因此可采用租用与自营仓库的混合策略来满足库容需求,具体如图 5-5 所示。而最优的混合策略则需要尝试各种自营仓库的规模以确定满足全年库容需求的相关总成本,找出总成本的最低点来确定,在该点的自营仓库的规模也是最有利的。

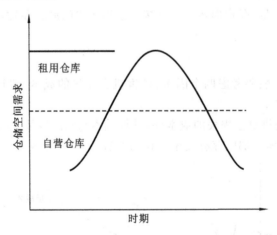

图 5-5 为满足多种库存需求而实行的租借和自营库容的混合策略

(2) 动态规模的确定,即在数年内平均库存水平将有所变化的情况下,确定仓库的规模。如果库容需求随着时间变化的趋势是不稳定的,仓库规模的确定就成为一个动态问题,此时需要考虑仓库规模变化的时间与变化量等情况。因而,要确定任何时段最佳的仓库规模,必须对某一规模带来的效益与改变规模所需的成本进行综合权衡。

(二) 仓库的选址

仓库的选址决策可以从宏观和微观的角度考虑。宏观上分析怎样加快原材料供应源的寻找以及改进企业市场供给,即提高服务水平或降低物流成本;微观上则是根据各种参数分析仓库的具体位置。

从宏观角度出发,Edgar Hoover 根据仓库离消费地和产地的远近程度,提出三种仓库选址的战略类型。

1. 以市场定位的仓库

市场定位战略是将仓库定位在离最终用户最近的地方。这些仓库可以使公司的客户服务水平最高,并达到规模效应。影响仓库选址服务市场地区的因素包括运输成本、订货周期、订单大小、运输可达性以及客户服务水平。

2. 以生产定位的仓库

生产定位战略将仓库选在接近供应源或者生产工厂的地方,一般是不同工厂制造产品的集中地。其影响因素包括:原材料的易损性、产品组合中的产品数目、客户订购产品的分类以及合并运输费率。

3. 市场定位和生产定位相结合的仓库

市场定位和生产定位共同考虑的战略是将仓库的地点选在最终用户与生产者之间,既照顾到服务又照顾到生产。其客户服务水平高于生产定位而低于市场定位。如果企业必须提供高水平的客户服务和来自不同地区的产品时多用这种方式。

（三）储存设备的选型和空间布局设计

1. 存储设备选型和空间布局设计原则

其主要原则有:充分利用仓库容量;便于存取货物;有利于提高搬运效率;有利于货物在仓库的快速流动等。

2. 影响储存设备选择的因素

其主要因素有以下几个方面。

物品特性:是指物品的尺寸、重量、存储单位。

存取特征:是指物品的储存密度、进出货原则、货位管理、订单特征、存取频率;

搬运设备:指各种搬运设备配置。

库房结构:主要包括库房长宽高、立柱间距、消防要求、通道宽度等。

3. 储存设备选型和空间布局设计流程

（1）存储需求分析　配送中心储存商品种类多达数十万种,每种商品的发货量、储存方式、拣取单位和包装形式都不一样。为此,必须根据储存单位和拣取单位来区分商品,按出入库量大小进行分类,以便选择适当的储存设备和提高作业效率。

（2）存储设备选型　指根据需求分析,结合设备特征作出设备选取方案。

（3）方案评价　是指对所选方案作出定性、定量评价,选取优化方案。

（4）方案实施　是指按照优化方案配置设备。

4. 储存设备空间布局设计

储存设备空间布局设计,是指在仓库范围内确定储存设备合理的空间布局方案,即确定各货架的放置方向、通道布置等。图 5-6 和图 5-7 所示的是两种最基本的货架布局方式。产品由仓库一侧的门入库,从另一侧的门出库。每件货物要在库门和货位之间移动四次。站台门位于仓库的中间位置,所有仓库内部各个位置被利用的概率相同,除了靠墙摆设的货架外,其余货架均为双面货架。

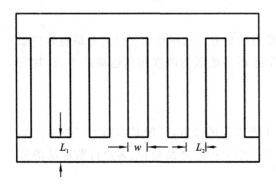

图 5-6　第一种通道布局形式　　　　图 5-7　第二种通道布局形式

两种布局方案的优劣可以从以下几方面进行比较:总货位数;搬运成本;平均取送一次货物所需要行走的距离;存取货物的灵活性等方面。

图 5-6 和图 5-7 中的 L_1、L_2 为仓库通道。通道是根据搬运方法和作业路线等确定的,通道的设置影响仓库作业功能、效率、空间使用费用等。因此,应根据货物的出入频率、搬运设备类型、搬运频率确定主通道的宽度和通道数量。

(四) 库存设计

库存管理需要在货物的供货能力或客户服务水平,与支持它的成本之间进行权衡。其目标是在满足一定的供货能力的基础上库存的相关成本最低。

1. 供货能力

库存管理的首要目标是确保一定期间内期望数量的产品有现货供应。判断标准是现货满足需求的能力。对单一产品,其服务水平 P 为

$$P = 1 - \frac{m}{N} \tag{5-1}$$

式中:m——单一产品每年平均产量的期望值;
　　　N——年需求总量。

服务水平 P 为 0 到 1 的小数值。一般地,订单的履行率在一定程度上低于单一产品的供货能力。

2. 库存相关成本

与库存相关的成本主要有订货成本(Procurement Costs)、库存持有成本(Carrying Costs)和缺货成本(Out-of-stock Costs)三种。

1) 订货成本

订货时商品的相关成本往往是确定再订货数量的重要经济因素。订货成本包括不同订货批量下产品的价格或制造成本、生产的启动成本、货物运输成本等。

2）库存持有成本

库存持有成本是因一段时期内存储或持有商品而产生的,在一定程度上与平均库存量成正比,可分为:

(1) 空间成本,指因为占用储存建筑立体空间所花费的费用。在计算在途库存的持有成本时,不考虑空间成本。

(2) 资金成本,指库存占用资金的成本,它占到总库存成本的80%。由于库存是长期资产与短期资产的混合,以及从优惠利率到资金的机会成本差异很大,所以它也是最不易确定的。

(3) 库存服务成本,指根据个人财产税和持有库存所支付的以及盗窃保险确定的成本。

(4) 库存风险成本,包括过期、破损、损耗以及库存迁移所引起的成本,不同企业其库存风险成本各不相同。

3）缺货成本

缺货成本,一般在客户下达订单而无法在指定的仓库供货时产生,它包括失销成本和保留订单成本两种。

3. 库存管理

库存决策有两种外部条件:一种是理想的确定条件,即货物的需求量、采购价格等因素是确定的;另一种是不确定条件下,即在企业进行库存管理时,产品的预期需求受经济环境、竞争行为、政府政策的变化因素的影响而不准确,同时,运输时间和订货周期时间也不是固定不变的。

确定条件下的库存决策要考虑订货成本与库存持有成本之间的关系,并进行权衡。

从外部供应商购买产品的订货成本通常包括:订单发送成本、产品接收成本、储存成本以及与处理支付发票相关的成本。

而企业在其各个区域内仓库储存的条件下,订货成本通常有:发送和库存转移的处理成本、产品的搬运成本或生产准备成本、各区域仓库地接收成本、与文件相关的成本。

当库存管理符合以下假设条件:

(1) 需求是连续的、稳定不变的和已知的;

(2) 补货或提前期(从订购到收到货物的时间)是已知的;

(3) 采购的价格是不变的,不受订货批量或时间的约束;

(4) 运输成本是稳定不变的,不受订货批量或时间的影响;

(5) 满足所有的需求(不允许有缺货);

(6) 无在途库存;

(7) 只有一种物品库存,或者至少物品之间没有相互作用;

(8) 仓库计划使用期无限长;

(9) 资本的获取不受限制。

库存量计算可以采用经济订货批量(Economic Order Quantity,EOQ)模型,将库存持有成本和订货成本的总成本最小化,从而确定合理库存量和最优的订货策略。EOQ模型的计算公式如下:

$$\text{EOQ} = \sqrt{\frac{2PD}{CV}} \tag{5-2}$$

式中：P——订货成本；
　　　D——年需求量或产品的使用量；
　　　C——年库存持有成本，产品成本或产品价值的一个百分比；
　　　V——每单位库存的平均成本或价值。

确定最经济的订货批量的成本权衡如图 5-8 所示。确定了经济订货批量后，将年需求量除以订货批量，从而得到了使库存持有成本和订货成本达到最小的订货频率和订货批量。

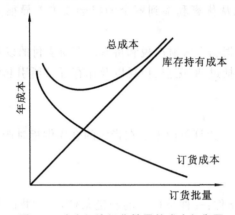

图 5-8　确定经济订货批量的成本权衡图

在不确定的情况下应考虑库存成本与缺货成本的权衡，而订单发出的点决定了库存、补货的时间，同时也是企业满足未来需求的能力的一个重要因素。一般采用的方法有固定订货点、固定订货批量模型和固定订货间隔周期模型等几种，固定订货点、固定订货批量模型是在已有的数下降到预先确定的满足订货周期内的所需的最小库存水平时发出订单，而固定订货间隔周期模型是将现有库存与需求预测值比较后，在规定的时间定期发出订单订购必要数量的产品，它有利于供应商将采购的各种货物的订单结合起来从而获得一定的折扣并在联合运输中减少成本。

1) 安全库存的计算

安全库存数量可以通过计算机仿真或统计技术来确定。

$$\sigma_c = \sqrt{\overline{R}(\sigma_s^2) + \overline{S^2}(\sigma_r^2)} \tag{5-3}$$

式中：σ_c——满足 68% 的所有概率所需的安全库存的单位数；
　　　$\overline{R}$——平均补货周期；
　　　σ_s——日销售量的标准偏差；
　　　$\overline{S}$——平均日销售量；
　　　σ_r——补货周期的标准偏差。

2) 满足率的计算

$$FR = 1 - \frac{\sigma_L}{EOQ}[I(K)] \tag{5-4}$$

式中：FR——满足率；
　　　σ_L——考虑其余需求的变动所需的联合安全库存；
　　　EOQ——经济批量订货值；

K——决策者确定的安全库存 σ_c。

三、仓库布局合理化

(一) 提高储存密度,提高仓容利用率

主要目的是减少储存设施的投资,提高单位储存面积的利用率,以降低成本、减少土地占用,有以下三类方法。

(1) 采取高堆垛的方法,增加储存的高度。具体方法有:采用高层货架仓库或集装箱等,都可比一般堆存方法大大增加储存高度。

(2) 缩小库内通道宽度以增加储存有效面积,如采用窄巷道式通道,配以轨道式装卸车辆,以减少车辆运行宽度要求;采用侧向叉车、推拉式叉车,以减少叉车转弯所需宽度。

(3) 减少库内通道数量以增加储存有效面积。具体方法有采用密集型货架,采用可进车的可卸式货架,或采用各种贯通式货架,采用不依靠通道的桥式吊车装卸技术等。

(二) 采用有效的储存定位系统

储存定位的含义是被储物位置的确定。如果定位系统有效,能大大节约寻找、存放、取出的时间,节约不少物化劳动及活劳动,而且能防止差错,便于清点及实行订货点控制等的管理方式。储存定位系统可采取先进的计算机管理,也可采取一般人工管理,行之有效的方式主要有以下几种。

(1) "4个号码定位"方式。由4个号码组成一组数字,这4个号码是:序号、架号、层号、位号,是我国手工管理中采用的科学方法。每一个货位都有一个组号,在物资入库时,按规划要求,对物资编号,记录在账卡上,提货时按数字的指示,很快将物资拣选出来。

这种定位方式可对货位先做出规划,并能很快地存取货物,有利于提高速度,减少差错。

(2) 电子计算机定位系统。利用电子计算机储存容量大、检索迅速的优势,在入库时,将存放货位输入计算机,出库时向计算机发出指令,并按计算机的指示人工或自动寻址,找到存放货,拣选取货的方式。

一般采取自由货位方式,计算机指示入库货物存放在就近易于存取之处,或根据入库货物的存放时间和特点,指示合适的货位,取货时也可就近就便。这种方式可以充分利用每一个货位,而不需专位待货,有利于提高仓库的储存能力,当吞吐量相同时,可比一般仓库减少建筑面积。

(三) 采用有效的监测清点方式

对储存物资数量和质量的监测,不但是掌握基本情况之必须,也是科学控制库存之必须。在实际工作中稍有差错,就会使账物不符,所以,必须及时且准确地掌握实际储存情况,经常与账卡核对,这无论是人工管理或是计算机管理都必不可少。此外,经常的监测也是掌握被存物质量状况的重要工作。监测清点的有效方式主要有以下几种。

(1) "五五化"堆码。这是我国手工管理中采用的一种科学方法。储存物堆垛时,以"5"为基本计数单位,堆成总量为"5"的倍数的垛形,如梅花五、重叠五等,堆码后,有经验者可过

目成数,大大加快了人工点数的速度,且差错少。

(2) 光电识别系统。在货位上设置光电识别装置,该装置对被存物扫描,并将准确数目自动显示出来。这种方式不需人工清点就能准确掌握库存的实有数量。

(3) 电子计算机监控系统。用电子计算机指示存取,可以防止人工存取易于出现的差错,如果在被存物上采用条形码识别技术,使识别计数和计算机连接,每存、取一件物品时,识别装置自动将条形码识别并将其输入计算机,计算机会自动做出存取记录。

这样只需向计算机查询,就可了解所存物品的准确情况,而无须再建立一套对实有数的监测系统。

(四) 采用现代储存保养技术,是储存合理化的重要方式

1. 气幕隔潮

在潮湿地区或雨季,室外湿度高且持续时间长,仓库内若想保持较低的湿度,就必须防止室内外空气的频繁交换。一般仓库打开库门作业时,便自然形成空气交换的通道,由于作业的频繁,室外的潮湿空气会很快进入库内,一般库门、门帘等设施隔绝潮湿空气效果不理想。

在库门上方安装鼓风设施,使之在门口处形成一道气流,由于这道气流有较高压力和流速,在门口便形成了一道气墙,可有效阻止库内外空气交换,防止湿气侵入,而不会阻止人和设备出入。

气幕还可起到保持室内温度的隔热作用。

2. 气调储存

通过调节和改变环境空气成分,可抑制被储物的化学变化,以及害虫生存及微生物活动,从而达到保持被储物质量的目的。

调节和改变空气成分有许多方法,例如,可以在密封环境中更换配合好的气体,可以充入某种成分的气体,可以除去或降低某种成分的气体等。

气调方法对于有新陈代谢作用的水果、蔬菜、粮食等物品的长期保质、保鲜储存有很有效的作用。例如,粮食可长期储存,苹果可储存三个月。气调储存对防止生产资料在储存期的有害化学反应也很有效。

3. 塑料薄膜封闭

塑料薄膜虽不完全隔绝气体,但能隔水隔潮,用塑料薄膜封垛、封袋、封箱,可有效地造就封闭小环境,阻缓内外空气交换,完全隔绝水分。

若在封闭环境内置入杀虫剂、缓蚀剂,或注入某种气体,则内部可以长期保持该种物质的浓度,长期形成一个稳定的小环境。所以,可以用这种方法来进行气调储存。气调仓储简便易行且成本较低。也可以用这种办法对水泥、化工产品、钢材等做防水封装,以防变质和锈蚀。

热缩性塑料薄膜在对托盘货物封装后再经热缩处理,可基本排除封闭体内之空气,塑料膜缩贴到被封装物上,不但可以与外部环境有效隔绝,而且还起到紧固作用,防止塌垛、散垛。

4. 采用集装箱、集装袋、托盘等运储装备一体化的方式

集装箱等集装设施的出现,也给储存带来了新观念。采用集装箱后,本身便是一栋仓库,不需要再有传统意义的库房,在物流过程中,也就省去了入库、验收、清点、堆垛、保管、出库等一系列储存作业,因而对改变传统储存作业有很重要意义,是储存合理化的一种有效方式。

四、储存货架

随着仓储业的发展,仓库的储存方式由平面储存逐渐向高层化、自动化立体储存发展,货架成为仓库的主体。由满足不同功能要求的各种不同形式的货架,组成的多种多样的自动化、机械化仓库,成为仓储系统以至整个物流系统或生产工艺流程中的重要环节。

货架在仓储设备的总体投资中占的比例最大,消耗钢材最多。所以,根据储存方式和货物形状、体积、重量以及库房面积等,选择和设计经济合理的货架是很重要的。要在保证强度、刚度以及整体稳定性的条件下,尽量减小货架的质量、降低钢材消耗。

货架的种类很多,分类的方法也不尽相同。

按是否移动分类,货架可分为固定型和驱动型。

按高度分类,货架可分为高层(>12 m)、中层($5\sim12$ m)和低层(<5 m)。

按货架与建筑物的结构关系分类,货架可分为整体结构式(库架合一式)和库架分离式。

按材料分类,货架可分为钢货架、钢筋混凝土货架和混凝土混合式货架。

按货架本身的结构方式分类,货架可分为焊接式货架和组装式货架。

按存取作业方式,货架可以分为如表5-1所示的人工或叉车存取货架、自动化设备配合存取货架、全自动存取货架等三类。

表 5-1　按存取作业方式分类的货架

存取作业方式	货架种类
人工或叉车存取货	托盘货架 驶入式货架 流动式货架 可移动式货架 阁楼式货架 悬臂式货架 窄道式货架 可携带式货架 后推式货架
自动化设备配合存取	垂直旋转式货架 水平旋转式货架
全自动存取	整体式自动仓库货架 分离式自动仓库货架

第二节 自动化仓库系统

一、自动化仓库系统及其构成

自动化仓库系统（Automatic Storage & Retrieval System, AS/RS），又称自动存取系统，是指不直接进行人工处理而使用自动化搬运和输送设备，进行储存和取出货物的仓库系统。它通常由货物储存系统、货物存取和输送系统、计算机控制和管理系统以及土建及相关公用配套设施系统等部分组成，并可以直接与其他生产系统相连接。

（一）货物储存系统

货物储存系统由立体货架的货格（托盘或货箱）组成。货架按照排、列、层组合而成立体仓库储存系统。

（二）货物存取和输送系统

货物存取和输送系统承担货物存取、出入仓库的功能，它由有轨或无轨堆垛机、出入库输送机系统、装卸机械等组成。其中，出入库输送机系统可根据货物的特点采用传送带输送机、辊道输送机、链式输送机等，将货物输送到堆垛机上下料位置和货物出入库站台。装卸机械承担货物出入库装车或卸车的工作，一般由行车、吊车、叉车等装卸机械组成。

（三）控制系统和计算机管理信息系统

根据自动化立体仓库的不同情况，采取不同的控制方式。有的仓库只采取对存取堆垛机、出入库输送机的单台 PLC 控制，机与机无联系；有的仓库对各单台机械进行联网控制。更高级的自动化立体仓库的控制系统采用集中控制、分离式控制和分布式控制，由管理计算机、中央控制计算机和对堆垛机、出入库输送等进行直接控制的可编程控制器组成控制系统。

计算机管理信息系统是自动化立体仓库的管理中心，承担入库管理、出库管理、盘库管理、查询、打印及显示、仓库经济技术指标计算分析管理功能，它包括在线管理和离线管理。

计算机中央控制系统是自动化立体仓库的控制中心，它沟通并协调管理计算机、堆垛机、出入库输送机等的联系；控制和监视整个自动化立体仓库的运行，并根据管理计算机或自动键盘的命令组织流程，以及监视现场设备运行情况和现场设备状态、监视货物流及收发货显示，与管理计算机、堆垛机和现场设备通信联系，还具有对设备进行故障检测及查询显示等功能。

直接控制是 PLC 操作的单机自动控制器，它直接应用于堆垛机和出入库输送的控制系统，实现堆垛机从入库取货送到指定的货位，或从指定的货位取出货物放置到出库取货盒的功能。

（四）土建及公用工程设施

土建及公用工程设施包括储存货物的厂房及其他配套设施。

1. 厂房

一般来说，仓库的货物和自动化仓库中的所有设备都安放在厂房内，厂房的大小取决于仓库库存容量和货架规格。

厂房内通常还有中央控制室（机房）、办公室、更衣室、工具间等辅助区域。厂房的选址，厂房基础的形式，墙体、屋面、地面、内墙、辅房、门窗、沟道等的形式、所用材料、施工方法等都应符合国家和专业的标准和规定，以达到实用、安全、方便和美观的效果。

2. 消防系统

由于仓库库房一般比较大，货物和设备比较多而且密度大，仓库的管理和操作人员又较少，所以自动化仓库大都采用自动消防系统。它由传感器（温度、流量、烟雾传感器等）不断检测现场温度、湿度等信息，当超过危险值时，自动消防系统发出报警信号，并控制现场的消防机构喷出水或二氧化碳粉末等，达到灭火的目的。

消防系统也可以由人工强制喷淋，即手动控制。在消防控制室内设置有火警控制器，能接收多种报警信号，它的副显示器一般设在工厂的消防站内，同时向消防站报警。

3. 照明系统

自动化仓库的照明系统包括日常照明、维修照明和应急照明，以保证仓库内的管理、操作和维护人员能正常地进行生产活动。考虑到人的工作和活动情况，库房内各区域应有适当的照明及相应的控制开关。

仓库中运行的各种设备可以不需要照明。储存感光材料的黑暗库不允许储存物品见光，照明系统应特殊考虑。

4. 通风及采暖系统

通风和采暖的要求是根据所存物品的条件提出的。对设备而言，自动化仓库内部的环境温度一般在 $-5 \sim 45$ ℃即可。

系统设施通常有厂房屋顶及侧面的风机、顶部和侧面的通风窗、中央空调、暖气等，对散发有害气体的仓库可设离心通风，即将有害气体排到室外。

5. 动力系统

自动化仓库一般不需要气源，只需动力电源即可。配电系统采用三相四线制供电，中性点可直接接地，动力电压为交流 380 V/220 V，50 Hz，根据所有设备用电量的总和确定用电容量。

配电系统中的主要设备有动力电箱、电力电线、控制电缆和电缆桥架等。在为具体设备供电时，可能还需增加稳压或隔离设备。

6. 其他设施

其他设施包括给排水设施、避雷接地设施和环境保护设施等。

给水主要指消防水系统和工作用水的供给系统。排水是指工作废水、清洁废水及雨水的排泄系统。雨水系统可采用暗管排放，经系统管线排入附近的河中。

立体仓库属于高层建筑，应设置避雷网防直击雷，其引下线不应少于两根，间距不应大于 30 m。

电气设备不带电的金属外壳及穿线用的钢管、电缆桥架等均应可靠接零；工作零线、保护零线均与变压器各点有可靠的连接;为了防止静电积聚,所有金属管道应可靠接地。根据《中华人民共和国环境保护法》等有关法规,必须对生产过程中产生的污物及噪声采取必要的措施。

二、自动化仓库系统的特点

与传统的普通仓库相比,自动化仓库系统具有以下几个特点。

(一)采用多层货架储存货物

自动化仓库系统的货架通常是几层或十几层,有的甚至达几十层。储存区向高空的大幅度发展,使仓库的空间得到充分利用,节省了库存占地面积,提高了空间利用率。立体仓库的单位储存量可达 7.5 t/m^2,是普通仓库的 5~10 倍。

同时,多层货架储存还可以避免或减少货物的丢失和损坏,有利于防火防盗。

(二)使用自动设备存取货物

自动化仓库系统使用机械和自动化设备,不仅运行和处理速度快,而且降低了操作人员的劳动强度,提高了劳动生产率。这种非人工直接处理的存取方式,能较好地适应黑暗、低温、易爆及有污染等特殊场所货物存取的需要。此外,该系统能够方便地纳入企业整体物流系统,有利于实现物流的合理化。

(三)运用计算机进行管理和控制

计算机能够准确无误地对各种信息进行储存和处理。使用计算机管理可减少货物和信息处理的差错,实时准确地反映库存状况。这样,不仅便于及时清点和盘库,有效利用仓库的储存能力,合理调整库存,防止货物出现自然老化、生锈、变质等损耗,而且能够为管理者决策提供可靠的依据,有利于加强库存管理。同时,通过自动化仓库信息系统与企业生产信息系统的集成,还可实现企业信息管理的自动化。

基于上述特点,使用自动化仓库,能够减少土地占用,企业能够降低土建投资费用、降低库存成本、加快储备资金周转、提高劳动生产率,以及有效控制存货损失和缺货风险等。实践证明,自动化仓库的使用,能够产生巨大的经济效益和社会效益。

三、自动化仓库系统的分类

自动化仓库系统可以从不同的角度加以分类。

(一)按建筑形式分类,可分为整体式仓库和库架分离式仓库

整体式自动化仓库是指库房建筑与货架合为一体的仓库,即货架不仅用于储存货物,而且可作为库房建筑物的支撑结构,如图 5-9(a)所示。

分离式自动化仓库是指货架与库房建筑相互独立、将货架建于库房内部的仓库。后者可由现有的建筑物改建而成,也可将其中的货架拆除,使建筑用于其他用途,如图 5-9(b)所示。

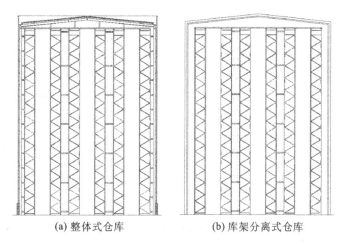

(a) 整体式仓库　　　　　(b) 库架分离式仓库

图 5-9　整体式仓库和库架分离式仓库示意图

（二）按堆垛机取货深度形式分类，可分为单伸货架仓库、双伸货架仓库和多伸货架仓库

单伸货架仓库如图 5-10(a) 所示，由两列货架对称组成，堆垛机在中间巷道中运行，堆垛机取货货叉单边只伸出一个货位取货。

双伸货架仓库如图 5-10(b) 所示，由四列货架对称组成，堆垛机在中间巷道中运行，堆垛机取货货叉单边最远要伸出两个货位取货。

多伸货架仓库如图 5-10(c) 所示，由多列货架对称组成，堆垛机在中间巷道中运行，但不能直接取货，往往需要借助一种叫穿梭板，或者叫卫星小车沿货架上的横导轨取货。

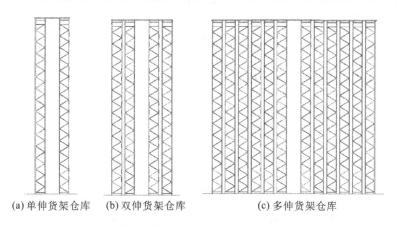

(a) 单伸货架仓库　　(b) 双伸货架仓库　　　(c) 多伸货架仓库

图 5-10　单伸货架仓库、双伸货架仓库、多伸货贺仓库示意图

（三）按货物存取形式分类，可分为单元货架式仓库和拣选货架式仓库

单元货架式仓库是一种最常见的结构，货物先放在标准容器或托盘上，再用带伸缩货叉的巷道堆垛机、高架叉车等搬运设备装入仓库货架的单元货格中，出入库都以整个单元为单位进行操作。

拣选货架式仓库是根据出库提货单的要求从货物单元中拣选出一部分出库。拣选方式有自动和人工两种。人工拣选有两种：一种是巷道内分拣，即仓库工人乘坐拣选式堆垛起重机或叉车到需要取货的货格前，从货格中取出所需数量的货物出库，又称"人到货前拣选"；另一种是巷道外分拣，即用一般的巷道堆垛机或其他搬运设备将所需货物单元整个搬出巷道，送到分拣区，由人工拣选所需的数量货物，然后再将货物单元运回原处，又称"货到人处拣选"。

（四）按货架构造形式分类，可分为单元货格式仓库、贯通式仓库、移动式货架仓库和旋转式货架仓库

1. 单元货格式仓库

单元货格式仓库如图 5-11 所示，由于适应性较强而被广泛使用。其结构是，货架沿仓库宽度方向分成若干排，每两排为一组，各组间有巷道供堆垛起重机或其他起重机作业，同时，每排货架沿仓库长度方向分为数列，沿垂直方向分为若干层，从而分成大量货格，用以储存货物。

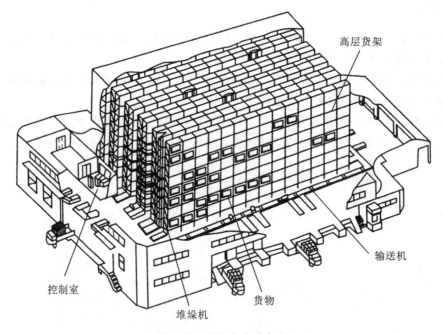

图 5-11 单元货格式仓库

在大多数情况下，每个货格存放一个货物单元，如一个托盘或一个货箱。在某些情况下，如货物单元比较小，或货架为钢筋混凝土材料时，为充分利用货格空间，减少投资，一个货格内也可存放两三个货物单元。

2. 贯通式仓库

在单元货格式仓库中，巷道占据了大约 1/3 的面积。为提高仓库空间利用率，在某些情况下可以取消货架之间的通道，将货架并在一起，使同一层、同一列的货物相互贯通，形成能依次存放多货物单元的通道。在通道一端，由一台入库起重机将货物单元装入通道，而在另

一端由出库起重机取货,这种仓库被称为贯通式仓库,如图 5-12 所示。

根据货物单元在通道内移动方式的不同,贯通式仓库又可进一步划分为重力式货架仓库、输送机式货架仓库和穿梭车式货架仓库,如图 5-13 所示。

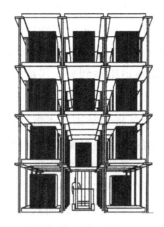

图 5-12 贯通式仓库

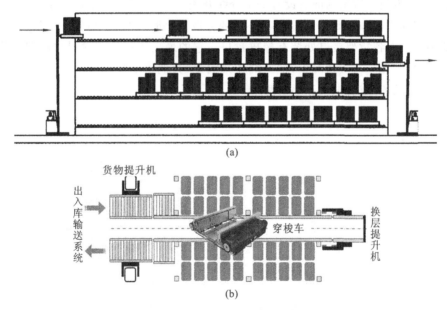

图 5-13 重力式和穿梭车式货架仓库
(a)重力式;(b)穿梭车式

如图 5-13(a)所示,在重力式货架仓库中,存货通道被设计成坡道。从入库起重机装入通道的货物单元能够在自重作用下,自动地从入库端向出库端移动,直到通道的出库端或者碰上已有的货物单元停住为止。位于通道出库端的第一个货物单元被出库起重机取走之后,位于它后面的各个货物单元便在重力作用下依次向出库端移动一个货位。由于在重力式货架中,每个存货通道只能存放同一种货物,所以它适用于货物品种不太多而数量又相对较大的情况。

输送机式货架仓库存货通道是水平的。货物单元从入库端到出库端的移动依靠通道内设的输送机实现。这种货架结构比较复杂,维护也不太方便,较少采用。

如图 5-13(b)所示,穿梭车式货架仓库的工作方式,是由穿梭车在存货通道内往返穿梭地搬运货物。要入库的货物由货物提升机送到存货通道的入库端,然后由位于这个通道内的穿梭车将货物送到出库端或者依次排在已有货物单元的后面。出库时,由货物提升机从存货通道的出库端叉取货物。通道内的穿梭车则不断地将通道内的货物单元依顺序一一搬到通道口的出库端上,给货物提升机"喂料"。这种货架结构比重力式货架要简单得多。穿梭车可以由换层提升机从一个存货通道搬运到另一层或另一通道。

3. 移动式货架仓库

移动式货架易控制,安全可靠。每排货架由一个电动机驱功,由装置于货架下的滚轮沿铺设于地面上的轨道移动。其突出的优点是提高了空间利用率,一组货架只需一条通道,而固定型托盘货架的一条通道只服务于通道内两侧的两排货架。所以在相同的空间内,移动式货架的储存能力比一般固定式货架高得多,并且移动式货架易控制,安全可靠。根据货架是否封闭,移动式货贺可分为敞开式移动货架和封闭式移动货架。

敞开式移动货架如图 5-14 所示。其传动机构设于货架底座内,操作盘设于货架端部,外形简洁,操作方便。货架的前后设有安全分线开关,一遇障碍物整个货架立即停止。

封闭式移动货架如图 5-15 所示。当不需要存取货物时,货架移动到一起后,全部封闭,并可全部锁住。在各货架接口处装有橡皮封口。它的最大优点是在封闭时确保货物安全,同时又可防尘,防光。一般情况下,把一端货架固定,其他货架都可移动。它的移动方式有电动的,也有手动的,或者电动和手动两用。

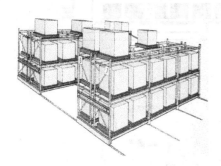 

图 5-14　敞开式移动货架　　　　　　　图 5-15　封闭式移动货架

移动式货架在存取货物时需移动货架,所以存取货物时间要比一般货架的长,还需要有移动和驱动装置。

移动式货架仓库虽然储存密度大,但工作周期长,主要适用于出入库不频繁的场合。

电动的移动式货架单元可以达 30 m 长,10 m 高,但要注意货架单元的长度或高度不宜超过轮距的 6 倍,可用于储存制成品、原材料等。手动的移动式货架尺寸和载重量均受到限制,常用于储存小件物品或图书资料等。

4. 旋转式货架仓库

旋转式货架设有电力驱动装置(驱动部分可设于货架上部,也可设于货架底座内)。货架沿着由两个直线段和两个曲线段组成的环形轨道运行,由开关或单片机控制。存取货时，把货物所在货格编号由控制盘按钮输入，该货格则以最近的距离自动旋转至拣货点停止。拣货路线短，拣货效率高。

图 5-16 所示的为旋转式货架的一种。旋转式货架的货格样式很多，一般有提篮状、盆状、盘状等，可根据所存货物的种类、形状、大小、规格等不同要求选择。货格可以由硬纸板、塑料板制成，也可以是金属架子。透明塑料密封盒则适于储存电子组件等有防尘要求的货物。

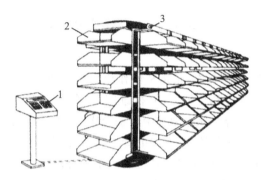

图 5-16　旋转式货架
1—操作盘；2—货格；3—货位编号

旋转式货架适用于小物品的存取，尤其对于多品种的货物更为方便，它储存密度大，货架间不设通道，易管理，投资少。由于操作人员位置固定，故可采用局部通风和照明来改善工作条件。如果仓库的空间利用不作为主要问题，而以便于拣货和管理库存为目的，宜采用该种货架形式。

水平循环货架仓库的货架本身可以在水平面内沿环形路线来回运行。每组货架由数十个独立的货柜构成，用一台链式输送机将这些货柜串联起来，每个货柜下方有支承滚轮，上部有导向滚轮，输送机运转时，货柜便相应地运动。

需要提取某种货物时，操作人员只需在操作台上给出指令，相应的一组货架便开始运转。当装有该货物的货柜来到拣选位置时，货架便停止运转。操作人员可从中拣选货物，货柜的结构形式根据所存货物的不同而变更水平循环货架仓库，对于小件物品的拣选作业十分合适。

这种仓库简便实用，能够充分利用建筑空间，土建没有特殊要求，适用于作业频率要求不高的场合。

垂直循环货架如图 5-17 所示，与水平循环货架相似，只是把水平面内的环形旋转改为垂直面内的旋转。这种仓库的货架本身是一台垂直提升机，提升机的两个分支上都悬挂有货格，提升机根据操作命令可以正转或反转，使需要提取的货物降落到最下面的取货位置上。

这种垂直循环式货架特别适用于存放长的卷状货物，如地毯、地板革、胶卷片、电缆卷等。这种货架也可用于储存小件物品。

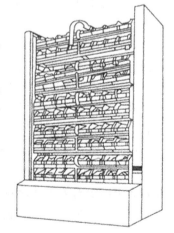

图 5-17　垂直循环货架

（五）按在生产和流通中的作用分类，可分为生产性仓库和流通性仓库

生产性仓库是指工厂内部为了协调工序和工序、车间和车间、外购件和自制件间物流的不平衡而建立的仓库，它能保证各生产工序间进行有节奏的生产。

流通性仓库是一种服务性仓库，它是企业为了调节生产企业和用户之间的供需平衡而建立的仓库。这种仓库进出货物比较频繁，吞吐量较大，一般都和销售部门有直接联系。

（六）按自动化仓库与生产连接的紧密程度分类，可分为独立型、半紧密型和紧密型仓库

独立型仓库也称为"离线"仓库，是指从操作流程及经济性等方面来说都相对独立的自动化仓库。这种仓库一般规模都比较大，储存量较大，仓库系统具有自己的计算机管理、监控、调度和控制系统，又可以分为储存型和中转型仓库，配送中心也属于这一类仓库。

半紧密型仓库是指它的操作流程、仓库的管理、货物的出入和经济性与其他企业或其他部门或上级单位等有一定关系，而又未与其他生产系统直接相连。

紧密型仓库也称为"在线"仓库，是那些与企业内其他部门或生产系统直接相连的立体仓库，两者间的关系比较紧密。有些立体仓库可自动接收来自包装线的物品及信息，有些可在计算机管理信息系统的统一指挥下直接接送板材、半成品物料及其信息。

四、自动化立体仓库的设计

（一）自动化立体仓库设计原则

自动化立体仓库系统的设计原则是根据实际经验和一般设计要求给出的。遵循这些原则能够提高效率，并获得相应的效益。然而这些原则并非一成不变。在某些特定场合下，有些原则可能会相互冲突。为了做出最好的设计，设计者必须具有优秀的判别能力，对这些原则进行选择和修改。

（1）设计目标原则。在设计过程中，必须始终牢记设计目标，从而避免其他次要因素的干扰。

（2）保持物料向前移动原则。保持物料始终向最终目的地移动，尽量避免返回、侧绕和转向。直接从起点到终点的路线是最经济、最快捷和最有效的。

（3）物料处理次数最少原则。不管是以人工方式还是自动方式，每一次物料处理都需要花费一定的时间和费用。应通过复合操作，或减少不必要的移动，或引入能同时完成多个操作的设备，来减少物料处理次数。

（4）使用合适的设备原则。应选择能完成特定任务最廉价而有效的设备。

（5）最少的人工处理原则。人工处理是昂贵的，并且容易产生错误，因此应尽量采用机械设备来减少对人工处理的需要。

（6）安全性原则。设计的物流系统应能保护人、产品和设备不受损伤。在系统设计中必须考虑防撞、防掉落和防火等措施。

（7）简化原则。尽量使用以低成本能完成工作的最简单的系统。一般来说，系统越简

单,操作和维护成本越低,可靠性越高,系统响应速度越快。

(8) 设备、设施的高利用率原则。尽量减少设备的空闲时间,实现故障时间最小化和运行时间最大化。

(9) 灵活性原则。系统应能满足未来的需求和变化。由于系统的经济性通常会限制其灵活性,因此要在现在和未来需要之间做出平衡。

(10) 容量富余原则。设计者和管理者应能根据发展规划预测出未来要增加的容量,并使系统能够满足现在和不久的将来的需要。

(11) 自动化原则。最大限度地应用自动化控制进行操作。恰当的自动控制能减少差错,降低使用成本,提高仓库利用率和产量。

(12) 降低使用成本原则。要预测系统的使用费用,并尽可能使其处于较低的水平。

(13) 利用有效空间原则。建设自动化仓库需要大量土地和各种设施,要投入大量经费,因此要充分利用库房内外的空间储存物料,避免空间的浪费。

(14) 有效维护原则。系统要能有效维护,且维护费用低廉。有效维护指日常保养和快速修理。

(15) 复合操作原则。尽量把几种操作合并在一起进行,以减少操作数量。

(16) 简化流程原则。因为每种操作都需要一定的费用,减少操作就是降低成本。

(17) 人机工程学原则。应符合人机工程学原理,使管理、操作和维护人员安全、舒适、方便和不易犯错误。

(18) 最短移动距离原则。以物料和设备最短的移动距离达到希望的目的。

(19) 易于管理和操作原则。操作方便、灵活,易于管理。

(20) 充分利用能量原则。应充分利用系统中的能量,尤其是重力产生的能量。

(21) 标准化原则。标准化的设计、产品、设备和货物单元能为制造者和使用者带来极大的方便。

(22) 超前规划原则。规划要有预见性,以减少不必要的浪费,并使系统具有很强的适应性。

(23) 低投资原则。以最少的资本投入,获得最大的经济效益。

(24) 低操作费用原则。保持日常的低成本操作,以降低操作费用。

上述每一条原则看起来都很简单,也比较容易实现,但要兼顾每一条原则,并将其加以综合运用,却要困难得多。只有具备较高的理论水平和丰富的实践经验,并对使用者的要求具有深入的了解,才能使系统达到最佳状态,发挥最大作用。

(二) 自动化仓库系统设计程序

自动化仓库系统是一个复杂的综合系统,其设计应遵循一定的程序。该程序通常包括以下几个主要阶段,各个阶段都有其要达到的目标。

1. 需求分析

需求分析即自动化仓库系统设计的准备阶段,在这一阶段里要提出问题,确定设计目标,并确定设计标准。通过调研搜集设计依据和资料,找出各种限制条件,并进行分析。另外,设计者还应认真研究工作的可行性、时间进度、组织措施以及影响设计过程的其他因素。

调研的原始资料主要包括：库存货物的名称、特征（包括易碎性、污染性、避眩光性等）、外形尺寸、平均库存量、最大库存量、每日出入库数量、出入库频率等；建库现场的地形、地质条件、地耐力、风雪载荷、地震情况以及其他环境条件；入库货物的来源、包装形式、搬运方式、出入库货物的去向及运输工具、整个企业的管理水平、企业的发展规划对仓库的要求及影响等。

2. 确定货物单元形式及规格

根据调查和统计结果列出所有可能的货物单元形式和规格，运用 ABC 分析等方法，比较选择经济合理的方案。在确定货物单元时，应尽量采用标准推荐的尺寸，以便与其他物料搬运和运输机具相匹配。

3. 确定自动化仓库的形式和作业方式

在上述工作的基础上确定仓库形式，一般多采用单元货格式仓库。对于品种不多而批量较大的仓库，也可以采用重力式货架仓库或者其他形式的贯通式仓库。根据出入库的工艺要求（整单元或零散货出入库）决定是否需要拣选作业。如果需要拣选作业，则需确定拣选作业方式。

4. 选择机械设备并确定其参数

立体仓库的起重输送设备有很多种，各有特点。在设计时，要根据仓库的规模、货物形式、单元载荷和吞吐量等选择合适的设备，并确定它们的参数。对于起重设备，根据货物单元的重量选定起重量，根据出入库频率确定各机构的工作速度。对于输送设备，则根据货物单元的尺寸选择输送机的宽度，并确定输送速度。

5. 建立模型

建立模型主要是指根据单元货物规格确定货位尺寸、仓库总体尺寸和仓库的整体布置；还要确定高层货架区和作业区的衔接方式，可以选择采用叉车、运输小车或者输送机等运输设备；按照仓库作业的特点选择出入口的位置。

6. 确定存取模式

在立体仓库中存取货物有两种基本模式：单作业模式和复合作业模式。单作业就是堆垛机从巷道口取一个货物单元送到选定的货位，然后返回巷道口（单入库）；或者从巷道口出发到某一个给定的货位取出一个货物单元送到巷道口（单出库）。复合作业就是堆垛机从巷道口取一个货物单元送到选定的货位 A，然后直接转移到另一个给定货位 B，取出其中的货物单元，送到巷道口出库。应尽量采用复合作业模式，以提高存取效率。

7. 核算仓库工作能力

核算仓库工作能力就是核算出、入库作业周期。仓库总体尺寸确定之后便可核算货物出、入库平均作业周期，以检验是否满足系统要求。

为了提高出入库效率，可以使用双工位堆垛机采用一次搬运两个货物单元的作业方式。堆垛机的载货台上有两组货叉，它们可以分别单独伸缩，以存取两个货物单元，提高作业效率。或者将货架设计成两个货物单元深度（双深位），堆垛机的货叉也相应增长一倍。货叉伸出一半时可叉取一个货物单元，全部伸出后可叉取多处的货物单元。采用这种方式还可使货物堆存密度提高 10%~20%。

8. 提出对土建及公用工程的设计要求

要根据工艺流程的需要提出对仓库的土建和公用工程的设计要求。其内容主要包括：确定货架的工艺载荷，提出对货架的精度要求；提出对基础的均匀沉降要求；确定对采暖、通风、照明、防火等方面的要求。

9. 选定控制方式

根据作业形式和作业量的要求确定仓库系统的控制方式，包括手动控制、半自动控制和全自动控制。

手动控制是指货物的搬运和储存作业由人工完成或人工操作简单机械完成。这种方式多数在调试或事故处理状态下使用。半自动控制是指货物的搬运和储存作业有一部分由人工完成。整个仓库作业活动可以通过可编程控器（PLC）或微型计算机控制。出入库频率比较高，规模比较大，特别是比较高的仓库，使用全自动控制方式可以提高堆垛机的作业速度，提高生产率和运行准确性。高度在 10 m 以上的仓库大都采用全自动控制。全自动控制指装运机械和存放作业都通过各种控制装置的控制自动进行操作，电子计算机对整个仓库的作业活动进行控制。这是正常运行方式下使用的控制方式。

10. 选择管理方式

随着计算机功能不断强大，价格不断下降，对于大中型仓库越来越普遍地采用计算机进行管理，并在线调度堆垛机和各种运输设备的作业。计算机管理是效率比较高、效果比较好的管理方式，主要有两种控制系统形式：集中控制方式和分层分布控制方式。

对于比较小的系统，由于其资料量少，功能要求低，实时控制易于实现，因此可采用集中控制方式。从所使用的硬件数量来看，它设备较少，物理上容易实现，但对设备的可靠性要求高，因为一旦设备发生故障，将影响整个系统的运行。

分层分布式控制系统的一大优点就是全部系统功能不集中在一台或几台设备上。因此，即使某台或几台设备发生故障，对其他设备也不会产生影响或影响很小，而且控制方式也是分层次的。系统既可在高层次上运行，也可在低层次下运行。正因为如此，这种控制系统的结构目前在国内外使用较多，它适用于控制大规模的系统。

另外，对系统中的主要设备可采取多种备份措施，包括加热备份、及时备份和冷备份等。

11. 提出自动化设备的技术参数和配置

根据设计确定自动化设备的配置和参数，例如，确定计算机软硬件系统，包括主频速度、内存容量、硬盘容量、系统软件和接口能力等，确定堆垛机的速度、高度、电动机功率和调速方式等。

第三节 物流配送

一、配送及配送中心的概念

（一）配送的概念

所谓配送，就是按照用户的订货要求，在物流节点（仓库、商店、货运站、物流中心等）进行分拣、配货,并将配好的货物以合理的方式送交收货人的过程。

准确把握配送概念应注意以下几个要点。

1. 配送的根本是用户要求

配送是从用户利益出发、按用户要求进行的一种活动,在整个配送活动中,用户占主导地位,配送企业居服务地位。因此,在观念上必须明确"用户第一""质量第一"的原则,从用户利益出发,在满足用户利益基础上取得本企业的利益。不能利用配送损害客户利益或控制用户,更不能利用配送作为部门分割、行业分割、市场割据的手段。

2. 配送是一种"中转"形式

配送是从物流节点至用户的一种特殊送货形式。从事送货的是专职流通企业,而不是生产企业。因此,一般送货尤其从工厂至用户的送货往往是直达型,是企业生产什么、有什么,就送什么。配送则是企业需要什么送什么,为此就必须在一定中转环节筹集这种需要,从而使配送必然以中转形式出现。

3. 配送是"配"和"送"有机结合的形式

配送利用有效的分拣、配货等理货工作,使送货达到一定的规模,以利用规模优势取得较低的送货成本。

如果不进行分拣、配货,有一件运一件,需要一点送一点,配送与一般的送货就没有区别,因而也没有任何优势可言。所以,追求整个配送的优势,分拣、配货等项工作是必不可少的。

4. 配送要选择合理的方式

不同的配送方式会产生不同的配送成本。满足用户的需要,存在多个可选择方案,应选择最合理的方式,以最小的成本完成配送活动。

此外,配送是按照用户需求进行的活动,配送者必须以"需求"为依据,合理组织货源,集成服务,正确引导用户,选择合理的配送方式,实现共同受益。

5. 配送是一种现代物流服务模式

配送的实质是送货,但却不同于一般送货。一般送货可以是一种偶然的行为,而配送却是一种固定的形态;一般送货往往只是推销商品的一种手段,配送则是内涵更为丰富的一种流通服务方式,是大生产和专业分工在流通领域的体现,是一种有确定组织、确定渠道,具有装备、管理、技术、制度等支撑条件。

(二)配送中心的概念

配送中心就是从事货物配备(集货、进货、分货、拣选、配货)和组织对用户送货,实现高水平销售和供应服务的现代流通设施。

配送中心是基于物流合理化和发展市场两个需要而发展的,是以组织配送式销售和供应,执行实物配送为主要功能的流通型物流节点。它很好地解决了用户小批量多样化需求和厂商大批量专业化生产的矛盾,因此,配送中心的发展逐渐成为现代化物流的标志。

二、配送中心基本业务流程

结合配送中心开展的业务,其基本作业流程如下。

(一)接收订单

配送中心发挥配送功能开始于客户的询价和业务部门的报价,当双方就相关问题达成一致后,业务部门即可接收客户的订单。

(二)订单处理

接单后,业务部门要查询出货日的库存状况、装卸货能力、流通加工负荷、包装能力、配送负荷等情况,设计出满足客户需求的配送操作。

当配送中心受到约束而无法按客户要求交货时,业务部门还需进行协调。由于配送中心不随货收款,因此在订单处理时,需要查核公司对客户的信用评价。

此外,还需处理退货资料,统计该时段的订货数量,以安排调货、分配出货程序及数量。另外,业务部门需要制定报价计算方式,制定客户订购最小批量、订货方式或订购结账截止日。

(三)采购订货

接受订单后,配送中心须向供货厂商订购或向制造厂商直接要货。采购部门先统计出商品需求数量并查询供货厂商交易条件,然后,根据所需数量及供货厂商提供的经济订购批量,提出采购单或出厂提货单。

采购单发出后则进行入库进货的跟催阶段。

(四)入库进货

开出采购单或出厂提货单后,入库进货管理员根据采购单上预定入库日期进行入库作业调度和入库月台调度。

在商品入库当日,入库管理员进行入库资料查核和入库质量检验,当质量或数量不符时,立即进行适当修正或处理,并输入入库资料,同时,制作入库商品统计表以稽核供货厂商催款。

入库管理员可按一定方式指定卸货及托盘堆放。对于退回商品的入库还需经过质检、分类处理,然后登记入库。

商品入库后有两种作业方式:一为商品入库上架,等候出库需求时再出货;另一种方式是直接出库,此时管理人员需按照出货需求将商品送往指定的出货码头或暂时存放地点。

(五)库存管理

库存管理包括仓库区管理及库存控制。

仓库区管理包括商品在仓库区域内摆放方式、区域大小、区域分布等规划和仓储区货位的调整及变动;商品进出仓库的控制——先进先出或后进先出;进出货方式的制定;商品所需搬运工具、搬运方式的确定；包装容器使用与包装容器保管维修等。

库存控制包括按照商品出库数量、入库所需时间等来制定采购数量及采购时间，并建立采购时间预警系统；制定库存盘点方法，定期负责打印盘点清单，并根据盘点清单内容清查库存数、修正库存账目并制作盘盈、盘亏报表。

（六）分拣配货

配送不同于一般送货，其特点之一是配送具有拣货、分类，按客户要求配货的过程，即根据客户的订货要求，将其所需要的商品尽可能迅速、准确地从其储位或其他区域拣取出来。需要简单加工的商品，拣出来后还必须集中加工，然后按一定方式进行分类集中，形成满足客户要求的订单包件，等待配送送货。

为了满足客户对商品不同种类、不同规格、不同数量的需求，配送中心必须有效分拣货物，按计划理货。在出库日，当库存数满足出货需求量时，即可根据需求数量打印出库拣货单及各项拣货指示，进行拣货区域的规划布置、工具选用及人员调派。出货拣取不只包括拣取作业，还需补充拣货架上商品，使拣货不至于缺货，这包括补货量及补货时间的制定、补货作业调度、补货作业人员调派。

分拣配货是配送中心的功能要素，是配送成败的一项重要支持性工作，也是完善送货、支持送货的准备性工作，是不同配送企业在送货时进行竞争和提高自身经济效益的必然延伸，是送货向高级形式发展的必然要求。有了分拣及配货就会提高送货服务水平，所以，分拣及配货是决定整个配送中心水平的关键因素。

（七）流通加工

这是最直接提高商品附加值的一项作业，不过它并不是所有配送中心普遍具有的功能，流通加工作业包括商品的分类、称重、拆箱重包装、贴标签及商品组合包装。

在配送中，配送加工这一功能要素不具有普遍性，但往往是有重要作用的功能要素。主要原因是通过配送加工，可以大大提高用户的满意程度。配送加工是流通加工的一种，但配送加工有它不同于一般流通加工的特点，即配送加工一般只取决于用户要求，其加工的目的较为单一。

（八）订单包件缓存

完成商品拣取及流通加工作业后，就可以进行商品出货作业。出货作业包括根据客户订单为客户打印出货单据，制定出货调度，打印出货批次报表、出货商品上所需地址标签及出货核对表。由调度人员决定集货方式、选用集货工具、调派集货作业人员，并决定运输车辆大小与数量。由仓库管理人员或出货管理人员决定出货区域的规划布置及出货商品的摆放方式。

（九）配送装车

在单个用户配送数量不能达到车辆的有效载运负荷时，就存在如何集中不同用户的配送货物，进行搭配装载以充分利用运能、运力的问题，这就需要配装。

与一般送货不同之处在于，通过配装送货可以大大提高送货水平及降低送货成本。所以配装也是配送中心的功能要素，也是现代配送不同于以往送货的重要区别之处。

配送装车作业需要事先规划配送区域,安排配送路线,按配送路线选用的先后次序来决定商品装车顺序,一般按"先送后装""后送先装"的原则进行,并在商品配送途中进行商品跟踪、控制及配送途中意外状况的处理。

（十）配送运输

配送运输属于运输中的末端运输、支线运输,与一般运输形态主要区别在于:配送运输是较短距离、较小规模、复杂性较高的运输形式,一般使用汽车做运输工具。与干线运输的另一个区别是,配送运输的路线选择问题是一般干线运输所没有的。干线运输的干线是唯一的运输线;而配送运输由于配送用户多,一般城市交通路线又较复杂,因此,如何组合成最佳路线,如何使配装和路线有效搭配等,是配送运输的特点,也是难度较大的工作。

配送运输是配送活动的核心,是将根据客户订单要求分拣、配货、加工、包装好的订单包件,经过科学的配装,选择合理的运输路线送交客户的过程。在配送中首先要从运输方式、运输路线、运输工具三个方面来全面计划,科学选择经济、合理、安全的方式将商品及时送达客户手中。

（十一）送达服务

配好的订单包件运送到用户还不算配送工作的完结,这是因为送达货和用户接货往往还会出现不协调,使配送前功尽弃,送达服务是配送中心提供服务的集中体现,是影响客户满意度的关键因素。

因此,要圆满地实现运到之货的移交,有效地、方便地处理相关手续,并完成结算,需注意交货地点和卸货方式等。

送达服务也是配送独具的特殊性。

（十二）制作账单

商品出库后销售部门可根据出货资料制作应收账单,并将账单转入财务部门作为收款凭据。

（十三）绩效管理

高层管理人员通过各种考核评估来实现配送中心的效率管理,并制定经营方针和策略。

考评的信息来源包括各种相关资料及报告,如出货销售统计资料、客户对配送服务的反应报告、配送商品次数及所需时间报告、配送商品的失误率、仓库缺货率分析、库存损失率报告、机具设备损坏及维修报告、燃料耗材等使用量分析、外雇人员、机具、设备成本分析、退货商品统计报表、人才使用率分析等。

上述作业及其控制活动,共同构成了一个完整的配送中心作业流程。

三、配送中心种类

配送中心是按照用户的要求进行订单生产,并将订单包件送达用户的现代流通设施。由于服务内容和范围不同,配送中心有多种不同形式,并可从不同角度予以分类。

(一)按其核心职能进行划分

按其核心职能进行划分,配送中心可划分为储存型配送中心、流通型配送中心、加工型配送中心、供应型配送中心、销售型配送中心。

1. 储存型配送中心

采用集中库存形式,库存量较大。一些具有较强储存功能的生产企业成品配送中心、原材料和零部件供应配送中心以及从事大范围配送的流通企业配送中心,均属于这种类型。

2. 流通型配送中心

基本上没有长期储存功能,仅以暂存或随进随出方式进行配货、送货,其典型方式是大量货物整进并按一定批量零出。这种配送中心通常采用大型分货机,进货时货物直接进入分货机传送带,并被分送到各用户货位或直接分送到配送汽车上,货物在配送中心里仅做少许停滞。

3. 加工型配送中心

具有货物加工功能,根据需要将货物在储存前或储存后进行必要的加工,然后再送达用户处。

4. 供应型配送中心

专门为某个或某些用户,如联营商店、联合公司等组织供应。如为大型连锁超级市场组织供货或代替零件加工厂对装配厂配送零件等。

5. 销售型配送中心

以销售为目的,以配送为手段。主要有三种类型:一是生产企业将自身产品直接销售给消费者的配送中心;二是流通企业作为本身经营的一种方式,建立配送中心以扩大销售;三是流通企业和生产企业联合的协作性配送中心。

(二)按其服务范围划分

按其服务范围划分,配送中心可划分为城市配送中心和区域配送中心。

1. 城市配送中心

以城市范围为配送范围。由于城市范围一般处于汽车运输的经济里程,这种配送中心通常采用汽车进行配送,并可直接配送到最终用户。这种配送中心往往和零售经营相结合,由于运距短,反应能力强,因而从事多品种、少批量、多用户的配送较有优势。

2. 区域配送中心

以较强的辐射能力和库存准备,向省(州)际、全国乃至国际范围的用户提供配送服务。这种配送中心规模较大,一般而言,其用户和配送批量也较大,而且往往是配送给下一级的城市配送中心,或配送给营业所、商店、批发商和企业用户,虽然也从事零星的配送,但不是主体形式。

(三)按其专业化程度划分

按其专业化程度划分,配送中心可划分为专业配送中心和柔性配送中心。

1. 专业配送中心

专业配送中心有两个含义:一是指配送对象、配送技术属于某一专业范畴,并在此专业范畴内有一定的综合性,即综合某一专业的多种货物进行配送的配送中心;二是指以配送为专业化职能,基本不从事经营的服务型配送中心。

2. 柔性配送中心

配送用户不固定,且不局限于某一专业方向,对用户要求有很强的适应性,能随时变化、不固定供需关系,并能改变和扩展配送用户。

四、配送中心的设施设备

(一) 作业设施

作业设施包括卸货验收区、储存保管区、分拣车间、订单缓存区、加工区、停车场、办公室等多种建筑物,其主体结构是储运场所及设施。

卸货验收区是卸货、清点、检验、分类、入库等工作的活动场所,其主要设施是入库站台。立体仓库是储存保管区的建筑,用于存放货物、储存保管和养护作业等。订单的生产作业通常是在分拣车间进行的。生产完成的订单包件在订单缓存区缓存。分装、切裁、混装、包装等加工作业则在加工区厂房进行。处理营业事务和内部指挥管理的办公室,集中于某一区域或分散设置。

(二) 公用设施

公用设施包括给排水设施、电力设施、供热与燃气设施和绿化设施等。

给水设施负责提供配送中心的生产、生活、消防等所需用水,包括原水的取集、处理以及成品水输配等各项工程设施。

排水设施包括负责收集、输送、处理和排放配送中心的污水(生活污水、生产废水)和雨水的各项工程设施。

电力设施包括供电电源、输配电网等。

供热设施包括集中热源(热力站)、供热管网等设施和热能用户使用设施。燃气设施包括燃气供应源、燃气输配设施和用户使用设施。

绿化设施包括草坪、花圃等。

(三) 设备

设备包括储存、搬运、拣货、装卸、流通加工、管理与办公等设备。

储存设备用于储存货物,主要包括各种货架、储运箱、托盘等。搬运、装卸与拣货设备用于移动和拣取货物,主要包括手推车、拖车、叉车、输送机、升降机、堆垛机、起重机、板台、滑台等。流通加工设备用于货物的分装、切裁、混装、包装等,主要包括裹包机、装盒机、钉箱机、打带机、条形码打印机、钢印设备、拆箱机、称重机、地磅等。管理与办公设备包括计算机、电话通信设施、文件数据处理与保管设施(复印机、装订机、文件柜等)、办公桌椅等。

(四) 配送中心管理信息系统

配送中心的管理信息系统一般由销售发货系统、仓库管理系统、采购进货系统、财务会计系统和经营管理系统等五大部分组成。

1. 销售发货系统

其功能包括：对外提供客户服务，自客户处取得订单、进行订单处理，安排拣货、发货，最终将商品送至客户手中。对内进行订单需求统计，作为库存管理的参考；在商品发货后将应收账款账单转入财务部门做转账用；最后将各项内部资料提供给经营管理系统作为考核参考，并由经营管理系统处取得各项经营指示。

销售发货管理系统包括以下子系统：订单管理系统、销售分析与销售预测、拣货规划系统、发货排程计划、出货配送系统、退换货作业和客户管理。

2. 仓库管理系统

仓库管理系统包括出入库管理、储位管理维护、包装流通加工规划、库存控制、盘点作业等子系统，实现商品检验、入库、商品在库储存移动、流通加工、出库等功能。

3. 采购进货系统

其功能包括：对外根据需求向供货厂商下订单，收货、退货。对内提供相关采购信息，辅助采购决策；提供到货记录，作为财务部门的结算依据；最后将各项内部资料提供给经营管理系统作为考核参考，并由经营管理系统处取得各项经营指示。

采购进货系统包括供货商管理、采购订货数据处理、进货操作系统、采购时间管理等子系统。

4. 财务会计系统

其功能包括：对外根据采购部门提供的商品到货记录核查供货厂商的催款单，并支付货款；根据销售部门提供的出货单制作应收账款催款单，并收取货款。对内提供相关分析报表及报告辅助决策；编制各种财务报表提供给经营绩效管理系统作为参考。

财务会计系统主要包括财务系统、人事工资管理系统、应收账款系统、应付账款系统、物流成本分析系统及物流计费管理系统等子系统。

5. 经营管理系统

其功能是制定各种经营政策以指导各系统运营，并从各系统汇集相关运营信息，考核其绩效。

经营管理系统包括运营管理系统、配送资源计划系统和绩效管理系统等三个子系统。

第四节 配送中心设计

一、配送中心建设的意义

配送中心是连接生产与消费的流通环节，它利用空间和时间创造效益。配送中心的建立为整个物流系统带来了更多的经济利益和服务利益，具体表现在以下几方面。

（一）完善了社会物流功能体系

配送中心可以在一定范围内将干线运输、支线运输与搬运和仓储等环节统一起来，使整个输送过程得以优化和完善。配送中心还可对货物进行适当加工，以衔接产需，合理利用资源。

（二）提高了物流系统的服务水平

配送中心的专业化客户服务和集中储存，使其能够有效调节库存，减少客户采购工作量，并快速对客户需求作出反应，进而提高整个物流系统的效率。

（三）降低了企业的经营成本

借助于配送中心的集中仓储与准时配送，企业可以减少库存，甚至实现"零库存"，从而减少储备资金的占用，改善财务状况。

（四）提高整个物流系统的经济效益

配送中心的专业化优势，使其能够通过大批量进货、集中发送等方式获得规模经济效益，使单位产品的储存、运送、管理等流通费用大幅降低，从而提高了整个物流系统的经济效益。

二、配送中心规划

配送中心的规划是指以物流学原理为依据，运用系统分析的观点，采用定量与定性相结合的方法，对拟建的配送中心进行的总体、长远发展计划的过程。

配送中心的规划既包括对拟建的配送中心和多个物流配送网络的新建规划，也包括对现有物流系统向配送中心转型的改造规划，但不同类型的规划侧重点不同。对新建单个配送中心而言，配送中心的选址问题是整个规划的关键所在；对新建的配送网络而言，系统构造和网点布局则是整个规划的核心问题；至于对现有物流系统的改造，如何充分利用现有设施，通过流程改造和企业重组实现向现代配送中心的转变，无疑是整个规划的重点问题。

在配送中心规划的过程中，要遵循以下几个原则。

（1）系统工程原则：视配送中心为一个开放的系统，通过分析和预测物流量，把握物流的最合理流程，以及合理地确定配送中心的选址，使配送中心的各种职能及其与供货商、客户的连接均衡、协调地运转。

（2）价值工程原则：要以尽可能低的物流成本满足客户对配送的准确性、及时性和低缺货率等方面的高质量服务需求。由于配送中心建设需要的投资额巨大，所以必须对其进行可行性研究，通过对多个方案的比较筛选，选择获得最大企业效益和社会效益的方案。

（3）科学化原则：通过合理选择、组织和使用各种先进的物流机械化、自动化设备，以及采用先进的计算机软硬件技术系统进行物流管理和信息处理，实现工艺、设备、管理的科学化，以充分发挥配送中心多功能、高效率的特点，加速商品的流转，提高服务水平，提高经济效益和现代化管理水平。

(4) 发展原则：建筑物的规划、信息处理系统的设计以及机械设备的选用，要具备可扩展能力，以适应未来物流量扩大和经营范围拓展的需要。在规划设计第一期工程时，应将第二期工程纳入总体规划，并充分考虑到扩建时业务工作的需要。

配送中心的规划是一个十分复杂的过程，通常包括以下几个步骤。

(1) 前期准备。通过一系列的调研，收集相关的资料，其中包括当前和未来配送服务需求、配送中心建设的内部资源和外部条件约束、配送中心功能定位及作业流程、潜在用户的数量、规模与分布等。

(2) 确定系统目标。根据对调研结果的分析，确定配送中心在近期、中期和长期不同阶段的发展目标。

(3) 功能规划。依据系统目标对配送中心的功能要素加以分析，结合配送需求的形式确定配送中心的功能定位，选择配送中心所应具备的功能。

(4) 选址规划。根据客户需求、用地条件、运输条件、公用设施及相关法规等约束条件，按照一定的标准，采用定性与定量相结合的方法，对配送中心的地址作出选择。

(5) 作业流程规划。根据配送中心的功能，结合商品特征和客户需求确定具体作业流程。

(6) 设施设备规划。运用系统分析的方法，对配送中心的建筑模式与空间布局、设备选择与安置等作出规划。

(7) 信息系统规划。根据配送中心内部作业与外部客户服务地需要，构建其管理信息系统和网络平台。

三、配送中心选址与布局

配送中心选址与布局不仅是配送中心规划的重要问题，而且是涉及诸多因素的复杂的问题。因此，在选址与布局的过程中，需要将定性分析和定量分析结合起来，或采用综合集成的方法进行选址工作。配送中心选址的具体步骤如下。

（一）选址约束条件分析

影响配送中心选址的因素包括：

(1) 自然环境因素，包括区域条件、气象条件、地质条件、水文特征、地形条件等；

(2) 经营环境因素，包括经营环境（顾客分布现状及预测、业务量增长率）、商品特征（商品种类、储存与运输有无特殊要求等）、物流业务种类、物流费用、服务水平（配送范围及距离、发送频率、发货周期）等；

(3) 基础设施状况，包括交通条件（与铁路货运站、港口码头、机场和公路货运站等运输据点的距离）、公共设施状况等；

(4) 其他因素，包括企业筹资能力、用地条件（是否需要征地、征地的地价及可接受地价的土地分布）、国家的相关法律、法规（环境保护、土地用途限制等）、周边状况等。

（二）资料收集整理

选址过程中必须掌握的资料包括：

(1) 业务量资料,包括供货企业至配送中心间的运输量、向用户配送的货物数量、配送中心保管货物的数量和配送路线的业务量;

(2) 费用资料,包括供应商与配送中心间的运输费用,配送中心与用户之间的运输费,与设施、土地有关的费用,以及人工费、业务费等;

(3) 其他资料,如顾客位置分布图、供货商位置分布图、备选地址的配送路线及距离等。

(三)地址筛选

根据前两个环节所提供的资料和约束条件,对备选地址进行初步筛选。

(四)定量分析

运用量化手段,对备选地址进行评选。常用的定量方法如下。

(1) 解析技术:这是一种物流地理中心方法,它根据距离、重量或两者的结合,通过在坐标上显示,以配送中心位置为变量,用代数方法来求解配送中心的坐标,适用于配送中心建设地址的初选。

(2) 线性规划:这是一种最优化技巧,是一种广泛使用的战略和战术物流计划与设计工具,它一般是在一些特定的约束条件下,从许多可行方案中挑选出一个最佳的方案。

(3) 启发式规划:通过对最初给出的初次解反复修正,使之逐步达到近似最佳解的方法,对配送网络进行规划。

(4) 仿真技术:它通过模拟仿真(如计算机的三维显示技术)选址与设计中的实际条件,来确定配送中心的选址与设计。目前仿真技术主要有两种:一是静态仿真;一是动态仿真。

(五)结果评价与检验

按照先前确定的约束条件及物流节点选址的一般准则,进一步对选定的地址进行检验与评价,最终选定配送中心的位置。

符合以下条件的城市和地区可设置物流节点,这些都是物流节点选址的一般准则:

(1) 经济发展中心;
(2) 各种交通方式重叠和交汇处;
(3) 物流资源较优;
(4) 土地开发资源较好;
(5) 能够支持产业发展需要;
(6) 符合区域物流特点;
(7) 有利于整个物流网络的优化;
(8) 有利于各类节点的合理分工、协调配合;
(9) 地区管理和人才资源较好。

四、配送中心总体设计

配送中心总体设计就是根据配送中心所在位置的地形、地质条件,以及配送中心业务性质、规模大小、设施设备、对外运输方式等,确定各建筑物、构筑物之间的相对位置,并合理设置交通运输线路和附属工程的过程。

(一)基本原则

(1)安全。要从仓库选址做起。一方面要考虑储存物品的安全;另一方面要考虑所储物品对周围环境的安全。

若配送中心储存物为易燃、易爆危险物品,一般应在城郊选址,远离居民区,并位于城市主导风向的下风处,注意保证周围环境的安全。

总体设计时,应按危险品火灾危险程度分区、分类隔离储存,消防设施在总体设计时也应给予充分重视,如室外消防器材一般应沿配送中心主要通道两旁设置,距离不超过100 m。

(2)适用。总体设计要能满足配送中心的使用要求。既要方便收发货和保管、养护工作,又能保证商品迅速进出。

在总体设计时应寻求仓库吞吐量的最大化。吞吐量是衡量配送中心总体设计适用与否的标志或技术经济指标,它指在一定时期内配送中心的进库和出库货物的数量总和。

(3)经济。一方面,总体设计应使布局紧凑,既能保证建筑物之间必要的防火间距,又能节省用地,以减少建设投资;另一方面,总体设计要有利于各种设施、设备效能的充分发挥,保证各种设施设备的有效利用,提高劳动效率和配送中心的经济效益。

(二)基本要求

(1)平面布局要符合配送中心的作业流程,方便各项作业,有利于提高作业效率。配送中心的业务环环相扣,因此各项作业场所要根据货物流向设置,使各个作业环节密切衔接,才能防止货物堵塞,加速收发货和其他作业。

(2)尽可能减少入库货物及仓储人员的运动距离,以提高搬运效率,节约仓储费用。

(3)建筑物的布置要尽量利用地形,减少土方工程量。

(4)车辆进出方便。车辆宜进出分道,互不干扰;进出库货流与库内流动的货流应尽量避免交叉。

(5)人行通道和物流通道应避免交叉,最好分开。

(6)总体设计应有利于整个仓库的安全,满足防火的需要。

(三)总体设计的一般步骤

(1)按仓库设施的功能分区布置。仓库一般划分为主要作业区、辅助作业区、办公区和生活区四个部分。四个区既要有适当的隔离,有利于仓库的安全,又要有方便联系的路线,以利于管理。

(2)绘制物流流程图,分析各项设施之间的关系,做靠近性分析,确定设施的相对位置。

物流流程图是将物流情况形象地反映在平面上,给人以直观的感觉。物流图要求能清楚地表明货物类别、物流量的大小、物流的起点和终点。同时还要避免物流的迂回、交叉以及往复运输,避免货物在运输中的混乱、路线过长等现象。

对照物流流程图,分析每个作业场所的利用程度,比如收货场地、验收场地、配送场地对每类物品来说都必须经过,而对储存保管场地、分类场地、流通加工场地、包装场地或有特殊要求的作业场地就不一定所有物品都经过。根据各作业场所的利用程度,确定场地的大小。或采取集中作业,可以把两个场地合并为一个场地,也可以按货物品种设置多个场地。

靠近性分析是指从物流流程的角度或管理的角度分析各项设施之间是否需要靠近,以及靠近的重要程度,据此确定设施的相对位置。

(3) 确定各项设施的面积和防火间距。由于不同货物所需要的保管条件不同,因此,必须根据储存货物的品种、数量,设置相应的库房和货场。各项设施的面积根据作业量计算。库房之间应根据建筑物的耐火等级、所储存的商品性能确定防火间距,严格遵守国家消防相关法律、法规、规范。

(4) 确定物流路线的面积。各项设施的位置一经确定,物流路线也随之确定。根据运输车辆及装卸机械类型可确定线路的宽度。

(5) 绘制仓库的总平面布置图。各项设施的面积和道路所占面积确定后,再按照它们之间的相对位置,做出配送中心的总体设计,绘制出总平面布置图。

五、配送中心设施设备选择

配送中心的设施设备规划,包括配送中心的建筑模式与空间布局,以及设施、设备的选择等。

(一) 配送中心空间布局

配送中心的内部作业区域,主要包括接货验收区、入库区、储存区、分拣区、订单缓存区、发运区、物流加工区和办公区等。配送中心作业区域的规划设计,主要包括以下环节。

(1) 设施确认:对与设计规划相关的要素进行确认,以确定设施规划的约束条件。需要确认的设施主要包括厂房墙体、窗户、仓库门、柱跨度、天花板净高、地面负荷承重、消防设施、温度湿度控制范围、排水系统等。

(2) 确定入货口和出货口的位置:主要有三种类型可供选择,进出货共享一个月台的集中型、进出货月台位置相邻的中间型和进出货月台相互独立,且分散于厂房四周的分散型。

(3) 确定固定区域和固定设施:包括办公室、员工休息室、公共设施、防火设施、充电维修站等。

(4) 确定仓库扩展方向:根据配送中心的建筑和设施条件,以及对未来业务量和可能作业方式的预测,确定扩建方向和预留扩建空间。

(5) 确定扩展方案的作业区:包括扩建后仓库的进出口、作业区位置、设备等。

(6) 确定主要作业动线:动线是指作业在室内室外移动点连接起来形成的线路。优秀的动线设计,对提高配送中心的作业效率与效果有重要意义。设计时要根据作业流程设计主要动线,并作动线分析。

(7) 定义高频作业区域:包括收货及上架、分拣、装车出货等,将其设置在与入货口和出货口相邻,且靠近储存区的位置。

(8) 定义低频作业区域:低频作业包括处理空托盘、处理退货或调拨商品回储存区、处理剩余商品、商品隔离、商品储存维护、贴标签、包装、休息区等,将其置于离出货区较远的地方。

(9) 确定主通道位置:以主要动线和搬运设备的最小转弯半径为主要参数,力求将主要动线直线化和最短化。

(10) 确定储存方法和副通道：根据商品的物理特性，确定储存方法和储存作业工具，并据此确定副通道的位置和宽度。

(二) 配送中心建筑物设计

(1) 选择建筑物形式：主要有钢筋混凝土结构和轻钢结构两种结构，两者各有利弊。前者建筑成本较低，但施工周期长，空间利用率较低，不利于自然采光和设施安装，且扩展性差；后者空间利用率高，容易做夹层结构，容易扩建、搬迁等，作业动线流畅，但需定期维护。

(2) 确定仓库楼层净空高：其参数是天花板净空高，即储存区域从地面向上至障碍物（如建筑照明、喷淋系统、空调与排风管等设施）的距离。

(3) 计算地面负荷能力：根据所保管货物的种类、密度、货物码垛高度和使用的装卸机械计算所需的地面负荷强度和地面平整度。其中，仓库地面负荷强度通常根据仓储货物的重量要求来定，地面水平精确度为1‰。

(4) 确定柱跨度：柱跨度是指从一根柱子的中线到另一根柱子中线之间的距离。确定柱跨度必须考虑储存设备和托盘的尺寸。

(5) 设计通道：通道包括库区外通道和库内通道，库内通道包括主通道、储存通道、人行通道、电梯通道和其他通道。其中主通道连接进出门口和各作业区域，与码头方向平行，宽度为两辆堆垛机的宽度加 0.9 m；储存通道为主通道连接各作业区域的通道，垂直或平行于主通道，宽度通常与堆垛机的转弯半径相等；人行通道只用于员工进出特殊区域，宽度通常为 0.75～1 m；电梯通道用于出入电梯，宽度至少与电梯相同；其他通道为公共设施、防火设备或紧急逃生所需的进出通道。通道设计应以直线为原则，并形成最佳作业动线和实现最小的空间占用率。

(三) 配送中心设备选择

如上文所述，配送中心的设备包括储存、搬运、拣货、装卸、流通加工、管理与办公等设备。其中储存设备主要包括各种货架、储运箱、托盘等；搬运、装卸与拣货设备主要包括手推车、拖车、叉车、输送机、升降机、堆垛机、起重机、站台、滑台等；流通加工设备主要包括裹包机、装盒机、钉箱机、打带机、条形码打印机、钢印设备、拆箱机、称重机、地磅等；管理与办公设备包括计算机、通信设施、文件数据处理与保管设施（复印机、装订机、文件柜等）、办公桌椅等。

配送中心的设备选择与设计包括确定货架的类型及高度、层数、行数、长度和宽度等相关参数，以及其他设备的具体类型、规格、型号及主要性能参数等。在选择设备的过程中，通常需要考虑以下因素。

(1) 配送商品的特性：商品包装规格、质量、储位数量、储存单位等。

(2) 商品的储存要求：储存密度、储位单元管理要求等。

(3) 商品加工需要：所需进行的加工作业内容等。

(4) 出入库数量：储存频率、存取数量、存取单位、存取原则等。

(5) 设备之间的匹配：搬运与拣选设备与储存设备类型与空间位置的配合等。

(6) 建筑结构：建筑可用高度、梁柱位置、防火设施、出入口位置等。

(7) 投资成本：购置各种设备的成本，包括采购服务费用、安装服务费用以及设备使用维护所需的费用等。

软硬件设备系统的水平常常被看成是配送中心先进性的标志。但通过配备高度机械化、自动化的设备来追求先进性,往往意味着要花费巨额的投资。因此,欧洲物流界认为"先进性"应该是合理配备,能以较简单的设备、较少的投资,实现预定的功能。应该强调思想和方法的先进性。从功能方面来看,设备的机械化、自动化程度不是衡量先进性的最主要因素。

结合我国资金不足、人工费用较低、空间利用要求不严格等实际状况,对于配送中心的建设,也应该贯彻软件先行、硬件适度的原则。也就是说,计算机管理信息系统、管理与控制软件的开发,要瞄准国际先进水平;而机械设备等硬件设施则在满足作业要求的前提下,更多选用一般机械化、半机械化的装备。

(四)配送中心信息系统功能与设计

在配送中心运作的各个环节,信息流始终伴随着物流活动而存在。能否对配送活动的信息予以准确、及时的反映,并据此改进配送中心的管理工作,提高对客户需求的响应速度,直接关系到配送中心的运作效率和经济效益。因此,配送中心信息系统的规划与设计,是配送中心设计中不容忽视的重要环节。

1. 配送中心规划与设计的目标

(1) 实时监控运作过程:通过对相关信息的反馈,及时反映物流活动现状。
(2) 调节供给与需求:压缩库存、防止缺货,实现库存合理化。
(3) 提高客户响应速度:提高装卸作业和运输配送效率,缩短发货周期。
(4) 降低物流成本:合理规划配送资源,降低配送成本。

2. 配送中心信息系统的功能

1) 作业管理

随时(或定时)反映整个物流系统的运作状况,保证业务活动的正常进行。包括:

——接受订货:从客户处接受订单;
——指示发货:处理订单信息,并向配送中心的终端传送发货指令,对于由多个配送中心组成的配送网络,要选择就近的配送中心发货;
——分拣配送:组织拣选、分拣,安排配送计划并发出作业指令;
——应收账款管理:在商品发货后将应收账款账单转入财务部门做转账用;
——日常库存管理:依照订货信息进行预测,并根据发货信息进行实际库存管理;
——补充库存:根据需要提出进货计划,向供货厂商下订单,收货、退货,并提供到货记录,作为财务部门的结算依据;
——信息交流:与客户和供货商等外系统联网(或联机),进行信息交流。

2) 经营管理

全面反映经营状况,改善经营绩效,包括核算物流成本和评价经营业绩。

3) 决策支持

优化物流作业,提高运作效率。包括:

——预测市场销售:分析市场信息,预测服务需求;
——规划配送资源:合理规划人员、设施、设备等资源;

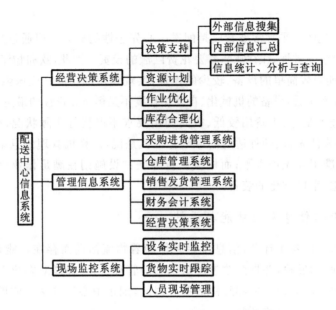

图 5-18 配送中心信息系统功能模块框架

——编制最优化的作业单:优化运输路线、计算装载效率、选定配送车辆等;

——优化存货管理:确定合理库存规模,防止缺货和压货等。

3. 配送中心信息系统的功能模块

为实现上述功能,配送中心的管理信息系统应包括现场监控系统、管理信息系统和经营决策系统三部分。

小 结

(1)仓储系统主要由储存空间、货品、人员及设备等要素构成。仓储系统是物流系统的子系统,作为供应和消费的中间环节,能起到缓冲和平衡供需矛盾的作用,仓储系统的作业一般包括收货、存货、取货、发货等环节。

(2)仓库的规模与数量往往是逆向关系,随着仓库数量的增加,仓库的规模将会减小。

(3)库存管理需要在货物的供货能力或客户服务水平,与支持它的成本之间进行权衡。它的目标是在满足一定的供货能力的基础上库存的相关成本最低。

(4)自动化仓库系统,又称自动存取系统,是指不直接进行人工处理而使用自动化搬运和输送设备,进行储存和取出货物的仓库系统。它通常由货物储存系统、货物存取和输送系统、计算机控制和管理系统以及土建及相关公用配套设施系统等部分组成。

(5)自动化仓库系统具有采用多层货架储存货物、使用自动设备存取货物、运用计算机进行管理和控制的特点。

第五章

物料仓储与配送系统设计

(6) 配送中心就是从事货物配备(集货、进货、分货、拣选、配货)和组织对用户送货,实现高水平销售和供应服务的现代流通设施。它很好地解决了用户小批量多样化需求和厂商大批量专业化生产的矛盾。

(7) 配送中心的规划是指以物流学原理为依据,运用系统分析的观点,采用定量与定性相结合的方法,对拟建的配送中心进行的总体、长远发展计划的过程。

(8) 影响配送中心选址的因素包括自然环境因素、经营环境因素、基础设施状况、其他因素。

(9) 配送中心总体设计就是根据配送中心所在位置的地形、地质条件,以及配送中心业务性质、规模大小、设施设备、对外运输方式等,确定各建筑物、构筑物之间的相对位置,并合理设置交通运输线路和附属工程的过程。

(10) 配送中心的设施设备规划,包括配送中心的建筑模式与空间布局,以及设施、设备的选择等。

综合案例

联邦快递——FedEx 的 12 条管理原则

成功的企业大体雷同,不幸的企业却各有各的不幸。优秀的企业往往表现为整体性优秀,并且在某些方面还有着鲜明的、与众不同的个性。仅仅 30 年的时间,联邦快递便发展成为行业领袖并成功跻身于世界 500 强之列,这是一个奇迹。人们努力从不同的角度来分析、解剖联邦快递,总结出联邦快递以下 12 条管理原则。

1. 建立开放式平台

公司创始人、主席兼行政总监弗雷德·史密斯(Fred Smith)创建的扁平式管理结构不仅以向员工授权赋能,而且扩大了员工的职责范围;与很多公司不同,联邦快递的员工敢于向管理层提出质疑,例如,员工可以根据公司的"公平待遇保证程序"(Guaranteed Fair Treatment Procedure)来处理与经理人员之间的争执;公司还耗资数百万美元建立了一个"联邦快递电视网络",这使得世界各地的管理人员和员工之间可随时进行联系,这充分体现了公司快速、坦诚、全面、互动的交流方式。

2. 良好的培训和职业生涯设计

联邦快递的员工都有良好的职业生涯设计。公司坚持认为:要使员工有良好的发展机会就必须为其提供升迁机会,同时还要不断提升其素质。对于每一名进入公司的新员工,公司都会为他们提供很多培训。以联邦快递(中国)为例,一名递送员在正式投入工作之前会得到 40 个小时的课堂培训,主要目的是让他们了解整个服务的过程,怎样满足客户的需求。

公司为每名员工每年提供约 2500 美元的培训经费。以联邦快递(中国)公司为例,公司制定了一个详细的经理培训计划,每年大概有 15 名一线员工会获得为期 15 个月的培训。在这 15 个月内他们需要在不同的岗位上开展工作,以此来全面了解整个公司的业务流程。

同时,公司还为他们提供很多课堂培训,使他们不仅具备实际工作经验,还具备一定的理论基础。此外,公司还把员工送到不同的地方进行培训,比如美国、新加坡等,使他们具备一定的国际视野。

3. 注重团队协作

在20世纪90年代初期,联邦快递计划建立一个服务于亚洲的超级中心站,负责亚太地区的副总裁琼·麦卡提(Joe McCarty)在苏比克(Subic)选中了一块很好的地皮。当时,日本担心联邦快递在亚洲的存在会影响到它自己的运输业,因而试图阻挠联邦快递通过苏比克进入日本快递市场。在此情况下,联邦快递的美国主要法律顾问肯·马斯特逊(Ken Masterson)和政府事务副总裁多约尔·克罗帝(Doyle Cloud)联手行动,争取到了美国政府的支持;与此同时,在琼·麦卡提的带领下,联邦快递在日本发起了一场大胆而又广泛的公关活动,这次公关行动使联邦快递获得了巨大的成功,日本人终于接受了联邦快递连接苏比克湾与日本的业务拓展计划。

4. 奖励至关重要

联邦快递经常让员工和客户对工作做评估,以便恰当表彰员工的卓越业绩。其中,设立了几种制度性的主要奖励:祖鲁奖(Bravo Zulu),用来奖励超出标准的卓越员工;开拓奖(Finders Keepers),给每日与客户接触、给公司带来新客户的员工提供额外奖金;最佳业绩奖(Best Practice Pays),对贡献超出目标的团队提供一笔奖励现金;金鹰奖(Golden Falcon Awards),奖给那些由客户或公司管理层提名表扬的优秀员工;明星/超级明星奖(The Star/Superstar Awards),实际上是"最佳工作表现奖",获奖者可获得相当于自身薪水$2\%\sim3\%$的一张支票。

5. 融合多元文化

联邦快递拥有自己的大文化,同时也有各种局域文化(子文化)。在超级中心站,子文化主要表现为"时间"观念;在软件开发实验室和后勤服务部门,子文化主要表现为"创新和创意";而在一线,子文化主要强调顾客满意。负责美国和加拿大业务的高级副总裁马丽琼·爱丽斯琼·泰勒(Mary Alice Taylor)指出:"我们的文化之所以有效,是因为它与我们的宗旨紧密相连,即提供优秀品质来服务于我们的顾客。"

6. 激励胜于控制

联邦快递的经理会领导属下团队按工作要求做出相应的调整,以创造一流业绩。马丽琼·爱丽斯琼·泰勒在她的一份报告中曾经这样说过:"我们需要加强地面运作。我想,如果让每名员工专注于单一目标,我们就能在整体上达到一定的水平。正因为如此,我们才引入最佳业绩奖。它使我们能把50000名员工专注于'提高生产效率'和'服务于客户',我们达到了从前无法想象的一个又一个业绩高峰——工作绩效接近100%,而成本却降到最低水平。"联邦快递设计了完整考核程序和培训计划,以确保经理知道如何做出正确的抉择,公司的高级经理就是下级经理的榜样。

7. 追求"改变"为第一要领

联邦快递曾因采用"固定价格体系"来取代"邮区和容量定价体系"(Postal Code-inspired Zone and Volume Pricing Systems),在货运业引起了巨大轰动,这一改变不仅大大简化了联邦快递的业务流程,而且,也使客户能够准确预测到自己的运输费用;在弗雷德·史密斯说服国会使美国民航管理委员会(the Civil Aeronautics Board)解除了对航空快运的

第五章

物料仓储与配送系统设计

限制后,联邦快递开辟了隔夜送达货运业务(Overnight Cargo Transportation Business),这不仅使自己大大受益,也使对手公司受益不少——整个行业的利润增加了约10倍。

8. "问题"意识赢得商机

联邦快递始终把客户的问题当作自己的挑战和潜在的商业机会。联邦快递曾接到一家全球性女装零售商兼家居饰品商的业务请求,该客户打算自己经营产品储运和批发业务,要求联邦快递为其提供系统的订单跟踪、库存检查、发货安排等服务,从而使其能在48小时内实现接单、送货的全程业务。联邦快递很热心地为这位客户提供了相关支援,并从中获利不少。联邦快递的"超级中心"之所以能发展到如此巨大,这与许多公司不断向他们请求帮助是密不可分的。

9. 应用先进信息技术

联邦快递的成功经验证明:在这个信息时代,公司所创造和整理的信息的价值远远不局限于公司内部。比如,公司开发了"百威发运系统"(POWERSHIP),该系统具备承接订单、跟踪包裹、收集信息和提供账单等功能,联邦快递约2/3的运输业务是通过该系统或者扩展后研发的"联邦快递发运电子运输系统"(FedEx Ship)来完成的。早在1994年,联邦快递建立了自己的网址,客户可以登录公司的网站并通过公司的主页了解相关信息,同时,客户还能打开联邦快递的COSMOS数据库;为帮助客户发展电子商务,联邦快递为客户在"联邦快递发运电子运输系统"上提供了专门的用户模块,从而使客户的运输过程实现了自动化;此外,联邦快递还创建了自己的内部网(Intranet),供公司内部专用。

10. 犹豫就会失败,但必须看准才动

尽管公司的顾问们担心弗雷德·史密斯计划提供的"隔日下午送达业务"(Next-day Afternoon Delivery)可能会影响到公司的其他服务项目(如优先服务、经济送达等),弗雷德·史密斯坚持认为新的服务不仅会给公司带来利润,还能消除"早晨优先送达"(Priority Morning Delivery)和"经济送达"(Economy Run)之间的闲置期。这个决策最终被证明是正确的,联邦快递因此而得到了实实在在的利益——两天到达的业务增长不断,隔夜到达的优先服务也获得了持续的增长。在整个联邦快递,公司都非常尊重经理们的创新直觉。

11. 倡导冒险精神

有时,自己的直觉和从报表中得到的趋势可能都不准确。联邦快递采用新技术——专递邮件(Zap Mail)来开展业务的尝试就是一个典型的失败案例,公司试图通过卫星连接、传真文件、送货上门的新尝试来开展业务,但最终因低成本的传真机充斥商业市场而被迫宣告失败。不过,这算不了什么。联邦快递从一开始就把冒险作为公司的重要精神之一。由于公司积极倡导"冒险精神",许多看上去不太合理的举措获得了成功,如第一个辐射式发运系统、专用运输机队、联邦快递技术的电视广告,等等。

12. 努力决定形象

良好的企业形象,需要经过周密的计划和积极、持续的努力才能逐步形成。经过多年的努力,公众已经把"交给联邦快递"这句话与"遵守诺言"等同起来,这种心理定位是联邦快递所取得成功的最重要的因素之一;人们还往往会由"联邦快递"联想到创新,因为联邦快递总是在尝试各种独特的方法来满足或预测顾客的需求。联邦快递总是激励员工去努力塑造一种"客户的成功就是自己的成功"的企业形象,其有益于保持并扩大公司的市场份额。成功的广告节目加强了公司的声誉,员工对工作的热爱,以在联邦快递工作为豪同样也使公司的声誉得到了倍增。

案例讨论

分组讨论联邦快递12条管理法则的现实意义。

练习与思考

一、填空题

1. 仓储系统的主要构成要素包括＿＿＿＿、＿＿＿＿、＿＿＿＿等要素。
2. 以生产定位的仓库其影响因素包括：＿＿＿＿、＿＿＿＿、＿＿＿＿、＿＿＿＿。
3. 按存取作业方式，货架可以分为＿＿＿＿、＿＿＿＿、＿＿＿＿。
4. 准确把握配送概念应注意以下几个要点：＿＿＿＿、＿＿＿＿、＿＿＿＿、＿＿＿＿、＿＿＿＿。
5. 按核心职能进行划分，配送中心可划分为＿＿＿＿、＿＿＿＿、＿＿＿＿、＿＿＿＿。

二、多项选择题

1. 仓储系统的作业一般包括（　　）等环节。
   A. 收货　　B. 存货　　C. 取货　　D. 配送　　E. 发货
2. 与库存相关的成本主要有（　　）等。
   A. 订货成本　　　　B. 库存持有成本　　　　C. 运输成本
   D. 销售成本　　　　E. 缺货成本
3. 销售型配送中心以销售为目的，以配送为手段，有（　　）类型。
   A. 生产企业将自身产品直接销售给消费者的配送中心
   B. 流通企业作为本身经营的一种方式，建立配送中心以扩大销售
   C. 政府出钱建设的政府采购中心
   D. 流通企业和生产企业联合的协作性配送中心
   E. 由大型运输企业自筹经费建设的转运型物流配送中心

三、简答题

1. 简述仓储的功能。
2. 简述仓储设计原理。
3. 自动化仓库的设计原则有哪些？
4. 简述自动化仓库设计程序。
5. 简述配送的概念和要点。
6. 简述配送中心规划与设计的内容。
7. 简述配送中心的选址与布局。
8. 简述配送中心的设施设备选择。
9. 简述配送中心的信息系统设计。

第六章
物流园区规划设计

学习目标

1. 了解物流园区的定义、产生原因及其特点；
2. 理解物流园区规划设计的内容和原则，掌握物流中心的功能和构成；
3. 掌握物流园区的总体设计流程；
4. 了解物流园区的分类，理解物流园区选址原则。

第一节 物流园区概述

一、物流园区的定义

物流园区是国家或者地区为了研究和发展某一个或者多个特定物流领域的事业，以此为基础逐步建设成为该领域内具有强大核心竞争能力主体而确定的中心性区域。

物流园区最早出现在日本，近10年来在欧洲一些国家也非常普遍，是政府从城市整体利益出发，为解决城市功能紊乱，缓解城市交通拥挤，减轻环境压力，顺应物流业发展趋势，在郊区或城乡边缘带主要交通干道附近专辟用地，通过逐步配套完善各项基础设施、服务设施，提供各种优惠政策，吸引大型配送中心聚集，使其获得规模效益，降低物流成本，同时减轻大型配送中心在市中心分布所带来的种种不利影响。

现代物流园区的主要功能是整合第三方物流业务、物流企业业务、企业物流运作与管理业务；集成仓储、搬运与装卸、运输、配送、信息处理等现代物流的各个环节；为入驻企业和物流相关单位与部门的核心能力发挥做好配套服务，从而实现一体化战略。

现代物流园区具有资源共享、信息共享、环境共建、优势互补、弱化缺陷、集成辐射等明显的特点，期望达到一种特有的园区效应，即在物流运作效率、物流业务集成规模、物流管理层次带给客户企业的效益基础上推进顺畅式的一体化服务原则。

物流园区是一家或多家物流（配送）企业在空间上集中布局的场所，是具有一定规模和综合服务功能的物流集结点。物流园区主要是一个空间概念,与工业园区、科技园区等概念一样,是具有产业一致性或相关性且集中连片的物流用地空间。

物流园区是一种非常大的物流节点,它的集约功能和综合功能非常强,它是一些小的物流节点集约集成的产物,也是不同的物流线路共同的交会点,既具有宏观物流的战略性规划和运作,又具备微观物流的管理和操作。物流园区涵盖了商流功能和物流功能,是物流节点和商流节点的综合。物流园区是一个以多种物流方式为交会点,是集商流、信息流、物流运作、物流文化于一体的集散中心,它以城市或者地区的经济发展水平为依托,具有公路、铁路、港口、航空等多种交通和运输优势,是一种综合性非常强的"宏观物流中心"。

物流园区的建设远远复杂于单一物流企业或物流中心的建设,它是一个庞大、复杂而又具有高难度的系统工程综合体系,只有结合政治经济需求、企业发展、物流与地缘文化、运作体制、技术需求与实施实力等方面的因素,才能实现。

物流园区可以理解为是这样的一个区域:它具备不同运输形式(公路、铁路、水路、航空)的良好结合;靠近城市长途运输网络和运货点;能提供全方位的物流服务,包括附加服务;能组合物流服务商的业务,为他们提供场地;能降低电费、通信等成本;通常能在几家私营或国有公司之间建立伙伴关系;结合管理公司和物流服务业务;尽量远离"潜在的冲突"区域(如人口密集区),从而可以进行 24 小时作业。

二、物流园区产生的原因

物流园区在一些发达国家产生的原因,主要可归纳为以下几个方面。

(一)促进城市用地结构调整

随着市区的不断扩展,原来的城市边缘区成为市中心区,商贸、金融、餐饮服务等第三产业在此集中,大型配送中心因无力支付上涨的地价及对城市交通和环境影响较大而需要迁出中心区,物流用地性质发生变化,城市用地结构亟待调整。物流园区的出现既为配送中心提供了新的发展空间,也为城市用地结构调整创造了条件。

(二)提高物流经营的规模效益

组织建设物流园区,可将多个物流企业集中在一起,发挥整体优势和规模优势,实现物流企业的专业化和互补性,同时,这些企业还可共享一些基础设施和配套服务设施,降低运营成本和费用支出,获得规模效益。

(三)满足仓库建设的大型化发展趋势的要求

随着仓库作业自动化、机械化和管理水平的提高,仓库单体建设有朝着大型化方向发展的趋势,而在城市中心地区,大面积的可用于大型仓库建设的土地越来越少,必然迫使其向城市中心以外的地区寻找新的发展空间,这就在一定程度上导致了集中布局的物流园区的出现。

(四)满足货物联运发展的需求

为了进一步降低物流成本,货物的多式联运成为一种理想的选择。货物多式联运指根

第六章

物流园区规划设计

据实际业务需要,将两种以上的运输方式组合成复合型的一体化运输。货物多式联运整个过程中的各区段运输,将分别由各区段的承运人负责,共同完成全程运输。全程运输通过一次托运、一张单证、一次保险、一次计费,被作为一个完整的单一运输过程来安排,通过多种运输方式,实现"门到门"的运输目标。

根据不同的原则,就其组织方式和体制来说,多式联运基本上可分为协作式多式联运和衔接式多式联运两大类。协作式多式联运是指具有两种或两种以上运输方式的运输企业,按照统一的规章或商定的协议,共同将货物从接管货物的地点运到指定交付货物的地点的运输;衔接式多式联运是指由一个多式联运企业综合组织具有两种或两种以上运输方式的运输企业,将货物从接管货物的地点运到指定交付货物的地点的运输。

多式联运相对于普通的运输方式,具有充分发挥各种运输方式的优点;简化运输手续,方便货主;提高运输效率;提高货物运输质量;有利于货主提早收取货款,加速资金周转;降低运输成本。

另外,多式联运还便于海关、商检、卫检等政府职能部门工作,并可精简人员机构。

(五)减轻物流对城市交通的压力

交通问题是世界任何大城市都难以避免的,通过建立物流园区将货运交通尽量安排在市中心区域外是国外不少城市缓解交通压力的有效措施。发达国家在市郊边缘带规划建设园区,使进入市区的货物先集中在物流园区,化整为零,按市内的运输路线统一分送,限制大型运输车辆进入市区;出市区的货物集中到物流园区,集零为整,再统一运输,提高了车辆利用率。

(六)减小物流对城市环境的种种不利影响

物流除了会对城市交通带来压力和产生噪声、污染外,物流园区本身也会对城市环境造成一些不利影响,因而在空间布局上受到城市规划的限制和制约。例如,大型仓库本身就不太容易与周围的建筑环境相协调,会带来对城市景观的破坏,不宜过分零散布局,物流园地的建设将散布的物流园区集中于一处,有利于物流园区产生的废弃物的集中处理,从而有利于环境保护。这是近年来大型物流园区出现在欧洲一些城市周边地区的主要原因之一。

物流园区具有三大效应:一是集散效应,汇集货物,再向外扩散;二是规模效应,货物大进大出,能有效降低空载率,节省物流成本,产生规模效益;三是整合效应,具有调动、协调社会物流资源的能力,以降低社会物流总成本,提高社会物流整体效率和效益。

三、物流园区、物流中心及配送中心的比较

物流园区、物流中心和配送中心是物流系统中的三个常用概念,有必要将三者进行基本的区分。物流园区是相对于微观运作的物流主体而言的,从功能和涵盖范围来说,它是介于流通区域和物流中心之间的物流节点。一般来说,一个大型的流通区域可以包括一个或者多个物流园区(如东北区域、华东地区等),物流园区可以包含多个具有不同功能和服务范围的物流中心,物流中心可以包含或者服务于多个物流配送中心。物流园区是除了具有物流的功能之外,还具有商流的功能,是物流节点和商流节点的综合。物流中心是处于枢纽或者

重要地位的、具有比较完整的物流环节,并能将物流集散、信息和控制等功能实现一体化运作的物流节点。

表 6-1 所示的是物流园区、物流中心和配送中心在规模综合程度、服务对象和服务功能等方面的比较。

表 6-1 物流园区、物流中心和配送中心的比较

比较对象	建设规模	综合程度	服务对象	功　能	层次关系
物流园区	超大规模	必定是综合型商务大型物流设施	综合性的基础物流服务设施	具有综合运输、多式联运、干线终端等大规模处理货物和提供相关服务功能	综合性的大型物流节点
物流中心	大规模或中等规模	有一定的综合性	局部领域的经营服务	主要是分销、转运、调拨功能	专业范畴的综合性大型物流节点
配送中心	依据专业化配送和市场大小而定,一般规模较小	专业化的,局部区域范围的	面向特定用户和市场	向最终用户提供订单生产及送货服务功能	专业清晰,需求明确,专业性的物流节点

物流园区也呈现以下特征。

（一）综合性

物流园区集合了不同的包装方式、不同的搬运工具与效果、不同的装卸模式、不同的运输方式、不同的存储能力与规模、不同的流通加工能力和先进的信息管理系统等多角度、多模式、多层次的物流环节与功能,对于完成园区内各项物流业务,具有良好的统一性和高效性。物流园区真正地把商流、物流、信息流、资金流等不同性质、不同文化背景的不同行业和企业联系在一起,综合管理、统一运作,有利于降低成本和提高效率。

（二）复杂性

由于集合性和综合性等原因,物流园区具有比一般的物流中心和工商企业更为复杂的内在因素,其管理与运作的困难度当然就更高。

（三）专业性

随着经济的发展和社会的进步,物流领域与生产领域逐步分离,一些大的生产厂家,已经很难明确产品的集中生产基地,某一种产品可能有许多不同的零件生产地,出现了分类生产的倾向。为了使物品能在生产基地和部件引进地之间及时准确地运送,必须要有专业物流企业来支撑,物流园区的产生就是适应了这种社会分工的需求。

一般来讲,物流园区的专业性体现在以下两个方面:一方面,在物流园区中,原则上不单独发展制造业;另一方面,在物流园区的服务半径内,原则上不应该再发展分散的自用型物

流业,在充分发挥物流园区的整体功能的条件下,尽可能地减少重复投资造成的浪费。

第二节 物流园区的规划及设计

一、物流园区规划设计原则

规划设计物流园区,应遵循下列原则。

(一)客观分析,定量定性预测的原则

以客观分析物流现状和未来发展趋势为依据,对物流现状和未来发展进行定量、定性分析和预测是物流园区规划建设的重要依据。分析不同空间范围的物流量(包括国际物流、区域物流、本地消费物流、中转-直通物流、本地产品向外输出物流)有助于对物流及其空间分布获得客观的认识,从而为规划物流园区,特别是不同服务功能与范围的物流园区,提供可靠依据,这是其他分析难以代替的。

(二)适度的前瞻性原则

物流园区规划与其他规划一样,应具有一定的超前性,特别是我国现阶段规划建设物流园区,超前于我国现有物流水平发展要求,旨在引导物流园区在空间上合理分布并为其未来发展提供可靠的用地保证。但任何盲目的、不符合实际的超前都可能造成不必要的资源浪费,因此必须而且仅仅坚持适度超前的原则,客观科学地认识物流业和物流园区的发展前景,结合地区实际,合理确定物流园区布局和用地规模,使物流园区建设有计划、分阶段、分步骤进行。同时还应看到,物流量的需求和发展是物流园区存在的前提和基础,目前我国物流园区的有效性发展只局限于几个现代物流业发展较快而且物流量相对较大的沿海城市,许多内陆城市对物流业和物流园区等名词都还很陌生,这些城市现阶段是否有必要规划建设物流园区应根据本城市发展的实际需要和条件进行深入的分析论证。

(三)经济合理性原则

首先,要为物流企业发展提供有利空间,能否吸引物流企业入驻是决定物流园区规划成败的关键,在物流园区选址和确定用地规模时,必须以物流现状分析和预测为依据,按服务空间范围的大小,综合考虑影响物流企业布局的各种因素,选择最佳地点,确定最佳规模。

其次,应尽量利用已有仓储用地及设施。在诸多物流基础设施中,仓库以其庞大的规模和资产比率,成为物流企业发展的空间主体;国外的一般经验是物流园区的建筑覆盖率一般为 40%~50%,其中 85% 以上的建筑面积为仓库;仓库建设投资大、回收期长且难以拆迁,充分利用现有的仓库,则可基本解决原有设施再利用及优化资本结构的问题;仓库多分布在交通枢纽和商品主要集散地,交通便利,区位优势明显,大多可满足物流企业对市场区位和交通区位的要求。根据我国仓库空置率高和仓储设施相对完备的特点,充分利用已有仓储用地,可减少用地结构调整和资金投入,是物流园区规划建设的捷径。

（四）满足工艺、生产和管理要求的原则

物流园区的规划与布局首先要满足工艺流程的要求，须有利于"物畅其流"，有利于生产与管理，有利于各环节的协调配合，使物流园区的整体功能得到充分发挥，并获得良好的经济效益和社会效益。

物流园区需要完善物流增值配套功能，尽可能提供货物分拣、包装、物流加工等服务，加强与海关、检疫等监管部门的合作，完善通关环境，为整个物流过程节省时间和减少费用，实现物流园区的物流服务和客户效益的整体优化。

（五）柔性化原则

为了适应社会经济的发展和市场变化，规划设计物流园区时必须充分考虑柔性，即应该留有发展的空间和适应变化的能力，也就是说对物流园区进出能力、加工能力、储存能力和转运能力等，都要有一定的柔性化考虑，以适应不同时期储存不同品种、数量的货物。如发达国家的某些工业都是组合式的，设备的安装也须有利于变动和调整。物流园区的建设应随货流量的增加而逐步进行，国际经济形势的变化也可能会使物流量呈跳跃式的增长。

（六）环境合理性原则

物流园区建好后，须注意环境保护，不能给周围制造噪声、振动和废气污染，不能造成园区交通阻塞，也不能给附近居民带来不便与影响。缓解城市交通压力、减轻物流对环境的不利影响，应成为物流园区规划的主要原则之一。使占地规模较大、噪声污染严重、对周围景观具有不利影响的物流园区尽量远离人类活动比较集中与交通拥挤的城市中心区，有利于创造良好的工作生活环境，这既是物流园区最初产生的直接原因，也是城市可持续发展的必然要求。

（七）统一规划原则

物流园区规划应与城市总体规划和土地利用总体规划保持一致，与其他有关规划相协调，符合城市用地空间的统一布局，满足地域合理分工与协作的要求。物流业跨行业、跨部门的特性决定了物流园区用地涉及多种城市用地类型，因此，在充分利用已有仓储用地的前提下，应处理好物流园区与其他用地之间的关系，避免不必要的用地结构调整和利益主体间的冲突。

（八）规模效应的要求原则

只有一定的规模才能体现出物流园区的建设意义，这也是物流园区规划的主要出发点之一。组织建设物流园区时，可将多个物流企业集中在一起，发挥整体优势和规模优势，实现物流企业的专业化和互补性，同时这些企业还可共享一些基础设施和配套服务设施，降低运营成本和费用支出，获得规模效益。

（九）给物流提供必要的停歇中转空间原则

货物在从生产者手中到消费者手中的流通过程中，少不了必要的停留，尽管现代物流业

正在迅速朝着减少物流停滞、实现"货畅其流"的方向发展,但是给物流活动提供一定的停歇和中转空间总是不可缺少的。因此,物流园区的规模和布局应该依据物流量的大小和物流的空间分布情况来确定。

(十)减少物流的不合理流动原则

物流园区的合理布局可以减少物流在空间上的迂回运输、多次装卸等不合理流动和浪费。物流园区和运输线路是物流运动中的点和线,点布局得好,线上的流通量就可以减少,点就起到代替线的作用。

(十一)保证物流供应的顺畅和反应的快捷原则

在现代物流中,货物在物流园区的储存和堆放是以货物流动为目的的,因此从空间布局的角度来说,物流园区应该更接近物流供应链的下游,以保障供货及时和反应迅捷。从这一点来说,物流园区布局客观上存在一定的分散布局的趋势,而这与规模效益和环境效益所要求的物流园区集中布局的发展趋势有一定的矛盾。因此,在具体物流园区的空间布局过程中,需要协调好集中与分散的关系。

二、物流园区规划设计的内容要求

物流园区是一个系统工程,其规划设计涉及许多方面的内容,包括物流系统规划设计(如规模设计、设施设备规划与设计、作业方法设计等)、运营系统规划设计(如组织机构设计、人员配备、经营管理设计、作业标准和规范等的设计)、信息系统规划设计(如对物流中心信息管理与决策系统的规划等)以及支持政策平台设计等,如图 6-1 所示。

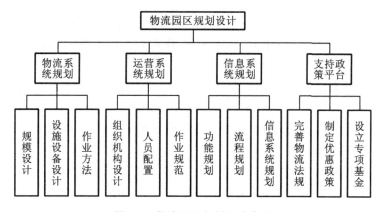

图 6-1 物流园区规划设计内容

(一)物流园区的系统规划设计

1. 规模设计

市场容量、发展趋势和竞争对手的状况,决定了物流园区的规模。市场容量是可预测的,不能正确分析竞争形势就不能正确地估计自身能占多大的市场份额;在规模设计时,要充分了解我国社会经济发展的大趋势,甚至对世界经济发展做出预测;同时,还需要了解竞争对手的状况,如生产能力、市场占有份额、经营特点、发展规划等。

常用的物流园区规模确定方法,是通过横向对比国内外已有的物流园区规模,从而确定新建物流园区的建设规模。日本是最早建立物流园区的国家,自1965年至今,已经建成了20个大规模的物流园区,平均占地面积74公顷;比利时的Cargovil物流园区占地75公顷;荷兰的14个物流园区平均占地约44.8公顷;德国的布莱梅货运中心占地100公顷以上;而英国1988年规划建设的物流园区则要小得多,只有1公顷。一般来说,国外的物流园区占地7公顷以上,最大1平方公里左右。

2. 设施、设备规划与设计

设施、设备系统的先进性程度,通常用来衡量物流园区的先进性,企业如果追求先进性就要配备高度机械化、自动化的设备,这会加大企业的一次性投入负担,"先进性"的衡量不能片面考虑一次性的投入。由于设施、设备的折旧年限长,相对于人工成本的逐年加大的压力,追求"先进性"对企业的长远发展可能更有益。"先进性"就是合理地应用机械化、自动化的设备,用较少的投资实现预定的功能,也需要兼顾这些年随着我国经济社会的发展,越来越难招到重体力的劳动者。所以,设施、设备规划与设计,需要考虑企业的长期利益,作详细、科学的评估后,企业要大力倡导应用先进的生产设施、设备。

3. 作业方法设计

物流企业的作业方法与其经营规模和设施、设备的使用密切相关。先进的物流园区,其作业效率高,客户响应能力强,所以在规模设计、设施设备规划与设计时,物流园区的作业方法就确定了。

(二) 物流园区的运营系统规划设计

物流园区是营造现代物流业良好环境的一个区域,具有系统性和综合性特征。物流园区的运营系统规划设计包括组织机构、人员配置、作业规范和标准以及经营管理方略等的设计,需要考虑以下因素。

(1) 物流园区具有经济开发区性质,其服务对象主要是物流服务商、交通运输企业或者物流密集型工贸企业。

(2) 物流园区具有比较强的地产经营和物业管理的业务特征,通过提供物流作业设施、设备和技术手段为客户服务。

(3) 物流园区的经营管理者应积极推动与入驻企业的合作,搭建公共运作平台,通过其综合服务,依托客户最终完成物流活动和实现物流服务,从而实现其价值。所以,物流园区投资建设,不是"一夜暴富"的投资行为。

(三) 物流园区信息系统的规划设计

物流园区最主要的业务功能是依靠物流信息进行科学运筹管理,通过系列化的先进物流技术支撑,实现及时化、信息化和智能化的物流服务操作与管理,集储存保管、集散转运、配送、物流加工、代购代销、信息传递等多种功能于一体。因此,其信息系统的规划设计要以公共信息平台为通路、以电子商务为业务支撑,建立开放、双向、多通路特征的、能够支持物流体系高效运作的、分层次的物流信息应用系统,与现代物流服务业务相匹配,对多种管理信息系统进行有机集成,建立相互之间的信息交换传递、功能连接,实现对物流业务的统筹运作与科学管理,增强入驻物流企业的服务能力。

（四）物流园区支持政策的设计

要推动物流园区的顺利建设,需要设计一系列的支持政策,例如：

（1）完善物流相关准则体系,包括物流标准、物流市场准入规则、行为规则以及服务质量标准等；

（2）鼓励不同所有制的企业参加公益性物流园区的建设,在土地、资金和税收等方面给予优惠；扶持重点物流企业,在一定时期内减免所得税,充分发挥经济杠杆的调节作用。

（3）建立现代物流科研专项基金和物流人才培养引进专项基金,对物流园区建设中的配送、仓储和信息系统等项目可列入科技、技改项目管理,给予投融资支持,采取特别折旧方法对物流产业的技术设备实行快速折旧,加强物流人才的培养和从业人员的培训,并给予资助。

三、物流园区功能分析

（一）物流园区的作用

物流园区具有产业聚集、经济运行等物流组织功能,其作用如下。

1. 物流园区的集约作用

（1）量的集约,将过去许多个货站、场集约在一处。

（2）货物处理的集约,表现在将过去多处进行分散的货物处理集约在一处。

（3）技术的集约,表现在物流园区中采用类似生产流方式的流程和大规模处理设备。

（4）管理的集约,可以利用现代化手段进行有效的组织和管理。

2. 物流园区的有效衔接作用

主要表现在实现了公路、铁路、航空、港口等不同运输形式的有效衔接。

3. 物流园区对联合运输的支撑作用

主要表现在对已经应用的集装、散装等联合运输形式,通过物流园区使这种联合运输形式获得更大的发展。

4. 物流园区对于联合运输的扩展作用

受过去条件的限制,联合运输仅仅只在集装系统等领域才获得稳固的发展,其他散杂和分散接运的货物很难进入联合运输的领域。采用物流园区之后,可以通过物流园区之间的干线运输和与之衔接的配送、集货运输使联合运输的对象大为扩展。

5. 物流园区对提高物流水平的作用

主要表现在缩短了物流时间,提高了物流速度,减少了多次搬运、装卸、储存环节。提高了准时服务水平,减少了物流损失,降低了物流费用。物流园区对改善城市环境的作用主要表现在减少了线路、货站、货场、相关设施在城市内的占地,减少车辆出行次数,集中进行车辆出行前的清洁处理,从而起到减少噪声、尾气、货物对城市环境的污染。

6. 物流园区对促进城市经济发展的作用

主要表现在降低企业物流成本,从而促进经济发展方面的作用;完善物流系统,保证供给、降低库存,从而解决企业后顾之忧方面的作用。

(二) 物流园区的功能

物流园区作为物流节点,其有效运行,能够有效缓解城市交通、物流和环境压力。从理论上讲,物流园区具备物流的基本功能,这些功能可以归纳于三个层次的功能体系,即基本物流功能、增值功能和规模经济功能。

1. 基本物流功能

1) 货物集散功能

此功能主要是指接收通过各种方式运输的到达货物,并进行分拣、储存,将本市发出的货物进行集中,通过直接换装(Cross-Docking)方式向外发运。

2) 货物中转功能

结合中转物流需求大的特点,物流园将充分体现商品中转中心的作用。一方面,物流园区可以连接各种运输方式,实现多式联运,为进出口货物、国内跨海运输提供便利条件,如将集装箱海运与铁路或公路运输方式相结合;另一方面,物流园区也将起到衔接干线运输与支线配送的作用。

3) 货物配送功能

物流园区向配送中心、配载中心或区域物流节点实施日常配送,针对工商企业提供配送服务。物流园区的配送功能体现了配送的专业性、大规模性,园区和客户有固定的配送关系,有确定的组织和渠道,配送设施及工艺按客户要求专门设计。

4) 流通加工功能

这主要包括商品的包装整理、加固、换装、改装、条形码印制等。通过流通加工,提高物流对象的附加价值。

5) 包装功能

包装作业的目的不是改变商品的销售包装,而是进行适合于物流和配送业务的组合包装单元,包装作业的内容有产品的出厂包装、生产过程中的在制品包装和半成品包装,还有物流过程中的换装、分装、再包装等活动。

6) 装卸搬运功能

物流园区配备有专业化的装卸、提升、运送、码垛等装卸搬运设备,以提高装卸搬运作业效率,减少对商品的损毁。

7) 口岸、商检等功能

物流园区可通过政府管理部门、行业管理部门和配套服务部门,如设置工商、税务、运输管理、金融、保险、海关、商检、动植物检验检疫机构、维修企业等部门、单位,为物流企业提供全方位的配套服务。

8) 为第三方物流服务功能

物流园区是专业物流经营者集中的场所,对分散经营的第三方物流服务者起到整合的作用,通过他们的分工协作实现物流的高效运行。

9）物流信息服务功能

现代物流系统必须具有以信息流为主导的信息化物流系统,物流、商流、信息流密不可分。

物流信息服务是指建设物流公共信息平台,完善物流信息网络建设,通过信息系统完成物流状态查询、物流过程跟踪、物流要素信息记录与分析、物流客户关系管理、物流决策支持,以及方便报关、结算、保税等单据处理,提高工作准确性以及工作效率,简化手续。

2. 增值功能

增值性服务是基本功能的合理延伸,需要智慧与远见,其作用是加快物流过程、降低物流成本、提高作业效率、增加物流的透明度等,提供增值服务是现代物流园区赢得竞争优势的必要条件。具体的增值业务功能如下。

1）结算功能

结算功能不仅仅是物流费用的结算,在从事代理、配送的情况下,物流园区还具有替货主向收货人结算货款等功能。

2）物流设计咨询功能

物流园区要充当货主的物流专家,因而物流园区中必须有相关单位为货主设计物流系统,代替货主选择和评价运输商、仓储商以及其他物流服务供应商,这是一项增加价值、增加竞争力的服务。

3）需求预测功能

物流园区根据经常进出货信息来预测未来一段时间内的商品进出库量,进而预测市场对商品的需求。

4）物流教育与培训功能

物流园区的运作需要货主的理解和支持,通过向货主提供物流培训服务,可以提高货主的物流管理水平,同时,将物流园区经营管理者的需求传达给货主,便于确立物流作业标准。

物流园区除了提供信息发布、交易撮合、货运交割、资金结算等项服务外,还将在工商、税务、金融、保险、海关、商检等有关部门的配合下,协助进行商品的检验检疫、报关、代理征税,全面提供现代化决策支持系统和服务;帮助交易人进行市场分析;通过设立商品展示厅,提供贸易机会来实现其商流功能;利用巨大的仓储资源,专业的配送服务,开展电子商务 B2C 或 B2B 的服务工作;利用信息技术,协助进行货物跟踪;建立货物运输紧急救援系统;通过仲裁系统,帮助交易人处理纠纷等。此外,物流园区还可提供保安、银行、邮局、餐饮、住宿、废弃物处理、人力外包等服务。

3. 规模经济功能

1）促进供应链的有效管理与运作的实现

物流园区凭借空间聚集场所,使物流活动得以开展,物流园区是物流系统运作的基础设施,它保证了各种商品在供应链上的有效衔接和传递,在保持物流调节能力、保证供应链上企业的供销能力的同时,可以降低供应链上的库存总量,从而提高供应链的效率。与此同时,通过物流园区信息系统可以有效地为物流系统指挥和决策提供依据,提高物流服务水平和可靠性,保证供应链的有效管理与运作,促进及时服务的实现。

2) 实现社会经济资源的优化配置

物流园区是各项物流活动开展的主要载体,它通过物流活动组织的空间聚集,实现物流业务集约化运作与经营,合理利用有关资源,创造规模效益,促进物流技术的创新与推广,便于提高物流水平,降低社会生产和流通成本,实现社会经济资源的优化配置。

3) 促进地方经济和区域经济协调发展

物流园区作为联系产供销的纽带,在促进生产和地方经济发展中具有重要作用。物流园区属于基础设施,其规划建设对地方经济发展具有开发性作用,而且大量的基础设施建设投入将带动地区经济增长。

四、物流园区的结构性分析

不同的物流园区,因其性质和功能不同,所承担的物流作业流程也不同,物流园区应根据其作用、物流特征、地理位置等因素合理规划各种结构布局。

(一) 一般形态的物流园区作业区域

针对物流作业特征规划所需作业区域,包括物流作业区和周边辅助作业区。物流作业区具有工艺流程性的前后关系,而周边辅助作业区则与物流作业区有作业上的关联关系。一般形态的物流园区包含以下作业区域。

1. 物流作业区域

(1) 一般物流作业区域:进出货码头、进出货暂存区、理货区、库存区、拣货区和订单缓存区等。

(2) 退货物流作业区域:退货卸货区、退货处理区、退货合格品暂存区、瑕疵品暂存区和废品暂存区等。

(3) 换货补货作业区域:散装拣货区等。

(4) 流通加工作业区域:流通加工作业区、称重作业区、分装区等。

(5) 物流配合作业区域:运输车辆停车场、容器回收区、废料处理区等。

(6) 仓储管理作业区域:调拨仓储区等。

2. 周边辅助作业区域

(1) 厂房使用配合作业区域:变电室、配电室、空调机房、动力间、空压机房、设备维修间、工具间、器材室、人行通道、物流通道、电梯间、楼梯间、搬运设备停放间等。

(2) 办公事务区域:办公室、资料室、收发室、档案室等。

(3) 信息系统作业区域:计算机房等。

(4) 劳务性活动区域:休息室、驾驶员休息室、餐厅、厨房等。

(5) 厂区相关活动区域:一般停车场、厂区通道、厂区出入大门、厂区扩充区域、环境美化绿化区等。

3. 仓储区域

仓储区域包括堆场、特殊商品库房、普通仓库、配送仓库等。仓储区域的结构根据物流园区的基本功能和运作模式约定,其内部结构包括以下几部分。

1）接货验收作业区

接货区与验收区可以相邻配置。在这个区域里,主要完成货物的卸车、清点、检验、分类、入库工作,通常设置在储存区域的外围,通过卸货站台与公路、铁路、专用码头、货运航站楼等直接相连;内部还规划有暂存、分类验收区域以及相应的设施设备。

2）储存保管作业区

储存保管作业区是专门用于存放货物的相对静态的区域,主要完成货物的储存保管和养护作业,货物在这个区域的时间相对较长。

3）理货作业区

主要对分拣出来的货物进行配货与配装作业,并将配好的货物暂时存放,以备送货。

4. 加工中心区

加工中心区内主要进行流通加工。货物在配送之前,在加工中心区进行流通加工处理,从而提高货物的附加值。流通加工作业包括货物的分类、分装、过磅、拆箱、产品组装、重新包装、贴标签及货物的组合、包装等,完善的流通加工环节还包括进行包装材料及容器的管理、组合包装规则的制定、流通加工包装工具的选用、流通加工作业的排程、作业人员的调派等。

加工中心内具有相配套的生产加工标准厂房、储存保管作业区、配送作业区等。

5. 配送中心区

配送中心从供货商处接收多品种、大批量的货物,进行倒装、分类、保管、流通加工、信息处理等作业,然后,按照众多顾客的订货要求分拣配单,以令人满意的服务进行配送物流服务。

为了保证业务的顺利进行,配送中心必须设置配套的收货验货作业区、分拣作业区、流通加工作业区、储存保管作业区、特殊商品存放区、发运作业区、理货作业区、停车场及办公场所;同时,需配置相应的装卸、搬运、储存、分拣、理货、包装等作业设备,以及相应的物流管理信息系统。

6. 公路货运集散中心区

公路货运集散中心区把公路运输、集散、中转、储存、配送等功能有机结合起来,实现物流的集约化,其主要的业务包括:

(1) 其他地区进入本地区的货物,应将其化整为零,分方向、分地区用小型货车运送到客户所在地。因为通常大型卡车在交通繁忙时不能进入市区,以缓解城市交通的混乱和道路拥堵,改善城市交通环境。

(2) 本地区运往其他地区的货物,由小型货车到各货主点提货,并送到集散中心,集零为整,进行大卡车配载,然后使用大卡车进行干线运输,外运到外地客户处,以提高车辆的满载率,降低物流运输成本,整体提升运输系统效率与运输资源利用率。

(3) 提供达到或通过集散中心的货运车辆的维修维护、加油等。

(4) 提供驾驶员的休息、餐饮、生活、娱乐服务。

(5) 提供相应的金融、税务、工商、卫生检疫等职能服务,除此之外,还需具备停车场、配送中心、配载交易市场、堆场、仓库、加油站、车辆检修所、综合管理楼等设施场所。

7. 公铁联运物流中心区

公铁联运物流中心区直接引入铁路专用线，开展公铁联运，将公路运输、铁路运输、城市道路运输、中转、储存、配送等功能有机结合起来，实现物流的集约化，其主要的业务有：

（1）通过铁路运输将本地区或周边地区的货物化整为零，分方向、分地区运送到客户所在地；

（2）本地区运往较远地区或较大批量的货物，利用公路运输集货到公铁联运物流中心区，集零为整，利用铁路的聚集、编组优势，以最快的速度、最少的停留时间运往外地客户所在处；

（3）对达到联运中心的货运车辆提供维修维护、加油等服务；

（4）提供驾驶员的休息、餐饮、生活、娱乐服务。

公铁联运物流中心区需具备配送中心、铁路专用线、站台仓库、停车场、车辆修理车间、加油站、综合管理楼等设施场所。

8. 港铁联运中心

港铁联运中心即在港口直接引入铁路专用线，开展港铁联运。港铁联运货物一般运距较长，港铁联运中心将铁路运输、水路运输、中转、拆箱拼箱、仓储、加工、配送等功能有机结合起来，实现物流的集约化，其主要功能有：

（1）将水运运抵本地区的货物化整为零，利用铁路运输，分方向、分地区运送到客户所在地；

（2）来自较远内陆地区、经本地区须由水路运往较远地区，并且批量较大的货物，利用铁路运输集中到港铁联运中心，集零为整，利用港口集结，以最快的速度、最少的停留时间运往外地客户所在处。

为了实现上述功能，港铁联运中心需具备港口设施、铁路专用线、站台仓库、堆场、综合管理楼等场区设施。

9. 公港联运中心

公港联运中心将公路运输、水路运输、城市道路运输、中转、储存、拆箱拼箱、配送等功能有机结合起来，实现物流的集约化，其主要业务有：

（1）将水运运抵本地区的货物化整为零，利用公路运输，分方向、分地区运送到客户所在地；

（2）本地区须由水路运往较远地区，并且批量较大的货物，利用公路运输集中到公港联运中心，集零为整，利用港口集结，以最快的速度、最少的停留时间运往外地客户所在处。

为了完成上述业务，公港联运中心需具备港口设施、配送中心、仓库、堆场、停车场、修理车间、加油站、综合管理楼等场区设施。

10. 其他服务区

其他服务区包括行政办公事务区、交易展示区和综合服务区等。

行政办公事务区包括处理营业性事务和内部指挥管理的场所，属行政管理服务区，为入园企业提供多种事务，包括政策推行、招商引资、信息发布、税收、海关、边检、口岸、项目审批、后勤等一系列的管理服务，同时，也是入园企业的办公区。

交易展示区提供展厅等服务,是产品展览、交易区,特别是为一些新物流品种业务提供展示服务。

综合服务区提供车辆维修、停车场、加油加气、餐饮、娱乐、银行、保险等综合服务。

在物流园区的结构中,各功能分区及设施设备之间的联系包括物流、人、工作事务、行政事务等活动。必须注意的是,物流园区不一定必须具备上述所有的功能分区,在其规划设计中,可能涉及上述足够多的功能分区,也可能只有其中几种,具体情况具体分析,物流园区的规划建设,其实质是打造经济的支撑平台,当然功能越健全越理想。

五、物流园区总体设计流程

现代物流发展规划主要采用"一定位,三平台"的技术路线,如图 6-2 所示,围绕物流基础设施平台、物流信息平台和政策措施平台等进行具体规划,目的是营造现代物流发展的良好环境。

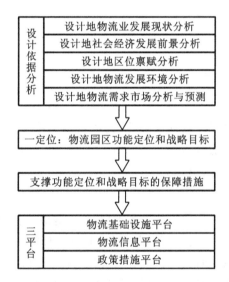

图 6-2　物流园区发展规划技术路线

就物流园区及其发展的阶段而言,其规划建设程序可分为计划准备、系统规划设计、方案评估、详细规划设计以及系统实施等五个阶段。

1. 计划准备阶段

计划准备阶段要做好以下几件事:

(1)成立一个"物流园区规划筹建委员会"的专门组织;

(2)收集基础规划资料,包括当前作业资料和未来规划需要的资料;

(3)物流策略的制订,包括流通渠道、位置网络、顾客服务水平和系统集成等四方面的策略。

2. 系统规划设计阶段

系统规划设计阶段,需要对收集的资料进行初步分析,完成概略性规划设计方案,具体需要做到:

（1）基本规划资料的分析，包括订单变动趋势分析、订单商品品种与数量的分析——EIQ(Entre of Order，接收订单；Item，品种；Quantity，数据)分析、物品特性与储运单位分析、物流与信息分析(包括作业流程分析、事务流程分析、作业时序分析、人力需求与素质分析及设施设备自动化水平分析)等分析工作。

（2）规划条件的设定，包括基本储运单位规划、基本运转能力规划、设施设备自动化程度规划。

（3）物流要素和作业需求功能规划。

（4）设施设备需求规划与选用，包括物流作业区域设施、辅助作业区域设施、厂房建筑及周边设施等的规划与选用。

（5）信息系统设计，其基本功能架构包括采购进货管理系统、销售出货管理系统、库存储位管理系统、财务会计系统、运营绩效管理系统、决策支持系统等六个单元。

（6）运营系统设计。

（7）工艺平面布置设计

（8）建筑设计。

（9）制订进度计划。

（10）完成建筑成本概算等。

3．方案评估阶段

各种设施规划方案经过系统规划设计后，会产生多个系统方案，需根据各方案的特性，采用各种评价方法或计算机仿真方法对各个方案进行比较与评估，提供完整的方案评估报告，用以辅助决策者进行方案决策。

4．详细规划设计阶段

详细规划设计阶段需要对所使用的设备类型、能力等级等作出规定，以及决定作业场所的详细配置、办公及信息系统的设施规格与数量，制订设计施工计划等，包括设备制造商或提供商的确定、物流园区的详细设计(包括装卸、搬运、保管所用的自动化设施设备的型号规格；运用容器形状和尺寸；运输车辆的类型、规格；物流园区内部详细平面布置和设备的配置方案；办公与信息系统的有关设施设备的规格、数量等)。

5．系统实施阶段

完成所设计内容的性能、操作、安全性、可靠性、可维护性等方面进行评价与审查，确定多个建设企业进入园区，完成园区的建设任务。

第三节　物流园区的建设

一、物流园区分类

将物流园区的概念放在物流系统化或物流网络体系中考察才更有理论和实践意义。物流系统分为若干层次，依物流系统化的对象、范围、要求和运作主体不同，应用其概念的侧重点也就有所不同。此外，社会、经济、地理、体制及其他因素，都可能对物流园区的组织设计、组建与运作产生影响,因而,对物流园区作进一步分析是很有必要的。

根据物流园区的依托对象来划分物流园区类型,物流园区可以划分为以下几类。

（一）货运服务型物流园区

货运枢纽型物流园区依托空运或海运或陆运枢纽而规划,至少有两种不同的运输形式衔接,提供大批量货物转换的配套设施,实现不同运输形式的有效衔接,主要服务于国际性或区域性物流运输及转换。如空港物流园区依托机场,以空运、快运为主,衔接航空与公路转运;海港物流园区依托港口,衔接海运与内河、铁路、公路转运;陆港物流园区依托公路或铁路枢纽,以公路干线运输为主,衔接公铁转运。

（二）生产服务型物流园区

生产服务型物流园区依托经济开发区、高新技术园区等制造产业园区而规划,提供制造型企业一体化物流服务,主要服务于生产制造业的物料供应与产品销售。

（三）商贸服务型物流园区

商贸服务型物流园区依托各类大型商品贸易现货市场、专业市场而规划,为商贸市场服务,提供商品的集散、运输、配送、仓储、信息处理、流通加工等物流服务,主要服务于商贸流通业商品集散。

（四）综合服务型物流园区

综合服务型物流园区依托城市配送、生产制造业、商贸流通业等多元对象而规划,位于城市交通运输主要节点,提供综合物流功能服务,主要服务于城市配送与区域运输。

二、物流园区的选址

随着社会经济的发展,我国物流体系的进一步标准化、合理化、现代化,在进行城市规划、生产企业分销网络布置、物流配送部门的分布时,物流园区的选址和设计是首先应该考虑的问题。

在城市规划中,必然要把物流园区的分布包括在内,因为在现代城市中,物流园区已经成为政府规范城市功能、提高环境保护、减少交通阻塞、增加就业率等方面的重要措施,而且现代新兴的物流产业也已经成为当前国民经济的一个新的经济增长点,但城市物流园区的选址与设计涉及方方面面,并且直接决定着物流园区的功能的发挥,是一个城市物流园区配置的决定性因素。因为在物流园区的建设与规划过程中,必然要考虑建设什么样的物流园区、要建几个物流园区、建何种模式的物流园区(是中转型物流园区、流通型物流园区,还是储存型物流园区)、建成何种类型的物流园区(配送中心,还是建成综合物流园区)。物流园区实现何种功能、物流园区如何配置物流设施等问题,这些都直接关系到一个城市规划的成败。一般来说,物流园区的选址应该符合以下几项原则。

（一）接近城市

由于城市商业网点集中,是配送中心的主要供、配货对象,靠近市场、缩短运距、降低运费、迅速供货是配送中心布局的主要考虑因素之一。

（二）靠近交通主干道出入口

公路是配送中心供、配货的主要货运方式，靠近交通便捷的干道进出口便成为配送中心布局的主要考虑因素之一。

（三）追求较低的地价区位

物流企业以效益为宗旨，一般占地面积较大，地价的高低对其区位的选择有重要影响。

（四）数量充足、素质较高的劳动力条件

随着物流园区的建设，许多大规模的配送中心聚集在一起，现代化的运作需要机械化处理设备，拥有一定数量和素质的劳动力也就成为影响配送中心区位选择的重要因素。

（五）良好的可达性

因配送产品类型和市场数量不同，配送中心对可达性的要求也有所不同，经销易损坏、腐烂的产品需要频繁快速的输送，需要较好的可达性，因此更要求靠近市场分布，这在一定程度上导致了这类产品配送中心的分散布置。

（六）靠近铁路枢纽

铁路具有运力强和运费低的优势，但运距超过 400～480 km 时，铁路才具有竞争力。

（七）位于集中消费物流区

这主要因为：第一，消费物流是流量最大的物流，消费物流主要是从国际和区域物流中转化而来的，是国际物流和区域物流的下游物流，对国际和区域物流有着很大的影响；第二，物流配送中心接近市场和消费地是其空间布局的一大发展趋势。

三、我国物流园区建设应注意的问题

（一）我国物流园区的建设现状

我国工商企业及物流企业运用物流技术的领域不断扩展，各类物流基础设施建设也呈良好势头，物流园区被列入大力发展的产业范畴。

目前，物流园区的规划建设基本形成了全国从南到北、从东到西的物流园区建设发展的局面。例如，深圳规划发展了西部港区、盐田港、平湖、笋岗、南山、龙岗等六大物流园区；上海准备重点发展外高桥、浦东空港和西北三大物流园区；天津将规划开发区工业物流园、保税区国际物流运作区、南疆散货物流中心、空港国际物流区、交通局物流货运中心等五大物流工程；广州规划建设了南沙、新沙、花都等三大国际性枢纽物流园区。

随着一系列物流园区的规划与建设，我国物流产业迎来一个崭新的发展机遇。

（二）物流园区建设应注意的问题

1. 物流园区建设要与经济发展水平相适应

物流是一个服务性产业，物流园区的建设一定要考虑当地经济发展水平和物流市场的需求。物流园区建设不是越大越好、越多越好、越"洋"越好。一个地方物流发展规划的制定、物流基础设施的建设与改造、物流服务模式的选择、物流发展目标的确定，都离不开经济发展的水平。

新建物流园区首先要做好需求分析，要考虑园区有没有足够的物流需求为基础，在效率、效益和服务方面有没有吸引力和竞争力。

2. 物流园区规划要同社会经济发展总体目标相协调

要坚持统筹规划，协调发展。物流园区的建设，应当根据经济社会发展计划，纳入全国、区域或地方的重大物流基础设施建设规划。

物流园区不同于一般的项目，它是多种物流功能的集成和整合，要能够满足高质量、低成本、快速度的物流需求，取得比原来更好的经济效益和社会效益。在空间布局上，既要考虑产业需求的聚集，还要有良好的交通条件，最好放在两种以上运输方式的节点上。

还要坚持可持续发展的观念，规划建设和运营都要符合城市建设的总体规划，并考虑到生态和环保的需要。物流园区的规划不仅要符合国民经济和社会发展的总体规划，还要与相关部门和行业的发展规划相衔接。

3. 物流园区的功能定位要明确

物流园区的功能定位要明确，是建自用型、定向型、陆路交通枢纽型、产业聚集型、功能提升型物流园区，还是综合服务型物流园区，一定要依据自身的特点而定，有个明确的建设目标；其次是建设规模，也不能一概而论，既不能盲目斥资建大的、健全的，也不能不顾市场的需求和发展，而建小的，造成资源浪费。

4. 抓好物流资源的社会化整合和现代化改造

经过多年的发展，我国积累了大量的物流设施资源，但是，由于长期计划经济的影响，物流资源分属不同的地区、部门和行业，互相之间壁垒森严，不能综合利用。

物流资源和服务的社会化，不仅符合现代物流发展的基本方向，也体现了我国的基本国情。根据新的需要对现有设施进行投资改造，提升技术和服务水平，是一条投资少、见效快的路子，不一定都建新的，都搞"洋"的。

5. 发挥"区港联动"优势，发展保税物流园区

所谓"区港联动"，是指整合保税区的政策优势和港区的区位优势，在保税区和港区之间开辟直通道，将物流仓储的服务环节移到口岸环节，拓展港区功能，实现口岸增值，推动转口贸易及物流业务的发展。

"区港联动"是实现保税区经济和港口经济共同发展的客观要求，是一种联系紧密的区域经济安排。从系统科学角度分析，"区港联动"属于协同的概念，是保税区与港口两个子系统整体协同的组织过程。就其内涵而言，可以概括为"政策叠加、优势互补、资源整合、功能集成"十六个字方略，体现了保税区与港区在区域、资产、信息、业务等方面的联动发展。

6. 合理控制土地价格，降低基础设施的投资运营成本

由于物流基础设施的投资规模过大，加之市政建设的投入，造成土地价格的提升，使得规划区域范围内物流基础设施的建设成本上升过快，不仅抬高了物流园区的入驻"门槛"；而且，过高的建设成本要靠企业在物流服务过程中消化，必定带来客户成本的上升，必然削弱园区的吸引力。

值得关注的问题是，由于企业进行实质性的物流基础设施建设和运营本身很难获取预期利润，转而寄希望于土地价格的不断上升。部分进驻物流园区、物流中心的企业在土地升值利益的驱动下，存在"炒买炒卖"地皮的现象，甚至有些企业就是为此目的而进驻物流园区或物流中心的，许多基地型物流园区获利的方式大部分也是来自于土地增值。这种状况，对于园区的长远发展是不利的。国家和地方政府有关部门应该出台相应的配套政策，对园区土地资源转买转卖进行适当控制，抑制园区土地价格不合理上升，降低基础设施的投资运营成本。

小 结

（1）物流园区是国家或者地区为了研究和发展某一个或者多个特定物流领域的事业，以此为基础逐步建设成为该领域内具有强大核心竞争能力的主体而确定的中心性区域。

（2）物流园区涵盖了商流功能和物流功能，是物流节点和商流节点的综合；是一个以多种物流方式为交会点，集商流、信息流、物流运作、物流文化于一体的集散中心。它是以城市或者地区的经济发展水平为依托，具有公路、铁路、港口、航空等多种交通和运输优势，是一种综合性非常强的"宏观物流中心"。

（3）物流园区产生的原因主要有：促进城市用地结构调整、提高物流经营的规模效益、满足仓库建设的大型化发展趋势的要求、满足货物联运发展的需求，减轻物流对城市交通的压力、减小物流对城市环境的种种不利影响。

（4）物流园区具有综合性、复杂性和专业性的特征。

（5）物流园区是一个系统工程，其规划设计涉及许多方面的内容，包括物流系统规划设计、运营系统规划设计、信息系统规划设计以及支持政策平台设计等。

（6）物流园区的作用包括集约作用、有效衔接作用、对联合运输的支撑作用、对于联合运输的扩展作用、提高物流水平的作用、促进城市经济发展的作用。

（7）物流园区的功能包括基本物流功能、增值功能和规模经济功能。

（8）物流园区的规划建设程序可分为：计划准备、系统规划设计、方案评估、详细规划设计以及系统实施等五个阶段。

（9）物流园区的选址原则有：接近城市、靠近交通主干道出入口、追求较低的地价区位、数量充足、素质较高的劳动力条件、良好的可达性、靠近铁路枢纽、位于集中消费物流区。

第六章
物流园区规划设计

综合案例

洛杉矶经济向货运物流体系转型经验

美国洛杉矶都市区今天的货运物流体系，或许指出了相对后发的中国大都市区未来可能的发展方向。对中国的大型港口城市来说，建立一套完善的港口货运物流体系是非常重要的任务。

去工业化，产业转型和升级，国际贸易迅速发展，货运物流体系重塑，货运物流正、负面影响日益突出，居民环保意识抬头，各界开始重视货运物流的负面影响，美国洛杉矶都市区货运物流在这些背景下逼迫转型。

◆ 洛杉矶工业化、去工业化的变革背景

洛杉矶都市区位于美国西海岸的加利福尼亚州（简称加州）南部，由洛杉矶市及周边100多个大大小小的城镇构成。作为美国第二大都市区，洛杉矶都市区经济非常发达。洛杉矶的工业化和去工业化过程是几十年来美国社会、经济转型的缩影。洛杉矶的货运物流体系依附并服务这一过程，也经历了大转型。

洛杉矶工业化的黄金时代，是第二次世界大战期间到1990年左右。对其起因、盛况及为何走到尽头，卡尔·艾博特（Karl Abbot）、艾伦·斯科特（Allen Scott）等知名学者在其著作中有详尽的描述和讨论。

洛杉矶的工业化，主要缘于美国联邦政府在第二次世界大战中以举国之力对西部进行巨大的军事投资，兴建工厂和机构，支援战时前线和美国的盟友。而洛杉矶地区本身的工业血液——石油资源、大量用地和完美气候，与军事投资相得益彰。在整个黄金时代，官方和民间工业投资兴旺，新移民不断涌入。洛杉矶南部、洛杉矶市中心西北的山谷地带、东面的内陆地区等，遍布各种大小工厂。著名的洛杉矶雾霾，直到20世纪80年代末仍挥之不去。

私人开发商一方面在大小工厂周边见缝插针，大量兴建各种廉价住宅，以满足工人需求；另一方面，他们鼓动和尾随政府高速公路建设，在原是农田或荒地的郊区，兴建一片片满足新兴中产阶级需求的独栋别墅小区。代表"发展"利益的区域内的货运铁路，从港口一直延伸到洛杉矶市中心南边，把洛杉矶南部、以工人居住区为主的地区切割成几大块，东西交通为之头疼不已。这也是后来洛杉矶为何不得不修建沟堑式的阿拉米达交通走廊（Alameda Corridor）的原因。

第二次世界大战结束后，洛杉矶的军事工业及为之服务的产业，就不在发展了，美国联邦政府逐年削减本地军事投资。自加州当选美国总统的里根，在20世纪80年代，以"小政府、大市场"之名，亲自下令关闭了大量洛杉矶地区由联邦政府支持的军工企业。幸而第二次世界大战后人口迅速增长，汽车工业及下游产业和服务行业，尤其是互联网等产业兴起，填补了军工企业留下的空白。

洛杉矶工业创造的产值和雇佣的人员，曾超过一直兴旺的电影工业，但到了20世纪80年代，前者已式微。20世纪90年代后，经济全球化程度加深，能迁到成本更低地方的产业，几乎都迁出洛杉矶，延续至今，成为去工业化大戏开始。日本丰田、本田、尼桑，以及美国通用汽车等大公司，在洛杉矶地区原先都有工厂，但20世纪90年代后，这些公司几乎都迁往加州南边的墨西哥或美国内陆州，甚至海外。

去工业化迫使洛杉矶重塑其经济，服务和依托于工业化的货运物流体系也须重塑。原来的货运物流体系主要为各种大型工业企业服务，但这些企业外迁之后，货运物流体系服务的对象、空间范围、运输的内容，甚至运输和转运的方式，都发生了深刻变化。

洛杉矶市中心西北的山谷地带，曾是大型汽车产业及下游企业的生产基地。运输汽车零配件的大货车、火车川流不息，相关物流仓储基地星罗棋布，曾是该地的常见风景。但随着汽车产业外迁，这里只留下一些服务本地的中小型企业。取代大货车、火车的，是中、小型货车，车上运输的已不再是汽车零配件；原先的货运铁路，要么关闭，要么转为客运；原先的物流仓储基地，大多数改建成公园，或用以商住。

对此，学者们看到了背后的时代浪潮：资本逐利的新形式、社会关系、生产关系、跨国公司兴起等，一大批学者因研究洛杉矶的工业化、去工业化之下的动力机制及相关的社会、经济图景变化，被归为"洛杉矶学派"。他们较少直接研究货运物流，但其揭示的机制，正是前者变化的动力与动因。

◆洛杉矶经济向货运物流体系的转型升级

洛杉矶经济向货运物流体系产业转型升级，是在全球化趋势之下发生的。

从洛杉矶、长滩两处港口的贸易和货运增长可明显看出这一点。20世纪90年代以前，中国内地到该两处港口的货物数量、价值，落后于日本、韩国及中国台湾地区等。20世纪90年代之后，中美贸易增加，中国内地到两处港口的货物，其数量、价值逐年迅猛增长，两处港口稳居美国最繁忙港口的头把和次把交椅，其合并后的集装箱货运总量占美国全国的40%以上。这背后是资本、产业的全球化逐利，是国际大企业全球布局，是美国本土、日本、韩国及中国台湾地区产业转型、升级，大量低附加值、劳动力密集型产业迁移到中国内地。

集装箱货运，尤其是国际性集装箱内陆运输、分装、转运和仓储，现在已是洛杉矶乃至美国货运物流体系内最主要的组成部分之一。集装箱货运物流增长，给城市和区域带来了新的就业机会和额外收入，成为产业转型的一部分。即使都市区自身经济体量已很大，相关增长带来的新工作机会和收入也极其显著，不亚于所谓高新科技的带动效应。

例如，一个长滩港，就直接雇佣了3万本地居民。整个洛杉矶都市区，31.6万居民的工作与长滩港有关。假定每个居民年收入5万美元，长滩港仅1年就能为都市区居民带来150亿美元以上年收入，其中40%为国际性集装箱货运物流所带来。

上述案例还未考虑在本地居民雇员收入之外，物流企业的上下游企业和公司创造的其他价值，如产品深加工、产品营销和售后服务等。

为支撑这个国际化程度越来越高的集装箱货运物流体系增长，其主要手段是利用市场力量吸引和培养了大量新型国际性人才。1990年至今，洛杉矶都市区大量涌入的国际移民，填补了洛杉矶都市区外迁到美国其他地方的美国本土人口留下的空白，使本地人口持续增长。

如今在洛杉矶市东部的城市，来自中国内地的居民越来越多。这里已不再是以往仅能看中国人、吃中国"饭"和购中国"物"的"中国城"，而是综合性、国际化、分工明确和网络化的

第六章

物流园区规划设计

一个个郊区城市。居民为这里带来了新的知识、技能和资金,新的贸易信息和网络叠加,带来前所未有的创业理念和精神,催生各种意想不到的贸易、服务。人和人之间、公司企业之间的竞争,与中国内地和美国国际贸易之间的增长,以及本地货运物流的增长,是互补共生的关系。

在贸易、人口流动和产业全球化的时代,若说货运物流体系最终会创造几十亿乃至数百亿美元的价值,则其最初的创造者和后期的价值提升者,是来源广泛、各显神通的移民及其网络内的亲友同行。因此,洛杉矶货运物流体系的壮大和发展,背后最有力的推动者,也是移民及其创办的公司和企业,政府部门只要因势利导,他们就会创造、找到并把握机会,发展生产、扩大贸易,进而让货运物流体系壮大发展。

◆洛杉矶货运物流的负面影响

对洛杉矶这样人口众多、国内国际贸易发达、货运物流兴旺的都市区,货运物流的负面影响,也不容忽视。

比如,过去20年,因国际海运集装箱贸易兴起,进出洛杉矶港区的卡车数量猛增。现在,在通往港区的710和110号高速公路,卡车通行通常占所有车辆的40%以上。卡车体积大、载物重,其排出的尾气,轮胎与路面的摩擦声,以及过高架桥带来的振动,已成为上述两条高速公路沿线社区最大的抱怨和关切的问题之一。

加州政府、洛杉矶当地各级政府和有关部门近年来为此花费诸多人力物力,2006年,洛杉矶成立了财政独立的机构"Pier PASS, Inc.",力图针对进出港口的集装箱收费,尽可能减少港口路面物流运输的负面效应。但尾气的影响并未因类似机构成立而完全消失。近几年,人们发现,在洛杉矶这样货运物流发达的城市,卡车尾气对居民健康的影响非常惊人,尤其是对青少年。例如,高速公路沿线300米左右的女性所生的小孩,其脑部发育不健全的可能性,比其他地区女性生育的小孩高一倍。哈德逊学校离货运卡车流量很高的高速公路不远,有人发现,该校近四分之一的小孩有哮喘症状。人们为货运物流付出的上述健康代价,可能非常高昂,甚至无法完全用金钱衡量。

洛杉矶本地的公立、私立机构也下大力气研究和控制货运物流带来的污染。在研究方面,负责洛杉矶都市区交通规划的南加州联合政府(Southern California Association of Governments),尽管经费紧张,仍资助或开发了几个版本的货运物流模型,力图最好地模拟出不同政策情境下货运物流的起讫点、主要廊道、运输方式以及各种方式带来的污染等,并在此基础上,提出软硬件并重的对策。

在控制方面,南加州空气质量管理局(Southern California Air Quality Management District)在排放物标准、环境排污许可证和清洁引擎技术研发等工作上,一直不遗余力。大量有政府背景的物流货运企业或机构,如洛杉矶港、长滩港,也陆续制定了各自的节能减排工作方案,并向公众公布有关数据,以接受监督。

在具体项目方面,沟堑式的阿拉米达货运铁路走廊值得一提。该货运铁路走廊兴建前,几乎所有洛杉矶市以南地区东西向的地面交通,都要和几条连接港口和洛杉矶市中心货运铁路发生平面交叉,这降低了地面交通和铁路货运的效率,带来额外的空气污染,也存在安全、噪声、振动等隐患。1985年,为解决这些问题,南加州联合政府组建了阿拉米达问题工作小组。该小组成功协调了沿线的公私部门和加州政府、美国联邦政府、私人铁路公司的合作,于 2002 年建成长达 16 公里、深约 10 米、宽约 20 米的沟堑式货运铁路走廊。其建成消除了沿线 16 公里各处公路和铁路的平面交叉,实现了公路、铁路的立体交叉,提高了各种交通方式的效率。该项目也是迄今美国最昂贵的公私合作项目之一。

◆洛杉矶货运物流体系变革的启示

洛杉矶都市区今天的货运物流体系经济,或许指出了相对后发的我国都市区未来经济发展的可能方向。从中,可以总结出如下启示。

货运物流体系转型和发展,依托和服务于当地的社会、经济。当地经济受经济全球化、资本逐利、国家政策(投资)、国际贸易、移民及其背后的社会网络、创业精神等深刻影响。为更好地理解和引导有关转型,必须系统研究当地经济的发展。有关政府部门只有在对当地经济合理认识后,因势利导,才能真正促进货运物流体系转型发展。这绝不是仅仅划出几个物流中心、扶持几个物流企业、建设几条物流走廊,或出台几个促进物流发展的政府文件那么简单。

一个强大的货运物流体系,能产生规模经济,创造价值,增加就业,进而促进当地经济发展和转型。例如,在洛杉矶都市区,洛杉矶、长滩两个港口创造的就业机会、为居民带来的收入,数字都极可观。洛杉矶广义的国际贸易、货运物流及相关行业,无论与旧金山的高科技产业相比,还是与洛杉矶当地的电影工业、主题公园产业相比,毫不逊色,同是不可或缺的支柱产业。因此,从优势产业选择而言,都市区不能忽略货运物流体系,更不能放弃本地固有优势,盲目跟风追求所谓高新科技、新能源、文化创意等产业。

一个强大的货运物流体系,潜在负面影响也是巨大的。必须尽早研究和应对货运物流体系的负面影响。美国经济学家大卫·克特(David Korten)曾说,GDP 本质也是为国民一定水平的福利和快乐付出的经济代价。洛杉矶阿拉米达货运铁路走廊的昂贵投资,就是洛杉矶人民乃至美国人民,为之前货运铁路无序发展和沿线土地利用缺乏合理控制等错误所付出的代价。这些代价,由过去各级政府缺乏合作,公私部门缺乏沟通,地方货运物流只关注眼前利益,地方缺乏科学的物流土地利用综合规划等而来。因此,全面考虑货运物流体系正负效益的研究与规划,对大力发展货物物流体系的都市区而言是必须的。

面对庞大的货运物流体系带来的负面影响,个体民众无能为力,故各级政府部门在研究和控制有关影响方面,应当好领头羊、组织者和裁判员。在洛杉矶都市区,政府为此设有"Pier PASS Inc."、南加州联合政府、南加空气质量管理局和阿拉米达问题工作小组等,并责成这些机构切实担负责任。由此,洛杉矶虽承担了全美 40% 以上的海运国际集装箱运输的陆地运输、转运和分装等,却基本未出现重大的环境、交通安全、健康等问题,这和以上机构的执行力分不开。当地人刻意让这些机构不隶属洛杉矶都市区内的政府部门,在全美遴选机构负责人,并让民选代表参与部分管理,强制其公开无需保密的信息。这有助于这些机构进行强有力的领导、独立运作并接受公众监督,同时减少地方官员的干扰。

案例讨论

1. 分组讨论分析洛杉矶货运物流体系对地区经济转型升级的作用。
2. 试分析洛杉矶货运物流体系的负面影响对我国都市区经济发展的可借鉴性经验。

练习与思考

一、填空题

1. 现代物流园区的主要功能是_____；_____；_____。
2. 物流园区在一些发达国家产生的原因,主要可归纳为_____、_____、_____、_____、_____、_____。
3. 物流园区的物流系统规划设计包括_____、_____、_____。

二、选择题

1. 就物流中心及其发展的阶段而言,其规划建设程序可分为( )。
   A. 计划准备　　　　　B. 系统规划设计　　　　C. 方案评估
   D. 详细规划设计　　　E. 系统实施
2. 根据物流中心的依托对象来划分物流中心类型,物流中心可以划分为以下几类( )。
   A. 货运服务型物流中心　　　　B. 生产服务型物流中心
   C. 商贸服务型物流中心　　　　D. 综合服务型物流中心
   E. 行政办公服务区

三、简答题

1. 什么是物流中心？它有什么特点？
2. 试论物流中心产生的原因。
3. 物流中心规划的原则是什么？
4. 简述物流中心总体设计的流程。
5. 物流中心选址的原则是什么？
6. 试述我国物流中心规划建设应注意的问题。

第七章
供应链设计

学习目标

1. 理解供应链的定义、一体化的模式和常见体系结构；
2. 掌握供应链设计的策略和供应链管理方法；
3. 掌握供应链管理模式下的库存控制；
4. 了解供应链运作参考模型和绩效评估；
5. 理解供应链管理流程设计。

第一节 供应链概述

一、供应链定义

所谓供应链，是指商品到达消费者手中之前各相关者的连接或业务的衔接，是围绕核心企业，通过对信息流、物流、资金流的控制，从采购原材料开始，制成中间产品以及最终产品，最后由销售网络把产品送到消费者手中的将供应商、制造商、分销商、零售商，直到最终用户，连成一个整体的功能网链结构。供应链管理的经营理念是从消费者的角度，通过企业间的协作，谋求供应链整体最佳化。成功的供应链管理能够协调并整合供应链中所有的活动，最终成为无缝连接的一体化过程。

供应链的概念从扩大生产（Extended Production）概念发展而来，它将企业的生产活动进行了前伸和后延。日本丰田公司的精益协作方式中就将供应商的活动视为生产活动的有机组成部分而加以控制和协调。哈理森（Harrison）将供应链定义为："供应链是执行采购原材料，将它们转换为中间产品和成品，并且将成品销售到用户的功能网链。"美国的史蒂文斯（Stevens）认为："通过增值过程和分销渠道控制从供应商到用户的流就是供应链，它开始于供应的源点，结束于消费的终点。"因此，供应链就是通过计划（Plan）、获得（Obtain）、存储（Store）、分销（Distribute）、服务（Serve）等这样一些活动而在顾客和供应商之间形成的一种

第七章

供应链设计

衔接,从而使企业能满足内外部顾客的需求。

把供应链描绘成一棵枝叶茂盛的大树:生产企业构成树根;独家代理商则是主杆;分销商是树枝和树梢;满树的绿叶红花是最终用户;在根与主杆、枝与杆的一个个节点,蕴藏着一次次的流通,遍体相通的脉络便是信息管理系统。供应链上各企业之间的关系与生物学中的食物链类似,在"草—兔子—狼—狮子"这样一个简单的食物链中,如果把兔子全部杀掉,那么草就会疯长起来,狼也会因兔子的灭绝而饿死,连最厉害的狮子也会因狼的死亡而慢慢饿死。可见,食物链中的每一种生物之间是相互依存的,破坏食物链中的任何一种生物,势必导致这条食物链失去平衡,最终破坏人类赖以生存的生态环境。

同样道理,在供应链"企业 A—企业 B—企业 C"中,企业 A 是企业 B 的原材料供应商,企业 C 是企业 B 的产品销售商,如果企业 B 忽视了供应链中各要素的相互依存关系,而过分注重自身的内部发展,生产产品的能力不断提高,但如果企业 A 不能及时地向企业 B 提供生产原材料,或者企业 C 的销售能力跟不上企业 B 产品生产能力的发展,那么得出这样的结论:企业 B 生产力的发展不适应这条供应链的整体效率。

另外,"价值链"与供应链是同一个观念。还有提到的所谓全球运筹管理,实际上也跟供应链是相通的,所讲的范畴都是一样。我国国家标准《物流术语》将供应链定义为:生产与流通过程中所涉及将产品或服务提供给最终用户的上游与下游企业所形成的网结构。

供应链管理理论的发展,经历了以下几个阶段。

(1) 物流管理阶段。早期的观点认为供应链是指将采购的原材料和收到的零部件,通过生产转换和销售等活动传递到用户的一个过程。因此,供应链仅仅被视为企业内部的一个物流过程,它所涉及的主要是物料采购、库存、生产和分销诸部门的职能协调问题,最终目的是为了优化企业内部的业务流程、降低物流成本,从而提高经营效率。

(2) 价值增值阶段。进入 20 世纪 90 年代,人们对供应链的理解又发生了新的变化:由于需求环境的变化,原来被排斥在供应链之外的最终用户、消费者的地位得到了前所未有的重视,从而被纳入了供应链的范围。这样,供应链就不再只是一条生产链了,而是一个涵盖了整个产品运动过程的增值链。

(3) 网链阶段。随着信息技术的发展和产业不确定性的增加,企业间关系呈现日益明显的网络化趋势。与此同时,人们对供应链的认识也正在从线性的单链转向非线性的网链,供应链的概念更加注重围绕核心企业的网链关系,即核心企业与供应商、供应商的供应商的一切供应商方向关系,与用户、用户的用户及一切用户方向的关系。供应链的概念已经不同于传统的销售链,它跨越了企业界限,从扩展企业的新思维出发,并从全局和整体的角度考虑产品经营的竞争力,使供应链从一种运作工具上升为一种管理方法体系,一种运营管理思维和模式。

世界权威的《财富(FORTUNE)》杂志早在 2001 年已将供应链管理列为本世纪最重要的四大战略资源之一;供应链管理是世界 500 强企业保持强势竞争不可缺少的手段;无论是制造行业,商品分销或流通行业;无论你是从业还是创业,掌握供应链管理都将助你或你的企业掌控所在领域的制高点。

随着移动网络发展和普及应用,供应链已经进入移动时代。移动供应链是利用无线网络实现供应链的技术,它将原有供应链系统上的客户关系管理功能迁移到手机。移动供应链系统具有传统供应链系统无法比拟的优越性。移动供应链系统使物流业务摆脱时间和场所局限,随时随地与公司进行业务平台沟通,有效提高管理效率,推动企业效益增长。

二、供应链一体化的模式

(一) 纵向一体化模式

企业出于管理和控制的目的,对为其提供原材料、半成品或零部件的其他企业一直采取投资自建、投资控股或兼并的"纵向一体化"(Vertical Integration)管理模式,即核心企业与其他企业是一种所有权关系。例如,美国福特汽车公司拥有一个牧羊场,出产的羊毛用于生产本公司的汽车坐垫;美国某报业大王拥有一片森林,专为生产新闻用纸提供木材。脱胎于计划经济体制下的中国企业更是如此,"大而全""小而全"的思维方式至今仍在各级企业领导者头脑中占据主要位置,许多制造企业拥有从毛坯铸造、零件加工、装配、包装、运输、销售等一整套设备、设施、人员及组织机构。

推行"纵向一体化"的目的,是为了加强核心企业对原材料供应、产品制造、分销和销售全过程的控制,使企业能在市场竞争中掌握主动,从而达到增加各个业务活动阶段的利润。在市场环境相对稳定的条件下,采用"纵向一体化"战略是有效的,但是,在高科技迅速发展、市场竞争日益激烈、顾客需求不断变化的今天,"纵向一体化"战略已逐渐显示出其无法快速敏捷地响应市场机会的薄弱之处。

显然,采用"纵向一体化"战略的企业要想对其他配套企业拥有管理权,要么自己投资,要么出资控股。无论采取哪一种方式,都要承受过重的投资负担和过长的建设周期带来的风险,而且由于核心企业什么都想管住,不得不从事自己并不擅长的业务活动,使得许多管理人员往往将宝贵的精力、时间和资源花在辅助性职能部门的管理工作上,而无暇顾及关键性业务的管理工作。

实际上,每项业务活动都想自己干,势必要面临每一个领域的竞争对手,反而易使企业陷入困境。进一步地,如果整个行业不景气,采取"纵向一体化"战略的企业不仅在最终用户市场遭受损失,而且在各个纵向发展的市场上也会遭受损失,因为最终用户市场不景气,必然连带着纵向市场的萎缩。因此,"纵向一体化"战略已难以在当今市场竞争条件下获得所期望的利润。

(二) 横向一体化模式

在供应链横向一体(Horizontal Integration)化模式中,人们自然会将资源延伸到企业以外的其他地方,借助其他企业的资源,达到快速响应市场需求的目的。于是,出现了"横向一体化"的思维方式。

全球制造链,及由此产生的供应链管理是"横向一体化"管理思想的一个典型代表。人们认识到,任何一个企业都不可能在所有业务上成为世界上最杰出的企业,只有优势互补,才能共同增强竞争实力。因此,国际上一些先驱企业摒弃了过去那种从设计、制造直到销售都自己负责的经营模式,转而在全球范围内与供应商和销售商建立合作伙伴关系,形成一种长期的战略联盟,结成利益共同体,这样做的目的显然就是追求低成本、高质量,提高自己的竞争能力。

例如,美国福特汽车公司在推出新车 Festiva 时,就是采取新车在美国设计,由日本的马自达生产发动机,由韩国的制造厂生产其他零件和装配,最后再运往美国和世界市场上销售。Festiva 从设计、制造、运输、销售,采用的就是"横向一体化"的全球制造战略。整个汽车的生产过程,从设计、制造直到销售,都是由制造商在全球范围内选择最优秀的企业,形成一个企业群体。在体制上,这个群体组成了一个主体企业的利益共同体;在运行形式上,构成了一条从供应商、制造商、分销商到最终用户的物流和信息流网络。由于这一庞大网络上的相邻节点(企业)都是一种供应与需求的关系,因此称之为供应链。

为了使加盟供应链的企业都能受益,并且要使每个企业都有比竞争对手更强的竞争实力,就必须加强对供应链的构成及运作研究,由此形成了供应链管理(Supply Chain Management,SCM)这一新的经营与运作模式。供应链管理强调核心企业与最杰出的企业建立战略合作关系,委托这些企业完成一部分业务工作,自己则集中精力和各种资源,通过重新设计业务流程,做好本企业能创造特殊价值、比竞争对手更擅长的关键性业务工作,这样不仅大大地提高本企业的竞争能力,而且使供应链上的其他企业都能受益。

三、常见供应链体系结构

为了有效指导供应链的设计,了解和掌握供应链结构模型是十分必要的。这里着重从企业与企业之间关系的角度提出了几种供应链的拓扑结构模型:链状模型、网状模型、虚拟企业和石墨模型,并相应地给出了供应链的子网、级、入点、出点等概念。

(一)静态链状模型

结合供应链的定义和结构模型,不难得出这样一个简单的供应链模型,如图 7-1 所示,我们称其为模型 I。该模型清楚地表明产品的最初来源是自然界,如矿山、油田、橡胶园等,最终去向是用户。每一件产品都是为用户而生产,最终被用户消费掉。产品从自然界到用户经历了供应商、制造商和分销商三级传递,并在传递过程中完成产品加工、最终产品形成等行为。被用户消费掉了的最终产品仍回到自然界,完成物质循环。

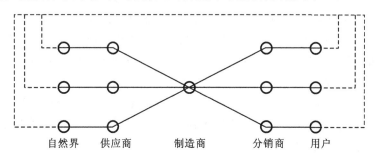

图 7-1 供应链之静态链状模型

(二)动态链状模型

供应链的静态链条结构模型,表明了供应链的基本组成和轮廓概貌,对供应链的研究有辅助认识作用,但对进一步研究没有太大的作用。

供应链的动态链状模型如图 7-2 所示。

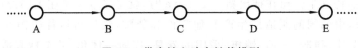

图 7-2 供应链之动态链状模型

供应链之动态链状结构模型是对其静态链状模型的进一步抽象,它把构成供应链的商家都抽象成一个个的点,称为节点,并用字母或数字表示。节点以一定的方式和顺序联结成一串,构成一条图上的供应链。在动态链状结构模型中,若假定 C 为制造商,则 B 为供应商,D 为分销商;同样地,若假定 B 为制造商,则 A 为供应商,C 为分销商。显然,模型中,产品最初来源(自然界)、最终去向(用户)以及产品的物质循环过程都被隐含抽象掉了。从供应链研究便利的角度来讲,把自然界和用户放在模型中没有太大的作用。动态链状结构模型着力于供应链中间过程的动态研究,它是一个动态的链状模型。

1. 供应链的方向

在供应链上除了流动着的物流和信息流外,在一定程度上还流动着资金流。物流的方向一般都是从供应商流向制造商,再流向分销商。在特殊情况下(如产品退货),产品在供应链上的流向与上述方向相反。但由于产品退货属非正常情况,在此模型中忽略不计。依照物流的方向来定义供应链的方向,以确定供应商、制造商和分销商之间的顺序关系;动态链状结构模型中的箭头方向即表示供应链的正向物流方向。

2. 供应链的级

在动态链状结构模型中,定义 C 为制造商时,可以相应地认为 B 为一级供应商,A 为二级供应商,而且还可递归地定义三级供应商、四级供应商等。同样地,可认为 D 为一级分销商,E 为二级分销商,并递归地定义三级分销商、四级分销商等。一般地,一个企业的供应商或分销商考虑到四级的已经很少了,通常只需研究到二级左右即可。

(三) 网状模型

事实上,在动态链状结构模型中,C 的供应商可能不止一家,而是有 $B_1, B_2, \cdots, B_n$ 等 n 家,分销商也可能有 $D_1, D_2, \cdots, D_m$ 等 m 家,动态地考虑,C 也可能有 $C_1, C_2, \cdots, C_k$ 等 k 家,这样模型就转变为一个网状模型,即供应链的网状模型,如图 7-3 所示。网状模型更能说明现实世界中产品的复杂供应关系。在理论上,网状模型可以涵盖世界上所有厂家,把所有厂家都看作是其上面的一个节点,并认为这些节点存在着联系。当然,这些联系有强有弱,而且在不断地变化着。通常,一个厂家仅与有限个厂家相联系,但这不影响我们对供应链模型的理论设定。网状模型对供应关系的描述性很强,适合于对供应关系的宏观把握,而链状模型只能很好地进行供应关系的微观分析。

1. 入点和出点

在供应链的网状模型中,物流有向流动,从一个节点有向流到另一个节点。这些物流从供应链的某些节点补充流入,从某些节点分流流出供应链。把这些物流进入供应链的节点称为这条供应链的入点(相当于一个车站的入口),把物流流出供应链的节点称为这条供应链的出点(相当于一个车站的出口)。入点相当于矿山、油田、橡胶园等原始材料提供商,出点相当于用户。图 7-4 中 A 节点为入点,F 节点为出点。对于有的厂家既为入点又为出点

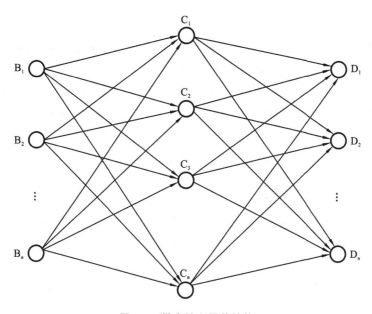

图 7-3　供应链之网状结构

的情况,出于对网表达的简化,将代表这个厂家的节点一分为二,变成两个节点:一个为入点,一个为出点,并用实线将其框起来,如图 7-5 所示,A_1 为入点,A_2 为出点。值得说明的一点是,入点(出点)不仅存在于供应链的源头,也存在于供应链的中间。

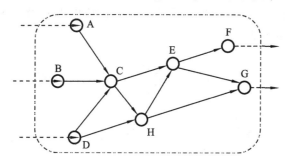

图 7-4　供应链网入点和出点

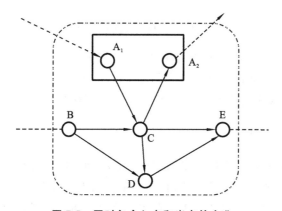

图 7-5　同时包含入点和出点的企业

2. 子网

有些厂家规模非常大,内部结构也非常复杂,与其他厂家相联系的只是其中一个部门,而且内部也存在着产品供应关系,用一个节点来表示这些复杂关系显然不行,这就需要将表示这个厂家的节点分解成很多相互联系的小节点,这些小节点构成一个网,称为子网,如图 7-6 所示。在引入子网概念后,研究图 7-6 中 C 与 D 的联系时,只需考虑 C 与 D 的联系,而不需要考虑 C_3 与 D 的联系,这就简化了无谓的研究。

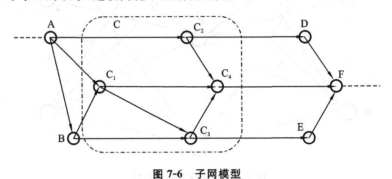

图 7-6 子网模型

(四) 虚拟企业

通过以上引入子网模型过程的反向思维,把供应链网上为了完成共同目标,通力合作,并实现各自利益的这样一些厂家形象地看成是一个虚拟组织,这就是虚拟企业,如图 7-7 所示,虚拟企业用虚线联系起来。

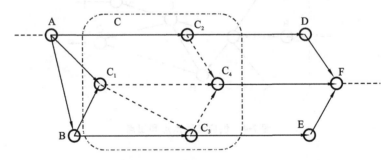

图 7-7 虚拟企业网状模型

虚拟企业是在经济交往中,一些独立企业为了共同的利益和目标在一定时间内结成的相互协作的利益共同体。虚拟企业组建和存在的目的就是为了获取相互协作而产生的效益,一旦这个目的已完成或利益不存在,虚拟企业即不再存在。

(五) 石墨模型

前面几个模型主要叙述了供应链中的物流,而没有同时讨论信息流、资金流及商流。在一个信息化的社会中不能不讨论信息流,企业的生产离不开信息,供应链上也有信息流。信息流在供应链上的流动并不严格依存于节点间直接地传递,可以间接地收集和了解,也可以由专门的机构或组织来管理传播,Internet/Intranet 以及其他媒体都是信息收集和传播的重要途径。在以金融为中心、金融营运决定产品生产的时代,考虑资金流也是必要的,资金流除了在供应链上流动外,更多的是依赖于银行、证券公司等途径。而商流则是支撑物流、信息流、资金流的基础。

综合考虑商流、物流、信息流和资金流,这里给出了供应链之四流合一石墨模型,如图7-8所示。模型中物流、信息流、资金流及商流分属于四个层面,在各自的网上流动,网与网之间存在着联系。信息流层的节点是企业信息部门,物流层的节点是企业物流生产部门,资金流层的节点是金融企业,商流层的节点则是企业的市场经营部门。供应链之四流合一石墨模型是有层次结构的网状模型,其外观形状非常像石墨的原子结构模型,因此,称其为石墨模型。

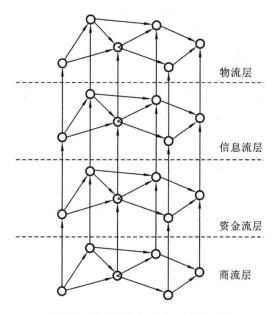

图 7-8 供应链之四流合一石墨模型

石墨模型扩展了网状模型及链状模型的概念。网状模型和链状模型偏重于描述实物形态的产品运动,而石墨模型将商流服务、信息服务和金融服务这些非实物形态的产品也包含在其中,这对全面研究供应链有非常有益的帮助。有一点需要说明的是商流、信息流、资金流与物流不同。商流、信息流和资金流是交互的,因此,它们之间的联系是双向的,用双箭头表示,而物流节点之间的联系则只是单向的,用单箭头表示。

供应链模型的研究进一步明确了供应链的概念,从图论上描述了供应链的结构,使图论的许多概念,诸如最短生产时间、关键线路、相关因素分析等,都可以用来描述、说明和度量供应链;同时,供应链的模型结构还囊括了现实世界中所有的产品流、商流、信息流、资金流,四流一体,对商品世界是一个很好的表述;另外,供应链结构模型研究对我国国有企业改造具有深刻意义。

第二节 供应链管理策略设计

一、供应链设计的策略

(一) 供应链设计应注意的问题

通常所指的供应链,是站在一个核心企业的角度来看的,实际供应链在形式上千差万别,但是其主要特征确是相同的。供应链是一个网状的"链",或简称网链,这个网链上有一个核心企业(不管该企业是什么类型的)和上、下游若干节点企业。当然,有的供应链系统上游企业的链长一些、宽一些,有的下游企业的链长一些、宽一些,不一而同。供应链的设计,就是要建立以一个重要的企业为核心、联盟上游企业和下游企业的协调系统。

供应链的构成不是一成不变的,但是在实际经营中,不可能像改变办公室的桌子那样随意改变供应链上的节点企业。因此,作为供应链管理的一项重要环节,无论是理论研究人员还是企业实际管理人员,都非常重视供应链的构建问题。

首先关注的是在设计供应链时的几个问题。

1. 供应链设计与物流系统设计

物流系统设计是指原材料和外购件所经历的采购—存储—投料—加工—装配—包装—运输—分销—零售等一系列物流过程的设计。物流系统设计也称为通道设计,是供应链设计中最基础的工作之一。但供应链设计不等同于物流系统设计,供应链设计是企业模型的设计,它从更广泛的思维空间——企业整体的角度勾画企业蓝图,是企业扩展的模型,它既包括物流系统,还包括信息、组织以及价值流和相应的服务体系建设。

2. 供应链设计与环境因素

一个设计精良的供应链在实际运行中并不一定能按照预想的那样实现,甚至无法达到设想的要求,这是主观设想与实际效果的差距,原因并不一定是设计或构想不完美,而是环境因素在起作用。

环境因素包括供应链的运作环境,如地区、政治、文化、经济和未来环境的变化等因素。因此,要用发展的、变化的眼光来设计供应链,供应链设计的柔性化程度,是提高供应链对环境适应能力的保证。

3. 供应链设计与企业再造工程

从企业的角度来看,供应链的设计是一个企业业务流程全面的改造问题。因为供应链管理引进的是一种新的思想,要按照这种思想重构企业的运作框架和战略系统,就要对原有的管理架构进行反思,必要时要进行一些革命性的变革。所以,供应链系统的建设,也就是企业或者是企业群体进行业务流程的重构过程,要从管理思想革新的角度,以创新的观念武装企业,比如动态联盟与虚拟企业、精益生产等。

4. 供应链设计与先进制造模式的关系

供应链设计既是从管理新思维的角度去改造企业,也是先进制造模式的客观要求和推动的结果。如果没有全球制造、虚拟制造这些先进制造模式的出现,集成化供应链的管理思想很难得以实现。正是先进制造模式的资源配置沿着"劳动密集—设备密集—信息密集—知识密集"的方向发展,才使得企业的组织模式和管理模式发生相应的变化,从制造技术的技术集成演变为组织和信息等相关资源的集成。供应链管理适应了这种趋势,因此,供应链的设计应把握这种内在的联系,使供应链管理成为适应先进制造模式发展的先进管理思想。

5. 在产品开发初期即考虑供应链设计

国外一些高科技型企业,如惠普公司,产品设计被认为是供应链管理的一个重要因素。众多的学者研究后,提出了为供应链管理设计产品(Design For Supply Chain Management,DFSCM)的概念,人们越来越清楚地认识到,供应链中生产和产品流通的总成本最终决定于产品的设计,DFSCM 目的在于设计产品和工艺,以使供应链相关的成本和业务能得到有效的管理。因此,必须在产品开发设计的早期,就开始同时设计供应链,以获得最大化的潜在利益。

(二) 供应链设计的原则

设计一个有效的供应链,对于链上的每一位成员来说,都是至关重要的。它不仅可以减少不必要的损失和浪费,而且可以显著地改善客户服务水平,降低运营成本,赢得竞争优势。为了保证供应链的设计和重建,能够满足供应链管理思想顺利实施的要求,供应链设计过程中应遵循以下这些必要原则。

1. 战略性原则

供应链的设计与建设应有战略性观点,通过战略的观点考虑减少不确定因素的影响。应从全局的角度来规划和设计供应链,使供应链的所有环节都朝着同一个目标运转。另外,目前企业间的竞争已经演变为供应链之间的竞争,企业的发展战略须依托供应链战略来实现,供应链的设计应与企业的战略规划保持一致,并在企业战略指导下进行。

2. 系统性原则

供应链设计是一项复杂的系统工程。在其设计中,必然会牵涉到方方面面的关系,尤其是要考虑战略合作伙伴关系的选择、链上成员如何在以后的实践中实现协同、如何实现共赢目标、如何进行成本分摊和利益分配等具体问题。此外,在供应链设计中,还要系统地研究市场竞争环境、企业现状及发展规划、供应链设计目标等战略性问题。

3. 创新性原则

创新设计是系统设计的重要原则,没有创新性思维,就不可能有创新的管理模式。在供应链的设计过程中,创新性也是很重要的一个原则。进行创新设计,要注意几点:一是创新必须在企业总体目标和战略的指导下进行,并与战略目标保持一致;二是要从市场需求的角度出发,综合运用企业的能力和优势;三是发挥企业各类人员的创造性,集思广益,并与其他企业共同协作,发挥供应链整体优势;四是建立科学的供应链项目评价体系和组织管理系统,进行充分的技术经济分析和可行性论证。

4. 协调和互补原则

供应链涉及众多的成员和复杂的供求关系,在设计供应链时,应注意强调供应链的内部协调和优势互补。供应链业绩好坏取决于供应链合作伙伴关系是否和谐,因此,建立战略伙伴关系的合作企业关系模型是实现供应链最佳效能的保证。只有和谐而协调的系统才能发挥最佳的效能。

5. 发展原则

供应链不可能是一成不变的。随着市场环境的变化,链上企业的合作伙伴关系是一种动态调整关系,而且,因为企业内部组织和其他因素的改变,原有的供应链也会存在这样或那样的问题。同时,企业常常在不同的供应链中担当不同的角色,供应链中某个企业角色的变化,必然会带来供应链的调整甚至构建上的变化。这些都要求在设计供应链时,尽量留有余地。另外,供应链设计应具有一定的自适应和自修补能力,能够随着市场环境的变化而自我调整、自我优化、自我完善。

6. 客户中心原则

供应链是由众多有上下游关系的企业根据市场竞争的需要而构建的,供应链在成员组成及相互关系方面,虽然可以本着发展的原则进行动态调整,但是无论如何,都应当自始至终地强调以客户为中心的供应链设计理念。

供应链在运作中一般包括新产品开发和设计、原材料采购和产品制造、运输、仓储、销售等活动,虽然供应链上不同的成员承担不同的任务,但都应当以客户为中心展开。

7. 简洁性原则

为了能使供应链具有灵活、快速的市场响应能力,供应链的每一个节点都应当是精简的、具有活力的,能够实现业务流程的快速组合。

(三)供应链的设计策略

供应链设计和管理的目标是降低成本、提高利润,其前提是供应链能保证产品在流通中畅通无阻、供应链对客户的需求变化能作出迅速反应,这体现了以产品为中心的供应链设计策略(Product-Based Supply Chain Design,PBSCD)。为了保证供应链对客户需求变化保持敏捷反应,保证产品流通的畅通,供应链设计中需要研究客户的需求、产品生命周期、需求变化、产品多样性、提前期和服务的市场标准等。

1. 产品类型

不同的产品类型对供应链设计有不同的要求,高边际利润、不稳定需求的革新性产品(Innovative Products)的供应链设计,就不同于低边际利润、有稳定需求的功能性产品(Functional Products),两类型产品的比较如表 7-1 所示。

表 7-1 功能性产品与革新性产品的比较

需 求 特 征	功能性产品	革新性产品
产品寿命周期/年	>2	1～3
边际贡献率/(%)	5～20	20～60
产品的多样性	低,每一目录10～20个	高,每一目录上千个
预测的平均边际错误率/(%)	10	40～100

第七章
供应链设计

续表

需 求 特 征	功能性产品	革新性产品
平均缺货率/(%)	1～2	10～40
季末降价率/(%)	0	10～25
按订单生产的提前期	6个月到1年	1天到2周

由表7-1中可以看出,功能性产品一般用于满足用户的基本需求,变化很少,具有稳定的、可预测的需求和较长的寿命周期,但它们的边际利润较低。为了避免低边际利润,许多企业在式样或技术上革新以寻求消费者的购买,从而获得高的边际利润,这种革新性产品的需求一般不可预测,寿命周期也较短。正因为这两种产品的不同,才需要有不同类型的供应链去满足不同的管理需要。

2. 供应链的类型

供应链具有两种不同的功能:物理功能和市场中介功能。

根据功能,供应链可以划分为两种类型:有效性供应链(Efficient Supply Chain)和反应性供应链(Responsive Supply Chain)。

有效性供应链主要体现供应链的物理功能,即以最低的成本将原材料转化成零部件、半成品、产品,以及在供应链中的运输等。

反应性供应链主要体现供应链的市场中介的功能,即把产品分配到满足用户需求的市场,对未预知的需求作出快速反应等。两种类型的供应链的比较如表7-2所示。

表7-2 反应性供应链和有效性供应链的比较

项 目	反应性供应链	有效性供应链
基本目标	尽可能快地对不可测的需求作出反应,使缺货、降价、库存最小化	以最低的成本供应可预测的需求
制造管理核心	配置多余的缓冲库存	保持高的平均利用率
库存策略	部署好零部件和成品的缓冲库存	产生高收入而使整个链的库存最小化
提前期	大量投资以缩短提前期	在不增加成本的前提下,尽可能短的提前期
供应商的标准	以速度、柔性、质量为核心	以成本和质量为核心
产品设计策略	以模块化设计尽可能延迟产品寿命差别	绩效最大化而成本最小化

3. 推式和拉式供应链

有效性供应链和反应性供应链分别对应着两种运作方式:推式供应链和拉式供应链。

1) 推式供应链

推式供应链(Push Supply Chain)的运作以产品为中心,以生产制造商为推动原点,力图尽量提高生产率,降低单件产品成本来获得利润。

一般地,生产企业从供应商处购买原材料,生产出产品,并将产品经过各种渠道,如分销商、批发商、零售商一直推至客户端。在这种供应链上,生产商对整个供应链起主导作用,是供应链上的核心或关键成员,而其他环节如流通领域的企业则处于被动的地位,这种供应链方式的运作和实施相对较为容易。然而,由于生产商在供应链上远离客户,对客户的需求远不如流通领域的零售商和分销商了解得清楚,这种供应链上企业之间的集成度较低,反应速度慢,对客户需求缺乏了解,生产出的产品和驱动供应链运作的方向,往往是无法匹配和满足客户需求。

同时,由于无法掌握供应链下游,特别是最末端的客户需求,一旦下游有微小的需求变化,反映到上游时这种变化将被逐级放大,这种效应称为牛鞭效应。为了对付这种牛鞭效应,响应下游,特别是最终端客户的变化,在供应链的每个节点上,都必须采取提高安全库存量的办法,需要储备较多的库存来应付需求变动,因此,整个供应链上的库存量较高,响应客户需求变化较慢。传统的供应链管理几乎都属于推式的供应链,如图 7-9 所示。

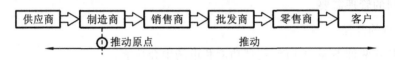

图 7-9 推动供应链示意图

2) 拉式供应链

拉式供应链(Pull Supply Chain)管理的理念是以顾客为中心,通过对市场和客户的实际需求以及对其需求的预测来拉动产品的生产和服务。因此,这种供应链的运作方式和管理被称为"拉"式的供应链管理,其结构原理如图 7-10 所示。

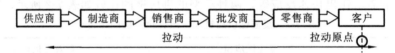

图 7-10 拉动供应链示意图

这种拉动式供应链管理能够及时了解客户和市场的需求,能够有效提高整个供应链上的产品和资金流通的效率,减少流通过程中不必要的浪费,降低成本,提高市场的适应力。特别是对下游的流通和零售行业,更是要求供应链上的成员间有更强的信息共享、协同、响应和适应能力。拉式供应链虽然整体绩效表现出色,但对供应链上企业的管理和信息化程度要求较高,对整个供应链的集成和协同运作的技术和基础设施要求也较高。

在一个企业内部,对于有些业务流程来说,有时是推式和拉式方式共存,这种推、拉共存的运作,对制定有关供应链设计的战略决策非常有用。供应链管理中延迟生产策略就很好地体现了这一点,通过对产品设计流程的改进,使推和拉的边界尽可能后延,便可有效地解决大规模生产与大规模个性定制之间的矛盾,在充分利用规模经济的同时实现客户的大批量化定制生产。如戴尔公司的 PC 生产线,既有推式运作,又有拉式运作,其 PC 装配的起点就是推和拉的分界线,在装配之前的所有流程都是推式流程,而装配和其后的所有流程都是拉式流程,完全取决于客户订单。

4. 基于产品的供应链设计策略

对于功能型产品,如果边际贡献率为 10%,平均缺货率为 1%,则边际利润损失仅为 0.1%。因此,其对改善市场反应能力而投入巨资是得不偿失的。生产这类产品的企业,主要目标在于尽量减少成本。企业通常只要制定一个合理的最终产品的产出计划,并借助相应的管理信息系统协调客户订单、生产及采购,使得链上的库存最小化,提高生产效率,缩短提前期,从而增强竞争力。

对于创新型产品,如果边际贡献率为40%,平均缺货率为25%,则边际利润损失率为10%。所以,对此类产品就需要有高度灵活的供应链来对多变的市场做出快速的反应,投资改善供应链的市场反应能力就成为必要之举。

当知道产品和供应链的特性后,就可以设计出与产品需求一致的供应链。设计策略如表7-3所示。

表7-3 供应链设计与产品类型策略对应关系表

供应链类型	功能型产品	革新型产品
有效性供应链	匹配	不匹配
反应性供应链	不匹配	匹配

表7-3中,策略对应关系的四个元素代表四种可能的产品和供应链的组合,从中可以看出产品类型和供应链的特性的关系,管理者可以根据它判断企业的供应链流程设计是否与产品类型一致,就是基于产品的供应链设计策略:有效性供应链流程适于功能性产品,反应性供应链流程适于革新性产品,否则就会产生问题。

对于有效性供应链生产功能型产品的情况,可采取如下措施:

(1) 削减企业内部成本;

(2) 不断加强企业与供应商、分销商之间的协作,从而有效减少整条链条上的成本,降低销售价格,但必须建立在有效控制成本的基础之上。

对于革新型产品,因具有需求不确定的特征,因此在反应型供应链来提供革新型产品时,应采取如下策略:

(1) 通过应用尽可能多的通用件来增加某些模块的可预测性,从而减少需求的不确定性;

(2) 通过缩短提前期与增加供应链的柔性,在尽可能短的时间内,提供顾客需要的个性化产品;

(3) 当已经尽可能地降低或避免了需求的不确定性后,可以用安全库存或充足的生产能力来规避剩余的不确定性,从而减少缺货损失。

总之,为企业设计供应链之前,必须先确定企业产品的类型和企业供应链的类型,并使两者合理匹配,从而实现企业产品和供应链的有效组合。

在供应链设计策略中,除了以产品为中心的供应链设计策略外,还有专家对基于产品生命周期和基于成本核算的供应链设计策略进行了系统的研究。

(四) 供应链设计的步骤

供应链的设计过程描述了以产品为渠道的成员整合策略,在上述供应链设计指导思想和原则的指引下,图7-11给出了供应链设计的基本步骤,借用一定的方法,就可以将供应链系统设计出来。

第一步是市场需求分析。目的在于找到针对哪些产品市场开发供应链才有效。为此,必须知道现在的产品需求是什么,产品的类型和特征是什么,分析市场特征的过程要向卖主、用户和竞争者进行调查,提出诸如用户想要什么、其在市场中的份量有多大之类的问题,以确认用户的需求和因卖主、用户、竞争者产生的压力。这一步骤的输出是每一产品的按重要性排列的市场特征,同时,对于市场的不确定性要有分析和评价。

第二步是现有供应链分析。主要分析企业供需管理的现状,这一个步骤的目的着重于研究供应链开发的方向,分析、找到、总结企业存在的问题及影响供应链设计的阻力等因素。

第三步是供应链必要性分析。针对存在的问题提出供应链设计项目,分析其必要性。

第四步是建立供应链设计目标。基于产品的供应链设计策略,提出供应链设计的目标,综合为实现这些目标:进入新市场;开发新产品;开发新分销渠道;改善售后服务水平;降低成本;通过降低库存提高工作效率等。

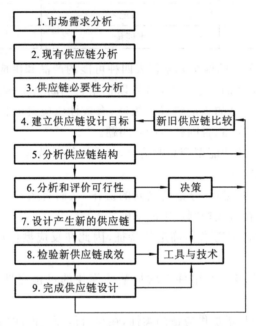

图 7-11 供应链设计步骤

第五步是分析供应链结构,提出组成供应链的基本框架。供应链中的成员组成分析主要包括制造工厂、设备、工艺和供应商、制造商、分销商、零售商及用户的选择及其定位,以及确定选择与评价的标准。

第六步是分析和评价可行性,即分析和评价供应链设计的技术可能性。这不仅仅是某种策略或改善技术的推荐清单,也是开发和实现供应链管理的第一步,它在可行性分析的基础上,结合本企业的实际情况为开发供应链提出技术选择建议和支持。这也是一个决策的过程,如果认为方案可行,就可进行下面的设计;如果不可行,就要重新进行设计。

第七步是设计产生新的供应链,主要解决以下问题:

(1) 供应链的成员组成,包括供应商、设备、工厂、分销中心的选择与定位、计划与控制;

(2) 原材料的来源问题,包括供应商、流量、价格、运输等问题;

(3) 生产设计,涉及需求预测、生产什么产品、生产能力、供应给哪些分销中心、价格、生产计划、生产作业计划和跟踪控制、库存管理等问题;

(4) 分销任务与能力设计,包括产品服务于哪些市场、运输、价格等问题;

（5）信息管理系统设计；

（6）物流管理系统设计等。

在供应链设计中，要广泛地应用到许多工具和技术，包括归纳法、集体解决问题、流程图、模拟和设计软件等。

第八步是检验新供应链成效。第九步，供应链设计完成以后，应通过一定的方法、技术进行测试检验或试运行。如果不行，则返回第四步重新进行设计；如果没有什么问题，则可实施供应链管理了。

二、供应链管理方法

随着现代经济社会的发展，特别是企业间竞争的加剧和需求多样化的发展，产销之间迫切需要建立起一种相互信赖、相互促进的协作关系。通过现代信息技术和手段，协调相互的生产、经营、物流管理活动，进而能在最短的时间内应对消费市场的变化。正是在这个意义上，供应链体系的构筑代表了现代企业战略管理的未来发展方向。因此，在世界范围内掀起了供应链体系构筑的浪潮，形成了产销联盟的大趋势，而这种发展态势表现最为明显的是供应链管理的两种方法：快速反应法（Quick Response，QR）和有效客户反应法（Efficient Consumer Response，ECR）。

（一）QR

1. QR 产生的背景

QR 的形成产生于纺织服装行业，主要是由零售商、服装生产商和纤维生产商三方组成。沃尔玛是最早推行 QR 的先驱，在纤维纺织品领域他们与休闲服装生产商塞米诺尔和面料生产商米尼肯公司结成了供应链管理体系，该 QR 体系的形成起到了良好的作用，大大提高了参与各方的经营绩效，有力地提升了相关产品的竞争力，所以起到了良好的带动和示范作用。更为重要的是，沃尔玛通过自身的 QR 实践，大大推动了供应链管理中各种运作体系的标准化，倡导建立了志愿跨行业通信标准委员会（Voluntary Inter-Industry Communications Standard Committee，VICS），制定了行业统一的 EDI 标准和商品识别标准，即 EDI 的 ANSI X12 标准和 UPC 商品条码。除此之外，1983 年沃尔玛导入了销售实点系统（Point of Sales，POS），并且由于当时采用了 UPC 条码，所以在整个行业最早实现了产业链中的信息共享。到 1988 年，沃尔玛已与其他七家合作企业实现了 POS 系统的全店导入，所有这些都使得沃尔玛成为 QR 的主导者。

2. QR 的含义

QR 是指在供应链中，为了实现共同的目标，零售商和制造商建立战略伙伴关系，利用电子数据交换等信息技术，进行信息交换以及订货补充等其他经营信息的交换，用多频度小数量配送方式连续补充商品，以实现缩短交货周期，减少库存，提高客户服务水平和企业竞争力的供应链管理方法。

一般来说，供应链中的共同目标包括：①提高顾客服务水平，即在正确的时间、正确的地点、用正确的商品来响应消费者的需求；②降低供应链的总成本，增加零售商和厂商的销售额，从而提高零售商和厂商的获利能力；③减少原材料到销售点的时间和整个供应链上的库存,最大限度地提高供应链的运作效率。

这样 QR 意味着企业间都要告别过去的敌对性竞争关系,建立起贸易伙伴关系,提高向最终消费者的供货能力,同时降低整个供应链的库存量和总成本。QR 的着重点是对消费者需求做出快速反应,在降低供应链总库存和总成本的同时提高销售额。所以,成功的"快速反应"伙伴关系,会提高供应链上所有伙伴的获利能力。

快速反应业务成功的前提是零售商和厂商的良好关系。实现这种关系的方法之一就是战略伙伴,包括确定业务合作关系并采用双方互利的业务战略。这种伙伴关系的某些趋势已经得到验证,包括及时的跨部门项目小组决策和长期的双方互利关系。

战略伙伴关系要求厂商高级经理之间进行沟通和接触,然后将这种关系由上往下渗透到整个组织中,同时要求多个部门都要参与规划和执行的各阶段工作。不是所有的贸易伙伴都能变成战略伙伴,成功的战略伙伴应具备下列条件:

(1) 巨大的增长潜力;
(2) 跨部门的沟通;
(3) 长远的观点和一致的目标;
(4) 永远关注顾客的需要;
(5) 不断地监测业绩。

下列因素对成功的战略伙伴关系是至关重要的:

(1) 要彼此理解对方的目标和局限;
(2) 建立更有效的沟通渠道;
(3) 采用新的业务战略和业务实践;
(4) 在公司内部推行教育计划;
(5) 实施和强化志愿跨行业通信标准(VICS 标准);
(6) 双赢方式的谈判。

3. QR 的实施步骤

QR 原来是大型零售商获取市场份额并进行全球竞争的工具,现在已成为所有商品制造商和中间商的标准战略行为。

QR 意味着以更低的成本增加销售额、更好地对商品进行分类以及向客户提供优质的服务。当然不采用 QR 也能生存下去,但拥有 QR 能够获得竞争优势。

实施 QR 需要六个步骤,如图 7-12 所示。每一个步骤都需要以前一个步骤作为基础,比前一个步骤有更高的回报,但是需要额外的投资。

1) 条形码和 EDI

零售商首先必须安装条形码(UPC 码)、POS 扫描仪和 EDI 等技术设备,以加快 POS 机收款速度,获得更准确的销售数据并使信息沟通更加通畅。POS 扫描仪用于数据输入和数据采集,即在收款检查时用光学方式阅读条形码,然后将条形码转换成相应的商品代码。

应用 UPC 码作为产品识别。正确的 UPC 产品标志对 POS 端的顾客服务和有效的操作是至关重要的,扫描条形码可以快速准确地检查价格并记录交易。

EDI 是计算机间交换商业单证,需要遵从一定的标准。零售业的专业标准是 VICS 制定的,食品类的专用标准是 UCC 制定的。EDI 要求公司将其业务单证转换成行业标准格

第七章
供应链设计

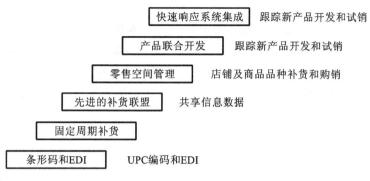

图 7-12 实施 QR 的六个步骤

式,并传输到某个增值网,贸易伙伴从增值网上接收到这些单证,然后将其从标准格式转到自己系统可识别的格式。EDI 可传输的单证包括订单、发票、订单确认、销售和存货数据及提前运输通知等。

2）固定周期补货

快速响应的补货要求供应商更频繁地运输重新订购的商品,以保证店铺不缺货,从而提高销售额。通过对商品实施快速响应并保证这些商品能敞开供应,零售商的商品周转速度更快,消费者可以选择更多的花色品种。

自动补货是指基本商品销售额预测的自动化。自动补货是用基于过去和目前销售数据及其可能变化的数据软件进行定期预测,同时考虑目前的存货情况和其他一些因素,以确定订货量。自动补货是由零售商、批发商在仓库或店内进行的。

3）先进的补货联盟

这是为了保证补货业务的流畅。零售商和消费品制造商联合起来检查销售数据,制定关于未来需求的计划和预测,在保证有货和减少缺货的情况下降低库存水平。还可以进一步由消费品制造商管理零售商的存货和补货,以加快库存周转速度,提高投资毛利率。投资毛利率是销售商品实际的毛利除以零售商的库存投资额。

4）零售空间管理

根据每个店铺的需求模式来规定其经营商品的品种和补货业务。

一般来说,对于商品的品种、数量、店内陈列及培训或激励售货员等决策,消费品制造商也可以参与甚至制定决策。

5）产品联合开发

这一步的重点不再是一般商品和季节商品,而是如服装等生命周期很短的商品。厂商和零售商联合开发新产品,其关系的密切超过了购买与销售的业务关系,缩短了从新产品概念到新产品上市的时间,而且经常在店内对新产品进行试销。

6）快速响应系统集成

通过重新设计业务流程,将前五步的工作和公司的整体业务集成起来,以支持公司的整体战略。快速响应前四步的实施可以使零售商和消费品制造商重新设计产品补货、采购和销售业务流程。前五步使配送中心得以改进,可以适应大量的小运量运输,使配送业务更加流畅了。

同时,由于库存量的增加,大部分消费品制造商也开始强调存货的管理,改进采购和制造业务,使他们能够做出正确的响应。

最后一步要求零售商和消费品制造商重新设计其整个组织、业绩评估系统、业务流程和信息系统,设计的中心是围绕着消费者而不是传统的公司职能,它们要求集成的信息技术。

有时可以先完成最后一步工作,至少是先设计整体体系结构,这样补货的改进和新产品的开发就会尽可能地互相吻合。在确定公司核心业务及其发展方向时,应具有战略性的眼光。

4. QR 成功的条件

QR 成功有五个条件,这也是 QR 的主要特征。

(1) 必须改变传统的经营方式,革新企业的经营意识和组织。具体表现在以下几个方面:

其一,企业不能局限于依靠本企业独自的力量来提高经营效率的传统经营意识,要树立通过与供应链各方建立合作伙伴关系,努力利用各方资源来提高经营效率的现代经营意识;

其二,零售商在垂直型 QR 系统中起主导作用,零售店铺是垂直型 QR 系统的起始点;

其三,在垂直型 QR 系统内部,通过 POS 数据等销售信息和成本信息的相互公开和交换,来提高各个企业的经营效率;

其四,明确超重型 QR 系统内各个企业之间的分工协作范围和形式,消除重复作业,建立有效的分工协作框架;

其五,必须改变传统的事务作业的方式,通过利用信息技术实现事务作业的无纸化和自动化。

(2) 必须开发和应用现代信息处理技术,这是成功进行 QR 活动的前提条件。这些信息技术有商品条形码技术、物流条形码技术、电子订货系统(EOS)、POS 数据读取系统、EDI 系统、预先发货清单技术(ASN)、电子支付系统(EFT)、供应商管理的库存方式(VMI)、连续补充库存方式(CRP)等。

(3) 必须与供应链各方建立(战略)伙伴关系。具体内容包括以下两个方面:一是积极寻找和发现战略合作伙伴;二是在合作伙伴之间建立分工和协作关系。合作的目标定为削减库存,避免缺货现象的发生,降低商品风险,避免大幅度降价现象发生,减少作业人员和简化事务性作业等。

(4) 必须改变传统的对企业商业信息保密的做法,将销售信息、库存信息、生产信息、成本信息等与合作伙伴交流分享,并在此基础上,要求各方在一起发现问题、分析问题和解决问题。

(5) 供应方必须缩短生产周期,降低商品库存。具体来说,供应方应努力做到:缩短商品的生产周期(Cycle Time);进行多品种、小批量生产和多频度小数量配送,降低零售商的库存水平,提高顾客服务水平;在商品实际需要将要发生时采用 JIT 生产方式组织生产,降低供应商自身的库存水平。

5. QR 的效果

研究表明,零售商在应用 QR 系统后,销售额大幅度增加,商品周转率大幅度提高,需求预测误差大幅度下降。应用 QR 系统后之所以有这样的效果,其原因是:

(1) 销售额的大幅度增加。应用 QR 系统,可以降低经营成本,从而能降低销售价格,增加销售;伴随着商品库存风险的减少,商品以低价位定价,增加销售;能避免缺货现象,从而避免销售的机会损失;易于确定畅销商品,能保证畅销品的品种齐全、连续供应、增加销售。

(2) 商品周转率的大幅度提高。应用 QR 系统可以减少商品库存量,并保证畅销商品的正常库存量,加快商品周转率。

(3) 需求预测误差的大幅度减少。根据库存周期长短和预测误差的关系可以说明,如果在销售季节开始之前的 26 周进货,即基于预测提前 26 周进货,则需求预测误差(缺货或积压)达 40% 左右。如果在销售季节开始之前的 16 周进货,则需求预测误差为 20% 左右。如果在很靠近销售季节开始的时候进货,需求预测误差只有 10% 左右。应用 QR 系统可以及时获得销售信息,把握畅销商品和滞销商品,同时通过多频度小数量送货方式,实现零售店需要的时候才进货,这样使需求预测误差可减少到 10% 左右。

这里需要指出的是,虽然应用 QR 的初衷是为了对抗进口商品,但实际上并没有出现这样的结果。相反,随着竞争的全球化和企业经营的全球化,QR 系统管理迅速在各国企业界扩展。航空运输为国际间的快速供应提供了保证。现在,QR 方法成为零售商实现竞争优势的工具。同时,随着零售商和供应商结成战略联盟,竞争方式也从企业与企业间的竞争转变为战略联盟与战略联盟之间的竞争。

(二) ECR

1. ECR 产生的背景

ECR 是 1992 年从美国的食品杂货业发展起来的一种供应链管理策略。20 世纪 80 年代末 90 年代初,美国的食品杂货业面临着与纺织和服装行业相似的挑战,其增长速度缓慢。为提高竞争能力,美国食品杂货业采用了一种称为有效客户反应(ECR)的策略。几乎同时,欧洲食品杂货业为解决类似问题也采用了 ECR 策略,并建立了欧洲 ECR 委员会(ECR Europe)以协调各国在实施 ECR 过程中的技术、标准等问题。

ECR 是杂货业供应商和销售商为消除系统中不必要的成本和费用,给客户带来更大效益而进行密切合作的一种战略。ECR 的主要目标是降低供应链各个环节的成本,这与 QR 的主要目标针对客户的需求做出快速反应有所不同。这是因为食品杂货业与纺织服装行业经营产品的特点不同,杂货业经营的产品多数是一些功能型产品,生鲜食品等除外的每一种产品的寿命相对较长,因订购产品数量过多或过少的损失相对较小;纺织服装业经营的产品多属创新型产品,每一种产品的寿命相对较短,订购产品数量过多或过少造成的损失相对较大。但 ECR 与 QR 有两点是共同的:一是它们都以贸易伙伴间的密切合作为前提;二是它们需要共同的技术支持。

2. ECR 的含义

ECR 是一个生产厂家、批发商和零售商等供应链成员组成的各方相互协调和合作,更好、更快并以更低的成本满足消费者需要为目的的供应链管理策略。

ECR 的最终目标是建立一个具有高效反应能力和以客户需求为基础的系统,使零售商及供应商以业务伙伴方式合作,提高整个供应链的效率,而不是单个环节的效率,从而大大降低整个系统的成本、库存和物资储备,同时为客户提供更好的服务。

要实施"ECR"这一战略思想,首先,应联合整个供应链所涉及的供应商、分销商以及零售商，改善供应链中的业务流程，使其最合理有效；然后，再以较低的成本，使这些业务流程自动化，以进一步降低供应链的成本和时间。具体地说，实施ECR需要将条码、扫描技术、网络技术和EDI集成起来，在供应链各主体之间建立一个无纸系统，信息流能够在开放的供应链中循环流动，以确保产品能不间断地由供应商流向最终用户。这样，才能满足客户对产品和信息的需求，即给客户提供最优质的产品和适时准确的信息。

ECR是一种运用于工商业的策略，供应商和零售商通过共同合作，如建立供应商/分销商/零售商联盟，改善其在货物补充过程中的全球效率，而不是以单方面不协调的行动来提高生产力，这样能节省由生产到最后销售的贸易周期的成本。

通过ECR，实现商业过程的无纸化作业，如计算机辅助订货技术，零售商无须签发订购单，即可实现订货；供应商则可利用ECR的连续补充技术，随时满足客户的补货需求，使零售商的存货保持在最优水平，从而提供高水平的客户服务，并进一步加强与客户的关系，同时，供应商也可从商店的销售点数据中获得新的市场信息，改变销售策略；对于分销商来说，ECR可使其快速分拣运输包装，加快订购货物的流动速度，进而使消费者享用更新鲜的商品，增加购物的便利和选择，并加强消费者对特定物品的偏好。

3. ECR的特征和效益

ECR的特征表现在以下三个方面。

(1) 管理意识的创新。传统的产销双方的交易关系是一种此消彼长的对立型关系，即交易各方以对自己有利的买卖条件进行交易，简单地说，是一种赢-输型（Win-Loss）关系。ECR要求产销双方的交易关系是一种合作伙伴关系，即交易各方通过相互协调合作，实现以低的成本向消费者提供更高价值服务的目标，在此基础上追求双方的利益，简单地说，是一种双赢型（Win-Win）关系。

(2) 供应链整体协调。传统流通活动缺乏效率的主要原因在于厂家、批发商和零售商之间存在企业间联系的非效率性，以及企业内采购、生产、销售和物流等部门或职能之间存在部门间联系的非效率性。传统组织是以部门或职能为中心进行经营活动，以各个部门或职能的效益最大化为目标，这样虽然能够提高各个部门或职能的效率，但容易引起部门或职能间的摩擦。同样，传统的业务流程中各个企业以各自企业的效益最大化为目标，这样虽然能够提高各个企业的经营效率，但也容易引起企业间的利益摩擦。ECR要求各部门、各职能以及各企业之间打破隔阂，进行跨部门、跨职能和跨企业的管理和协调，使商品流和信息流在企业内和供应链内畅通地流动，以追求共赢为原则，消除利益摩擦。

(3) 涉及范围广。既然ECR要求对供应链整体进行管理和协调，ECR所涉及的范围必然包括零售业、批发业和制造业等相关的多个行业。为了最大限度地发挥ECR所具有的优势，必须对关联的行业进行分析研究，对组成供应链的各类企业进行管理和协调。

采用了ECR策略后，为企业带来了有形的和无形的巨大效益。

据欧洲供应链管理系统的报告，制造商应用ECR之后，预期销售增加了5.3%，制造费用减少了2.3%，销售费用减少了1.1%，仓库费用减少了1.3%，总赢利增加了5.4%。批发商和零售商的效益也有了类似的增加，销售额增加了3.4%，货仓费用减少了5.9%，货仓存货量减少了13.1%，平均每平方英尺（1平方英尺=0.0929平方米）销售额增加了5.7%。由于在流通环节中缩减了不必要的成本，预测零售和批发之间的价格差异也随之降低，这些节约了的成本最终就体现在消费者身上,为他们带来了利益,与此同时企业也在激烈的竞争中占据了有利的地位。

对客户、零售商和供应商来说,除了上述有形的效益外,因为信息化技术的全面应用,ECR 为供应链的主体还带来了许多难以量化的无形效益。因此,有效客户反应系统成了食品行业分销领域的有效管理工具之一。

4. ECR 的四大要素

ECR 的优势在于供应链各方为了提高消费者满意这个共同的目标进行合作,分享信息和诀窍。ECR 是一种把以前是处于分离状态的供应链联系在一起来满足消费者需要的工具。ECR 概念的提出者认为 ECR 活动是过程,这个过程主要包括贯穿供应链各方的四个核心过程:有效新产品开发与市场投入(Efficient New Product Introductions)、有效促销活动(Efficient Promotions)、有效店铺空间安排(Efficient Store Assortment)和有效商品补充(Efficient Replenishment)。这也被称为 ECR 的四大要素,如表 7-4 所示。

表 7-4 供应链管理 ECR 四大要素的内容

项目内容	说　明
有效新产品开发与市场投入	最有效地开发新产品,进行产品快速商业化生产,降低成本
有效促销活动	提高仓储、运输、管理和生产效率,减少预先购买、供应商库存及仓储费用,使整个贸易和促销系统效率最高
有效店铺空间安排	通过订单包装等二次包装手段,提高货物的分销效率,使库存和商店空间的使用率最优化
有效商品补充	通过一体化的信息服务,以需求为导向的自动连续补充和计算机辅助订货,使补货系统的时间和成本最优化

5. ECR 的实施

1)"四 R"革命

ECR 流通模式的核心内容是管理,要从传统的流通模式向 ECR 流通模式转化,就必须对整个商品供应链进行彻底的"4R"革命,即 Restructure(组织构架再造)、Reposition(策略再定位)、Revitalization(企业文化再造)、Reengineering(流程再造)。

组织构架再造:ECR 流通模式以消费者需求为系统动力,而零售商是第一位置和第一时间与消费者接触,因此零售商自身的组织化程度至关重要。通常采用连锁经营方式提高商业组织化的程度和增强规模经济的效应。零售商、批发商、制造商和社会物流之间,可以通过广泛的合并、合作,形成新的企业集团或战略联盟,以促进供应链的整体优化。

策略再定位:在 ECR 流通模式中,供应链的上下游之间应彼此分享资讯,共同改进各个流程和经济活动。因此,企业之间的相互信任非常重要。这需要对竞争环境、竞争对手、合作伙伴和竞争策略进行再认识和再定位。作为一项长期的流通模式改造,需要进行综合性、根本性的谋划。事先应明确实施 ECR 的阶段性目标和长远目标,并对其所需要的资金和人力投入进行仔细的投资效益评估。

企业文化再造:导入 ECR 流通模式之后,会对企业原有的经营理念、思维方式、管理激励、绩效评估、商品采购等带来冲击。为此,企业内部各部门的作用和关系也需要重新作出调整。要更多地倡导合作精神和团队精神。

流程再造:首先,在整个供应链上的各方,要以消费者的利益为出发点,在健全和完善自身内部工作流程的基础上,再与合作伙伴共同讨论彼此之间的交易流程。其次,研究和推进商品资讯的标准化。

2) 实施 ECR 的指导原则

第一,以较低的成本,不断致力于向供应链客户提供产品性能更优、质量更高、品种更多、现货服务更好以及更加便利的服务。

第二,供需双方关系必须从传统的"赢-输"型交易关系向"赢-赢"型联盟伙伴关系转化。

第三,必须利用准确、适时的信息支持有效的市场、生产及物流决策。这些信息将以 EDI 的方式在贸易伙伴间自由流动,在企业内部将通过计算机系统得到充分、高效的利用。

第四,产品必须以最大的增值过程进行流通,以保证在适当的时候得到适当的产品。

第五,必须采用一致的工作业绩考核和奖励机制。它着眼于系统整体的效益,即通过减少开支、降低库存以及更好的资产利用来创造更高的价值。明确可能的收益,并且公平地分配这些收益。

总之,ECR 是供应链各方推进真诚合作来实现消费者满意和实现基于各方利益的整体效益最大化的过程。

3) ECR 实施的四个阶段

第一阶段是供应链构建的阶段。主要是供应链的优化,是在物流和信息上的交互、存货管理,这个阶段比较重要的是供应链主体间信息的共享与交换。

从补货体系来看,零售商的订单通过一个管理信息系统平台发给供应商,供应商通过管理信息系统平台看到自己的存货从而判断需不需要补货。信息共享和交换使生产商和零售商之间搭建了及时沟通的机制,未来顾客导向订货也成为可能。

第二阶段是品类管理的阶段。通过品类管理,将供应链关注的焦点从成本缩减转移至价值链的增长,从顾客需求、市场份额、盈利能力、顾客忠诚度等角度来考核供应商和零售商双方的合作。品类管理涉及补货、促销、有效的门店品类组合、有效的新品引进等。如果品类管理的思想能够得以贯彻,那么,所谓渠道变革、通路费、胜者为王等,这些供应链主体关心的概念将不复存在,因为供应链上没有谁是胜者,只有双赢。

第三阶段是激发顾客热情的阶段。品类管理相对来说是比较数据化的,它是从现有的需求来考虑,在这个阶段里就是需要激发顾客消费热情,有一个长期的满意度。消费者最大的期望是企业了解其需求,并给予满意的服务,然后建立企业与消费者持久的供需关系,加强消费者对企业商品的信任。

第四阶段是强调顾客价值、强调品牌的阶段。对生产商和零售商来说要考虑资源的整合,但资源是有限的。同时管理水平也要有所增长,管理水平和知识的增长,必须要超越销售额份额的增长,这样的增长才是有效的。

消费者价值有两个方面:价值输出和价值导入。导入的价值和顾客接受的价值如果是平等的,则导入多少价值,顾客就接受多少价值。例如,某一品牌的衬衣在加工厂的成本可能是 80 元,但是,品牌包装之后在商店就要卖 800 元。所以,传导的价值和顾客接受的价值,有很大的溢价。

ECR 实现的第一阶段结果是供应链成本降低,第二阶段结果是销售额和毛利率增长,第三阶段的结果是以更少的需求整合达到更大的购买力,第四阶段的结果是购物观念改变,需求增长。总的来说,实施这四个阶段的效果是价值的有效传导。

(三) QR 和 ECR 的比较

1. QR 和 ECR 的差异

ECR 主要以食品行业为对象,其主要目标是降低供应链各环节的成本,提高效率;而 QR 主要集中在一般商品和纺织行业,其主要目标是对客户的需求做出快速反应,并快速补货,如表 7-5 所示。

表 7-5 供应链管理不同商品的特性比较

项 目	QR:服装类	ECR:食品类
零售商形式	百货店/专业店	超市
每家店铺的单品数量	高(50~200 万)	低(2.5~3 万)
每家店铺的单品平均销售额	低(500~1000 元)	高(4000~5000 元)
库存周转次数	低(2~5 次)	高(10~25 次)
单位重量/体积的价值	高	低
降价	高	低
毛利	高(35%~50%)	高(20%~25%)
产品生命周期	短	长
季节性	强	弱
产品的可替代性	低	高
购买频率	低	高

2. QR 和 ECR 的共同特征

两者共同表现为超越企业之间的界限,通过合作追求效率化,具体表现在如下三个方面。

(1) 贸易伙伴间商业信息的共享。零售商将原来不公开的管理信息系统单品管理数据提供给制造商或分销商,制造商或分销商通过对这些数据的分析来实现高精度的商品进货、到达计划,降低产品库存,防止出现次品,进一步使制造商能制订、实施所需对应型的生产计划。

(2) 商品供应方进一步涉及零售业,提供高质量的物流服务。作为商品供应方的分销商或制造商比以前更接近于流通最后环节的零售商,特别是零售业的店铺,从而保障物流的高效运作。当然,这一点与零售商销售、库存等信息的公开是紧密联系的,即分销或制造商所从事的零售补货机能,是在对零售店铺销售、在库情况迅速了解的基础上开展的。

(3) 企业间订货、发货业务全部通过 EDI 来进行,实现订货数据或出货数据的传送无纸化。企业间可以通过积极、灵活运用这种通信系统,来促进相互间订货、发货业务的高效化。计算机辅助订货(CAO)、供应商管理库存(VMI)、连续补货(CRP)以及建立产品与促销数据库等策略,打破了传统的各自为政的信息管理、库存管理模式,体现了供应链的集成化管理思想,适应了市场变化的要求。

三、供应链管理模式下的库存控制

(一)供应链管理的库存问题

供应链是从市场需求出发,由产品生产和流通过程中涉及的原材料供应商、制造商、分销商或零售商以及最终消费者组成的供需网络。供应链管理是一种集成化、系统化的管理方式,它从全局的角度通过合作伙伴间的密切合作对供应链上的物流、信息流以及资金流进行控制和调度,以最小的成本和费用产生最大的价值和最佳的服务。

库存管理是供应链管理的重要内容,这是因为:

(1) 库存在供应链中的首要作用是满足客户的随机需求,保持供应链的高度衔接性和敏捷性;

(2) 库存费用是供应链成本的主要来源,在不增加成本或不降低响应的同时,减少不必要的供应链库存,将对供应链响应与物流时间都有巨大影响;

(3) 库存是供应链驱动中的重要因素之一,它对支持企业竞争策略(如用满意程度)的供应链能力设计起着重要的作用。因此,库存管理技术是供应链管理技术的重要研究领域,国内外也相继出现了一些先进的库存管理技术。

长期以来,传统的供应链库存控制策略是各自为政,"各人自扫门前雪",供应商、用户都保持一定的库存和分别实施自己的库存控制策略,库存所有者往往为了应付需求的突发性变化和保护自己的利益,一味地提高库存水平。传统库存的控制策略具有以下特点:

(1) 库存分散、条块分割,缺乏系统的统一的库存控制方法;

(2) 源头供应商不能享有足够的市场信息,无法做到快速响应用户的需求;

(3) 库存信息传递速度慢,且易失真,进而导致需求放大现象——牛鞭效应。

简单地讲,牛鞭效应就是指供应链下游消费需求轻微变动而导致的上游企业生产、经营安排的剧烈波动的现象。当市场上一种商品的消费需求发生细微变动时,这种波动会沿着零售商、批发商、分销商直至制造商逆流而上,并逐级扩大,在达到最终源头供应商时,其获得的需求信息和实际消费市场中的顾客需求信息发生了很大的偏差,需求信息严重扭曲或失真。由于要保持比实际需求大得多的库存,导致企业经营风险加大、库存成本上升、利润下降、产品积压、占用资金,从而削弱企业的竞争力。同时,它也导致了整个供应链的运作效率十分低下。

解决"牛鞭效应"的根本对策是集成供应链中企业之间的关系,建立企业之间的诚信机制,实现信息共享。信息共享,就是供应链中各个企业共同拥有一些知识或行动,如生产、销售、需求等信息,实现信息共享,可以减少由于信息不对称或不完全带来的风险。供应商管理库存(Vendor-Managed Inventory, VMI)和联合管理库存(Jointly Managed Inventory, JMI)是两种最有效的供应链管理库存策略。

(二)供应商管理库存策略

供应商管理库存(Vendor-Managed Inventory, VMI)有助于打破传统的各自为政和条块分割的库存管理状况,是一种在供应商和用户之间的合作性库存控制策略,体现了供应链的集成化管理思想,适应市场变化的要求,是一种新的有代表性库存管理思想。

1. VMI 的基本思想

传统库存由其拥有者管理,无法确切知道用户需求与供应的匹配状态,这种库存管理模式并不总是最优的。供应链的各个不同组织根据各自的需要独立运作,导致重复建立库存,因而无法达到供应链全局的最低成本,整个供应链系统的库存会随着供应链长度的增加而发生需求扭曲。VMI 库存管理系统能够突破传统的条块分割的库存管理模式,以系统的、集成的管理思想进行库存管理,使供应链系统能够获得同步化的运作。

对于 VMI 的定义,国外有学者认为:"VMI 是一种在用户和供应商之间的合作性策略,以对双方来说都是最低的成本优化产品的可获得性,在一个相互认同的目标框架下,由供应商管理库存,这样的目标框架被经常性监督和修正,以产生一种连续改进的环境。"

本书认为,VMI 是一种以用户和供应商双方都获得最低成本为目的,在一个共同的协议下由供应商管理库存,并不断监督协议执行情况和修正协议内容,使库存管理得到持续改进的合作性策略。

VMI 管理模式是从 QR 和 ECR 理论基础上发展而来,其核心思想是供应商通过共享用户企业的当前库存和实际耗用数据,按照实际的消耗模型、消耗趋势和补货策略进行有实际根据的补货。由此,交易双方都变革了传统的单一企业的独立预测模式,尽最大可能地减少由于独立预测的不确定性导致的商流、物流和信息流的浪费,降低了供应链的总成本。

VMI 也有其他不同定义,但归纳起来,该策略的关键措施主要体现在如下几个原则中。

(1) 合作性原则。在实施该策略时,相互信任与信息透明是很重要的,供应商和用户(零售商)都要有较好的合作精神,才能够相互保持较好的合作。

(2) 互惠原则。VMI 不是关于成本如何分配或谁来支付的问题,而是关于减少成本的问题。通过该策略使双方的成本都获得减少。

(3) 目标一致性原则。通过供应链上的双方商议,签署框架协议,双方都明白各自的责任,观念上达成一致的目标。如库存放在哪里,什么时候支付,是否要管理费,要花费多少等问题都要回答,并且体现在框架协议中。

(4) 连续改进原则。这使供需双方能共享利益和消除浪费。VMI 的主要思想是供应商在用户的允许下设立库存,确定库存水平和补给策略,拥有库存控制权。精心设计与开发的 VMI 系统,不仅可以降低供应链的库存水平,降低成本,而且用户还可获得高水平的服务,改善资金流,与供应商共享需求变化的透明性和获得更高的用户信任度。

2. VMI 的实施价值

对分销商(批发商、零售商):

(1) 降低了库存管理和供应商管理的成本,可以集中发展核心能力;

(2) 降低了缺货率和积压率;

(3) 供应链库存环节成本的降低带来最终产品价格降低,可以增加竞争力并增加销售收入。

对供应商:

(1) 掌控终端需求信息,得到更为准确的预测,从而更有效地安排生产,增加整个生产的柔性,合理制定原材料采购计划,按顾客要求进行生产,提高产品质量,消除预期外的短缺

产品需求导致的额外成本,降低对安全库存的需求;

(2) 与下游用户发展长期合作的战略关系、进行有效沟通,有利于供应商的长期发展战略,使其在激烈的竞争中保持市场份额。

对双方:

(1) 供应商在产品管理上更专业化,可以实现更有效的库存管理和订货决策;

(2) 降低双方采购订单、发票、付款、运输、收货等交易时间和交易成本;

(3) 加强双方的伙伴关系,提高供应链的柔性和持续改进能力,为双方长远发展奠定坚实基础。

3. VMI 的实施方法

实施 VMI 策略,首先要改变订单的处理方式,建立基于标准的托付订单处理模式。供应商和批发商一起确定供应商的订单业务处理过程所需要的信息和库存控制参数,然后,建立一种订单的处理标准模式,如 EDI 标准报文,最后把订货、交货和票据处理各个业务功能,应用管理信息系统集成在供应商处。

库存状态透明性(对供应商)是实施供应商管理用户库存的关键。供应商能够随时跟踪和检查到销售商的库存状态,从而快速地响应市场的需求变化,对企业的生产(供应)状态做出相应的调整,为此需要建立一种能够使供应商和用户(分销、批发商)的库存信息系统透明连接的方法。

VMI 策略可以分如下几个步骤实施。

(1) 建立客户管理信息系统。要有效地管理销售库存,供应商必须能够获得顾客的有关信息。通过建立顾客的信息库,供应商能够掌握需求变化的有关情况,把由批发商(分销商)进行的需求预测与分析功能,集成到供应商的系统中来。

(2) 建立销售网络管理系统。供应商要很好地管理库存,必须建立起完善的销售网络管理系统,保证自己的产品需求信息和物流畅通。为此,必须保证产品条码的可读性和唯一性;必须解决产品分类、编码的标准化问题;必须解决商品存储运输过程中的识别问题。

(3) 供应商与分销商(批发商)之间达成并签署合作框架协议。供应商和销售商(批发商)一起通过协商,确定处理订单的业务流程以及控制库存的有关参数(如再订货点、最低库存水平等)、库存信息的传递方式(如 Internet 或 EDI)等。

(4) 对组织机构进行变革。这一点也很重要,因为 VMI 策略改变了供应商的组织模式。过去一般由会计经理处理与用户有关的事情,引入 VMI 策略后,在订货部门产生了新的职能负责用户库存的控制,以及库存补给和服务水平。

一般来说,在以下情况下适合实施 VMI 策略:零售商或批发商没有 IT 系统或基础设施来有效管理他们的库存;制造商实力雄厚,能够给供应商提供较大的市场需求,这个需求比零售市场的量大;有较高的直接存储交货水平,因而制造商能够有效规划运输。

4. VMI 的支持技术

VMI 的支持技术主要包括:EDI/Internet、ID 代码、条码、RFID、连续补给管理信息系统等。

(1) EDI/Internet。在处理商业或行政事务时,按照一个公认的标准,形成结构化的事务处理或信息数据格式,完成计算机到计算机的数据传输,实现供应商对用户的库存管理。

(2) ID 代码。供应商要有效地管理用户的库存,必须对用户的商品进行正确识别,为此对供应链商品进行编码,通过获得商品的标识(ID)代码并与供应商的产品数据库相连,以实现对用户商品的正确识别。供应商的产品按国际标准进行编码,以便在用户库存中对本企业的产品进行快速跟踪和分拣。实现 ID 代码标准化有利于进行数据交换与传送,提高了供应商对库存管理的效率。目前国际上通行的商品代码标准是国际物品编码协会(EAN)和美国统一代码委员会(UCC)共同编制的全球通用的 ID 代码标准。

(3) 条码。条码是 ID 代码的一种符号,包括一维条码和二维条码,是一种能够对 ID 代码进行自动识别,且将数据自动输入的信息化方法和手段。条码技术的应用解决了数据录入与数据采集的"瓶颈",为 VMI 提供了有力支持。

(4) RFID。RFID 的功能与条码的相似,是物流信息化的又一种新工具。较之于条码,RFID 具有信息量大、方便识别并且可以群读群写的优点,可以应用于比较恶劣的环境。

(5) 连续补给管理信息系统。连续补给管理信息系统将零售商向供应商发出订单的传统订货方法,变为供应商根据用户库存和销售信息决定商品的补给数量,这是一种实现 VMI 管理策略的有力工具和手段。

为了快速响应用户"降低库存"的要求,供应商通过和用户(分销商、批发商或零售商)建立合作伙伴关系,主动提高向用户交货的频率,使供应商从过去单纯地执行用户的采购订单变为主动为用户分担补充库存的责任,在加快供应商响应用户需求的速度同时,也使用户方减少了库存水平。

(三) 联合管理库存策略

1. JMI 的基本思想

通过几年的实施,VMI 被证明是比较先进的库存管理办法,但它也有以下局限性:VMI 的整体协作水平有限;VMI 是单行的过程,决策过程中缺乏足够的协商,难免造成失误;VMI 的实施减少了库存总费用,但在 VMI 系统中,库存费用、运输费用和意外损失(如物品毁坏)不是由用户承担,而是由供应商承担。由此可见,VMI 实际上是对传统库存控制策略进行"责任倒置"或"责任转移"后的一种库存管理方法,这无疑加大了供应商的风险。

为了克服 VMI 系统的局限性和规避传统库存控制中的牛鞭效应,联合管理库存(Jointly Managed Inventory, JMI)随之出现。简单地说,JMI 是一种基于供应链协调中心的库存管理方法,它在供应商与用户之间建立起了合理的库存成本、运输成本及意外损失的分担机制,将 VMI 系统中供应商的全责转化为各个用户的部分责任,从而使双方成本和风险共担,利益共享,有利于形成成本、风险与效益平衡,解决了供应链系统中由于各节点企业的相互独立库存运作导致的需求放大现象,提高了供应链的同步化、敏捷化程度。

JMI 要求双方都参与到库存的计划和管理中去,供需双方在共享库存信息的基础上,以消费者为中心,共同制订统一的生产计划与销售计划,将计划下达到各制造单元和销售单元执行。

JMI 解决了供应链系统中由于各节点企业的相互独立库存运作模式导致的需求放大现象,是提高供应链的同步化程度的一种有效方法。任何相邻节点需求的确定都是供需双方协调的结果,库存管理不再是各自为政的独立运作过程,而是供需连接的纽带和协调中心。

JMI 被看作是 VMI 的进一步发展与深化,通过共享库存信息联合制订统一的计划,加强相互间的信息交换与协调,有利于改善供应链的运作效率,增强企业间的合作关系。JMI 在每个企业内增加了计划执行的集成,并可以在消费者服务水平、库存风险和成本管理方面取得显著的效果。

JMI 把供应链系统管理进一步集成为上游和下游两个协调管理中心,库存连接的供需双方以供应链整体的观念出发,同时参与,共同制订库存计划,实现供应链的同步化运作,从而部分消除了由于供应链环节之间的不确定性和需求信息扭曲现象导致的供应链的库存波动。

JMI 在供应链中实施合理的风险、成本与效益平衡机制,建立合理的库存管理风险的预防和分担机制、合理的库存成本与运输成本分担机制和与风险成本相对应的利益分配机制。在进行有效激励的同时,避免供需双方的短视行为及供应链局部最优现象的出现。通过协调管理中心,供需双方共享需求信息,因而起到了提高供应链的运作稳定性作用。

2. JMI 的优势

JMI 能够给企业库存管理所带来的优势主要有:

(1) 信息优势。信息是企业的一项重要资源,而缺乏信息沟通也是上述库存管理中出现问题的主要原因。JMI 通过在上下游企业之间建立起一种战略性的合作伙伴关系,实现了企业间库存管理上的信息共享。这样既保证供应链上游企业可以通过下游企业及时准确地获得市场需求信息,又可以使各个企业的一切活动围绕着顾客需求的变化而开展。

(2) 成本优势。JMI 实现了从分销商到制造商、分销商到供应商之间在库存管理方面的一体化。联合库存管理减少了库存点和相应的库存设立费及仓储作业费,可以让三方都能够实现准时采购,这样不仅可以减少库存,还可以加快库存周转,缩短订货和交货提前期,从而降低企业的采购成本,提高了供应链的整体工作效率。

(3) 物流优势。联合库存管理将传统的多级别、多库存点的库存管理模式转化成对核心制造企业的库存管理,核心企业通过对各种原材料和产成品实施有效控制,使供应链库存层次简化和运输路线得到优化,简化了供应链库存管理运作程序。这种库存控制模式也为其他科学的供应链物流管理如连续补充货物、快速反应、准时化供货等创造了条件。

(4) 战略联盟的优势。JMI 的实施是以各方的充分信任与合作为基础展开的,JMI 要想顺利有效运行,对于分销商、制造商和供应商而言缺一不可,大家都是站在同一条船上。因此,JMI 的有效实施既加强了企业间的联系与合作,又保证了这种独特的由库存管理而带来的企业间的合作模式不会轻易地被竞争者模仿,为企业带来竞争优势。

3. JMI 的模式

在 JMI 环境中,供应商企业将取消自己的产成品库存,而将库存直接设置到核心企业的原材料仓库中,或者直接送到核心企业的生产线上。JMI 有以下两种模式。

第一种模式是集中库存控制模式。各个供应商的零部件都直接存入核心企业的原材料库中,即把各个供应商的分散库存变为核心企业的集中库存。集中库存要求供应商的运作方式是:按核心企业的订单或订货看板组织生产,产品完成时,立即实行小批量多频次的配送方式直接送到核心企业的仓库中补充库存。在这种模式下,库存管理的重点在于核心企业根据生产的需要,保持合理的库存量,既能满足需要,又能使库存总成本最小。

集中库存控制模式有以下几方面的优点。

(1) 由于所有供应商的库存都转移到了核心企业的原材料仓库中,供应链系统的库存控制问题,实际上就转化成了普通企业的库存控制问题。通过对核心企业库存量的控制,就能够达到对整个供应链的库存量进行控制。

(2) 从供应链整体看,联合库存管理减少了库存点,相应地减少了仓库设立费、仓储作业费,从而降低了供应链系统总的库存费用。

(3) 联合管理库存在减少物流环节、降低物流成本的同时,提高了供应链的整体工作效率。

(4) 供应商的库存直接存放在核心企业的仓库中,不但保障核心企业的零部件供应、取用方便,而且核心企业可以统一调度、统一使用管理、统一进行库存控制,为核心企业的快速高效的生产运作提供了强有力的保障条件。

(5) 核心企业通过对各个供应商的原材料库存量的控制,实际上也就控制了各个供应商的生产和配送运作,从而达到整个供应链优化运作的目的。

(6) 联合管理库存也为其他供应链物流管理创造了条件,如连续补充货(CRP)、快速反应(QR)、配送、准时制供货(JIT)等。

第二种模式是无库存模式。供应商和核心企业都不设立库存,核心企业实行无库存的生产方式。此时供应商直接向核心企业的生产线上进行连续小批量多频次的补充货物,并与之实行同步生产、同步供货,从而实现"在需要的时候,把所需要品种和数量的原材料送到需要的地点"的操作模式。这种准时化供货模式,由于完全取消了库存,所以效率最高、成本最低。但是对供应商和核心企业的运作标准化、配合程度、协作精神要求也高,操作过程要求也严格,而且两者的空间距离不能太远。

4. JMI 的实施要求

实施联合库存控制策略,供应商和用户应该做到以下几点。

(1) 库存连接的供需双方以供应链整体的观念出发,同时参与,共同制订库存计划,以解决供应链系统中由于各节点企业的相互独立库存运作而导致的需求放大现象。

(2) 建立有效的信息沟通渠道,提高信息的透明度、共享范围和使用价值。供应链库存管理要充分利用诸如条形码技术、RFID 技术、网络与通信技术等现代物流技术来加强信息交流的有效性和实时性。

(3) 在供需双方之间实施合理的风险、成本与效益平衡机制。一是要建立合理的库存管理风险的预防和分担机制;二是要建立合理的库存成本与运输成本分担机制;三是要建立与风险、成本相对应的利益分配机制,在进行有效激励的同时,避免供需双方的短视行为及供应链局部最优现象的出现。

(4) 两阶段供应链生产企业的联合库存控制。这里两阶段供应链生产企业是指在上下游两级生产企业中,上游企业作为供应商为下游企业提供零部件等物料,而下游企业作为核心企业或用户向上游企业采购自己所需要的物料。

对于这种局部供应链中供需双方的库存管理,传统的控制策略是供应商和核心企业都自设仓库,自己进行库存管理,不考虑合作伙伴间的共享问题,因此物料往往要从供应商企业的生产加工线上,经过几个中间仓库的入出库、中转运输等处理过程才能到达核心企业的生产加工线上。

5. JMI 的实施策略

（1）建立供应链协调管理机制。为了发挥 JMI 的作用，供应链各方应从合作的精神出发，建立供应链协调管理的机制，建立合作沟通的渠道，明确各自的目标和责任，为 JMI 提供有效的机制。这应从以下几个方面着手。一是建立供应链共同愿景。各方必须本着互惠互利的原则，建立共同的合作目标，要理解供需双方在市场目标中的共同之处和冲突点，通过协商形成共同的共赢的愿景。二是建立 JMI 的协调控制方法。JMI 担负着协调供应链各方利益的角色，起协调整个供应链的作用。JMI 需要对库存优化的方法进行明确确定，包括库存如何在多个需求商之间调节与分配，库存的最大量和最低库存水平、安全库存的确定，需求的预测等。三是建立利益的分配、激励机制。要有效运行基于协调中心的库存管理，必须建立一种公平的利益分配制度，并对参与协调库存管理中心的各个企业、各级供应部门进行有效的激励，防止机会主义行为，增加协作性和协调性。

（2）建立有效的信息沟通渠道。为了提高整个供应链需求信息的一致性和稳定性，减少由于多重预测导致的需求信息扭曲，应增加供应链各方对需求信息获得的及时性和透明性。整个供应链通过构建统一的库存管理信息系统，使所有的供应链信息与库存管理信息同步，提高供应链各方的协作效率，降低成本，提高质量。

（3）发挥第三方物流系统的作用。要实现联合库存，可借助第三方物流具体实施，把库存管理部分功能代理给第三方物流公司，使企业更加集中于自己的核心业务。第三方物流系统起到了供应商和用户之间联系的桥梁作用，为企业提供诸多好处，增加了供应链的敏捷性和协调性，提高了服务水平和运作效率。

面向协调中心的第三方物流系统使供应链各方都取消了各自独立的库存，增加了供应链的敏捷性和协调性，并且能够大大改善供应链的用户服务水平和运作效率。

四、供应链运作参考模型

（一）供应链协会和供应链运作参考模型 SCOR

在供应链管理的发展过程中，供应链协会 SCC（Supply Chain Council）一直扮演着一个重要的角色，它对供应链管理的应用起到了规范、指导和推动作用。1996 年初，两个位于美国波士顿的咨询公司——Pittiglio Rabin Todd & McGrath（PRTM）和 AMR Research（AMR），为帮助企业更好地实施有效的供应链，实现从基于职能管理到基于流程管理的转变，牵头成立了供应链协会（SCC），并于当年底发布了供应链运作参考模型（Supply Chain Operations Reference-model，SCOR）。

SCOR 是一个跨行业的标准供应链参考模型和供应链的诊断工具，提供了全面准确地优化各种规模和复杂程度的供应链所必需的方法。SCOR 对核心商业流程采用共同的工业术语和方法，因而也适用于那些专门的行业。SCOR 使企业间能够准确地交流供应链问题，客观地评测其性能，确定改进的目标，并影响今后供应链管理软件的开发。参考模型通常包含一整套流程定义、测量指标和比较基准，以帮助企业开发流程改进的策略。

（二）SCOR 的组成

SCOR 模型主要由如下四个部分组成。

（1）供应链管理流程的一般定义。SCOR 模型作为一个纲领，通过一系列流程步骤引导人们去了解和识别一个组织的业务流程，把握业务流程的现状，进而求得未来的期望状态，它使人们有章可循。

（2）对应于这些流程的性能指标基准。要对供应链项目实现成功的识别、评估、分析和优化，必须遵循一套科学的方法。SCOR 模型提供了一个标准业务流程之间的关系框架，通过量化同类企业的运行性能，建立最佳性能基准。

（3）供应链"最佳实践"（Best Practices）的描述。它为人们提供了一种最佳实践分析方法，评测业务流程性能的标准尺度以及产生最佳性能的实践标准，并描述了获得最佳性能的管理实践。

（4）选择供应链软件产品的信息。它给出了软件特性和功能的界定标准，描述获得最佳性能的管理措施和软件解决方案。

SCOR 参考模型如图 7-13 所示。

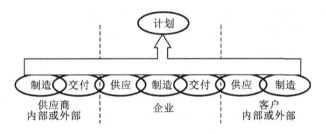

图 7-13　SCOR 参考模型

SCOR 模型按流程定义可分为四个层次，每一层都可用于分析企业供应链的运作。在第 4 层以下还可以有第 5、第 6 层等更详细的属于各企业所特有的流程描述层次，但这些层次中的流程定义不包括在 SCOR 模型中。

第 1 层确定了供应链运作参考模型的范围和内容，描述了五个基本流程，如图 7-14 所示，包括计划（Plan）、采购（Source）、生产（Make）、配送（Deliver）和退货（Return），并明确定义了这些流程的类型，是企业确立其供应链竞争性能和目标的基础。

企业通过对第 1 层 SCOR 模型的分析，可根据供应链运作性能指标做出基本的战略决策。然而，企业不可能在所有性能指标上都达到最优，因此，合理地选择那些对企业的成功最为重要的指标来评测其供应链性能极为重要。

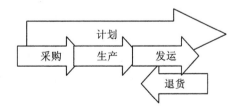

图 7-14　SCOR 流程第 1 层次定义

第2层是配置层,大约由24个核心流程类型组成,它们有可能成为供应链组成的过程内容。企业通过它们独特的供应链业务过程配置,可以选择这些核心业务过程构建其实际的或理想的供应链,实施它的供应链运作策略。例如,通过配置这些流程类型,企业可以构建一个面向订单配置的业务过程。

第3层是流程元素层,这一层次定义了企业成功取得竞争优势的能力,它们包括:定义和分解流程元素;规定每一个流程元素需要哪些信息输入,并期望哪些信息输出;对流程性能进行评测;最佳实践和为达到最佳性能所需软件系统的能力、系统工具等。

第4层是实施层,可以对流程元素进一步分解。该层定义了获得竞争优势的实践,对已配置的特定供应链进行实施,为了适应业务变化的环境,对实施方案不断进行调整。这一层随企业的具体情况而异,因此,SCOR并没有进行具体的定义。

(三) SCOR 的功能

SCOR为供应链改进提供了一个集成的、启发式的方法模型,它的主要功能如下:
(1) 提供一组识别和定义供应链业务流程的快速建模工具;
(2) 提供一组评价供应链的工具;
(3) 发布供应链的最佳实践和指标,作为供应链改造的目标;
(4) SCOR模型提供评价企业外部供应链性能的手段;
(5) 实现最佳实践的软件工具。

虽然SCOR并不涉及具体SCM的算法模型,但它建立了SCM系统时整体框架和过程的细节。SCOR还能帮助企业进行业务流程再造(BPR)和建立基准,用行业中先进企业的管理效能,即最佳实践作为典型和参照标准,并用最佳实践分析方法指导SCM的实施。利用SCOR还可以度量SCM软件的性能和应用企业的实施效果,这比当时缺少评价标准的MRP/ERP是一个重大的进步。

应用SCOR,企业可建立标准的过程描述,并能有效地评价其供应链过程。利用这种评价标准和最佳实施数据,可优化企业的活动,并进行定量分析以提高某一过程可能带来的潜在利益。把适用的软件产品与标准的供应链过程进行匹配,从而可权衡该产品是否满足要求。然而,SCOR不是一个软件指南,只是业务流程指南,但它可作为供应链管理软件开发商的参考。在许多情况下,改变管理流程即可使企业获得最佳业绩而不需要开发软件,因为SCOR本身就是一种先进的管理改进的方法论。

目前,国外许多企业已经开始重视、研究和应用SCOR。大多数企业都是从SCOR模型的第2层开始构建他们的供应链,这样常常会暴露出原有流程的效率低下之处,进而有必要对现有的供应链进行重组。典型的做法是减少供应商、工厂和配送中心的数量,有时公司也可以取消供应链中的一些环节。一旦供应链重组工作完成,就开始进行性能指标的评测和争取最佳业绩的工作。

企业在运营中自始至终必须努力提高其供应链管理的效率。在提高其自身的运作效率的同时,企业可以开始同供应商和客户一道发展被称为"扩展企业"的一种供应链成员间的战略伙伴关系。

五、供应链运作绩效评估

(一) 供应链运作绩效评价指标的特点及原则

1. 现行的企业绩效评价指标的特点

现行企业绩效评价指标的数据来源于财务结果,在时间上略为滞后,不能反映供应链动态运营情况。

现行企业绩效评价主要评价企业职能部门工作完成情况,不能对企业业务流程进行评价,更不能科学、客观地评价整个供应链的运营情况。

现行企业绩效评价指标不能对供应链的业务流程进行实时评价和分析,而是侧重于事后分析。

2. 供应链绩效评价指标的特点

企业竞争环境的变化迫切要求企业更新现行的经营管理理念,从供应链的整体角度出发加强对企业内部和外部各个经营环节的管理,并建立与之相适应的绩效评价体系。根据供应链管理运行机制的基本特征和目标,供应链绩效评价指标应能恰当地反映供应链整体运营状况以及上下节点企业之间的运营关系,而不是孤立地评价某一供应商的运营情况,应提出一些方法来测定整个供应链是否有能力适应竞争环境的变化,是否有能力满足市场顾客的需求。

3. 供应链绩效评价应遵循的原则

(1) 对关键绩效评价指标进行重点分析。

(2) 重视对供应链业务流程的动态评价,而不仅仅是对静态经营结果的考核衡量。

(3) 评价指标应能反映整个供应链的运营情况,而不是仅仅反映单个节点企业的运营情况。

(4) 要能反映供应链各节点(部门)之间的关系,注重相互间的利益相关性。

(5) 定性衡量和定量衡量相结合,内部评价和外部评价相结合,并注意相互间的协调。

(6) 重视对企业长期利益和长远发展潜力的评价。

4. 供应链绩效评价指标的作用

(1) 用于对整个供应链的运行效果做出评价。

(2) 用于对供应链上各个成员企业做出评价。

(3) 用于对供应链内企业与企业之间的合作关系做出评价。

(4) 除了对供应链企业运作绩效的评价外,这些指标还可起到对企业激励的作用,包括核心企业对非核心企业的鼓励,也包括供应商、制造商和销售商之间的相互激励。

(二) 以供应链管理理论为依托的企业绩效评价指标体系

基于上述评价原则,在以供应链管理理论为依托的企业绩效评价时应综合考虑企业供应链业务流程、供应链中上下各节点间的关系、供应链经济效益、供应链创新与学习能力四个方面,并分别为每个方面设定对应的评价指标。另外,企业绩效的评价和指标设定应根据具体的发展远景和战略进行,因而不同的企业(供应链),其评价侧重点和具体评价指标可以不同。

1. 对企业供应链业务流程的评价

(1) 产销率指标。产销率是指在一定时期内已销售出去的产品和已生产的产品数量的比值。企业供应链产销率是指一定时期内供应链各节点已销售出去的产品数量和已生产的产品数量的比值,即

$$产销率 = \frac{一定时间内已销售出去的产品数量(S)}{一定时间内生产的产品数量(P)}$$

该指标可反映供应链各节点在一定时期内的产销经营状况,供应链资源包、人、财、物、信息等有效利用程度,供应链库存水平。该指标值越接近1,说明供应链节点的资源利用程度越高和成品库存越小。

(2) 产需率指标。产需率是指在一定时期内,供应链各节点已生产的产品数量(或提供的服务)与其下游节点(或用户)对该产品(或服务)的需求量的比值,即

$$产需率 = \frac{一定时期内供应链节点企业已生产的产品数量(或提供的服务)}{一定时期内供应链下游节点企业对该产品(或服务)的需求数}$$

该指标反映供应链各节点间的供需关系。产需率越接近1,说明上下游节点间的供需关系协调,准时交货率高;反之,则说明上下游节点间的准时供应率低或供应链综合管理水平较低。

(3) 产品生产(或服务)循环期指标。供应链产品生产(或服务)循环期是指供应链各节点产品生产(或服务)的生产间隔时间。该指标可反映各节点对其下游节点需求的响应程度。循环期越短,说明该节点对其下游节点的快速响应性越好。在实际评价中,我们可以以各节点的循环期总值或循环期最长的节点指标值作为整个供应链的产品生产(或服务)循环期。

(4) 供应链总运营成本指标。供应链总运营成本包括以下几方面。

① 供应链信息系统成本。包括供应链信息系统成本的开发与维护费及 EDI、Internet 的建设和使用费等通信费用。

② 供应链总库存费用。包括各节点企业在制品库存和成品库存费用、各节点之间运输储存费用。

③ 各节点企业外部运输费用。等于供应链的所有节点企业之间运输费用之和。

2. 对供应链上下节点间关系的评价

(1) 准时交货率指标。准时交货率是指在一定时期内供应链各节点准时交货(或服务)次数占其总交货(或服务)次数的百分比。准时交货率低,说明其协作配套的生产(服务)能力达不到要求,或对生产(服务)过程的组织管理能力跟不上供应链运行要求;反之,则说明供应链的生产(服务)能力强,生产管理水平高。

(2) 成本利润率指标。成本利润率是指供应链各节点单位产品(服务)净利润占单位产品(服务)总成本的百分比。产品(服务)成本利润率越高,说明供应链的赢利能力越强,企业的综合管理水平越高。

(3) 产品质量合格率指标。产品质量合格率是指供应链各节点提供的质量合格的产品(服务)数量占产品(服务)总产量的百分比,它反映供应链节点提供货物的质量水平。

(4) 售后服务质量指标。售后服务质量指标定性地评价供应链各节点在销售产品或提供服务后,对产品进行跟踪服务的质量。在竞争激烈的市场环境下,售后服务成为竞争对手之间非价格竞争、留住客户、挖掘客户潜在需求的主要手段。售后服务质量评价指标主要有客户售后服务响应时间、一定时期内客户访问次数、产品(服务)返修率、客户抱怨投诉次数等。

3. 供应链经济效益评价

供应链经济效益评价可采用传统关键性的财务评价指标,如销售利润率、可比产品成本降低率、存货周转率、应收账款周转率、总产值增长率、利润增长率等。各指标的含义均很明显,应用也很广泛,这里就不重复介绍。需要说明的是,对企业经济效益的评价应从收益性、安全性、流动性、成长性四个方面全面衡量;另外,应从企业的远景目标和发展战略出发,选取关键性的财务评价指标,并注意与其他层次评价指标间的相容性,避免相互间的冗余、冲突。

4. 供应链创新与学习能力评价

在竞争越来越激烈的全球性经济环境中,对企业供应链创新与学习能力的评价显得越来越重要,以往的绩效评价中很少注意这一方面。供应链创新与学习能力是企业核心竞争力的具体表现之一,亦是企业长盛不衰、长足进步的根本保证。

(1) 智力资本比率指标。智力资本比率是指企业(供应链)总资产中无形资产和人力资源价值所占的比重。智力资本比率指标可在一定程度上反映企业是否重视智力资本以及智力资本对其生产经营活动的作用大小,在一定程度上是企业在新经济条件下能否适应市场,在竞争中求得生存、发展的能力体现。

(2) 新产品(服务)收入比率指标。新产品(服务)收入比率是指企业(供应链)在一定时期内由于提供新型产品或服务所获得的收入占总收入的百分比。该指标反映的是企业的产品(服务)研发能力和对新产品(服务)的综合营销能力,新产品(服务)收入比率指标值越大,说明企业(供应链)的新产品(服务)设计、开发能力越强,对新产品(服务)的综合营销能力越强。

(3) 雇员建议增长率指标。雇员建议增长率是指一定时期内企业(供应链)雇员向公司提交的合理化建议数量与上一评价期相比的增长率。该指标值越高,说明企业内民主管理意识高、员工的参与意识强。从一定程度而言,雇员建议增长率指标也是企业(供应链)管理活力强弱的具体体现之一。

确定了绩效评价指标后,可选择一定的评价方法对本企业(供应链)的经营管理绩效进行定量评价。首先确定各层次指标的相对重要性权重,再运用一定的方法得到一个反映企业(供应链)整体绩效的综合指标值。

供应链协会(Supply Chain Council)在供应链运营参考模型(SCOR)中推荐的供应链绩效关键评价指标(KPI)共有如下 13 个。

交货能力(Delivery Performance):按照客户要求的天数,或在客户要求的天数之前,或在原计划的交货天数之前执行订单的百分比。

订货满足率(Fill Rate):在收到订单的 24 小时内用库存发货的订单百分比。

订货提前期(Order Fulfillment Lead Time):从客户放单到收到订货实际所需的平均

时间。

订单完全执行率(Perfect Order Fulfillment):满足全部交货要求的订单完成百分比。按时、按质、按量,具有完整的和准确的单证,且没有产生货损。

供应链响应时间(Supply Chain Response Time):供应链系统对需求的非正常或显著变化的响应时间。

生产柔性(Production Flexibility):对上游企业,达到所能承受的非计划的20%增产能力所需要的天数。对下游企业,在没有存货或成本损失的情况下,在交货期30天之前企业所能承受的订货减少百分比。

供应链管理总成本(Total Supply Chain Management Cost):供应链相关成本总和,包括管理信息系统、财务、计划、存货、物料采购和订单管理等成本。

产品销售成本(Cost of Good Sold):购买原材料和加工制造成本,包括直接成本和间接成本。

增值生产率(Value-Added Productivity):人均增值率=(产品销售总额-物料采购总成本)/用工总人数。

担保成本或退货处理成本(Warranty Cost or Returns Processing Cost):物料、劳动力和产品缺陷的问题诊断成本,或退货处理成本。

可供应存货天数(Inventory Days of Supply):以计提超储和过期损失之前的标准成本计算的存货总值。

可供应存货天数=(原材料和在制品+厂内制成品+厂外制成品和样品+其他)×365天/产品销售成本。

现金周转期(Cash-to-Cash Cycle Time):现金周转期=存货供应天数+销售未付款天数-采购原料的平均付款天数。

资产周转率(Asset Turns):资产周转率=产品销售总额/净资产总额。

(三)标杆法供应链管理中的应用

标杆法在供应链管理环境下,一个节点企业运行绩效的高低,不仅关系到该企业自身的生存与发展,而且影响到整个供应链的其他企业的利益。因此,建立绩效度量指标和方法只是手段,目的是激励各个企业都要创造一流绩效,通过树立标杆促使其他企业采取措施迎头赶上。在现代企业管理方法体系中,标杆法(Bench-marking)得到了越来越多的应用。标杆法广泛用于建立绩效标准、设计绩效过程、确定度量方法及目标管理上。

1. 标杆法简介

标杆法就是将那些出类拔萃的企业作为企业测定基准,以这些企业为学习的对象,其他企业迎头赶上,并进而超过之。一般地说,标杆法除要求测量相对于最好公司的企业的绩效外,还要发现这些优秀公司是如何取得这些成就的,利用这些信息作为制定企业绩效目标、战略和行动计划的基准。值得指出的是,这里的优秀公司也并非局限于同行业中的佼佼者,它可以在各种业务流程的活动中,与那些已取得出色成绩的企业相比较。

绩效标杆法认为传统的建立绩效目标的方法是不全面的。利用过去的标准或者与企业内部标准比较的方法,都不能对引导企业了解竞争对手、为企业制定提高绩效能力的计划提供充分的信息。当然,标杆法也并不总是一定要与竞争对手比较,有些企业也经常与非竞争对手比较。作为一种信息来源,特别是当建立标杆过程,或者对不同企业的功能活动(如供应商管理)具有共用性时,从合作伙伴获得标杆信息,往往比从竞争对手那里获得更容易。

标杆法对那些没有处于领先地位的企业是非常有用的。但是,许多企业并没有认识到这一点。平时不注意这方面的工作,一旦发现竞争对手推出更有竞争力的产品时再去采取行动,总是一种被动行为。例如,一个企业发现竞争对手推出一种新产品,然后赶紧分析为什么它的产品那么有竞争力,这就是一种反应性的标杆法。尽管反应性标杆法比较被动,但一旦通过标杆的实施过程找到了竞争对手的优势,企业就可以利用在标杆过程中获得的知识,创造各种方法,超过竞争对手。

行业领先企业也应该经常性地开展标杆活动。一个企业如果不注意其竞争对手的发展,虽有可能在一时一事占据一定的优势,但不可能在市场上始终处于领先地位。

1) 标杆法的种类

有三种基本的绩效标杆法。

第一种是战略性标杆(Strategic Benchmarking)。包含一个企业的市场战略与其他企业的市场战略的比较。战略性标杆通常包括这几个方面的问题:竞争对手强调什么样的市场?什么是竞争对手的市场战略?支持竞争对手市场战略的资源水平是什么?竞争对手的竞争优势集中于哪些方面?战略性标杆使一个企业得以获得占领先地位企业的市场战略。

第二种是操作性标杆(Operational Benchmarking)。操作性标杆以职能性活动的各个方面为重点,找出有效的方法,以便在各个职能上都能取得最好成绩。为了解决主要矛盾,一般选择对标杆职能有重要影响的有关职能和活动,以便使企业能够获得最大的收益。

第三种是支持活动性标杆(Support-Activity Benchmarking)。企业内的支持功能应该显示出比竞争对手更好的成本效益,通过支持活动性标杆控制内部间接费用和防止费用的上升。

2) 实施标杆法的收益

一个企业开展标杆活动是希望能够获得一定的收益。第一,标杆实施过程帮助企业辨别最优秀企业及其优秀的管理功能,并将之吸收到企业的经营计划中来,以通过标杆活动改进工作绩效。这个过程可以激励管理人员更好地完成绩效计划,使人们发挥出更高的创造性,取得实施标杆法的实际效益。第二,可克服阻碍企业进步的顽疾。管理者通过对比外界的状况,找出本企业中深层次的问题和矛盾,再根据标杆企业成功的做法,决定采取何种措施保持企业的持续发展。第三,是一种市场信息的来源。例如,可以通过实施标杆法发现过去没有意识到的技术或管理上的突破。最后,通过标杆的实施过程使得企业间各个部门的结合更加紧密。

3) 标杆法成功的关键因素

标杆法的成功实施受到多种因素的影响,其中有些是关键性的因素。绩效标杆必须成为能为企业全体人员所接受的实实在在的过程,而不能搞形而上学或者其他形式主义。全体人员必须把绩效标杆看作是建立企业竞争战略的长久措施。企业高层领导的支持也是十分关键的因素。

企业还必须注意收集有关数据。首先要了解哪些企业是第一流的,然后要分析为什么这些企业能够成为第一流的企业,最后还要确定标杆实施效果的定量分析方法。标杆过程成功地依赖于细致的、准确的数据和信息处理,这是整个标杆实施过程的一个重要组成部分。

管理人员必须把标杆实施过程看作是向其他企业学习和改进本企业工作的一个有效途径。在一些经营还过得去的企业里,有些人不愿承认竞争对手的优势而认为标杆过程不必要,这种思想是十分有害的。市场是千变万化的,稍有放松就会落后。因此,从思想深处认识到标杆的作用是关键因素之一。

4) 信息和数据来源

详细而准确收集数据的能力是标杆实施成功的关键因素之一。标杆过程的一个主要任务就是确定数据来源,一个较为常用的方法是从商业期刊或者图书馆的资料库获得相关数据和信息。商业期刊及其他出版物经常报道一些经营或管理出色的企业,其中就有关于该企业的绩效评价等内容。学术研讨会和工业界的交流会也是很好的信息来源,特别是对具体的操作层。这些会议通常就不同的主题进行讨论,交换思想。一些处于领先地位的企业经常被邀请做报告,通过这些会议可以获得哪些企业是最优秀的线索,因此,企业管理人员要经常参加各种学术会议或研讨会之类的活动。企业的供应商是另一种重要的信息源。企业的采购人员可以向供应商询问哪些企业是标杆的最好对象。企业也可以依靠专业咨询机构或者其他专家选择标杆目标。Internet 网络是一个资源庞大的信息库,通过它,并进行认真筛选,可以获得大量有益的信息。

在获得一定数量信息的同时,还要对这些数据和信息的质量给予充分注意。企业要努力收集那些有用的信息,而不是看方便与否。

2. 标杆的实施过程

标杆实施的过程包括以下五个阶段。

(1) 计划阶段。计划是第一个、也是最关键的一个阶段。在此阶段中,企业要提出哪些产品或者职能需要实施标杆法,选择哪一企业作为标杆目标,需要什么样的数据和信息来源等。标杆计划应该集中精力解决标杆实施的过程和方法问题,而不是追求某些数据指标。

(2) 分析阶段。本阶段的主要工作是数据和信息的收集与分析。企业必须分析为什么被定为标杆的企业更好一些,它在哪些方面真正是优秀的,标杆企业与本企业的差距到底有多大,怎样把标杆企业的成功经验用于本企业的改进上来等问题。这一阶段是很关键的,因为若目标定位不准,将导致后续工作偏离预定目标。

(3) 整合阶段。整合(Integration)是将标杆实施中的新发现,在组织内进行沟通,使有关人员了解和接受这些新的发现,然后基于新发现建立企业的运作目标和操作目标。

(4) 行动阶段。确定项目、子项目负责人,具体落实绩效标杆计划和目标,建立一套报告系统,能够对计划和目标进行修改和更新。

(5) 正常运作阶段。当企业的标杆能成为制订绩效计划、绩效目标的方法时,就进入正常运作阶段。

根据标杆法的特征,标杆实施的程序如图 7-15 所示。将上述五个实施步骤与图中实施过程相结合,可以构成一个体系相对完整的标杆实施方法。

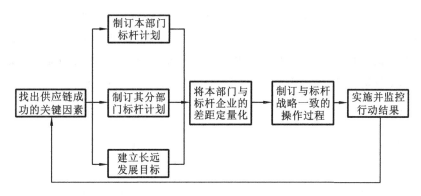

图 7-15 标杆实施过程示意图

第三节 供应链管理流程设计

一、业务流程重组

(一)业务流程重组概述

业务流程重组(Business Process Reengineering,BPR)的本质,在于最有效地利用企业内外的资源,追求资源的可得性,以维持企业的生存和发展。在传统的管理模式下,企业以劳动分工和职能专业化为基础,组织内部的部门划分非常细,各部门的专业化程度较高。这种组织形式及与其伴随的业务流程适合于市场相对比较稳定的环境,而在当今市场需求突变、经营模式发生变化的情况下,则显现出很大的不适应性。

在供应链管理的概念提出后,也发现传统的组织结构形式和业务流程在实施供应链管理的过程中显现出一定的不适应性,这说明在现代激烈的市场竞争中企业要寻求更大的发展,就必须建立适应供应链管理的企业组织结构和对企业业务流程进行再造。

依据波特教授的价值链理论,每一个企业,包括该企业在内,是整个外部供应链上的一个环节,即该企业向外部价值链贡献价值。对于一个企业来说,如何使企业内部各项活动之间紧密衔接,保证物流和信息流的顺畅,消除不必要的不产生增值效应的中间环节是尤为重要的,即实现企业内部价值链的优化,它是实现企业外部价值链优化的前提,进而实现整个供应链系统的优化。因此,供应链体系的建立,需要重组企业内的业务流程和组织结构。

BPR,最早源于计算机软件维护过程中的反向工程(Reverse Engineering)的概念,定义为:"BPR 是对企业的业务流程作根本性的思考和彻底重建,其目的是在成本、质量、服务和速度等方面取得显著的改善,使得企业能最大限度地适应以顾客(Customer)、竞争(Competition)、变化(Change)为特征的现代企业经营环境。"

BPR 就是以业务过程为中心,打破传统的组织分工理论,提倡组织变通、员工授权、顾客导向及正确地利用信息技术,建立企业新型的业务过程,保证通畅的信息流,达到适应快速变动的外部环境的目的;围绕着新的业务过程,从组织体制上彻底打破原有的多层次管理模式,按作业过程和具体任务将分散于各部门的职能重新组合起来,建立纵横的、扁平式的柔性管理体系;以回归原点和从头做起等新观念和思维方式,重建管理程序,以集体智慧将企业系统所欲达到的理想目标逐一列出后,展开功能分析,经过综合评价和通盘考虑筛选出基本的、关键的、主要的系统功能,并将其优化组合形成企业新的运行系统。

(二)业务流程重组的核心内容

根据 BPR 的定义,分析企业 BPR 的内涵,应关注以下四个核心内容。

1. 根本性再思考

根本性再思考(Fundamental)表明业务流程再造所关注的是企业一系列的核心问题,例如为什么要做现在的工作、为什么要用现在的方式做这份工作、为什么必须是由我们而不是别人来做这份工作等。通过对这些根本性问题的仔细思考,企业有可能发现自己赖以存在或运转的商业假设是过时的,甚至是错误的。

2. 彻底性再设计

彻底性再设计(Radical)意味着对事物追根溯源,对既定的现存事物不是进行肤浅的改变或调整修补,而是抛弃所有的陈规陋习以及忽视一切规定的结构与过程,创造发明全新的完成工作的方法;它是对企业进行重新构造,而不是对企业进行改良、增强或调整。

3. 戏剧性改善

戏剧性改善(Dramatic)意味着业务流程再造寻求的不是一般意义的业绩提升或略有改善、稍有好转等,进行再造就要使企业业绩有显著的增长、极大的飞跃,业绩的显著增长是 BPR 的标志与特点。

4. 业务流程

BPR 关注的要点是企业的业务流程(Process),并围绕业务流程开展重组工作。业务流程是指一组共同为顾客创造价值而又相互关联的活动。将企业的业务过程描绘成一个价值链(Value Chain),竞争不是发生在企业与企业之间,而是发生在企业各自的价值链之间。只有对价值链的各个环节——业务流程实行有效管理的企业,才有可能真正获得市场上的竞争优势。

(三)业务流程重组的类型

不同行业、不同性质的企业,流程重组的形式不可能完全相同。企业可根据竞争策略、业务处理的基本特征和所采用的信息技术的水平来选择实施不同类型的 BPR。根据流程范围和重组特征,BPR 可分为以下三类。

1. 功能内的 BPR

功能内的 BPR 通常是指对职能内部的流程进行重组。在旧体制下,各职能管理机构重叠、中间层次多,而这些中间管理层一般只执行一些非创造性的统计、汇总、填表等工作,计算机完全可以取代这些业务而将中间层取消,使每项职能从头至尾只有一个职能机构管理,做到机构不重叠、业务不重复。例如,物资管理由分层管理改为集中管理,取消二级仓库;财务核算系统将原始数据输入计算机,全部核算工作由计算机完成,变多级核算为一级核算等。

2. 功能间的 BPR

功能间的 BPR 指在企业范围内,跨越多个职能部门边界的业务流程重组。例如,北京第一机床厂进行的新产品开发机构重组,以开发某一新产品为目标,组织集设计、工艺、生产、供应、检验人员为一体的承包组,打破部门的界限,实行团队管理,以及将设计、工艺、生产制造并行交叉的作业管理等。这种组织结构灵活机动,适应性强,将各部门人员组织在一起,使许多工作可平行处理,从而可大幅度地缩短新产品的开发周期。

3. 组织间的 BPR

核心企业采用共享数据库、EDI 等信息技术,将公司的经营活动与配件供应商的经营活动连接起来。配件供应商通过数据库了解其生产进度,拟订自己的生产计划、采购计划和发货计划,同时将发货信息传给核心企业。

核心企业的收货员在扫描条形码确认收到货物的同时,通过 EDI 自动向供应商付款。这样,使核心企业与其零部件供应商的运转像一个公司似的,实现了对整个供应链的有效管理,缩短了生产周期、销售周期和订货周期,减少了非生产性成本,简化了工作流程。这类 BPR 是目前业务流程重组的最高层次,也是重组的最终目标。

由以上三种类型的业务流程重组可以看出,各种重组过程都需要数据库、计算机网络等信息技术的支持。ERP 的核心管理思想是实现对整个供应链的有效管理,与 ERP 相适应而发展起来的组织间的 BPR 创造了全部 BPR 的概念,是全球经济一体化和 Internet 广泛应用环境下的 BPR 模式。

二、供应链管理环境下企业业务流程重构的几个问题

实施 BPR 之前,首先要以企业的流程为中心,重组管理部门;然后使用先进的信息技术与先进的管理流程相匹配,最大限度地发挥出企业的竞争潜力。要使企业组织变革能达到这样的效果,就要在 BPR 指导下,实施如下的企业业务流程重新设计的战略。

(一) 从整体上把握工作流程的重新设计

BPR 是一切从零开始,从企业整体来考虑流程的再设计。因此,以 BPR 为指导的企业组织变革设计策略强调,首先在人们头脑中树立起对整体流程重新设计的概念。

供应链管理理念的核心是将资源配置从一个企业扩展到多个企业,因此,在这种环境下的工作流程设计不仅要考虑企业内部的部门重组,而且要把流程的工作特征考虑到相关企业中去。

(二) 确定首要的企业流程重构的项目

企业中有各种各样的作业流程,结构十分复杂。全面铺开势必分散力量,难以取得成功。应该首先选择一些关键性的作业流程作为实施 BPR 的项目,以关键流程带动一般流程

的重构。可以考虑以销售部门(接受订单)或供应采购部门(发出要货订单)为核心展开流程再造。

(三)分析和评价现行作业流程

分析现行作业流程是为了找出存在的问题,以免在将来的流程中重新出现;评价现行作业流程是为了对将来的改进找到一个比较的基准。例如,如果要缩短生产周期和降低成本,就要测出现行作业流程下生产周期和成本的准确值,作为将来评价供应链管理模式实施后,在这两个目标上取得绩效的基准。

(四)选择合适的信息技术手段

现行的作业流程都是在传统管理模式下设计出来的,因而企业在工作流程上并没有与供应链管理及其信息支持体系有多大的关系。现在,在引入信息技术时,首先要明确定义企业职能部门和作业流程的实体,明确企业在供应链管理模式下运作的要求,然后再选择计算机系统和管理软件的开发环境。

BPR 强调在作业流程设计的初始阶段就考虑信息技术的作用,根据信息技术的能力确定新的作业流程。因此,信息技术不仅是供应链管理的支持系统,而且还影响着新流程的构成。

(五)设计和建立作业流程的原型系统

在对作业流程进行分析的基础上,用现代计算机辅助软件工具建立原型系统。这里所说的原型系统包括软件系统和组织系统,软件原型系统是指为支持新作业流程而开发的软件;组织原型系统是指为了使新作业流程正常运作而重新组织起来的人员和岗位。

经过一段时间的运作,会发现新流程中存在的问题并获得对新流程应有的认识和技术,可以此为基础,建立更好、更完善的作业流程,为实施供应链管理模式打下基础。

(六)取得合作伙伴的支持和配合

供应链管理下的企业业务重构不同于单个企业内部的流程重构。企业除了要对其内部流程改造外,还必须改造与合作伙伴共同进行的业务。因此,在理想的情况下,供应链管理业务流程重构应该从整个系统出发,所有节点企业同步进行重构。特殊情况时也应着重做好有接口关系企业的协调工作,首先得到它们的配合,否则供应链的整体协调性就难以保证。

三、在供应链管理环境下进行企业的 BPR

(一)重构原则

(1)采用合适的工具和方法设计业务流程,以满足一定的战略业绩目标。
(2)应用连续改善的技术促进企业提高业绩水平。

(3) 采用有效的变化管理方法以调整供应链企业的人力和文化,从而适应新的工作流程。

(4) 正确应用信息技术,企业要根据实际情况发展信息技术,同时要根据信息技术与供应链管理集成的特点进行流程再造。

(5) 最高领导层的参与以及领导的重视至关重要。

(二)供应链企业组织系统重构模型

在供应链企业的组织系统的重构中采用动态模型,通过工业工程、控制工程、系统模拟和业务重构等输入的集成,达到供应链的重构。供应链的重构过程及方法模型如图 7-16 所示。

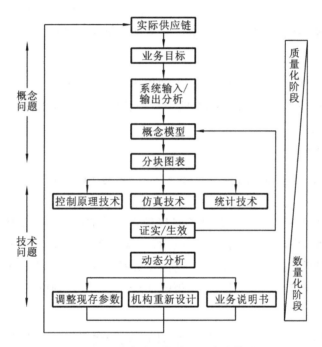

图 7-16 供应链重构过程和方法模型

(三)供应链 BPR 失败的原因和忠告

BPR 应用状况喜忧参半。成功与失败不是偶然、孤立的,而是一系列必然因素的结果。通过对国内外 BPR 失败案例的系统分析,可以将失败的原因归纳如下。

1. 误择流程重组的时机

BPR 实践证明,企业并不总需要进行彻底的重组,也不是企业的所有阶段都适合进行彻底的重组。BPR 虽是高收益的项目,但也伴随着巨大的风险,因此必须明确企业重组的动机,选择好企业重组的最佳时机。

通常有如下三种情况:第一,企业陷入困境,营业额和市场占有率大幅度下降,产生严重的亏损现象,面临生存危机,这时,员工配合意愿强,愿意为重组承担额外的工作负担;第二,趁主要竞争对手进行重组之际,进行本企业重组,以超过对手成为标杆;第三,企业预感到某项新科技的产生足以改变市场的竞争规则时,运用此项新规则,进行流程重组,以创造竞争优势。

2. 误择流程重组的环节

流程重组不能全线出击,必须首先分析全部作业流程,选择存在问题最突出的环节或核心环节进行重组,而如何确定这样的环节,是件艰苦的工作。在具体分析时,必须考虑这些问题:这项流程是否已经成为企业发展的"瓶颈";这项流程重组后能否解决企业面临的危机;这项流程重组成功的概率有多大;这项流程重组失败的后果有多严重。

3. 忽视自上而下的领导和自下而上的变革

企业重组必须由权威领导对整个过程负有自上而下的责任;而同时,作为一个团队运作,除了需要有最高主管的领导之外,还需要全体员工主动的、创造性的合作。

4. 错误理解 IT 在 BPR 中的角色

将 BPR 等同于 IT 是错误的,而忽视 IT 的作用也是错误的。信息技术的真正价值在于它提供了必要的工具和手段,使得人们有能力打破传统的管理规则,创造出新的工作方式,从而给企业带来活力。

5. BPR 的不成熟

至今,BPR 作为一种革新理论,BPR 还远未成熟,对 BPR 内在机理和本质规律的深程度的认识还远未建立。

而且,先进的理论、革命性的思想并不足以带来实践的成功。方法体系不健全,分析工具不得力,都是阻碍 BPR 在实践中取得成效的因素。因此,迫切需要建立 BPR 的方法体系,研究 BPR 的实施策略,包括开发 BPR 流程分析模型及规范化程序,构造 BPR 组织体系与管理结构等,这是指导 BPR 项目成功实施的基础,也是 BPR 理论走向成熟的需要。

6. BRP 固有的缺陷

BPR 最大的特点是"根本性"和"彻底性",同时也构成了它自身无法克服的缺陷。如果企业将 BPR 作为其管理革命的唯一方法,那它往往会失败。

企业在实施 BPR 的同时,也必须注意持续性改进,因为:①流程重组之后,必须经过一段时间的调整与改进,才能达到和谐统一,实施 BPR 企业犹如完成一次质的飞跃,如何巩固这一成果,还需要量的积累;②企业中有不同层次的员工,其素质和位置不同,对他们的要求也有所不同。对于处于企业决策层的高级职员,BPR 的思想将带来大规模的重新设计,而对于企业的多数员工而言,BPR 思想则转化为小规模的逐步改进。

总之,以上六点是导致 BPR 失败的主要原因,前四点固然重要,但 BPR 的不成熟性和其固有缺陷也正逐渐引起人们的重视。目前许多学者都致力于这方面的研究,希望建立起一套系统、实用的方法体系来促成 BPR 由理论到实际的转变。

第七章

供应链设计

小 结

（1）供应链，是指商品到达消费者手中之前各相关者的连接或业务的衔接，是围绕核心企业，通过对信息流、物流、资金流的控制，从采购原材料开始，制成中间产品以及最终产品，最后由销售网络把产品送到消费者手中的将供应商、制造商、分销商、零售商，直到最终用户，连成一个整体的功能网链结构。

（2）常见供应链的拓扑结构模型：链状模型、网状模型、虚拟企业和石墨模型。

（3）供应链设计的原则：战略性原则、系统性原则、创新性原则、协调和互补原则、发展原则、客户中心原则、简洁性原则。

（4）供应链设计和管理的目标是降低成本、提高利润，其前提是供应链能保证产品在流通中畅通无阻、供应链对客户的需求变化能作出迅速反应，这体现了以产品为中心的供应链设计策略(Product - Based Supply Chain Design, PBSCD)。

（5）根据功能，供应链可以划分为两种类型：有效性供应链(Efficient Supply Chain)和反应性供应链(Responsive Supply Chain)。有效性供应链主要体现供应链的物理功能，即以最低的成本将原材料转化成零部件、半成品、产品，以及在供应链中的运输等。反应性供应链主要体现供应链的市场中介的功能，即把产品分配到满足用户需求的市场，对未预知的需求作出快速反应等。

（6）供应链管理的两种方法：快速反应法(Quick Response, QR)和有效客户反应法(Efficient Consumer Response, ECR)。

（7）VMI是一种以用户和供应商双方都获得最低成本为目的，在一个共同的协议下由供应商管理库存，并不断监督协议执行情况和修正协议内容，使库存管理得到持续改进的合作性策略。

（8）JMI要求双方都参与到库存的计划和管理中去，供需双方在共享库存信息的基础上，以消费者为中心，共同制订统一的生产计划与销售计划，将计划下达到各制造单元和销售单元执行。

（9）BPR就是以业务过程为中心，打破传统的组织分工理论，提倡组织变通、员工授权、顾客导向及正确地利用信息技术，建立企业新型的业务过程。

综合案例

解读高露洁公司的供应链战略

高露洁公司(Colgate-Palmolive)作为一家知名的跨国公司，向来以采用正确的发展策略为业内称道。高露洁为综合管理其供应链，建立了全球供应链管理系统。高露洁公司希望充分利用对其核心SAPR/3解决方案的投资，进一步完善全球供应链管理，改善对零售商和客户的服务,减少库存,增加盈利。

消费品行业的领袖,总部位于美国纽约的高露洁公司是一家资产达94亿美元的全球性消费品公司,在美国及全球范围内制造并销售的消费类产品种类繁多,包括牙膏、肥皂、洗涤用品和宠物食品等。该公司的业务遍布两百多个国家,其中70%的销售来自国际市场,80%的雇员位于海外。高露洁公司在SAP企业管理解决方案的基础上,建立高露洁mySAP供应链管理(mySAPSCM)。

高露洁公司采用SAP提供的企业管理核心解决方案,通过财务管理、后勤规划和其他业务环节等,统一支持公司的运营。采用SAP的系统也推动了高露洁公司内部所有产品命名、配方、原材料、生产数据及流程、金融信息等方面的标准化。

这些方面的改进提高了高露洁公司在全球的运营效率。例如,在经营领域,SAP企业管理解决方案能够巩固生产设施。国际市场上消费品的竞争十分激烈,尽管高露洁在SAP系统的帮助下取得了很大发展,但还有些方面需要完善。通过实施SAP的R/3系统,高露洁公司将产生订单和完成订单的实现率提高到90%,但它仍希望通过突破公司在需求和能力方面的局限将该数字提高。此外,通过SAP系统,高露洁公司在北美将订单在企业内部循环的时间由9天缩减到5天,但即使这样成本还是很高。

一、聚焦供应链

为解决上述问题,高露洁公司建立了全球供应链系统。在该系统中,高露洁公司确定了三个主要的供应链战略。首先是推出VMI项目,大幅削减渠道的库存和循环时间。其次,高露洁公司还想实施一个跨边界资源计划,将地域性模式拓展为全球性模式。这种模式转型可以提高企业的预测能力,减少非盈利股份,凝聚资产,平衡公司的全球业务。最后,高露洁公司还将实施一个与下游企业的协同计划程序,用来管理供应链中的市场需求和协调各项活动。

在高露洁公司内部,VMI是一个推动过程,公司将根据VMI提供的每日消费需求与库存信息对各消费者中心进行补充。目前VMI的重点在北美,在那里,VMI管理着来自5个工厂40%的集装箱,涵括40个分销中心,12个消费区,包括高露洁公司所有的产品。由于mySAPSCM使高露洁能更加准确地契合供给与需求,最终降低了成品库存,提高了在产订单和已完成订单的达成率,缩短了补充循环的时间。

VMI商业程序由mySAPSCM供应网络的规划能力支持。每天来自消费分销中心的库存量和需求信息传递到mySAPSCM,对需补充的订单数进行统计。mySAPSCM能够对企业生产能力信息进行综合以确定生产需求和供应不足。随后,补充订单通过EDI传回给消费者进行确认,然后处理顾客的要求。VMI调度98%在产订单和已完成订单,并将补充订单循环时间缩至一天。随着在北美和其他地域VMI的实施,高露洁公司所获得的上述收益还将成倍增长。

二、真正实现全球化资源利用

高露洁公司的跨地域资源利用系统(CBS)将需求和全球资源信息整合在一起,使以前的月度预测发展成为每周的订货补充。

高露洁公司的投入迅速见效,其中包括出货率的上升、集装箱整箱率上升、补充订单的循环次数下降、库存下降8%等。在新商业模型中,供应商直接负责对高露洁公司分销中心的资源补充(在此之前,高露洁公司的销售分支每月发展不均,向海外的工厂发布的补货要

第七章

供应链设计

求经常不准确)。新的周补给制度是由客户的订单流量来驱动的,通过高露洁公司在世界各地的分销中心直接传递给供应商。补给要求也是根据高露洁公司销售机构提供的需求信息(如推广活动刺激的需求增长等)来计算的。

CBS商业控制程序也由mySAPSCM支持,根据每日需求信号和库存量对补货订单进行计算,使供需更加吻合,更加适应特殊订单的要求,同时减少了不准确预测产生的影响,进而降低了成品库存,减少了补充订单的循环次数,大幅提高了企业内部补充和用户订单中的在产订单和已完成订单的达成率等。此外,通过使用功能强大的补货系统,高露洁公司还提高了订单的实现率和资本使用效率。这个灵活、有效的产品补充系统加快了前往分销中心的物流进程,而且企业的运输成本由于有良好的全局规划并没有增加。

三、需求规划

高露洁公司(美国)采用的mySAP.com需求规划系统的功能和mySAPSCM的协同引擎能够向供应商传达公司的需求信息并在供应链网络中作出协调计划。mySAPSCM能够计算出基本需求,推动各种可重复的补充过程,相应增加因市场推广带来的增长的业务。对市场推广带来的额外需求增长的管理独立于基本需求管理之外,是进行生产、产品后整理和分销的重要依据。这种协同引擎通过最新计划信息的交流、偶然事件的管理、对预测准确性等功能测试的跟踪等,对市场推广带来的需求增长进行协同管理支持。

四、绩效确认

高露洁公司供应链战略的三个主要组成部分由mySAP.com的实时集成模式进行支持,股票、订单和其他市场指数都能实时在顾客、企业内部ERP系统和mySAPSCM之间更新,确保迅速得到各种能够影响计划的指数。这对计划的推广尤为重要。高露洁公司希望在VMI、CBS和协同引擎被广泛应用到所有的品牌和商场以后,SCM的效益能更加成倍增长。供应链信息的可见度提高意味着可以得到准确、及时、一致的数据信息来支持各种规划的决策。高露洁公司还将使用mySAP商业智能系统(mySAPBI),以更快速地获得更加一致和精细的数据信息,支持整个企业集团的决策。

通过采用供应链管理系统,高露洁公司提高了市场竞争力,在价格战、全球业务拓展和市场推广中更有优势。这些商业优势使高露洁公司能够降低业务成本,同时,公司通过协同加强与全球客户的联系,也进一步降低成本。此外,高露洁公司通过电子商务还进一步加强了企业内部整合,密切了与合作伙伴和客户的关系。

mySAPSCM利用互联网将供应链技术拓展到企业之外,使类似高露洁公司这样的企业及其合作伙伴、消费者能够快速、实时地掌握订单、预测、生产计划,以及库存、订单完成比率等重要指标,完全掌握各项关键商业数据。mySAPSCM帮助企业提高服务质量,减少库存投资,进而提高企业的市场竞争力。高露洁公司全球信息技术总监EsatSezer先生说,对高露洁公司来说,mySAPSCM所具有的强大功能对全球供应链改进过程随后将采取的措施十分关键。mySAPSCM在三个最重要的前沿领域均有相应的解决方案。它使高露洁公司能够掌握公司全球范围内的后勤数据,使我们能够通过高级数理规划函数优化业务运营,并为我们和我们顾客、合作者进行协作提供了一个平台。mySAPSCM使我们在全球运作的供应链管理中真正走向完美。

五、可持续发展

面对今天的成功,高露洁公司仍在不断加强能够更加提高其竞争地位的供应链系统的研究与应用。除在全球范围内使用 VMI、CBS 和协同引擎外,高露洁公司还正在与 SAP 一起在 mySAPSCM 内开发可重复制造功能和各种进度细分功能。这将实现仅用一张物料订单(BOM)就可以完成整个生产过程的往复运作,使原料需求更加灵活,生产更适应短期需求变化,并有助于消除在高露洁公司以推广为主的环境中生产与后整理完全分开的状态。同时,高露洁公司还支持一个对与 mySAPSCM 相关供需波动计算法则的研究,以优化在需求和功能局限性大起大落的形势中企业的重复性生产。

由于在以推广为主的商业环境中,供需随时会变化,第三方供应商在高露洁公司业务中的地位日渐重要,高露洁公司希望使用 mySAPSCM 的协同引擎能促进与这些供应商的联系。此外,高露洁公司还计划采用 mySAPSCM 的运输规划和进度规划功能来优化运输网,更加减少运输成本。高露洁公司还将通过参加各种能够提供协同需求、盈利、后勤计划等方面交流的消费品行业市场,与顾客和合作伙伴进行多元化的合作。

在加速实现各个目标的同时,高露洁已经通过 mySAP 供应链管理系统实现了很多目标,如提高可视供应链、规划循环的速度,通过全球化资源利用、成本降低、改善客户服务等实现更为有效的资本利用。

案例讨论

分组讨论分析高露洁公司的供应链战略。

练习与思考

一、填空题

1. 供应链模式包括_____、_____、_____。
2. 零售商在应用 QR 系统后,其效果是_____、_____、_____。
3. ECR 概念主要由贯穿供应链各方的四个核心过程组成,即_____、_____、_____、_____,这也被称为 ECR 的四大要素。

二、选择题

1. VMI 归纳起来,其关键措施主要体现在(　　)中。
   A. 合作性原则　　　　　　　　B. 互惠原则
   C. 目标一致性原则　　　　　　D. 连续改进原则
   E. 竞争性原则
2. JMI 能够给企业库存管理所带来的优势主要有(　　)。
   A. 信息优势　　　B. 成本优势　　　C. 物流优势
   D. 生产优势　　　E. 战略联盟的优势
3. SCOR 模型主要由(　　)组成。
   A. 供应链管理流程的一般定义　　B. 对应于这些流程的性能指标基准
   C. 供应链"最佳实践"的描述　　　D. 选择供应链软件产品的信息
   E. 选择最好的运输方式

第七章 供应链设计

三、简答题

1. QR 和 ECR 的含义是什么？两者有何区别？
2. VMI 和 JMI 各有何特点？
3. 什么是供应链运作参考模型 SCOR？它可分为哪些层次？
4. 供应链合作关系与传统供应商关系有何区别？
5. 对供应链绩效如何进行评价？
6. 在供应链管理环境下为什么要进行企业业务流程重构？

第八章
物流管理信息系统设计

学习目标

1. 了解物流信息的概念、分类和作用;
2. 掌握物流信息管理的含义和内容;
3. 理解物流信息管理的特点、作用和模式;
4. 掌握物流管理信息系统的概念、特点、种类和主要功能;
5. 掌握物流管理信息系统设计的目标和原则;
6. 掌握物流管理信息系统的框架与体系;
7. 了解物流管理信息系统运行管理。

第一节 物流信息

一、物流信息的概念和特点

物流信息是反映物流各种活动内容的知识、资料、图像、数据、文件的总称。物流信息包括的内容可以从狭义和广义两个方面来理解。

从狭义范围来看,物流信息指直接产生于物流活动(如运输、保管、包装、装卸、流通、加工等)的信息。在物流活动的管理与决策中,如运输工具的选择、运输路线的确定、每次运送批量的确定、在途货物的跟踪、仓库的有效利用、最低库存数量的确定、订单管理、如何提高顾客服务水平等,都需要详尽和准确的信息。

从广义范围来看,物流信息还包括与其他流通活动有关的信息,如商品交易信息和市场信息等。商品交易信息是指买卖双方交易过程中的相关信息,如商品销售和购买信息、订货和接受订货信息、发出货款和收到货款信息等;市场信息是指与市场活动有关的信息,如消费者的需求信息、竞争者或竞争产品信息、销售促进活动的有关信息、交通通信等基础设施信息。

第八章

物流管理信息系统设计

在现代经营管理活动中,物流信息与商品信息、市场信息之间相互交叉、融合,而且有着密切的联系。例如,零售商根据对消费者消费信息的分析、需求的预测以及库存状况的掌握制订订货计划,向批发商或直接向生产商发出订货信息,批发商在接到零售商的订货信息后,在确认现有库存水平的基础上,或指示物流部门发货,或组织货源。广义物流信息不仅仅能连接整合生产厂家、批发商、零售商直至消费者的整个供应链,而且在应用现代信息技术(如 EDI、EOS、POS、互联网、电子商务等)的基础上能实现整个供应链活动的高效化。

物流信息具有以下四个特点。

(一)物流信息的数据量大、涉及面广

现代物流的多品种、小批量、多层次、个性化服务,使货物在运输、仓储、包装、装卸、搬运、加工、配送等环节产生大量的物流信息,且分布在不同的厂商、仓库、货场、配送中心、运输线路、运输商、中间商、客户等处。随着物流产业的发展,这种量大、面广的特征将更趋明显,会产生越来越多的物流信息。

(二)物流信息的动态性、适时性强

由于各种物流作业活动的频繁发生,市场竞争状况和客户需求变化,会使物流信息瞬息万变,呈现一种动态性。物流信息的价值也会随时间的变化而不断贬值,表现出一种适时性。物流信息的这种动态性和适时性,要求我们必须及时掌握变化多端的物流信息,为物流管理决策提供依据。

(三)物流信息的种类繁多、来源复杂

物流信息不仅包括企业内部产生的各种物流信息,而且还包括企业间的物流信息以及与物流活动有关的法律、法规、市场、消费者等诸多方面的信息。随着物流产业的发展,物流信息的种类将更多,来源也更趋复杂多样,这给物流信息的分类、处理和管理带来了困难。

(四)物流信息要能够实现共享、遵循统一的标准

物流信息涉及国民经济各个部门,在物流活动中需要在各部门之间进行大量的信息交流。为了实现不同系统间物流信息的共享,必须采用国际和国家信息标准,如不同系统的不同物品必须采用统一的物品编码规则和条码规则等。

二、物流信息的分类

在处理物流信息和建立物流管理信息系统时,对物流信息进行分类是一项基础工作。物流信息可以按不同的分类标准进行分类。

(一)按信息的作用分类

1. 计划信息

计划信息指的是尚未实现但已当作目标确认的一类信息,如物流量计划、仓库进出量计划、车皮计划、与物流活动有关的国民经济计划、工农业产品产量计划等。许多具体工作的

预计、计划安排等,甚至是带有作业性质的,如协议、合同、投资等信息,只要尚未进入具体业务操作,都可以归入计划信息之中,这种信息往往带有相对稳定性,信息更新速度比较慢。

计划信息对物流活动具有非常重要的战略意义,因为有了这个信息,便可对物流活动本身进行战略思考。例如,如何在这种计划前提下规划自己战略的、长远的发展等。因此,计划信息往往是战略决策或大的业务决策不可缺少的依据。

2. 控制及作业信息

这是物流活动过程中产生的信息。它有很强的动态性,是掌握物流状况不可少的信息,如库存种类、库存量、在运量、运输工具状况、物价、运费、投资在建情况、港口船舶到发情况等。这类信息具有非常强的动态性,更新速度很快,时效性很强。

控制及作业信息的主要作用是用以控制和调整正在发生的物流活动和指导下一次即将发生的物流活动,以实现全过程的控制和对业务活动的微调。

3. 统计信息

统计信息是物流活动结束后,对整个物流活动的一种归纳性的信息。这种信息是一种恒定不变的信息,具有很强的资料性。虽然新的统计结果不断出现,使其在总体上看来具有动态性,但是已产生的统计信息都是一个历史的结论,是恒定不变的。诸如上一年度、月度发生的物流量、物流种类、运输方式、运输工具使用量、仓储量、装卸量以及与物流有关的工农业产品产量、内外贸数量等都属于这类信息。

统计信息有很强的战略价值,它的作用是用以正确掌握过去的物流活动及规律,以指导物流发展战略的制定。物流统计信息也是国民经济中非常重要的一类信息。

4. 支持信息

支持信息是指能对物流计划、业务、操作产生影响或与之有关的文化、科技、产品、法律、教育、风俗等方面的信息,如物流技术的革新、物流人才需求等。这些信息不仅对物流战略发展具有价值,而且也对控制、操作起到指导和启发的作用,是属于从整体上提高物流水平的一类信息。

(二) 按物流环节分类

1. 运输信息

运输信息是产生于货物运输环节的物流信息,这是物流信息的主要信息之一。运输信息包括陆地货物运输信息、水上货物运输信息、航空货物运输信息、管道货物运输信息、邮政特快专递货物运输信息以及各种货物代理运输信息。

2. 仓储信息

仓储信息又称为库存信息,是产生于仓储环节的物流信息,是重要的物流信息。仓储信息包括各种仓库、货场的货物储存信息和代储信息。

3. 配送信息

配送信息是产生于货物配送环节的物流信息。配送信息包括货物配送方式、配送线路、配送时间信息、配送货物的种类和数量等。

第八章
物流管理信息系统设计

4. 装卸搬运信息
装卸搬运信息是产生于货场和装卸搬运环节的物流信息。装卸搬运信息包括各种港口、码头、机场、车站、仓库、货场的货物装上、卸下、移送、挑选、分类、堆垛、入库、出库等信息。

5. 包装信息
包装信息是产生于物品包装环节的物流信息。包装信息包括各种仓库货物的包装、改包装以及包装物生产的信息。

6. 加工信息
加工信息是产生于流通加工环节的物流信息。加工信息包括为商业配送进行的计量、组装、分类、保鲜、贴商标以及商务快送、住宅急送等信息。

（三）按管理层次分类

1. 作业信息
作业信息是产生于物流作业层的信息，是物流管理最基础的信息，一般具有量大、面广、发生频率高等特点，如库存种类、库存量、在运量、运费、运输工具状况、收发货情况等。

2. 控制信息
控制信息是产生于物流管理的局部或中层决策的信息，如各种财务信息、物流统计信息、客户管理信息等。

3. 战略信息
战略信息是产生于物流管理的全局或高层决策的信息，如物流企业的高层决策信息等。

（四）按信息领域分类

1. 物流活动所产生的信息
一般而言，在物流信息管理工作中，该类信息是发布物流信息的主要信息源，其作用是不但可以指导下一个物流循环，也可以作为经济领域的信息提供给社会，如物流运输信息、仓储信息、配送信息、货运代理信息等。

2. 提供给物流活动使用而由其他信息源产生的信息
该类信息则是信息工作收集的对象，是其他经济领域产生的对物流活动有作用的信息，主要用于指导物流，如各级政府的各种经济管理政策、交通运输的基础设施状况信息等。

（五）按信息加工程度的不同分类

物流空间广阔、时间跨度大，这就决定了信息发生源多、信息量大。因此，信息量过大所导致的难以吸纳、收集，无法从中洞察和区分有用信息和无用信息，这种所谓的"信息爆炸"情况严重影响了信息系统的有效性。为此，需要对信息进行加工。按加工程度的不同，信息可以分为以下两类。

1. 原始信息

原始信息指未加工的物流信息，是物流信息管理工作的基础，也是最具权威性的凭证信息。一旦有需要，可以从原始信息中找到真正的依据。原始信息是加工信息可靠性的保证。

2. 加工信息

加工信息指对原始信息进行各种方式和各个层次处理后的物流信息。这种信息是原始信息的提炼、简化和综合，它可以大大减少信息存量，并将信息整理成有使用价值的数据和资料。加工信息需要各种加工手段，如分类、汇总、精选、制档、制表、制音像资料、制文献资料、制数据库等。同时，还要制成各种具有指导性的可用资料。

三、物流信息的作用

物流信息在物流活动中起着神经中枢的作用，具有计划、协调、控制等功能，"牵一发而动全身"。物流信息的作用主要表现在以下四个方面。

（一）有助于物流活动各环节的相互衔接

物流信息有助于物流活动各环节之间的相互衔接。物流是一个包含运输、仓储、配送、流通加工、包装、装卸搬运等多个作业环节的系统，各个环节要求有计划地精确衔接。物流信息是衔接各个作业环节的"链条"，是物流系统高效率的保证。

（二）有助于控制物流活动的流程

物流信息有助于控制物流活动的流程。物流信息的流程控制作用就是记录、控制物流活动的基本内容。例如，当收到订单，就记录了第一笔交易的信息，意味着流程的开始。随后，按记录的信息安排存货，指导材料管理人员选择作业程序，指挥搬运、装货及按订单交货都在物流信息的控制下完成。流程性物流信息的主要特征是：程序化、规范化，作用上强调效率。

（三）有助于不同企业、不同部门间物流活动的协调与管理

物流信息有助于不同企业、不同部门间物流活动的协调与管理。要合理组织物流活动必须依赖物流信息的沟通，只有通过高效的信息传递和反馈才能实现不同企业、不同部门间物流活动的合理有效运行。比如，第三方物流企业如果给生产制造企业提供物流服务，其物流配送作业计划必须与生产企业的生产计划对接，以便协调双方的相应计划，从而提高物流服务的效率。

（四）有助于物流决策水平的提高

物流信息有助于物流决策水平的提高。企业在进行物流活动的决策时需要依据各种物流信息，特别是需求信息等，对于物流决策具有关键性的作用。比如，采购部门要根据物流信息确定采购批次、间隔、批量等，以确保在不间断供给的情况下使成本最小化；生产计划部门要根据物流的流动路径，合理安排生产车间的物流分配，使各个车间的负荷均衡，物品流通协调合理；专业物流企业在选择物流仓库的位置时要根据商品的种类、流向、流量等物流

信息来决定。

从物流信息的作用上,可以看出对它进行有效管理的重要性。物流信息的有效管理就是强调物流信息的准确性、有效性、及时性、集成性、共享性。在物流信息的收集、整理中要避免信息的缺损、失真和失效,要强化物流信息活动过程的组织和控制,建立有效的管理机制。同时,要加强交流,物流信息只有通过传递和交流,才会产生价值。所以,要有物流信息交流和共享机制,以利于形成物流信息的积累和优势转化。

第二节　物流信息管理

一、物流信息管理的内容

物流信息管理就是对物流全过程的相关信息进行收集、整理、传输、存储和利用的信息活动过程。也就是物流信息从分散到集中,从无序到有序,从产生、传播到利用的过程。同时,对涉及物流信息活动的各种要素,包括人员、技术、工具等进行管理,实现资源的合理配置。

物流信息管理不仅包括采购、销售、存储、运输等物流活动的信息管理和信息传送,还包括了对物流过程中的各种决策活动如采购计划、销售计划、供应商的选择、顾客分析等提供决策支持,并充分利用计算机的强大功能,汇总和分析物流数据,进而做出更好的进销存决策。物流信息管理也会充分利用企业资源,增加对企业的内部挖掘和外部利用,大大降低生产成本,提高生产效率,增强企业竞争优势。

物流信息管理是为了有效地开发和利用物流信息资源,以现代信息技术为手段,对物流信息资源进行计划、组织、领导和控制的社会活动。具体可以从以下四个方面来理解。

(一)物流信息管理的主体

物流信息管理的主体一般是与物流管理信息系统相关的管理人员,也可能是一般的物流信息操作控制人员。这些人员要从事物流业务操作、管理,承担物流信息技术应用和物流管理信息系统开发、建设、维护、管理,以及物流信息资源开发利用等工作。物流管理信息系统的相关操作人员必须具备物流管理信息系统的操作、管理以及规划和设计等能力。

(二)物流信息管理的对象

与信息管理的对象一样,物流信息管理的对象包括物流信息资源和物流信息活动。物流信息资源主要指直接产生于物流活动(如运输、保管、包装、装卸、流通、加工等)的信息和与其他流通活动有关的信息(如商品交易信息、市场信息等)。而物流信息活动是指物流信息管理主体进行物流信息收集、传递、储存、加工、维护和使用的过程。

(三)物流信息管理的手段

信息管理离不开现代信息技术,同时利用管理科学、运筹学、统计学、模型论和各种最优化技术来实现对信息的管理以辅助决策。物流信息管理除具有一般信息管理的要求外,还要通过物流管理信息系统的查询、统计、数据的实时跟踪和控制来管理、协调物流活动。利用物流管理信息系统是进行物流信息管理的主要手段。

(四)物流信息管理的目的

物流信息管理的目的是开发和利用物流信息资源,以现代信息技术为手段,对物流信息资源进行计划、组织、领导和控制,最终为物流相关管理提供计划、控制、评估等辅助决策服务。

二、物流信息管理的特点

物流信息管理是通过对与物流活动相关信息的收集、处理、分析来达到对物流活动的有效管理和控制的过程,并为企业提供各种物流信息分析和决策支持。物流信息管理具有以下四个特点。

(一)强调信息管理的系统化

物流是一个大范围内的活动,物流信息源点多、分布广、信息量大、动态性强、信息价值衰减速度快,物流信息管理要求能够迅速进行物流信息的收集、加工、处理,因此需要利用物流管理信息系统进行处理。物流管理信息系统可以利用计算机的强大功能汇总和分析物流数据,并对各种信息进行加工、处理,以提高物流活动的效率和质量。而网络化的物流管理信息系统可以实现企业各部门、各企业间的数据共享,从而提高物流活动的整体效率。因此,物流信息管理强调建立以数据获取、分析为中心的物流管理信息系统,从庞大的物流数据中挖掘潜在的信息价值,从而提高企业的物流运作效率。

(二)强调信息管理各基本环节的整合和协调

物流信息管理的基本环节包括物流信息的获取、传输、储存、处理与分析,在管理过程中强调物流信息管理各基本环节的整合和协调。在仓储、运输、配送、货代、通关、包装等物流活动中,信息管理各基本环节的整合和协调可以提高物流信息传递的及时性和顺畅程度,提高物流活动的效率。物流信息管理各基本环节的信息处理一旦间断,则会影响物流活动的整体连贯性和高效性。

(三)强调信息管理过程的专业性和灵活性

物流信息管理是专门收集、处理、储存和利用物流全过程的相关信息,为物流管理和物流业务活动提供信息服务的专业管理活动。物流信息管理过程涉及仓储、运输、配送、货代等物流环节,涉及的信息对象则包括货物信息、作业人员信息、所使用的设施设备信息、操作技术和方法信息、物流的时间和空间信息等。此外,物流信息管理的规模、内容、模式和范围等,根据物流管理的需要,可以有不同的侧重和活动内容,以提高物流信息管理的针对性和灵活性。

(四)强调建立有效的信息管理机制

物流信息管理强调信息的有效管理,即强调信息的准确性、有效性、及时性、集成性、共享性。在物流信息的收集和整理中,要避免信息的缺损、失真和失效,强化物流信息活动过程的组织和控制,建立有效的管理机制。同时通过制定企业内部、企业之间的物流信息交流和共享机制来加强物流信息的传递和交流,以便提高企业自身的信息积累,并进行相应的优势转化。

三、物流信息管理的作用

物流信息管理的主要目标是减少物流活动的不确定性,因此存货可得性(指物流企业库存能力以保证满足顾客的需求)、递送及时性(指物流过程中物品流动的实际时间与要求时间之间的符合程度)和交付一致性(包括质量一致性和服务一致性)是外部环境对物流企业的要求。从企业的物流管理要求和发展来看,物流信息管理的作用主要体现在以下三个方面。

(一)改善企业内部物流业务流程和物流信息的交流方式

使用物流管理信息系统是物流信息管理的主要手段,通过物流管理信息系统可以为客户提供实时的货物跟踪、提供个性化服务、提高服务水平,还可以提高企业的办公自动化水平,提高工作效率,降低管理成本,提高企业在市场上的竞争能力。因此,通过物流信息管理可以改善企业内部物流业务流程和物流信息交流方式,满足业务部门对物流信息处理和信息共享的需求,使企业的物流信息更有效地发挥效力。

(二)提高物流服务的质量,提升企业的整体效益

在物流信息管理的过程中,通过对货物的跟踪与监控,企业的各层管理者可以及时掌握业务进展情况及经营业务数据,增强对业务的控制,为决策提供数据支持。通过物流信息管理可以有效地把各种零散数据变为商业智慧,大大提高企业的业务预测和管理能力,从而帮助企业提高物流服务的质量,提升企业的整体效益。

(三)保证企业物流信息处理的规范化

物流信息管理依据的是现代化的管理思想和理念,要求具备一套完善的管理制度和流程。因此,通过物流信息管理可以保证企业物流信息处理的规范化,也可以为企业提供可靠的信息处理支持环境。

四、物流信息管理的模式

物流信息管理根据管理体制、所采用的管理技术和方法、手段的不同,也有不同的模式,基本上可以归纳为以下四种模式。

(一)手工管理

利用纸介质,通过人工记录、计算、整理等活动进行管理,这是早期的传统物流信息管理模式。此时,计算机技术还不太成熟,在物流领域还未得到广泛应用,各项物流活动主要依

赖手工操作来完成,物流信息管理主要包括制作出入库凭证、制作财务和会计凭证、制作结算单、人事薪金计算和制单、人工制作会计账目、人工填写库存账册等。

（二）计算机辅助管理

计算机辅助管理模式是指物流企业使用计算机来辅助管理企业的各项物流活动。与手工管理模式相比,在此种管理模式下,计算机参与了不少业务的处理,但计算机的应用领域还很有限。计算机辅助管理模式的特点是物流企业开始利用计算机处理部分物流业务,进行相应的物流信息管理,但基本上属于单机系统管理模式,还没有引入网络化处理,也没有实现集成化的信息管理。计算机系统承担的辅助管理功能包括订单信息处理、出入库处理、库存管理、采购管理、会计总账管理、人事考核和薪金管理、应收款和应付款管理、票据管理等。

（三）物流系统信息管理

随着现代信息技术的发展和计算机应用的普及,许多企业开始发展自己的专用物流管理信息系统,如大中型商业企业的进销存管理信息系统、铁路运营控制和调度管理信息系统等。此时,物流管理信息系统的特点是计算机软硬件集成化、建立了数据库管理系统、可以进行统计分析以及辅助决策、基于 Internet 系统对外联网。该种管理模式充分利用计算机网络技术、通信技术,将多种物流管理信息子系统进行集成,达到物流信息共享,减少冗余和不一致,以利于提高物流信息管理的效率和效果。

物流管理信息系统承担的主要功能包括网络化的订单信息处理、销售预测、物资管理、车辆调派、运输线路选择和规划、供应商管理、财务成本核算、银行转账和结算、与客户信息系统的集成等。

（四）智能化和社会化的物流信息系统管理

智能化是物流管理信息系统的发展趋势,智能化也是未来物流信息管理的主要特点。智能化的物流管理信息系统模式将在系统中引入人工智能、专家系统、计算机辅助经营决策以及大量智能化、自动化、网络化的物流工具的应用,具有后勤支持、物流动态分析、安全库存自动控制、仓库规划布局、车辆运输自动调度、仓库软硬件设备控制、人力使用分析控制等功能。

此外,未来的物流管理信息系统还将向社会化方向发展,企业的物流管理信息系统与供应商、批发商、零售商以及顾客紧密相连,并在计算机网络中进行实时的信息传递和共享,企业物流建立在社会整体物流的基础上,逐步形成社会化的物流信息系统管理模式。

总之,物流信息管理的任务就是要根据企业当前的物流过程和可预见的发展,根据物流信息采集、处理、存储和流通的要求,选购和构筑由信息设备、通信网络、数据库和支持软件等组成的物流管理信息系统,充分利用物流系统内部、外部的物流数据资源,促进物流信息的数字化、网络化、市场化,提高物流管理水平,选取、分析和发现新的机会,做出更好的物流决策。

第三节 物流管理信息系统

一、物流管理信息系统的概念和特点

物流管理信息系统是通过对物流相关信息的加工处理来达到对物流、资金流的有效控制和管理,并为企业提供信息分析和决策支持的人-机系统。物流管理信息系统内部的相关衔接是通过信息进行沟通的,资源的调度也是通过信息共享来实现的,组织物流活动必须以信息为基础。

物流管理信息系统是企业信息管理系统中的一类,是企业按照现代管理的思想、理念,以信息技术为支撑所开发的信息系统。物流管理信息系统充分利用数据、信息、知识等资源,实施、控制并支持物流业务,实现物流信息共享,以提高物流业务的效率,提高决策的科学性,其最终目的是提高企业的核心竞争力。

随着社会经济的发展、科技的进步,物流管理信息系统正在向业务活动的集成化、系统功能的模块化、信息采集的实时化、信息存储的大型化、信息传输的网络化、信息处理的智能化以及信息处理界面的图形化方向发展。物流管理信息系统的特点主要表现在以下五个方面。

(一) 集成化

集成化是指物流管理信息系统将业务逻辑上相互关联的部分连接在一起,为企业物流活动中的集成化信息处理工作提供基础。在系统开发过程中,数据库的设计、系统结构以及功能的设计等都应该遵循统一的标准、规范和规程(即集成化),以避免出现"信息孤岛"现象。

(二) 模块化

模块化是指物流管理信息系统划分为各个功能模块的子系统,各子系统通过统一的标准来进行功能模块的开发,然后实现集成并组合起来使用,这样既能满足企业不同管理部门的需要,也可以保证各个子系统的合理使用及设定相关的访问权限。

(三) 实时化

实时化是指借助于编码技术、自动识别技术、GPS技术、GIS技术等现代物流技术,对物流活动进行准确实时的信息采集,并采用先进的计算机与通信技术,实时地进行数据处理和传送物流信息,通过网络的应用将供应商、分销商和客户按业务关系连接起来,使整个物流管理信息系统能够及时地掌握和分享属于供应商、分销商和客户的信息。

(四) 网络化

网络化是指通过 Internet 等技术将分布在不同地理位置上的物流分支机构、供应商、客户等连接起来,形成一个复杂但有密切联系的信息网络,从而通过物流管理信息系统实时地

了解各地业务的运作情况。物流信息中心将各节点传来的物流信息进行汇总、分类、综合分析,然后通过网络把结果反馈传达下去,从而起到指导、协调、控制物流业务的作用。

(五)智能化

物流管理信息系统正在向智能化方向发展,比如企业物流管理信息系统涉及的决策支持分系统中的知识子系统,它就负责对决策过程中所需的物流领域知识、专家的决策知识和经验知识进行收集、存储和智能化处理。

二、物流管理信息系统的种类

物流管理信息系统根据分类方法的不同,可以分成不同类型的系统。

(一)按系统的结构分类

1. 单功能系统

单功能系统指只能完成一种职能的系统,如物流财务系统、合同管理系统、物资分配系统等。

2. 多功能系统

多功能系统能够完成一个部门或一个企业所包括的物流管理的职能,如仓库管理系统、某公司的经营管理决策系统等。

(二)按系统功能的性质分类

1. 操作型系统

操作型系统指为管理者处理日常业务的系统。它的工作主要是进行数据处理,如记账、汇总、统计、打印报表等。

2. 决策型系统

在处理日常业务的基础上,运用现代化管理方法,进一步加工计算,为管理人员或领导者提供决策方案或定量的依据。通常称这类系统为辅助决策支持系统或决策支持系统。

(三)按系统作用的对象分类

1. 面向制造企业的物流管理信息系统

制造企业的物流管理信息系统主要对企业内外部的物流活动进行管理。其中包括:一方面是制造企业顺利进行生产,对原材料、物料、日常耗用品等的采购时间、路线、存储和对产成品的销售时间、存储以及送至用户的路线等进行计划、管理、控制的外部物流活动;另一方面是对制造企业采购来的物资在生产过程中的存储、搬运、包装等进行设计、计划、管理等的内部物流活动。

2. 面向商业企业的物流管理信息系统

商业企业本身不生产商品,但它为用户提供商品、为制造商提供销售渠道,是用户和制造商的中介。专业零售商为客户提供统一类型的商品,综合性的零售商(如超市、百货商店)为客户提供不同种类的商品,这类商业企业的经营特点是商品种类多、生产地点分散、消费者群体分散等。面向商业企业的物流管理信息系统主要是对不同商品的进、销、存等进行管理的系统。

3. 面向第三方物流企业的物流管理信息系统

第三方物流服务是本身不拥有货物,而为其外部客户的物流作业提供管理、控制和专业化作业服务的企业。面向第三方物流企业的物流管理信息系统是一个综合的系统,对第三方物流企业的仓储、运输、配送等所有物流活动进行管理。利用物流管理信息系统,第三方物流企业可以准确、及时、高效地捕捉各种信息,并进行处理,从而科学地指导物流活动的高效运转。

三、物流管理信息系统的主要功能

物流管理信息系统所要解决的问题是:缩短从接受订货到发货的时间、库存适量化、提高装卸和搬运作业效率、提高运输效率、使接受订单和发出订单更为省力、提高订单处理的精度、防止发货及配送出现差错、调整需求和供给、物流信息查询和分析,等等。因此,物流管理信息系统具备以下的一些主要功能。

(一)信息处理功能

物流管理信息系统能对各种形式的信息进行收集、加工整理、存储,以便向管理者及时、准确、全面地提供各种信息服务。

1. 数据的收集

数据收集方式包括手工方式和各种信息采集技术。采集好的数据经初步处理,按信息系统数据组织结构和形式输入系统中。

2. 信息的存储

数据进入系统之后,经过整理和加工,成为支持物流管理信息系统运行的物流信息,通过各种存储介质进行存储,并可随时输出到其他各个子系统中。

3. 信息的传输

物流管理信息系统最基本的功能之一就是信息传输。信息传输需要具备相应的传输设备和传输技术,包括信息传输的安全、及时、完整,特别是物流过程的很多动态信息,应保证对动态信息的实时传输,以利于物流过程的有效控制。

4. 信息的处理

物流管理信息系统最基本的目标就是将输入数据加工成有用的物流信息。信息处理可以是简单的计算、汇总、查询和排序,也可以是复杂的模型求解和预测。

(二)事务处理功能

物流管理信息系统能够执行部分日常性事务管理工作,如账务处理、统计报表处理等,同时它能将部分员工和领导从烦琐、单调的事务中解脱出来,既节省了人力资源,又提高了管理效率。

(三) 预测功能

物流管理信息系统不仅能记录物流活动的现状,而且能利用历史数据,运用适当的数学方法和科学的预测模型来预测物流的发展速度、发展规模、物流服务与区域经济状况(包括经济规模、经济结构、市场运作状况)。通过这些相关因素,可以对物流发展做出宏观和微观的预测,可以是对整个物流规模的预测,也可以是对库存量、运输量的预测。

(四) 计划功能

物流管理信息系统针对不同管理层提出的不同要求,能为各部门提供不同的信息并对其工作进行合理的计划与安排,如库存补充计划、运输计划、配送计划等,从而有利于保证管理工作的效果。

(五) 控制功能

物流管理信息系统能对物流系统各个环节的运行状况进行检测、检查,比较物流过程实际执行情况与其计划的差异,从而及时地发现问题。然后,再根据偏差分析其原因,采用适当的方法加以纠正,保证系统预期目标的实现。控制过程也是协调过程。

(六) 辅助决策和决策优化功能

物流管理信息系统不但能为管理者提供相关的决策信息,达到辅助决策的目的,而且可以利用各种半结构化或者非结构化的决策模型及相关技术进行决策优化,为各级管理层提供各种最优解、次优解或满意解,以便提高物流管理决策的科学性,并合理利用企业的各项资源,提高企业的经济效益。与管理决策密切相关的数学方法和技术有运筹学、系统模拟、专家系统技术等。

第四节 物流管理信息系统设计与运行

一、系统设计目标和原则

(一) 系统设计的目标

物流管理信息系统设计,将为物流企业的运作、业务管理和决策创建高效、简洁、适用的信息化环境,其具体设计目标如下。

(1) **赢得更多的用户**。物流管理信息系统设计,意味着从设计上保证了物流企业的所有业务在操作上的方便性,使更多的用户方便使用,如业务服务和客户服务支持电话操作,仓储管理实现多仓操作等。

(2) 能够以较低的成本提供更多的增值服务,扩大物流企业的运营收入来源,如电子商务的推广,运输管理中 GIS/GPS 的监管、追溯等功能的应用。

第八章

物流管理信息系统设计

（3）通过系统能实现物流企业内部的业务操作和管理，系统不仅面向物流业务，也能有效地支持物流企业内部资源的整合和管理。

（4）系统与外界的接口功能要尽可能丰富。由于物流涉及的其他业务种类多，为了便于今后的扩展，需要设计和保留与海关通关系统、企业 ERP 系统、EDI、电子商务系统、银行支付系统、通用财务软件等系统的接口，以使物流管理信息系统能与这些外部系统进行有效的数据交换。

（5）支持业务的逐步发展。现代物流正在向第四方物流演进，其特征是"虚拟物流企业"和物流信息化服务，因此，在系统设计中，必须保障系统能够实行渐进式扩充。

（二）系统设计原则

物流管理信息系统的设计应严格遵循软件工程，尤其是面向对象的软件工程的思想，在系统设计上，应该遵循以下几个原则。

1. 完整性原则

根据企业物流管理的实际需求，所设计的系统能全面、完整覆盖物流业务管理的信息化要求；同时保证系统开发的完整性，制定出相应的管理规范，如开发文档的管理规范、数据格式规范、报表文件规范，保证系统开发和运行的完整性和可持续性。

2. 可靠性原则

在正常情况下，可靠的物流管理系统必须达到系统设计的预期功能要求，不管输入的数据多么复杂，只要是在系统设计要求的范围内，都能输出可靠结果；在系统软、硬件环境发生故障的情况下，仍能部分使用和运行，一个优秀的系统也应是一个灵活的系统，设计时，需针对一些紧急情况做出应对措施。

3. 实用性和先进性原则

物流管理信息系统涉及的内容众多，系统的开发周期和投入十分巨大，因此功能设计上应充分考虑实用性，降低开发复杂功能的技术风险，保证在功能上既可以充分满足需要，又不至于浪费人力和财力，且能充分利用和整合物流企业现有的设备和资源。

在保证系统实用性的前提下，再考虑网络技术和软件开发技术等方面的先进性，满足和适应将来业务的发展。

4. 统一性与通用性原则

在统一规划的前提下，避免低水平盲目重复开发，提高运行环境、信息资源等方面的综合利用率。

在开发、运行和应用物流管理信息系统中，尽可能采用常用的、成熟的工具软件与技术，同时坚持不断创新，开发通用性强的技术，以满足不同需求。

在标准体系、框架下，实现不同系统的数据交换、共享和各项功能的使用。

5. 可维护性原则

系统设计中充分考虑系统的维护工作需求，系统开发过程中严格执行软件开发规范，实行软件过程控制，文档完整，程序清晰可读，使开发的系统容易维护。同时，系统在设计上应充分考虑系统的管理和维护要求，应专门面向系统维护人员，设置系统管理和维护层。

6. 易用性原则

系统遵照标准的用户界面设计规范,提供人性化的系统操作,界面友好,使用户易于掌握和操作,重要功能或操作提供导航和帮助功能,通过人性化界面提供业务处理,使了解与不了解计算机的用户都能迅速学会并熟练使用系统。

7. 安全性原则

保证系统中的业务数据具有安全保密性,不丢失、不泄漏;系统的运行具有良好的抗病毒能力。

8. 可扩展性原则

系统内部各子系统都设计为不同的组件形式,各个组件保留充分的接口。利用这些组件,不仅可以快速构建一个新系统,也能扩展新的应用,或实现系统与外部系统的集成。

9. 经济性原则

企业是趋利性组织,追逐经济利益是其活动的最终目的。所以在系统设计中,需要考虑投入/产出效率,所设计的系统既不能大而全,也不能盲目追求先进性,而是考虑以最小的投入获得最大的效益;同时系统投入运行后,必须保持较低的运行成本和维护费用,减少不必要的管理成本。

二、物流管理信息系统框架与体系

(一) 系统的总体框架

作为支持第三方物流运作业务管理的信息系统,其总体框架应该包括通信网络平台、基础软件平台、数据交换平台、应用支撑平台和核心应用平台5个组成部分,如图8-1所示。

(1) 通信网络平台:提供系统网络设备、线路和通信服务,是物流企业内部和外部 Internet 网络的统一,是实现企业内部物流作业、企业管理、物流监控、物流决策以及为客户提供物流信息服务的基础硬件平台。

企业内部各职能部门和管理决策者之间的联系采用局域网络,物流企业与远程区域中心、物流网点和客户间的联系则采用 Internet 网络。

(2) 基础软件平台:提供面向核心应用的操作系统、安全措施、物流业务系统软件、GIS/GPS 软件平台、数据库软件以及 Web 服务软件。

(3) 数据交换平台:由数据库服务系统和数据库服务器组成,提供数据资源访问及数据控制服务。

(4) 应用支撑平台:也是架构应用系统的各种中间件平台,如消息通信平台、GPS 位置监控平台、GIS 组件以及 EDI 电子文件交换平台等。

(5) 核心应用平台:在前4个平台的基础上架构物流管理信息系统的各个应用子系统,包括物流业务管理系统、物流作业管理系统、物流决策系统、企业内部管理系统、电子商务平台以及其他服务系统。应用平台是物流管理信息系统的终极目标。所有的物流业务管理都是在该层次上完成的。

在图8-1中,平台的上层为从事第三方物流经营的企业,由它对物流信息资源进行统一

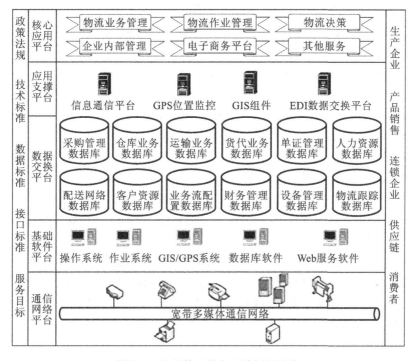

图 8-1　物流管理信息系统框架结构

的规划、管理和建设。框架的左侧体现了物流信息系统建设相关的政策法规、技术标准、数据标准、接口标准和服务目标,实现物流的统筹规划、决策分析以及与其他相关部门如银行、海关应用系统的交互等。框架的右侧体现了第三方物流为生产企业、连锁企业、产品销售和一般客户等提供物流业务和信息服务。

此外,系统的总体框架中还应包括网络安全、系统安全、数据安全和应用安全等几个方面,以建立完善的信息系统安全保障体系,保护网络系统的可用性和连续性,防范网络资源的非法访问或非授权访问,防范入侵者的恶意攻击和破坏,保证信息的机密性和完整性。

(二) 系统的软件体系结构

软件的体系结构在很大程度上决定着整个系统的成功与否,软件开发主要包括 Client/Server(即客户机/服务器,以下简称 C/S)体系结构和 Brower/Server(即浏览器/服务器,以下简称 B/S)体系结构,这两种体系结构是目前比较流行的软件体系结构。

C/S 体系结构是把数据库内容放在远程的服务器上,通过将任务合理分配到 Client 端和 Server 端,可以充分利用两端硬件环境的优势,对于任何一个应用系统都由三个部分组成:显示逻辑部分、事务处理逻辑部分和数据处理逻辑部分。在两层结构的 C/S 体系结构中,显示逻辑和事务逻辑被放在客户端,数据处理逻辑和数据库放在服务器端。

C/S 结构有如下特点:由于该结构是以局域网为基础,因此,具有较强的事务处理能力和较快的数据传输能力;它向用户提供界面,并把用户的命令进行转换,变换成服务器能理解的语言传给服务器,还可把服务器传回的结果交给用户,减轻网络通信负担,提高网络利用率及抗灾能力。

C/S 结构的不足之处在于应用程序分散在不同的客户端上,当应用软件要升级的时候,每个客户端都要升级,或者当客户端硬件升级时,应用软件必须同步升级,造成应用软件的维护困难,对网络管理的难度加大。

随着 Web 技术的发展,B/S 结构试图克服 C/S 的不足,B/S 结构是一种高度集中的分布式处理模式,数据和事务处理模块均存放在服务器端,使用通用的浏览器作为客户端应用的执行环境。在该种体系结构的系统中,用户通过浏览器向分布在网络上的服务器发出请求,服务器对浏览器的请求进行处理,将用户所需信息返回到浏览器。B/S 结构简化了客户机的工作,客户机上只需配置少量的客户端软件。服务器将担负更多的工作,对数据库的访问和应用程序的执行在服务器端完成。

但 B/S 体系结构也存在不足之处,该模式实现的功能相对较弱,难以实现 C/S 模式下的特殊功能。在目前的网络条件下,响应速度也远远低于 C/S 结构,数据的处理工作实现复杂,动态交互性不强。

物流管理信息系统的数据处理功能需求比较复杂,但是这些功能只对物流公司的内部开放,公司的外部用户或者客户一般只做一些信息查询和简单的登记工作。因此,在设计物流管理信息系统的软件体系结构时,将 C/S 和 B/S 两种模式结合起来,形成 B/S 和 C/S 的混合结构,如图 8-2 所示。

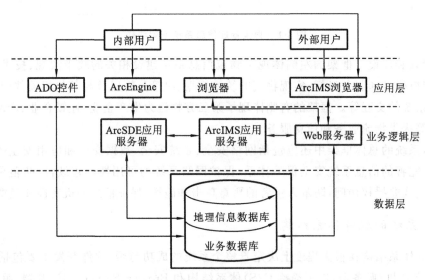

图 8-2　物流管理信息系统的体系架构

物流企业的工作人员在局域网内部使用 C/S 结构的软件体系模式,通过 ADO(Active Data Objects)方式来访问位于整个软件体系底层的业务数据。ADO 是基于 OLE-DB 之上的技术,它提供了一种数据访问的联系机制,可以使用任何一种 ODBC 数据源。ADO 控件直接访问数据服务器中的关系数据库,属于典型的两层 C/S 体系模式。对于地理空间数据部分使用 ArcEngine 进行开发,定制符合用户应用需求的 GIS 系统。ArcGIS Engine 包含一个完整的嵌入式的 GIS 组件库。利用 ArcGIS Engine,开发者能将 ArcGIS 功能集成到应用软件中。

ArcSDE 是用以支持地理信息系统与 RDBMS 集成的空间数据库引擎(Spatial Database

第八章

物流管理信息系统设计

Engine，SDE)，是一个使空间数据可在符合工业标准的数据库管理系统中存储、管理和快速查询检索的客户/服务器软件。ArcSDE 应用服务器相对于数据服务器和 ArcSDE 客户端（如 ArcEngine)而言，扮演了一个中间件的角色。通过中间件的作用，将不同操作系统平台和数据库平台的差异之处屏蔽在中间件之后，将空间数据管理及应用所需的技术高度专业化地体现出来，供不同的客户端高效地共享和交互操作。这种模式属于典型的三层 C/S 体系模式。

在物流公司局域网外部的用户，受到网络速度的限制和数据安全性的约束，系统只提供基于 B/S 模式的访问方式。用户通过浏览器直接向 Web 服务器发出申请，Web 服务器可以使用 ADO 方式访问数据库服务器，是典型的 B/S 三层模式。对于地图显示或者空间数据的查询，使用 ArcIMS 应用服务器。ArcIMS 包括了客户端和服务器端两方面的技术。它扩展了普通站点，使其能够提供 GIS 数据和应用服务。ArcIMS 应用程序服务器负责分发接收到的请求到相应的 ArcIMS 空间数据服务器，并负责负载平衡和流量控制。ArcIMS 应用程序服务器依然通过 ArcSDE 应用程序服务器与数据库服务器相连接。对于复杂的地图功能可以使用 ArcIMS 浏览器。局域网外部用户只能使用 B/S 结构的方式访问业务数据和地理空间数据，功能上也仅仅提供查询、浏览等相对简单的操作。当然，局域网内部的用户也可使用浏览器完成系统提供的 Web 操作。

将 C/S 和 B/S 结构相结合，可以充分发挥两种结构的优点，克服它们的不足。这种结构系统的开发难度低、成本低、安全性好，便于扩展和维护。内部用户与系统的交互性强，响应速度快，可以相对容易地实现各种复杂的功能。外部用户不能直接使用系统内部数据，保证了系统的安全性，较简单的界面和少量的数据传输保证了远程用户的速度需求。

（三）网络结构

网络通信平台处于物流信息管理平台的最底层，它支撑着整个平台的运行、发展，是整个系统的基石。

大型物流企业除了公司总部外，还有与公司总部不在同一地点的一些直属物流仓库和物流车队，同时一般在不同城市或地区还设置具有区域性质的分公司，因此，所构建的网络系统必须能将这些位于不同地点的所有部门连接在一起。根据这一要求，所设计的系统网络结构如图 8-3 所示。

物流公司总部的各个部门一般都会集中在一栋建筑或相邻的几栋建筑里，在公司内部建立内部局域网既符合公司的业务需求，同时还能够节约资金。公司总部的网络系统包括了 Web 服务器、数据库服务器、GIS 服务器、GPS 监控服务器以及应用服务器等，同时局域网内包含了各个部门的各种类型的工作站。数据是系统的核心，数据的存储和保护是整个平台的重点，物流系统的数据包括业务数据、地理信息数据、物流车辆定位数据，为了保证数据的安全性和逻辑完整性，不同类型的数据存储在不同的服务器上。数据库服务器存储业务数据，GIS 服务器存储地理信息数据和车辆定位数据，应用服务器是数据库与软件应用程序之间的中间层，用于处理用户与企业的业务应用程序和数据库之间的所有应用程序操作。GPS 通信服务器负责接收车辆定位信息、发布控制信息、提供各种监控服务。Web 服务器负责发布各种物流信息，提供 Web 服务。各个部门科室根据自身的需求配置若干客户端机器。

在区域分公司中或者物流仓库，也可以建立简单的局域网络，但不需要配置像总公司类似的各种服务器，为了提高系统的运行效率，各个分公司可以建立自己的本地数据库服务

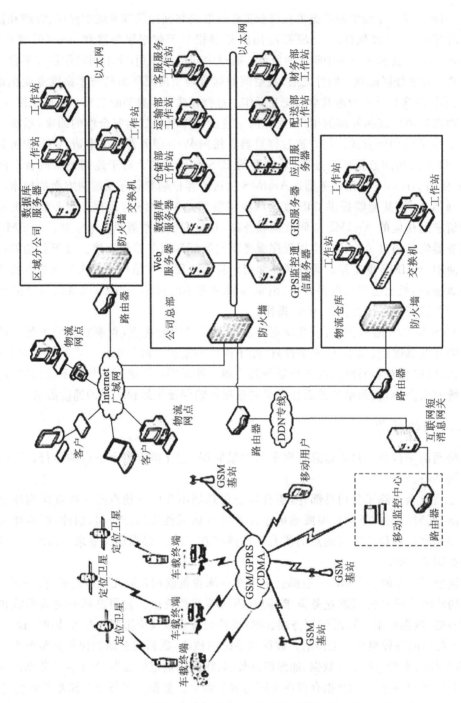

图 8-3 物流管理信息系统网络结构示意图

器,存储本地业务数据。

一般分公司或者物流仓库距离总公司的距离较远,由于无法直接架设高速光纤线路,必须租用电信局的数字线路,如 DDN 专线传输数据,线路的带宽应根据系统性能的要求和租用成本合理地确定。

第八章

物流管理信息系统设计

物流网点和物流客户分布在城市的不同地域,一般物流网点和客户只是对部分物流数据进行处理,数据种类和数据量都是有限的,系统提供 Web 方式进行浏览和交互,因此这些终端机器只要连接到 Internet 上即可。

移动客户是目前系统应该考虑和未来必须考虑的用户,随着相关技术的发展,将会有更多的用户通过移动终端登录物流网站,这些用户通过移动运营商提供的移动网络,登录到系统的 Web 服务器完成信息查询等操作。

计算机网络由网络硬件和网络软件两大部分组成。网络硬件用于实现局域网的物理连接,为网络上的计算机之间的通信提供物理通道。网络软件用来控制并具体实现通信双方的信息传递和网络资源的分配与共享。网络硬件主要由计算机系统和通信系统组成。计算机系统是网络的基本单元,具有访问网络、数据处理和提供共享资源的能力。通信系统是连接网络基本单元的硬件系统,主要作用是通过通信线缆(即传输介质或传输媒体)、网络设备等硬件系统将计算机互联在一起,为网络提供通信功能。通信系统包括网络设备、网络接口卡和传输介质及其介质连接设备。系统中的网络硬件应包括网络服务器、网络工作站、网络接口卡、网络设备、传输介质、调制解调器和各种适配器。

(1) 交换机:交换机是局域网络中重要的互联设备,又称交换式集线器。交换机是一个具有使用简单、价格低、性能高等特点的交换产品,工作在 OSI 参考模型的第二层,含有多个高速接口,通过这些接口将局域网段或者接口到接口的设备互联起来。

(2) 路由器:路由器的作用不仅在于连通不同的网络,也为信息传送自动地选择线路。路由器工作在 OSI 模型中的第三层,即网络层。路由器能够选择通畅快捷的通道,能大大提高通信速度,减轻网络系统通信负荷,节约网络系统资源,提高网络系统畅通率,从而让网络系统发挥出更大的效益。

(3) 防火墙:使用防火墙是保证网络安全的主要方法。防火墙(作为阻塞点、控制点)能极大地提高一个内部网络的安全性,并通过过滤不安全的服务而降低风险。通过防火墙对内部网络的划分,可实现内部网中重点网段的隔离,从而限制了局部重点或敏感网络安全问题对全局网络造成的影响。

(4) 调制解调器(Modem):是为数据通信的数字信号在具有有限带宽的模拟信道上进行远距离传输而设计的,它一般由基带处理、调制解调、信号放大和滤波、均衡等几部分组成。调制是将数字信号与音频载波组合,产生适合于电话线上传输的音频信号(模拟信号);解调是从音频信号中恢复出数字信号,适用于远程终端用户。

(5) ADSL (Asymmetric Digital Subscriber Line,非对称数字用户线路)设备:通常称 ADSL 为"猫",是 ADSL 方式接入的终端设备之一。ADSL 技术是一种不对称数字用户线实现宽带接入互联网的技术,ADSL 作为一种传输层的技术,充分利用现有的铜线资源,在一对双绞线上提供上行 640 Kb/s、下行 8 Mb/s 的带宽,从而克服了传统用户在"最后一公里"的瓶颈,实现了真正意义上的宽带接入,可作为一般用户或者物流网点连接到物流公司总部的方式。

(6) 服务器:从广义上讲,服务器是指网络中能对其他机器提供某些服务的计算机系统;从狭义上讲,服务器是专指某些高性能计算机,能通过网络,对外提供服务。相对于普通 PC 来说,稳定性、安全性、性能等方面都要求更高,因此在 CPU、芯片组、内存、磁盘系统、网络等硬件和普通 PC 有所不同。服务器作为网络的节点,存储、处理网络上 80% 的数据、信息,因此也被称为网络的灵魂。它是网络上一种为客户端计算机提供各种服务的高性能的计算机,它在网络操作系统的控制下,将与其相连的硬盘、磁带、打印机、Modem 及各种专用通信设备提供给网络上的客户站点共享,也能为网络用户提供集中计算、信息发布及数据管理等服务。它的高性能主要体现在高速度的运算能力、长时间的可靠运行、强大的外部数据吞吐能力等方面。

(7)磁盘阵列(Disc Array):是由许多台磁盘机或光盘机按一定的规则,如分条(Striping)、分块(Declustering)、交叉存取(Interleaving)等组成一个快速、超大容量的外存储器子系统。它在阵列控制器的控制和管理下,实现快速、并行或交叉存取,并有较强的容错能力。从用户观点看,磁盘阵列虽然是由几个、几十个甚至上百个磁盘组成,但仍可认为是一个单一磁盘,其容量可以高达数千至数万个千兆字节,是物流管理信息系统海量数据存储和备份的关键设备。

(四)系统支撑软件环境

选择合适的系统支撑软件,可以充分发挥硬件平台的性能,并且能够减少系统软件的费用。系统支撑软件包括操作系统、数据库、系统开发软件等。根据物流管理信息系统的需求,系统支撑软件如表 8-1 所示。

表 8-1 物流管理信息系统的支撑软件环境

编号	名 称	用 途	运行位置
1	Windows Server 企业版	操作系统	服务器
2	Windows 10	操作系统	客户端
3	Microsoft Office	办公软件	客户端
4	ArcGIS Engine	GIS 开发软件	客户端
5	ArcGIS SDE	GIS 数据库引擎	服务器
6	ArcIMS	WebGIS 发布	服务器
7	SQLServer	数据库系统	服务器
8	Microsoft Visual Studio.NET	开发环境	开发部门

1. 操作系统

Windows Server 企业版是 Microsoft 公司的网络操作系统和服务器操作系统,高性能、高可靠性和高安全性是其主要特征,特别适合于作为物流管理信息系统各类服务器的操作系统和复杂网络管理平台。

Windows 10 同样是 Microsoft 公司的操作系统产品,具有较高的安全性、可管理性和可靠性,具有便捷的即插即用功能、友好的用户界面等突出特点,已经成为目前应用最广泛的客户端操作系统,完全胜任物流管理信息系统工作站端操作系统的需要。

2. 办公软件

Microsoft Office 是家庭和小型企业最为常用的办公套件,包括 Word、Excel、PowerPoint 等,使用这些软件可以快速轻松地创建外观精美的文档、电子表格和演示文稿,还可以管理电子邮件。另外可以使用内嵌的 VISA 进行扩展编程,从而增强 Office 的功能、简化相关的操作、定制用户需求的界面。在.Net 开发环境下可以对 Office 直接进行文档读取或者写入等操作,便于办公自动化系统的构建。

3. 地理信息系统软件

地理信息处理是物流管理信息系统的重要方面。以 ESRI 的 GIS 软件平台为例,其 ArcGIS 系列软件产品为地理信息的处理提供了工具。对于开发物流管理信息系统来说,一般需要利用该软件产品中的 ArcGIS Engine、ArcSDE 和 ArcIMS,ArcGIS Engine 是一个可定制特定应用系统的嵌入式 GIS 组件库。利用 ArcGIS Engine,开发者能将 ArcGIS 功能集成到一些应用软件,如 Microsoft Word 和 Excel 中,还可以为用户提供针对 GIS 解决方案的定制应用。ArcGIS Engine 可以在包括 Windows 在内的多种操作系统上运行,并支持主流的应用软件开发环境,如 Visual Basic、Microsoft Visual Studio .NET 以及各种.java 开发环境。

ArcGIS SDE 是用以支持地理信息系统与商业化数据库管理系统集成的空间数据库引擎,可以使空间数据在工业标准的数据库管理系统,如 Oracle、Microsoft SQL Server 及 Informix 等中存储、管理和快速查询检索。SDE 提供了开放的应用编程接口(API),用户可以通过调用 API 来开发自己的客户端应用。

ArcIMS 是一个基于 Web 的 GIS 发布软件,它允许集中建立大范围的 TT5 数据库和地图,并将这些结果通过 Intranet 或 Internet 向企业内部或公众发布。尤其适合于在物流网站中发布物流跟踪与监控结果,便于用户查询货物的状态和位置。

4. 数据库系统软件

Oracle、SQL Server 都是分布式关系型数据库管理系统,具有客户机/服务器体系结构,采用了专门语言在客户机和服务器之间传递客户机的请求和服务器的处理结果,同时,其不但可以满足不同规模的企业对海量数据的并发处理、高性能计算、高可靠性的需求,而且具有很高的性价比,是构建物流数据库的理想选择。

5. 开发环境

Visual Studio 是面向对象的可视化集成软件开发环境,它不仅包含 Visual Basic、Visual C、Visual C++ 和 Visual J 等编程语言,也提供了丰富的开发工具,如构建 Windows 和 Web 解决方案的组件、构建 Windows CE 应用程序的 Smart-Phone 和 Pocket PC 开发工具、可视化数据库工具、XSD 和 XSLT 编辑与调试工具,数据库查询和存储过程的可视化设计工具等。利用功能强大的企业级 Microsoft .NET Framework 2.0 能够开发和部署 C/S 和 B/S 等体系结构的应用系统。

(五)物流管理信息系统软件结构

根据物流企业对物流管理信息系统的需求,在系统总体框架的约束下,按照物流企业的主要业务,遵循自上而下的系统划分原则对物流管理信息系统进行子系统的划分,并描述子系统之间以及系统或子系统对外部系统的依赖关系,如图 8-4 所示。

从该软件结构来看,物流管理信息系统主要由支持物流作业管理的物流作业系统、支持物流决策的决策支持系统、为客户服务的客户支持系统以及物流营运的财务管理系统几个部分组成。其中物流作业系统是整个信息系统的核心,内部又可划分为相对独立的仓储管理系统、运输管理系统、配送管理系统、客户管理系统、订单管理系统以及跟踪与监控系统等

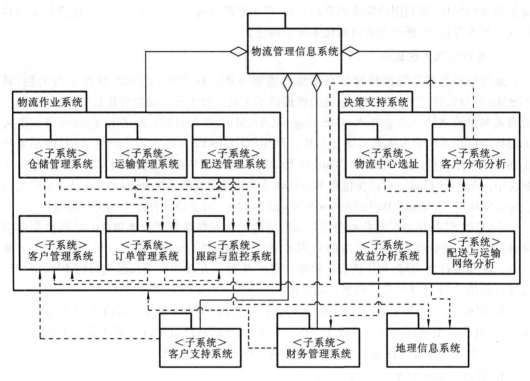

图 8-4　物流管理信息系统网络结构

重要的物流业务系统,而订单管理是其他子系统的入口,跟踪与监控系统的功能是实现物流运作过程的跟踪和监控,被其他业务系统所调用。决策支持系统建立在物流作业系统的基础之上。客户支持系统通过与客户管理系统的接口,实现为客户服务,如跟踪委托货物的作业状态及其位置等。财务管理系统对物流运营中的财务信息进行管理及统计分析,显然依赖于物流作业系统。而地理信息系统作为外部系统,是实现物流作业中的跟踪与监控以及物流决策的基础,被它们调用。

这些系统与系统、系统与子系统以及子系统与子系统之间的依赖关系,实质上反映了它们之间的接口。在实现时,为每个子系统保留必要的接口,既能使每个子系统能独立运行,完成特定的物流运作管理功能,又能组合它们构造复杂的、完整的物流管理信息系统。子系统的划分及其依赖关系的确定,使得物流管理信息系统得以按照 RUP 方法对每个子系统进行逐一开发,并构建完整的综合物流管理信息系统,也为定制不同类型的物流管理信息系统如第三方物流管理信息系统、供应链物流管理信息系统、连锁企业物流管理信息系统等提供了便利条件。

三、物流管理信息系统运行管理

物流管理信息系统的运行管理就是在系统的运行过程中,对其进行管理和维护,记录其运行状态,并对其进行必要的系统运行情况检查,降低系统的故障率,提高系统的工作效率和工作质量,从而使物流管理信息系统充分发挥其功能。物流管理信息系统运行管理的内容主要包括日常运行管理、系统运行情况记录和系统运行情况检查三个方面。

第八章

物流管理信息系统设计

(一) 日常运行管理

1. 数据收集工作

数据收集工作常常是由分散在各业务部门的业务管理人员进行的,如在库存管理工作中,对每天进货出货的业务处理都应该包括数据收集、数据校验及数据录入。因此,其组织工作往往是比较难以进行的。系统主管人员应该努力利用各种方法,提高这些人员的技术水平和工作责任感,对他们的工作进行评价、指导和帮助,以便提高所收集数据的质量,为物流管理信息系统有效地工作打下坚实的基础。

2. 信息处理及信息服务工作

常见的工作包括例行的数据更新、统计分析、报表生成、数据的复制及保存、与外界的定期数据交流等。这些工作一般来说都是按照一定的规程,定期或不定期地运行某些事先编制好的程序,由软件操作人员来完成。这些工作的规程,应该是在系统设计中已做好详细规定,操作人员也应经过严格培训,清楚地了解各项操作规程,了解各种情况的处理方法。在系统已有各种资源的基础上,才能向领导、管理人员及其他使用者提供信息服务。当然,这里只包括例行的服务。组织软件操作人员完成这些例行的信息处理及信息服务工作,是系统主管人员的又一经常性任务。

3. 系统硬件的运行与维护工作

物流管理信息系统应在任何情况下都能正常运行,为此,需要有一些硬件工作人员负责计算机本身的运行与维护。系统硬件的运行与维护工作包括设备的使用管理、备用品和配件的准备及使用、各种消耗性材料(如软盘、打印纸等)的使用及管理、电源及工作环境的管理等。此外,系统硬件维护工作还包括专职的硬件人员对系统设备日常的保养性维护和对突发性故障进行维护,硬件人员应加强设备的保养以及定期检修,并做好检验记录和故障登记工作,为适应软件的要求更换一定的设备,做好应付突发性故障的有关准备。

4. 系统软件的维护工作

系统软件维护就是在软件已经交付使用之后,为了改正错误或满足新的需求而完善软件的过程。其目的是保证系统软件能持续地与用户环境、数据处理操作、政府或其他有关部门的需求保持协调一致。系统软件的维护包括正确性维护、适应性维护、完善性维护和预防性维护。此外,还应进行系统数据维护。数据维护工作一般是由数据库管理员来负责,管理员主要负责数据库的安全性和完整性以及对其进行并发性控制等工作。

(二) 系统运行情况记录

物流管理信息系统的运行情况对系统管理、评价是十分重要且十分宝贵的资料。如果缺乏系统运行情况的基本数据,只停留在一般的印象上,无法对系统运行情况进行科学的分析和合理的判断,就难以进一步提高物流管理信息系统的工作水平。

1. 有关工作数量的信息

例如开机时间,每天、每周、每月提供的报表数量,每天、每周、每月录入数据的数量,系统中积累的数据量,修改程序的数量,数据使用的频率,满足用户临时要求的数量等。这些数据反映了物流管理信息系统的工作负担及所提供的信息服务的规模,这是反映计算机应用系统功能的最基本的数据。

2. 工作的效率

这是指物流管理信息系统为了完成所规定的工作所占用的人力、物力及时间。例如,完成一次年度报表的编制用了多长时间和多少人力;使用者提出一个临时的查询要求,系统花费了多长时间才给出所要的数据;系统在日常运行中所花费的人力是多少,消耗性材料的使用情况如何,等等。随着经济体制的改革,各级领导越来越多地注意经营管理,任何新技术的采用如不注意经济效益是不可能得到广泛应用的。

3. 系统所提供的信息服务的质量

信息服务和其他服务一样,不能只看数量不看质量。如果一个物流管理信息系统所生成的报表并不是管理工作所要的,管理人员使用起来并不方便,那么这样的报表生成得再多再快也没有意义。同样,使用者对于提供的方式是否满意、所提供信息的精确程度是否符合要求、信息提供是否及时、临时提出的信息需求能否得到满足等,也都属于信息服务的质量范围之类。

4. 系统的维护情况

物流管理信息系统中的数据、软件和硬件都有一定的更新、维护和检修的工作规程。这些工作都要有详细、及时的记载,包括维护工作的内容、情况、时间、执行人员等。这不仅是为了保证系统的安全和正常运行,而且有利于系统的评价及进一步扩充。

5. 系统故障情况

无论大小故障,都应该及时记录以下这些情况:故障的发生时间、故障的现象、故障发生时的工作环境、处理的方法、处理的结果、处理人员、善后措施、原因分析。这里要注意的是,所说的故障不只是指计算机本身的故障,而是包括整个物流管理信息系统。例如,由于数据收集不及时,使年度报表的生成未能按期完成,这是整个物流管理信息系统的故障,而不是计算机的故障。同样,收集来的原始数据有错,也不是计算机的故障,然而这些错误的类型、数量等统计数据都是非常有用的资料。

在运行管理工作中,那些在正常情况下的运行数据很容易被忽视。因为发生故障时,人们往往比较重视对故障情况作及时记载,而在系统正常运行时,则不注意记录。事实上,要全面地掌握物流管理信息系统的情况,必须十分重视正常运行时的情况记录。例如,设备发生了故障,我们需要考察它是累计工作了多长时间之后发生的故障。平均无故障时间这一重要指标的计算,也需要日常的工作记录。

(三)系统运行情况检查

1. 系统运行的安全检查

物流管理信息系统是物流企业的"神经网络",物流管理信息系统安全出现问题将会对物流企业的运营产生巨大影响。物流管理信息系统安全是指为了防范意外,或人为的破坏,或非法使用信息资源,而对物流管理信息系统运行所采取的保护措施。物流管理信息系统借助于互联网来传递物流信息,从而连接不同场所的物流业务活动。因此,系统安全检查是系统运行情况检查的重要内容,其不安全因素主要来自以下几个方面。

物理部分:如机房不达标、设备缺乏保护措施、存在管理漏洞。

第八章
物流管理信息系统设计

软件部分:如操作系统安全、数据库系统安全、应用系统安全。

网络部分:如内部网安全和内、外部网连接安全。

物流管理信息系统安全检查的目标是保证系统在有充分保护的安全环境中运行,由可靠的操作人员按规范使用计算机系统、网络系统、数据库系统和应用系统,系统符合安全标准。

为了保障物流管理信息系统的网络信息安全,可以采用各种现代化的网络信息安全实现技术。当前用于网络信息安全的实现技术主要包括身份识别技术、密钥技术、安全控制技术和安全防范技术。例如,通过对网络实施实时监控行为,可以有效地帮助识别攻击特征,以及其他包括病毒、探测行为和未授权修改系统存取控制机制的可疑行为,并以反击手段对这些可疑行为作出响应。

2. 系统运行状况的审核和评价

物流管理信息系统在其运行过程中除了不断进行大量的管理和维护工作外,还应定期对系统的运行状况进行审核和评价。这项工作主要在高层领导的直接领导下,由系统分析员或专门的审计人员会同各类开发人员和业务部门经理共同参与来进行。其目的是估计系统的技术能力、工作性能和系统的利用率。它不仅对系统当前的性能进行总结和评价,而且还为系统的改进和扩展提供依据。

小 结

(1) 物流信息是反映物流各种活动内容的知识、资料、图像、数据、文件的总称。

(2) 物流信息的有效管理就是强调物流信息的准确性、有效性、及时性、集成性、共享性。在物流信息的收集、整理中要避免信息的缺损、失真和失效,要强化物流信息活动过程的组织和控制,建立有效的管理机制。

(3) 物流信息管理是通过对与物流活动相关信息的收集、处理、分析来达到对物流活动的有效管理和控制的过程,并为企业提供各种物流信息分析和决策支持。

(4) 物流管理信息系统是通过对物流相关信息的加工处理来达到对物流、资金流的有效控制和管理,并为企业提供信息分析和决策支持的人-机系统。

(5) 物流管理信息系统总体框架应该包括通信网络平台、基础软件平台、数据交换平台、应用支撑平台和核心应用平台5个组成部分。

(6) 物流管理信息系统软件开发主要包括 Client/Server(即客户机/服务器,简称 C/S)体系结构和 Brower/Server(即浏览器/服务器,简称 B/S)体系结构,这两种体系结构是目前比较流行的软件体系结构。系统中的网络硬件应包括:网络服务器、网络工作站、网络接口卡、网络设备、传输介质、调制解调器和各种适配器。

(7) 物流管理信息系统的运行管理就是在系统的运行过程中,对其进行管理和维护,记录其运行状态,并对其进行必要的系统运行情况检查,降低系统的故障率,提高系统的工作效率和工作质量,从而使物流管理信息系统充分发挥其功能。物流管理信息系统运行管理的内容主要包括日常运行管理、系统运行情况记录和系统运行情况检查三个方面。

物流工程

综合案例

红河卷烟厂辅料自动化物流系统

1. 综述

红河卷烟厂辅料自动化物流系统竣工于1998年,是2002年我国国家科技进步奖二等奖项目——红河卷烟厂自动化物流系统项目的主要组成系统之一,具有我国自主知识产权。

红河卷烟厂辅料自动化物流系统是集光、机、电、信息等技术为一体的高科技系统工程。该系统主要由自动化立体仓储系统、自动输送系统、AGV系统、机器人自动识别配料系统、自动控制系统、实时监控系统、消防自动报警及喷水灭火系统、计算机管理调度系统等组成,涉及众多的高新技术领域:人工智能、图像识别、网络通信、数据库系统、计算机仿真、数据采集、实时监控、无线通信、红外通信、激光导引、机器人、智能快速充电、条码识别、系统集成等。

2. 系统工艺要求分析

系统工艺要求由辅料的流程、生产能力及工作方式等因素决定,它是进行工艺设计的第一要素。

根据卷接包机组辅料消耗实际需求,将各种搭配辅料托盘按比例存储到立体仓库,生产机组需要辅料时,又从立体仓库中取出辅料,通过激光导引车(Laser Guided Vehicle,LGV)送至机组物料站台。剩余辅料托盘及空托盘组可暂存到立体库中,也可直接返回到辅料整理区。

工艺设计是保证整个工程质量的重要环节,工艺设计将决定整个系统的成功与否。在工艺设计阶段,进行数十次反复讨论、研究,综合分析了国内外烟草辅料自动化物流系统的工艺特点,结合红河卷烟厂的实际特点,设计了符合本烟厂实际需求的合理的辅料自动化物流系统。

1) 工艺分区

辅料整理区:辅料整理区在辅料库一楼入库大厅,主要对各种规格的辅料进行检查、分类,然后按配方比例,应用机器人自动识别配料系统进行堆码搭配辅料。

辅料入库输送区:码垛完的辅料托盘送到入库输送机站台,经外形检测站检查合格后,通过穿梭车传送到堆垛机入库输送区;或将穿梭车送出的空托盘组、剩余辅料托盘传输到出库站台。

堆垛机入库输送区:将辅料托盘继续向前输送,一直传输到升降台,等待堆垛机来取货;或将空托盘组、剩余辅料托盘传输出来,等待穿梭车来取货。

高层货架区:堆垛机接受指令后自动到站台(一楼升降台)提取物料托盘并将它存储到高层货架区的指定货位;或将物料托盘从指定货位取出并送到目标巷道口的站台(二楼升降台)。

堆垛机出库输送区:堆垛机将辅料托盘从自动化立体仓库取出,送到二楼出库站台,等待LGV来取货;或将LGV送来的空托盘组、剩余辅料托盘传输到升降台,等待堆垛机来取货。

第八章

物流管理信息系统设计

空托盘码垛区：将 LGV 送来的单一空托盘经空托盘堆码机码垛为空托盘组（7 个/组），再由 LGV 来取走空托盘组。

LGV 工作区：LGV 接受指令后自动到二楼出库站台拉取辅料搭配托盘，并将它送到卷接机组内侧的物料站台上；或将机组站台上的单一空托盘送到空托盘码垛区；或将机组站台上的废料托盘及实废烟专用容器送到废品处理区，再将废品处理区站台上的单一空托盘送到空托盘码垛区，以及将空废烟专用容器送回卷接机组内侧。

机组站台区：在每套卷接机组内侧设置 4～5 个物料站台（台架），用于存放辅料托盘、废料托盘。

废品处理区：人工取出由 LGV 送来的废烟专用容器里的废烟，以及废料托盘上的废料，进行回收处理、整理。

2）工艺流程

（1）辅料整理。

辅料入库前，需在辅料入库区由机器人自动识别配料系统根据卷接包机组的需求将不同的辅料码放在托盘上。先由人工及叉车从货车上卸下辅料，经检查合格后，根据辅料配方比例，使用机器人自动识别配料系统自动堆码。码好的辅料托盘由输送系统送到入库输送机上，准备入库。

（2）辅料入库。

把放在入库输送机上搭配好的辅料实托盘录入品牌、编号等信息，然后入库输送机自动地将实托盘输送到外形尺寸检测站，对实托盘的长、宽、高进行自动检查，并将相关数据传输到计算机控制系统。

如实托盘检测合格，就会输送到穿梭车上自动入库，否则将被送到整理站台（输送机）上，由人工重新进行堆码调整，然后再次进行外形检测，直至合格入库。

合格实托盘的规格数据传输到计算机系统后，计算机管理系统将会给每一个托盘分配货架上的位置。由穿梭车及输送机将此托盘送到指定巷道的入库站台上，由巷道堆垛机自行提取后，送到指定的货位进行存放。

（3）辅料出库。

从辅料仓库自动拣取搭配辅料托盘，送至各卷接包机组物料站台。生产机组需要辅料时，若物料站台上有空托盘或剩余辅料，人工应预先通过呼叫终端通知计算机系统，调度 LGV 前来取走空托盘或剩余辅料，然后再通过呼叫终端发出需求信息（辅料配盘种类），由计算机系统发出取货指令，堆垛机将自动从货架中提取所需的辅料托盘送到入库站台上，再通过输送机自动传输到 LGV 取货站台，由 LGV 自动前来提取并送至所需的物料站台。

（4）剩余辅料处理。

由于生产机组换品牌、搭配比例不均、辅料损坏，以及需求信息误操作等原因而产生的剩余辅料托盘，应及时通过人工呼叫终端通知计算机系统调度 LGV 前来取走，送到二楼入库输送机，如果人工通过计算机终端通知计算机系统调出该种辅料时，便通过堆垛机送至一楼升降台，经穿梭车自动输送到剩余辅料输出站台（输送机），然后由人工输入剩余辅料信息（品种、数量等），再用叉车取走剩余辅料托盘，并重新整理入库；若无调出信息，便直接存入立体库，当需要调出时再自动调出送至一楼重新整理入库。

（5）废烟、废料输送。

当需要搬走废烟或废料时，由人工发出信号，通过呼叫终端通知计算机系统，再由计算机系统调度 LGV 从各生产机组废烟容器专用位置或废料站台（机组物料站台）上提取废烟容器或废料托盘送至废品处理区，随后由人工取走废烟或废料，废烟空容器又由 LGV 送回机组。其中废烟容器由一台专用牵引式 LGV 运送，无须站台。

(6) 空托盘的流通。

各生产机组物料站台上用完辅料后的空托盘，以及在废品处理区站台上取走废料的空托盘，由 LGV 送至空托盘回收输送机，由空托盘堆码机自动进行堆码。码垛好的空托盘视需要可入库，也可去辅料入库区供辅料装盘使用。

取走废料所需的空托盘，由 LGV 从就近有空托盘的物料站台上提取空托盘送至废料站台（一般情况下优先使用本机组的空托盘）。

3. 系统设备配置

红河卷烟厂辅料自动化物流系统的设备配置主要有高层立体货架、巷道堆垛机、LGV 自动导引小车及系统、输送设备、电控和计算机系统。

1) 高层货架

货架采用型钢焊接和螺栓连接而成的组合式钢结构架，它有两个功能：一是存放辅料实托盘、剩余辅料托盘及空托盘组；二是支承巷道堆垛机天轨。货架由昆船公司自行研制。

外形尺寸：43.75（长）×18.45（宽）×17.355（高），单位为 m；

货格尺寸：1365（长）×1250（宽）×1300（高），单位为 mm；

排数：8 排；

列数：35 列；

层数：12 层；

货位数：3360 个。

2) 巷道堆垛机

巷道堆垛机是自动化辅料仓库存取辅料的主要设备，它按照指定的程序组合，把物品（辅料托盘和空托盘组）从入库站台（升降台）送入货架货格，或者对存储物品进行提取，并从货架货格送到出库站台（升降台）。

数量：总数 4 台；

结构形式：双立柱，单货位；

载货重量：最大 600 kg；

行走速度：0～125 m/min；

提升速度：0～30 m/min；

货叉速度：0～30 m/min；

总高：17255 mm；

总长：4493 mm；

总宽：1300 mm；

定位精度：±5 mm。

3) 输送设备

输送设备是物料输送的重要的运输工具，它负责把辅料从入库整理区经穿梭车传送到堆垛机入库站台，反之把辅料从堆垛机出库站台输送至辅料出库区。它还完成空托盘出入

第八章
物流管理信息系统设计

库、剩余辅料返回及辅料搭配的物料输送工作。输送机机架采用铝-钢结构,具有光电开关、行程开关等关键配套件进口。物料的输送速度为 14 m/min。

4) 空托盘堆码机

空托盘堆码机是把单个空托盘堆码成空托盘组,以提高空托盘输送、存储及使用效率。

5) 外形检查站

外形检查站用于对辅料托盘的外形尺寸进行检测,以保证输送及存储过程中不发生尺寸干涉。

6) 升降台

升降台的升降装置把辅料托盘升高,使堆垛机能叉送双面托盘,并作为堆垛机的出入库站台,物料升降时间不大于 6 s。

7) 穿梭车

穿梭车机架为型钢焊接而成,机架下装有两对钢轮,由行驶电动机驱动,在钢轨上做往复运行;机架上装有链式输送机,在其自身电动机驱动下,可进行托盘进出作业,穿梭车的走行速度为 120 m/min。

8) 自动导引车系统

红河卷烟厂辅料自动化物流系统采用了 LGVS(激光导引自动车系统,Laser Guided Vehicle System),激光导引是目前世界上最先进的一种导引方式,具有最大程度的路径变动柔性。LGVS 主要由地面控制系统(NT7000)、小车控制系统(ACC70)、图形监控系统(CWAY)等三部分组成。

NT7000 通过无线电通信设备(RADIO MODEM)与小车控制系统进行通信;通过数字采集系统设备(BIV)与地面有关 LGVS 辅助设备(如充电系统)联系。ACC70 与激光扫描头共同定位 LGV 小车,同时控制 LGV 车体上的电气系统;并通过手动控制器(MCD)与操作面板(OP7)提供了人工操作 LGV 的接口。图形监控系统利用网络设备与地面控制系统通信,实时更新监控画面 LGV 的状态。

LGV 是一种以电池为动力,具有智能快速充电功能。LGV 能在计算机监控下,按路径规划和作业要求,精确行走并停靠到指定地点,完成一系列作业任务。

9) 机器人自动识别配料系统

采用 ABB 生产的机器人,辅之以自动识别技术,能够根据 CCD 图像快速识别相关的物料,并根据卷接包机组的生产需求,自动配盘、码垛辅料实托盘。

10) 电控系统

辅料自动化物流系统的电控系统是对输送设备(输送机、升降台、穿梭车等)进行自动控制。它是自动化仓库的核心部分之一,直接关系到仓库作业的正常进行。因此,针对红河辅料库物流节奏快、物流路线复杂、信息量大、实时性要求高等特点,采用了美国 AB 公司的 PLC 进行控制,并通过 DH+网(51.6 KB/s)同上位计算机进行实时通信,并且电控系统所使用的控制元件、传感器、光电开关都采用进口的、可靠性高、寿命长、易于维护和更换的产品。

整个控制系统分入库和出库两部分。入库区电控系统对入库的辅料进行可跟踪搬运;并根据上位计算机分配的入库地址,由穿梭车自动运送到正确的站台。堆放不合格的辅料由外形检测站自动剔除,重新码放后再入库。出库区电控柜对立体库与 LGV 系统提供装货、卸货接口,并由空托盘堆码机进行空托盘回收。

在整个货物搬运过程中,货物所携带信息自动传递,并由现场操作员终端提供修改信息功能。操作员终端提供简明并且汉化的人机界面,便于操作员学习、操作。整个系统具备自动报警功能,可对器件、设备故障进行实时、有效的报警,并且适应手动、半自动、自动等多种操作方式的需要。

11) 监控系统

辅料自动化物流系统的监控系统的监控对象和范围包括:一楼辅料入库区和二楼辅料出库区的所有输送设备及其电控柜和操作员终端;巷道堆垛机;托盘输送任务。其主要功能有三个方面:一是对设备的实时监控。对各式输送机的工作情况和运行状态进行实时监控,包括对输送机上的各种控制器件(电动机及各种传感器等)进行实时监控;对控制输送线的电控柜的工作情况和运行状态进行实时监控;对现场操作员终端的工作情况和运行状态进行实时监控;对四台巷道堆垛机的工作情况和运行状态进行实时监控。二是对辅料库生产情况托盘输送任务的监控,包括实时跟踪托盘在输送线上的运行情况,反映托盘带货信息,任务工作令及输送目标地址等信息,在信息丢失或出错时能及时方便地进行更改和维护。三是当监控对象发生故障或托盘输送任务出错时,系统能自动报警。操作人员通过具体报警信息可以分析、判断故障原因,并指导现场操作人员及时处理。系统自动保存报警信息和操作信息并具有相应的历史记录,操作人员针对这些原始记录可以分类统计,并方便地生成报表,以便对设备和生产进行更好的维护。

12) 计算机管理系统

计算机管理控制系统包括物流管理和物流控制两个方面,在借鉴国际先进自动化仓库生产厂商的计算机系统优点,结合当今计算机及网络的最新应用方法和技术以及最新控制技术的基础上,自主开发了具有国际先进水平的自动化仓库控制和管理的计算机系统模式。

其特点是:对于融实际控制与事务管理于一身的自动化仓库控制管理系统,从网络层次上使事务性调度管理任务层与实时控制任务层相对分离,较好地解决了两者在控制要求上的冲突问题;另一方面,采用客户机/服务器(Client/Server)体系结构,并且在各客户机之间增加了点对点通信功能,使物理上相对分散的系统可以在事件的驱动下协调配合运作,这样不仅避免了传统的物流设计方案中使用的主机/终端方式,而且更加能够发挥体系结构下的客户机和服务器两部分设备性能特点。

13) 消防自动报警及喷水灭火系统

辅料立体库区采用预作用式自动报警喷水灭火系统,由火灾自动探测报警系统和预作用式火灾自动喷水灭火系统组成。

辅料整理区采用消火栓灭火系统。

4. 技术难点及工艺措施

红河卷烟厂辅料自动化物流系统技术上达到了当时的国际领先水平。为实现这个目标,解决了一系列关键技术,要点如下。

(1) 仅两年时间成功研发了一大批自主知识产权的物流设备,走出了中国自动化物流装备的跨越式发展道路。

(2) 开发了灵巧、自重小的推挽式 LGV,攻克了路径规划、反射板布置、精确定位等难题,使 LGV 能在卷接包机组内灵活自如地行走和精确定位,实现了操作者对辅料的最近化作业(取辅料、退库、退废料),这在国内外属首创。

(3) 发明并研制了智能快速充电技术,实现了在完成同样运量条件下,需要的 LGV 小车数量为最少的经济目标,如 120 万大箱的年生产量,只需 8 辆 LGV 小车运送辅料,工作模式为每天 21 小时。

(4) 计算机系统采用了多种先进技术(TCP/IP 技术、C/S 技术、光纤通信技术),计算机系统的过程控制、通信能力和响应速度较快,而且先进性、可靠性较高。

案例讨论

简述红河卷烟厂自动化物流系统的组成。

练习与思考

一、填空题

1. 物流信息是反映物流各种活动内容的_____、_____、_____、_____、_____的总称。
2. 按信息的作用分类,物流信息分为_____、_____、_____、_____。
3. 物流信息处理功能包括_____、_____、_____、_____、_____。
4. 作为支持第三方物流运作业务管理的信息系统,其总体框架应该包括_____、_____、_____、_____、_____五个组成部分。

二、选择题

1. 物流信息具有以下四个特点,包括(   )。
   A. 物流信息的数据量大、涉及面广
   B. 物流信息的动态性、适时性强
   C. 物流信息的种类繁多、来源复杂
   D. 物流信息要能够实现共享、遵循统一的标准
   E. 物流运输的信息就是卡车的信息

2. 物流信息按管理层次分类,可以分为(   )。
   A. 包装信息   B. 作业信息   C. 控制信息
   D. 配送信息   E. 战略信息

3. 物流管理信息系统设计,将为物流企业的运作、业务管理和决策创建高效、简洁、适用的信息化环境,其具体设计目标包括(   )。
   A. 赢得更多的用户
   B. 能够以较低的成本提供更多的增值服务,扩大物流企业的运营收入来源
   C. 通过系统能实现物流企业内部的业务操作和管理,系统不仅面向物流业务,也能有效地支持物流企业内部资源的整合和管理
   D. 系统与外界的接口功能要尽可能丰富
   E. 支持业务的逐步发展

4. 物流管理信息系统具备（　　）这些主要功能。
A. 信息处理功能　　　　　　　　B. 事务处理功能
C. 预测功能　　　　　　　　　　D. 计划与控制功能
E. 辅助决策和决策优化功能

5. 物流管理信息系统运行管理的内容主要包括（　　）。
A. 日常运行管理　　　　　　　　B. 系统运行情况记录
C. 系统运行情况检查　　　　　　D. 物流系统规划与决策
E. 车辆调度

三、简答题

1. 什么是物流信息？它的特征是什么？它有哪些分类？
2. 物流信息对物流信息管理的作用体现在哪些方面？
3. 物流信息管理的基本内容包括哪些？可以从哪些方面来理解？
4. 物流管理信息系统的总体框架由哪些部分组成？每个部分之间的相互关系是什么？
5. 物流管理信息系统中的网络硬件应包括哪些？

四、论述题

试论述物流管理信息系统运行管理的内容。

第九章 物流工程风险分析

学习目标

1. 了解物流工程风险的基本概念、分类以及特点;
2. 了解物流工程规划的内容、规划的步骤,对物流工程规划的过程有初步认识;
3. 掌握物流工程风险识别的特点、依据以及过程,对风险识别的方法有初步认识;
4. 了解物流工程风险评估的依据、过程以及方法;
5. 了解物流工程风险应对的依据、过程,对风险应对策略有初步认识;
6. 了解物流工程风险监控的依据、过程和方法。

第一节 物流工程风险概述

所谓物流工程风险,就是指物流工程的设计与实施的活动或事件的不确定性和可能发生的风险。由于物流工程具有系统性、关联性、综合性和实践性等特点,决定了物流工程是十分复杂的工程活动,在物流工程的设计与实施过程中必然容易遭受到各种风险因素的侵袭,阻碍物流工程的设计和实施的顺利进行。

物流工程的不同阶段、不同部分有不同的风险;随着物流工程的进展,面临的风险也会发生变化,造成的后果也不一样。大量的风险存在于物流工程的设计和实施阶段,而早期决策对物流工程后续阶段和工程目标实现影响也非常大。为了消除或有效控制物流工程风险,必须对物流工程风险进行科学的认识和剖析。

一、物流工程风险的分类

为了深入、全面地认识物流工程风险,并有针对性地进行管理,有必要将风险分类。根据不同的需要,从不同的角度,按不同的标准将风险进行分类,其目的在于理论上便于研究,实践上便于根据不同类别的风险采取不同的管理策略。

（一）按风险后果划分

按照风险后果的不同，风险可分为纯粹风险和投机风险。

（1）纯粹风险。纯粹风险是指不能带来机会、无利益获得的风险。纯粹风险只有两种可能的后果：造成损失和不造成损失。纯粹风险造成的损失是绝对的损失，活动主体蒙受了损失，全社会也跟着受损失。例如，某物流规划方案实施过程中发生火灾，遭受了损失，该损失不但是这个工程的，也是全社会的，没有人从中获得好处。纯粹风险总是与危险、损失和不幸相联系的。

（2）投机风险。投机风险是指既可能带来机会、获得利益，又隐含危险、可能造成损失的风险。投机风险有三种可能的后果：造成损失、不造成损失和获得利益。投机风险如果使活动主体蒙受了损失，全社会不一定也跟着受损失；反之，其他人还有可能因此而获得利益。例如，由于设施选址不当使物流经营者遭受损失而被迫将设施低价转手，接手者通过转向经营反而可能获得高额利润。

纯粹风险和投机风险在一定条件下可以相互转化，风险管理人员必须避免投机风险转化为纯粹风险，因为纯粹风险会使涉及风险的各有关方面都要蒙受损失，很难幸免。

（二）按风险原因划分

按照风险来源或损失产生的原因，物流工程风险可分为自然风险和人为风险。

（1）自然风险。自然风险是指由于自然力的作用，造成财产毁损人员伤亡的风险。例如，运输过程中由于遭遇泥石流而造成的车毁人亡、货物损失等。

（2）人为风险。人为风险是指由于人的活动而带来的风险。人为风险又可以细分为行为、经济、技术、政治和组织风险等。

行为风险是指由于个人或组织的过失、疏忽、侥幸、恶意等不当行为造成财产或人员伤亡的风险；经济风险是指由于经营管理不善、市场预测失误、供求关系变化等所导致的经济损失风险；技术风险是指伴随科学技术的发展而产生的风险；政治风险是指由于政局变化、政权更迭、工人罢工、战争等引起社会动荡而造成财产人员伤亡的风险；组织风险是指由于物流工程的各有关方面或部门的不协调等不确定性因素引起的风险。

（三）按风险可否管理划分

按风险是否可管理来划分，物流工程风险可分为可管理风险和不可管理风险。可管理风险是指可以预测、并可采取相应措施加以控制的风险；反之，就是不可管理的风险。风险能否被管理取决于风险不确定性是否可以消除以及活动主体的管理水平。

要消除风险的不确定性，就必须掌握有关的数据、资料和其他信息，随着数据、资料和其他信息的积累以及管理水平的提高，有些不可管理的风险可以变为可管理的风险。

（四）按风险的影响范围划分

按风险的影响范围划分，风险可分为局部风险和总体风险。局部风险的影响范围小，总体风险的影响范围大。局部风险和总体风险也是相对的，但物流工程的风险管理者要特别注意总体风险。例如,物流网络中的各种活动都有延迟的风险,但是处在关键路线上的活动一旦延误,就要推迟整个物流系统活动的完成日期,形成总体风险,而非关键路线上活动的延误在许多情况下只是局部风险。

(五)按风险后果的承担者划分

按风险后果的承担者来划分,物流工程风险可分为政府风险、投资方风险、设计单位风险、施工单位风险、供应商风险、物流企业风险、客户风险、保险公司风险等。这样划分有助于合理划分风险责任,提高物流系统整体对风险的承受能力,也有助于各单位提前做好风险预防工作。

(六)按风险的可预测性划分

按风险的可预测性划分,风险可分为已知风险、可预测风险和不可预测风险。

(1)已知风险是在认真、严格地分析项目及其计划之后就能够明确的那些经常发生的,而且其后果亦可预见的风险。已知风险的发生概率高,但一般后果轻微、不严重。比如,物流工程设计在实施过程中的变更、物流设施价格的波动、运输过程中遭遇堵车等。

(2)可预测风险就是根据经验可以预见其发生,但不可预见其后果的风险。这类风险的后果有可能相当严重。比如,物流中心建成后无法形成足够的吸引力,物流设施出现故障。

(3)不可预测风险就是有可能发生,但其发生的可能性即使最有经验的人亦不能预见的风险。不可预测风险有时也称未知风险或未识别的风险。它们是新的、以前未观察到或很晚才显现出来或突然发生的风险。这些风险一般都是外部因素作用的结果,如地震、战争、政策变化等。

二、物流工程风险的特点

(一)风险存在的客观性和普遍性

作为损失发生的不确定性,风险是不以人的意志为转移的并超越人的主观意识的一种客观存在,而且在物流工程的全寿命周期内,风险是无处不在、无时不有的。这就说明了为什么人类直到现在也只能在有限的空间和时间内改变风险存在和发生的条件,降低其发生的频率,减少损失程度,而不能也不可能完全消除风险。

(二)某一具体风险发生的偶然性和大量风险发生的必然性

任何一个具体风险的发生,都是诸多风险因素和其他因素共同作用的结果,是一种随机现象。个别风险事故的发生是偶然的、杂乱无章的,但对大量风险事故资料的观察和统计分析发现,其呈现出明显的运动规律,这就使人们有可能用概率统计方法及其他现代风险分析方法去计算风险发生的概率和损失程度,同时也导致风险管理的迅速发展。

(三)风险的可变性

这是指在物流工程实施的整个过程中,各种风险在质和量上是可以变化的。随着工程的进行,有些风险得到控制并消除,有些风险会发生并得到处理;同时在工程的每一阶段都可能产生新的风险。

(四)风险的多样性和多层次性

大型物流工程项目和物流活动周期长、规模大、涉及范围广、风险因素数量多且种类繁杂,致使其在全寿命周期内面临的风险多种多样;而且大量风险因素之间的内在关系错综复杂、各风险因素之间与外界交叉影响又使风险显示出多层次性。

三、物流工程风险管理过程

要降低甚至消除物流工程风险带来的损失,就要系统地对物流工程风险进行管理,从系统的角度来认识和理解风险,从系统过程的角度来管理风险。物流工程风险管理过程一般由若干主要阶段组成,这些阶段不仅其间相互作用,而且与物流工程的其他区域也相互影响,每个风险管理阶段的完成都可能需要物流工程管理人员的努力。

一般来说,要管理物流工程风险,首先应该成立专门的风险管理组织。组织结构的最高层应该是物流工程经理,经理应该负起风险管理的全面责任。风险管理组织的核心成员一定要是专职的,但组织的其他成员可以由物流工程各部门的负责人兼任,以组织和协调各个部门服从物流工程整体的风险管理活动。

风险管理小组具体负责物流工程风险的管理和控制,风险管理过程包括风险管理计划编制、风险识别、风险评估、风险应对、风险监控等。

(一)风险管理计划编制

风险管理计划的编制是决定如何计划和编制一个物流工程的风险管理活动的过程。风险管理计划编制其实就是编制一个风险管理的总章程和计划的过程,在这个过程应该提出为什么识别与物流工程相关的风险非常重要;什么是特殊风险,风险减轻的可交付成果是什么;采用什么方法来识别和评估风险;怎样减轻风险;谁负责实施风险管理计划;需要多少资源来减轻风险等问题。只有找到了这些问题的答案,才算是完成了风险管理计划,才能为以后的风险管理工作做好铺垫。

(二)风险识别

风险识别是理解物流工程有哪些可能令人不满意的结果的过程。风险识别其实就是对一些可能会出现的风险进行了解和判别。必须在项目开始之前做好风险的识别工作。只有在风险出现之前先对其出现的可能性拥有了预见性,当其真正发生时,才不会措手不及,让其成为危害,也只有这样,才能把风险可能造成的损失减到最低。风险识别需要确认三个相互关联的因素:

(1) 风险来源,时间、费用、技术、法律等;
(2) 风险事件,给物流工程的设计和实施带来积极或消极影响的事件;
(3) 风险征兆,风险征兆又称为触发器,是指实际的风险事件的间接表现。

（三）风险评估

风险评估是对所识别的风险因素采取适当措施的必经一步,包括衡量潜在的损失频率和损失程度。因为在物流工程的设计和实施过程中存在着各种各样的风险,评估可以说明风险的实质,但这种评估是在有效识别风险的基础上,根据物流工程风险的特点,对已确认的风险通过定性和定量分析方法测量其发生的可能性和破坏程度的大小,对风险按潜在危险的大小进行优先排序和评价、制定风险对策和选择风险控制方案有着重要的作用。物流工程风险评估采用统计、分析和推断法,一般需要一系列可信的历史统计资料和相关数据以及足以说明被评估对象特征和状态的资料作保证;如果资料不全,往往依靠主观推断来弥补。因此,风险管理人员掌握科学的物流工程风险评估方法、技巧和工具就显得格外重要。

风险评估的主要内容包括：
(1) 风险事件发生的可能性大小；
(2) 风险事件发生可能造成的结果所涉及的范围和危害程度；
(3) 风险事件发生预期的时间；
(4) 风险事件发生的频率等。

（四）风险应对

风险应对就是对物流工程风险提出处置意见和办法。当风险被分析完毕之后,就要开始对风险的出现制订应对的计划,决定应采取什么样的措施以及控制措施应采取到什么程度,以防患于未然。应对风险的措施包括避免、接受、转移和减轻等。

（五）风险监控

风险监控就是通过对风险计划、识别、评估、应对全过程的监视和控制,从而保证风险管理能达到预期的目标。其实风险监控就是在物流工程进行过程中,监视物流工程的进展和环境,即工程情况的变化,其目的是:核对风险管理策略和措施的实际效果是否与预见的相同;寻找机会改善和细化风险规避计划,获取反馈信息,以便使将来的决策更符合实际。在风险监控过程中,及时发现那些新出现的风险,以及使预先制定的策略或措施不见效的风险,或性质随时间的推移发生变化的风险,然后及时反馈,并根据对工程的影响程度,重新进行风险管理规划、识别、评估和应对,同时还应对每一风险事件制定成败标准和依据。

第二节 物流工程风险管理规划

一、物流工程风险管理规划的内容

（一）物流工程风险管理方法

确定风险管理使用的方法、工具和数据资源,这些内容可随物流工程进行的不同阶段和风险评估情况做适当的调整。

(二) 物流工程风险管理人员

明确风险管理活动中领导者、支持者及参与者的角色定位、任务分工及其各自的责任、能力要求。个人管理风险的能力各不相同,但为了有效地管理物流工程风险,风险管理人员必须具备一定的管理能力和技术水平。

(三) 物流工程风险管理时间周期

界定物流工程生命周期中风险管理过程的各阶段,即过程评价、控制和变更的周期和频率。

(四) 物流工程风险管理类型级别及说明

定义并说明风险评估和风险量化的类型级别,这些明确定义和说明对于防止决策滞后和保证过程连续是很重要的。

(五) 物流工程风险管理基准

明确定义由谁以何种方式采取风险应对行动。合理的定义可作为基准来衡量物流工程团队实施风险应对计划的有效性,并避免物流工程业主方和施工方在对该内容理解上的差异。

(六) 物流工程风险管理汇报形式

规定风险管理各过程中应汇报或沟通的内容、范围、渠道及方式。汇报与沟通应包括物流工程团队内部之间的沟通及外部与投资方等利益相关者之间的沟通。

(七) 物流工程风险管理跟踪

规定如何以稳当的方式记录物流工程设计与实施过程中风险及风险管理的过程,风险管理文档可有效用于当前工程的管理、监控、经验的总结及日后工程的指导。

二、物流工程风险管理规划过程

(一) 风险管理规划过程目标

风险规划标识了与物流工程相关的风险及所采取的风险评估、分析手段,制定了风险控制策略以及具体实施的措施和手段。

风险管理规划过程要达到如下目标:
(1) 能从中看出主要事件和风险演化为问题的条件;
(2) 重用成功的风险应对策略;
(3) 优化选择标准(如风险倍率或风险多样化);
(4) 理解为每一个重大的风险采取的下一步行动;
(5) 建立自动触发机制。

（二）风险管理规划过程活动

风险管理规划过程的活动是将按优先级排列的风险列表转变为风险应对计划所需的任务，是一种系统活动过程。风险管理规划的早期工作是确定物流工程风险管理目的和目标、明确具体区域的职责、明确需要补充的技术专业、规定选择处理方案的程序、规定评级图、确定报告和文档需求、规定报告要求和监控衡量标准等。下面简要分析风险管理规划过程的活动，这些步骤可重复使用，也可同时使用。

（1）为重大风险确定风险设想。风险设想是对可能导致风险发生的事件和情况的设想。应针对所有对物流工程成功实施有关键作用的风险来进行风险设想。确定风险设想一般有三个步骤：①假设风险已经发生，考虑如何应对；②假设风险将要发生，说明风险设想；③列出风险发生之前的事件和情况。

（2）制定风险应对备用方案。风险应对备用方案是指应对风险的一套备用方案。风险应对策略用接受、避免、保护、减少、研究、储备和转移来制定风险应对备用方案。每种策略应包括目标、约束和备用方案。

（3）选择风险应对途径。风险应对途径缩小了选择范围，并将选择集中在应对风险的最佳备用方案上，可将几种风险应对策略结合为一条综合途径。例如，通过市场调查来获得统计数据，根据调查结果，可能会将风险转移到第三方，也可能使用风险储备开发新的内部技术。选择标准有助于确定应对风险的最佳备用方案。

（4）制订风险管理计划。风险管理计划详细说明了所选择的风险应对途径，它将途径、所需的资源和批准权力编写为文档，一般应包含下列因素：批准权力、负责人、所需资源、开始日期、活动、预计结束日期、采取的行动、取得的结果。

（5）建立风险管理模板。风险管理计划并不需要立即实施。在物流工程设计初期，风险评估倾向于识别至关紧要的重要风险，由于它们并不会立即发生，风险计划中比较容易被忽视，在跟踪中也容易被遗忘，除非设置某种机制，否则这些问题会被遗忘，直至出现无法补救的后果。要做到尽早警告，可使用以定量目标和阈值为基础的触发器。

风险管理模板规定了风险管理的基本程序、风险的量化目标、风险警告级别、风险的控制标准等，从而使风险管理达到标准化、程序化和科学化。

（6）确定风险数据库模式。物流工程风险数据库应包含若干数据字段以全面描述项目风险。数据库设计一般包括数据库结构和数据文件两部分，物流工程风险数据库应包括物流工程生命周期过程所有的相关活动。物流工程风险数据库模式是从物流工程风险数据库结构设计的角度来介绍物流工程风险数据库的。一个物流工程风险数据库至少应包括下列数据字段，如表9-1所示。

表9-1 风险数据库包括的数据字段

存入号码	工程	风险应对
日期	阶段	决策
状态	功能	风险行动计划
识别者	WBS(Work Breakdown Structure)	定量的目标

续表

存入号码	工　程	风险应对
风险类型	风险陈述	指标
风险标题	风险场景	阈值
可能性	风险分析	触发器
后果	现在的优先级	成本
时间框架	以前的优先级	节省的成本

（三）物流工程风险管理计划

风险管理规划的成果是一份风险管理计划文件。在制订风险管理计划时，应当避免用高层管理人员的愿望代替物流工程现有的实际能力。风险管理计划要说明如何把风险分析和管理步骤应用于工程设计和实施之中。该文件应详细地说明风险识别、风险评估和风险控制过程的所有方面。风险管理计划大纲如表9-2所示。

表 9-2　风险管理计划大纲

第1部分　概述 　1.1　任务 　1.2　系统 　　1.2.1　系统描述 　　1.2.2　系统功能 　1.3　要求达到的使用特性 　1.4　要求达到的技术特性 第2部分　物流工程提要 　2.1　总要求 　2.2　管理 　2.3　总体进度	第3部分　风险管理途径 　3.1　定义 　　3.1.1　技术风险 　　3.1.2　计划风险 　　3.1.3　保障性风险 　　3.1.4　费用风险 　　3.1.5　进度风险 　3.2　机制 　3.3　方法综述 　　3.3.1　适用的技术 　　3.3.2　执行
第4部分　风险管理应用 　4.1　风险识别 　4.2　风险评估 　4.3　风险监控 　4.4　风险应对 　4.5　风险预测编制 　4.6　偶发事件规则	第5部分　总结 　5.1　风险过程总结 　5.2　技术风险总结 　5.3　计划风险总结 　5.4　保障性风险总结 　5.5　进度风险总结 　5.6　费用风险总结 　5.7　结论 第6部分　批准事宜

第三节　物流工程风险识别与风险评估

一、物流工程风险识别

（一）风险识别的特点和依据

物流工程风险识别具有如下一些特点。

（1）全员性。物流工程风险的识别不只是工程负责人或风险管理小组个别人的工作，而是参与工程的全体成员所共同完成的任务。因为每个工程成员的工作都会有风险，每个成员都有各自的经历和风险管理经验。

（2）系统性。物流工程风险无处不在，无时不有，这就决定了风险识别的系统性，即物流工程的设计和实施的寿命周期过程中的风险，都属于风险识别的范围。

（3）动态性。风险识别并不是一次性的，在物流工程计划、设计甚至实施的收尾阶段都要进行风险识别。根据工程的内部条件、外部环境以及项目范围的变化情况，适时、定期地进行物流工程风险识别是非常必要和重要的。因此，风险识别必须贯穿于物流工程的全过程。

（4）信息性。风险识别需要做许多基础性工作，其中一项重要的工作是收集相关的工程信息。信息的全面性、及时性、准确性和动态性决定了物流工程风险识别工作的质量和结果的可靠性、精确性，物流工程风险识别具有信息依赖性。

（5）综合性。风险识别是一项综合性较强的工作，除了在人员参与、信息收集等方面具有综合性特点外，风险识别过程还要综合应用各种风险识别的技术和工具。

物流工程风险识别的主要依据包括：物流工程计划和规划方案、风险管理计划、风险种类、历史资料、制约因素和假设条件。

（1）风险管理计划。物流工程风险管理计划是规划和设计如何进行物流工程风险管理的过程，它定义了工程组织及成员风险管理的行动方案及方式，直到物流工程组织选择风险管理方法。物流工程风险管理计划针对整个物流工程生命周期制订如何组织和进行风险识别、风险评估、风险量化、风险应对及风险监控的规划。从风险管理计划中可以确定：

①风险识别的范围；
②信息获取的渠道和方式；
③物流工程项目成员在风险识别中的分工和责任分配；
④重点调查的工程项目方；
⑤在风险识别中可以应用的方法及其规范；
⑥在风险管理过程中应该何时、由谁进行哪些风险的重新识别；
⑦风险识别结果的形式、信息通报和处理程序。

因此，物流工程风险管理计划是进行风险识别的首要依据。

（2）物流工程规划。物流工程规划中的规划目标、任务、范围、进度计划、费用计划、资源计划、采购计划及工程承包商、业主方和其他利益相关方对工程的期望值都是风险识别的依据。

(3) 历史资料。以前做过的、与本工程类似的工程规划设计或实施及其经验教训对于识别本工程的风险是非常有用的。物流工程管理人员可以翻阅过去工程的档案,向曾参与该工程的有关各方征集相关资料,这些资料档案中常常有详细的记录记载着一些事故的来龙去脉,这对本工程的风险识别极有帮助。任何可能显示潜在问题的资料都可用于风险的识别,这些资料包括工程系统的文件记录、生命周期成本分析、计划或工作结构的分解、进度计划、文件规定、文件记录的事件教训、假想分析、产业分析或研究、技术绩效测评计划或分析、模型(影响图)、专家判断等。

(4) 风险种类辨析。风险种类辨析是在物流工程规划中,分辨和识别那些可能对工程产生正面或负面影响的风险源。物流工程风险种类应能反映出物流行业及其应用领域的特征,掌握了各风险种类的特征规律,也就掌握了风险识别的钥匙。

(5) 制约因素和假设条件。物流工程设计书、可行性研究报告、施工书等工程计划和规划性文件一般都是在若干假设、前提条件下估计或预测出来的。这些前提和假设在物流工程实施期间可能成立,也可能不成立。因此,在物流工程的前提和假设之中隐藏着风险。

物流工程必然处于一定的环境之中,受到内外许多因素的制约,其中国家的法律、法规和规章等因素是工程活动主体无法控制的,这些构成工程的制约因素,这些制约因素中隐藏着风险。为了明确物流工程计划和规划的前提、假设和限制,应当对工程的所有管理计划进行审查。

(二) 物流工程风险识别过程

风险识别过程活动的基本任务就是将物流工程中的不确定性转变为可理解的风险描述。作为一个系统过程,风险识别有其自身过程的活动。物流工程风险识别过程如图 9-1 所示,一般分为四步:①明确风险识别目标;②人员确定与分工,明确最重要的参与者;③收集资料;④估计风险形势,而后根据直接或间接的"症状"将潜在的物流工程风险识别出来,得到风险识别的成果。

1. 确定目标,明确最重要的参与者

物流工程风险识别过程可以归纳为图 9-1 所示的示意图。需要强调的是物流工程风险识别不是一次性的工作,它需要更多系统的、横向的思考。

2. 收集资料

在进行资料收集之前,一般还要明确物流工程风险识别的目标,并确定参与风险识别的人员,这是物流工程风险识别首先要进行的组织工作。

物流工程风险识别应该收集的资料大致有如下几类:①物流工程规划或设计说明书;②物流工程的前提、假设和制约因素;③与本工程类似的案例。

3. 估计物流工程风险形势

估计风险形势就是要明确物流工程的目标、战略、战术以及实现工程目标的手段和资源,以确定物流工程及其环境的变化,明确工程的前提和假设。通过风险形势估计可以将物流工程规划时没有被注意到的前提和假设找出来。明确了工程的前提和假设,可以减少许多不必要的风险分析工作。

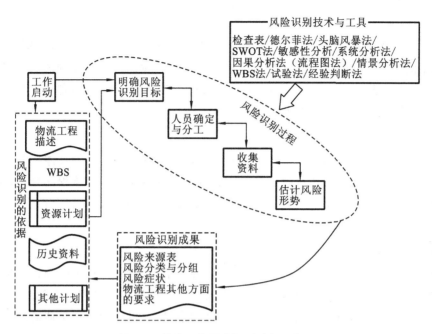

图 9-1 物流工程风险识别过程示意图

4. 风险识别的成果

风险识别过程的成果是风险描述和提供与之相关的风险场景。风险描述是用标准的表示法对风险进行简要说明,如物流工程风险来源、风险征兆、风险类别以及风险发生的可能性、将会产生的后果和影响等。风险描述的价值就在于建立了对风险认识的基础。风险场景提供了与风险描述相关的间接信息,如事件、条件、约束、假定、环境、有影响的因素和相关问题等。

(1) 物流工程风险来源表。风险来源表中将所有已识别的物流工程风险罗列出来,并将每个风险来源加以说明。风险来源表至少要包括如下一些说明:风险事件的可能后果、风险事件的预期和风险事件发生的频数等。

(2) 风险征兆。风险征兆也称为触发器或预警信号,是指示风险已经发生或即将发生的外在表现,是风险发生的苗头和前兆。比如物流工程没有按照计划程序执行,或参与成员矛盾重重、沟通不充分、施工组织混乱、对关键资源没有应急措施等,这些都是风险的触发器。

(3) 物流工程风险的归纳、分类。为了便于进行风险分析、量化、评价和管理,还应该对识别出来的风险进行分组或分类。对于分组或分类可以从多种角度考虑,一般可以按工程阶段进行划分,也可以按管理者来划分。

(三) 物流工程风险识别方法

在物流工程风险识别过程中一般要借助于一些技术和方法,运用这些技术和方法不但使识别风险的效率提高而且使操作规范,不容易产生遗漏。在具体应用过程中要结合物流工程的具体情况,综合起来应用这些方法。

1. 历史经验分析法

该方法是利用组织积累的风险管理经验,对照物流工程的范围和流程,识别工程存在的风险。利用的主要工具为风险检查表,风险检查表可以根据组织风险库的风险库(历史工程的风险信息)更新进行编制,风险管理者利用该表逐一对照工程的情况,包括工程管理、技术能力、客户支持、组织管理等方面来识别相关的风险。

2. 流程图法

物流工程的流程图可以帮助风险识别人员分析和了解风险所处的具体环节、物流工程各个环节之间存在的风险以及风险的起因和影响。通过对物流工程流程的分析,可以发现和识别风险可能发生在工程的哪个环节或哪个地方,以及流程中各个环节对风险影响的大小。

3. 头脑风暴法

头脑风暴法又称为集思广益法,它是通过营造一个无批评的、自由的会议环境,使与会者畅所欲言、充分交流、互相启迪,从而产生出大量建设性意见的过程。头脑风暴法以共同目标为中心,参会人员在他人的看法上提出自己的意见,可以充分发挥集体的智慧,提高风险识别的正确性和效率。

应用头脑风暴法有一个原则,即在发言过程中没有讨论,不进行判断性评价。头脑风暴法包括收集意见和对意见进行评价。具体过程如下。

(1) 人员选择。参加头脑风暴会议的人员主要由风险分析专家、风险管理专家、相关专业领域的专家以及具有较强逻辑思维能力和总结分析能力的主持人组成。主持人是一个非常重要的角色,通过他的引导、启发可以充分发挥每个与会者经验和智慧。主持人要尊重他人,不要喧宾夺主,要善于鼓励成员参与,主持人的理解能力要强并能够诚实地记录,要善于营造和谐的氛围。主持人要具有较高的素质,反应灵敏,且具有较高的归纳力和较强的综合能力。

(2) 明确会议中心,并醒目标注。各位专家在会议中应集中讨论的议题主要有:设计、规划并实施某个物流工程会遇到哪些风险,这些风险的危害程度如何等。议题可以请两位成员复述,以确保每人都正确理解议题的含义。

(3) 轮流发言并记录。无条件接纳任何意见,不加以评论。在轮流发言时,任何一个成员都可以先不发表意见而跳过。应尽量按成员原话进行记录,主持人应边记录边与发言人核对记录是否正确。

(4) 发言终止。轮流发言的过程可以循环进行,当每个人都曾在发言中跳过(暂时想不出意见)时,发言即可停止。

(5) 对意见进行评价。成员在轮流发言停止后,共同评价每一条意见,最后由主持人总结出几条重要结论。

4. 专家调查法

该方法主要包括两种:集思广益法和德尔菲法,其中后者是美国著名咨询机构兰德公司于20世纪50年代初发明的。它主要依靠专家的直观能力对风险进行识别,即通过调查使意见逐步集中,直至在某种程度上达到一致,故又称为专家意见集中法。其基本步骤如下。

(1) 由风险管理人员提出风险问题调查方案,制订专家调查表。
(2) 请若干专家阅读有关背景资料和物流工程方案设计资料,并回答有关问题,填写调查表。
(3) 风险管理人员收集整理专家意见,并把汇总结果反馈给各位专家。
(4) 再次向专家进行咨询并将其意见填表,直至专家意见趋于集中。

5. 问卷调查法

问卷调查法是以系统论的观点和方法来设计问卷的,并送给物流工程各参与成员去填写,由他们回答本工程所面临的风险和风险因素。一般来说,由于各基层员工亲自参与到物流工程运作的各环节,他们熟悉业务运作的细节,因此,他们对工程的影响因素和薄弱环节最为了解,可以为风险管理者提供许多有价值的、具体的局部信息,帮助风险管理者来系统地识别风险及准确地分析各类风险。

6. 环境分析法

环境分析法是一种识别特定风险的方法。风险管理者通过分析物流工程内外环境条件对工程进程的影响,以发现风险因素及可能发生的损失。企业的外部环境包括供应商、资金来源、竞争者、客户、政府管理者等方面的情况;内部环境则包括生产条件、技术水准、人员素质、管理水平等。在对各方面进行分析的时候,重点考虑的是各环境条件的异质性和稳定性。内外环境因素的相互关系及稳定程度对供应链的影响是不言而喻的,分析这些因素之间的联系及其结果以及因素一旦发生变化可能产生的后果,就能发现面临的风险和潜在损失。

7. 情景分析法

情景分析法就是通过有关数字、图表和曲线等对物流工程未来某种状况或某种情况进行详细的描绘和分析,从而识别引起物流工程风险的关键因素及其影响程度的一种风险识别方法。它注重说明某些事件出现风险的条件和因素,并且还要说明当某些因素发生变化时,又会出现什么样的风险,产生什么样的后果。

情景分析法可以通过筛选、监测和诊断来给出某些关键因素对于物流工程风险的影响。

(1) 筛选。筛选是按一定的程序将具有潜在风险的过程、事件、现象和人员进行分类选择的风险识别过程。

(2) 监测。监测是观测、记录和分析风险出现后的事件、过程及现象的过程。

(3) 诊断。诊断是对物流工程风险及损失的前兆、风险后果与各种起因进行评价与判断,找出主要原因并进行仔细检查。

图 9-2 所示的是一个筛选、监测和诊断的情景分析法工作示意图,其表述了风险识别情景分析法中的三个过程使用着相似的工作元素,只是在这三个过程中,这三项工作的顺序不同。

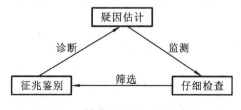

图 9-2 情景分析法工作示意图

二、物流工程风险评估

（一）风险评估的依据和准则

风险评估的依据主要有以下几方面。

（1）风险管理计划。

（2）风险识别的成果。已识别的物流工程风险及风险对工程的潜在影响需进行评估。

（3）工程进展情况。风险的不确定性常常与工程所处的生命周期阶段有关。在工程初期，风险症状往往表现得不明显，随着工程的进展，风险及发现风险的可能性会增加。

（4）物流工程类型。一般来说，越复杂、技术含量越高的物流工程项目的风险程度越高。

（5）数据的准确性和可靠性。用于风险识别的数据或信息的准确性和可靠性应进行评估。

（6）概率和影响程度。

风险评估一般有以下四个目的。

（1）对物流工程诸风险进行比较分析和综合评价，确定它们的先后顺序。

（2）挖掘物流工程诸风险间的相互联系。虽然物流工程的风险因素众多，但这些因素之间往往存在着内在的联系，表面上看起来毫不相干的多个风险因素，有时是由一个共同的风险资源所造成的。例如，若遇上未曾预料到的技术难题，则会造成费用超支、进度拖延、工程质量不合要求等多种后果。风险评估就是要从整体出发，弄清各风险事件之间确切的因果关系，以保证对风险进行科学的管理。

（3）综合考虑各种不同风险之间相互转化的条件，研究如何才能化风险为机会，同时也要注意机会在什么条件下会转化为风险。

（4）进一步量化已识别风险的发生概率和后果，减少风险发生概率和后果估计中的不确定性，为风险应对和监控提供依据和管理策略。

物流工程风险评估是评估风险存在的影响、意义以及应采取何种对策处理风险等问题，为了解决好上述问题，风险评估应遵循一些基本的准则。

（1）风险回避准则。这是最基本的风险评价准则。物流工程风险管理人员应采取措施有效控制或完全回避工程中的各类风险，特别是对工程整体有重要影响的那些风险因素。

（2）风险权衡准则。风险权衡的前提是工程中存在着一些可接受的、不可避免的风险，风险权衡原则需要确定可接受风险的限度。

（3）风险处理成本最小原则。风险权衡准则的前提是假设物流工程进程中存在一些可接受的风险。这有两种含义：其一是小概率或小损失风险；其二是付出较小的代价即可避免风险。对于第二类当然希望风险处理成本越低越好，并且希望找到风险处理的成本最小值。因此，定性地归纳为：若此风险的处理成本足够小，人们是可以接受此风险的。

（4）风险成本效益比准则。开展物流工程风险管理的基本动力是以最经济的资源消耗来高效地保障工程预定目标的达成。物流工程管理人员只有在收益大于支出的条件下，才愿意进行风险处置。在实际的风险管理活动中，只有风险处理成本与风险收益相匹配，物流工程风险管理活动才是有效的。

(5) 社会费用最小准则。在进行风险评估时还应遵循社会费用最小准则。这一指标体现了一个组织对社会应负的道义责任。当一个组织在进行某项物流工程活动时,组织本身将承担一定的风险,并为此付出一定的代价,同时组织也能从中获得风险经营回报;同样,社会在承担风险的同时也将获得回报。因此在考虑风险的社会费用时,也应与风险带来的社会效益一同考虑。

(二) 物流工程风险评估过程

1. 风险评估过程目标

当风险评估过程满足下列目标时,就说明它是充分的:
(1) 能用有效的系统分析方法综合分析物流工程整体风险水平;
(2) 确定物流工程风险的关键因素;
(3) 确定物流工程风险管理的有效途径;
(4) 确定物流工程风险的优先等级。

2. 风险评估过程活动

风险评估过程活动是依据物流工程的目标和评价标准,将识别的结果进行系统分析,明确物流工程风险之间的因果联系,确定物流工程风险整体水平和风险等级等。风险评估过程活动主要包括以下内容。
(1) 系统研究物流工程风险背景信息。
(2) 确定风险评估基准。风险评估基准是针对物流工程每一种风险后果确定的可接受水平。风险的可接受水平是绝对的,也是相对的。
(3) 使用风险评估方法确定物流工程整体风险水平。物流工程整体风险水平是综合了所有单个风险之后确定的。
(4) 使用风险评估工具挖掘各风险因素之间的因果联系,确定关键因素。
(5) 做出物流工程风险的综合评估,确定物流工程风险状态及风险管理策略。

(三) 物流工程风险评估方法

风险评估方法一般可分为定性、定量、定性与定量相结合三类,有效的物流工程风险评估方法一般采用定性与定量相结合的系统方法。对物流工程进行风险评估的方法很多,常用的有主观评分法、决策树法、层次分析法、模糊风险综合评价法、故障树分析法、外推法和蒙特卡洛模拟法等。

1. 主观评分法

主观评分法是利用专家的经验等隐性知识,直观判断供应链的每一单个风险并赋予相应的权重,如 0～10 之间的一个数。0 代表没有风险,10 代表风险最大,然后把各个风险的权重加起来,再与风险评价基准进行分析比较。

2. 决策树法

决策树又称为决策图,它是以方框和圆圈为节点,由直线连接而成的一种树枝形状的结构。图 9-3 所示的是一个典型的决策树图。决策树图一般包括以下几个部分。

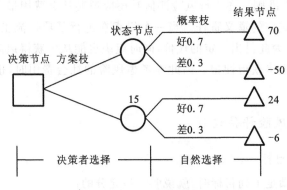

图 9-3 典型决策树图

(1)□:决策节点,从这里引出的分枝称为方案分枝,分枝数量与方案数量相同。决策节点表明对它引出的方案要进行分析和决策,在分枝上要注明方案名称。

(2)○:状态节点,也称为机会节点。从它引出的分枝称为状态分枝或概率分枝,一般在每一分枝上注明自然状态名称及其出现的主观概率。状态数量与自然状态数量相同。

(3)△:结果节点,将不同方案在各种自然状态下所取得的结果(如收益值)标注在结果节点的右端。

决策树法是利用树枝形状的图像模型来表述物流工程风险评估问题,物流工程风险评估可直接在决策树上进行,其评估准则可以是收益期望值、效用期望值或其他指标值。

3. 层次分析法

层次分析法是将与决策总是有关的元素分解成目标、准则、方案等层次,在此基础之上进行定性和定量分析的决策方法。层次分析法可以将无法量化的风险按照大小排出顺序,把它们彼此区别开来。层次分析法处理问题的步骤如下。

(1)通过对系统的深刻认识,确定该系统的总目标,弄清规划决策所涉及的范围、所要采取的措施方案和政策、实现目标的准则、策略和各种约束条件等,广泛地收集信息。

(2)建立一个多层次的递阶结构,按目标的不同、实现功能的差异,将系统分为几个等级层次。

(3)确定以上递阶结构中相邻层次元素间的相关程度。通过构造比较判断矩阵及矩阵运算的数学方法,确定对于上一层次的某个元素而言,本层次中与其相关元素的重要性排序——相对权值。

(4)计算各层元素对系统目标的合成权重,进行总排序,以确定递阶结构图中最底层各个元素在总目标中的重要程度。

(5)根据分析计算结果,考虑相应的决策。

4. 模糊综合评价法

模糊综合评价法是模糊数学在实际工作中的一种应用方式。其中,评价就是指按照指定的评价条件对评价对象的优劣进行评比、判断,综合是指评价条件包含多个因素。综合评价就是对受到多个因素影响的评价对象做出全面的评价。采用模糊综合评价法对物流工程风险进行评价的基本思路是:综合考虑所有风险因素的影响程度,并设置权重区别各因素的

第九章

物流工程风险分析

重要性,通过构建数学模型,推算出风险的各种可能性程度,其中可能性程度值高者为风险水平的最终确定值。其具体步骤是:

(1) 选定评价因素,构成评价因素集;
(2) 根据评价的目标要求,划分等级,建立备择集;
(3) 对各风险要素进行独立评价,建立判断矩阵;
(4) 根据各风险要素的影响程度,确定其相应的权重;
(5) 运用模糊数学运算方法,确定综合评价结果;
(6) 根据计算分析结果,确定供应链风险水平。

5. 故障树分析法

故障树分析法(Fault Tree Analysis,FTA)是一种演绎的逻辑分析方法,它在风险分析中的应用主要是遵循从结果中寻找原因的原则,将物流工程风险形成的原因由总体到部分按树枝形状逐级细化,分析风险及与其产生的原因之间的因果关系,即在前期预测和识别各种潜在风险因素的基础上,运用逻辑推理的方法,沿着风险产生的路径,求出风险发生的概率,并能提供各种控制风险因素的方案。

FTA是一种具有广阔应用范围和发展前途的风险分析方法,尤其对较复杂系统的风险分析和评价非常有效。它具有应用广泛、逻辑性强、形象化等特点,其分析结果具有系统性、准确性和预测性。同时,它有固定的分析流程,可以用计算机来辅助建树和分析,大大提高了风险管理的效率。

6. 外推法

外推法(Extrapolation)可分为前推、后推和旁推三种类型。前推就是根据历史的经验和数据推断出未来事件发生的概率及其后果。如果历史数据具有明显的周期性,就可据此直接对风险做出周期性的评价。如果从历史记录中看不出明显的周期性,就可用一曲线或分布函数来对这些数据再进行外推,此外还得注意历史数据的不完整性和主观性。后推是在手头没有历史数据可供使用时所采用的一种方法,是把未知的、想象的事件及后果与已知事件及其后果联系起来,把未来风险事件归结到有数据可查的、造成这一风险事件的初始事件上,从而对风险做出评估和分析。旁推就是利用类似的数据进行外推,用某一物流工程风险的历史记录对新的类似物流工程可能遇到的风险进行评估和分析,当然这还得充分考虑新环境的各种变化。

7. 蒙特卡洛模拟法

蒙特卡洛模拟法(Monte Carlo Simulation)是随机地从每个不确定因素中抽取样本,进行一次整个物流工程风险的计算,这种计算重复进行成百上千次,模拟各式各样的不确定性组合,以获得各种组合下的成百上千种结果。

通过统计和处理这些结果,找出不确定性因素的变化规律。例如,把这些结果按数值从大到小排列,统计各个数值出现的次数,用这些次数值绘制频数分布曲线,就能够知道每种结果出现的可能性。然后,依据统计学原理,对这些数据结果进行分析,确定最大值、最小值、平均值、标准差、方差、偏度等,通过这些信息就可以深入地定量分析物流工程风险,为决策提供依据。

三、物流工程风险应对

（一）物流工程风险应对的依据

（1）风险管理计划。

（2）风险排序。将风险按其可能性、对物流工程目标的影响程度、缓急程度等分级排序，说明要抓住的机会和要应付的威胁。

（3）风险认知。对可放弃的机会和可接受风险的认知。组织的认知程度会影响风险应对计划。

（4）风险主体。物流工程利益相关者可以作为风险应对主体。风险主体应参与制订风险应对的计划。

（5）一般风险应对。许多风险可能是由某一个共同的原因造成的，这种情况下为利用一种应对方案缓和两个或更多项目风险提供了机会。

（二）物流工程风险应对过程

1. 风险应对过程目标

当风险应对满足这些目标时，就说明它是充分的：

（1）进一步提炼物流工程风险背景；

（2）为预见到的风险做好准备；

（3）确定风险管理的成本效益；

（4）制定风险应对的有效策略；

（5）系统地管理物流工程风险。

2. 风险应对过程活动

风险应对过程活动是指执行风险行动计划，以求将风险降至可接受程度所需完成的任务。风险应对过程活动一般有进一步确认风险影响；制定风险应对策略措施；研究风险应对技巧和工具；执行风险行动计划；提出风险防范和监控建议等内容。

（三）物流工程风险应对策略

下面介绍的是减轻、预防、转移、回避、接受和后备措施等六种风险的应对策略。每一种方法都有侧重点，具体采取哪一种或哪几种取决于物流工程的风险形势。

1. 减轻风险

减轻风险是设法将某一负面风险事件的概率和其影响降低到一种可以承受的限度。早期采取措施，降低风险发生的概率或风险对工程项目的影响比在风险发生后再亡羊补牢要更为有效。对照风险可能发生的概率和其影响，减轻的成本应是合理的。

减轻风险采用的形式可能是执行一种减少问题的新的行动方案。例如，采用更简单一些的作业过程，进行更多的试验或工程技术试验，挑选更稳定的供应方。它可能涉及变更环境条件，以使风险发生的概率降低，如增加供应商或延长进度计划时间。风险减轻可能需要进行模型开发,以减少由模型放大所带来的风险。

在实施风险减轻策略时,最好将物流工程的每一个具体"风险"都减轻到可接受的水平。工程中各个风险水平降低了,整体风险水平在一定程度上也就降低了,成功的概率就会增加。

当不可能减少风险的概率时,一种减轻措施可能是针对那些决定风险严重性的关联环节来处理风险对项目的影响。举例来说,在子系统中加入备份设计,可能会减少由原始部件运转不良所导致的影响。

2. 预防风险

预防风险是一种主动的风险管理策略,通常采取有形和无形两种手段。

1)有形手段

工程法是一种有形的手段,此法以工程技术为手段,消除物质性风险威胁。例如,为了防止高层货架上层货物滑落下来造成货物损伤和人员伤亡的危险,可以利用捆扎技术将货物和托盘一起裹起来。

工程法预防风险有多种措施,包括:在物流工程活动开始之前,采取一定措施,减少风险因素,防止风险因素出现;减少已存在的风险因素(例如,物流中心或仓库中若发现各种用电机械和设备日益增多,及时果断地换用大容量变压器就可以减少其烧毁的风险);在风险时间发生时,造成物品毁损和人员伤亡是因为人、财、物于同一时间处于破坏力作用范围之内,所以,将风险因素同人、财、物在时间和空间上隔离,在时间上错开,以达到减少损失和伤亡的目的。

工程法的特点是,每一种措施都与具体的工程技术设施有关,但不能过分地依赖工程法。采取工程措施需要很大的投入,因此,决策时必须进行成本效益分析;任何工程设施都需要有人参加,而人的素质起决定性作用;任何工程设施都不会百分之百可靠,因此工程法要同其他措施结合起来使用。

2)无形手段

(1)教育法。物流工程参与人员的行为不当可构成物流工程的风险因素。因此,要减轻与不当行为有关的风险,就必须对有关人员进行风险和风险管理教育。教育内容应当包含有关安全管理及其他有关方面的法规、规章、规范、标准和操作规程、风险知识、安全技能和安全态度等。风险和风险管理教育的目的是要让有关人员充分了解物流工程所面临的种种风险,了解和掌握控制这些风险的方法,使他们深深地认识到个人的疏忽或错误行为都可能给工程造成巨大损失。

(2)程序法指以制度化的方式从事物流工程的设计和实施活动,减少不必要的损失。各种管理计划、方针和监督检查制度一般都能反映物流工程活动的客观规律,一定要认真执行。实践表明,不按规定程序办事往往会犯错误,造成浪费和损失。那种图省事、走捷径、抱侥幸心理甚至弄虚作假的想法和做法都是物流工程风险的根源。合理地设计物流工程组织形式也能有效地预防风险。

使用预防策略时要注意的是,在物流工程的组成结构或组织中加入了多余的部分,同时也增加了组织的复杂性,提高了工程成本,进而增加了风险。

3. 回避风险

回避风险是指当物流工程风险潜在威胁发生的可能性很大,不利后果也非常严重,又无其他策略可用时,主动放弃该工程或改变工程目标与行动方案,从而规避风险的一种策略。

回避风险包括主动预防风险和完全放弃两种。主动预防风险是指从风险源入手,将风险的来源彻底消除。例如,为了彻底消除物流园区内进出货车流发生碰撞的危险,在园区设计时就将进出货车道分开。

回避风险的另一种策略是完全放弃,这种做法比较少见。完全放弃是最彻底的回避风险的办法,但完全放弃也意味着失去了发展的机遇,意味着对风险的消极应对,不利于今后组织的发展。因此,在采取回避策略前,必须要对风险有充分的认识,对威胁出现的可能性和后果的严重性有足够的把握。采取回避策略,最好在物流工程活动尚未实施时,放弃或改变正在进行的项目,一般都要付出高昂的代价。

4. 转移风险

转移风险是设法将某种风险的结果连同对风险进行应对的权力转移给第三方。转移风险只是将管理风险的责任转移给另一方,它不能消除风险。实行这种策略要遵循两个原则:第一,必须让承担风险者得到相应的回报;第二,对于各具体风险,谁最有能力管理就让谁承担。

采用这种策略所付出的代价大小取决于风险的大小。当物流工程项目的资源有限不能实行减轻和预防策略,或风险发生频率不高,但潜在的损失或损害很大时可采用此策略。转移风险分为财务性风险转移和非财务性风险转移。其中财务性风险转移又可分为保险类风险转移和非保险类风险转移。

5. 接受风险

接受风险是指有意识地选择承担风险后果。觉得自己可以承担损失时,就可用这种策略。接受风险可以是主动的,也可以是被动的。积极的接受行动包括制订一份应急计划,以备风险发生时用。被动接受风险是指在风险事件造成的损失数额不大,不影响物流工程大局时,工程管理组将损失列为工程的一种费用。最通常的风险接受措施是为了应对已知风险,建立一项应急补助或储备,包括一定量的时间、资金或其他资源。应急补助应由已被接受的风险的影响来决定,在某一可接受的风险暴露水平基础上进行测算。

6. 储备风险

所谓储备风险,是指根据物流工程风险规律实现制定应急措施和制订一份科学高效的风险计划,一旦工程实际进展情况与计划不同,就动用后备应急措施。对于一些大型的物流工程项目,由于项目的复杂性,风险是客观存在的,因此,为了保证项目预定目标的实现,有必要制定一些风险应急措施。风险应急措施主要有费用、进度和技术三种。

其一是预算应急费。预算应急费是一笔事先准备好的资金,用于补偿差错、疏漏及其他不确定性对工程费用估计精确性的影响。预算应急费在工程进行过程中一定会被用掉,但用在何处、何时以及多少在编制工程预算时并不知道。预算应急费在工程预算中要单独列出,不能分散到具体费用项目下,否则就会失去对支出的控制。预算应急费一般分为实施应急费和经济应急费两类。实施应急费用于补偿股价和实施过程中的不确定性;经济应急费用于对付通货膨胀和价格波动。实施应急费又可分为估价质量应急费和调整应急费;而经济应急费则可进一步分为价格保护应急费和涨价应急费。

其二是进度后备措施。对于物流工程进度方面的不确定因素,工程各有关方一般不希望以延长时间的方式来解决。因此,工程管理班子就要设法制订一份较紧凑的进度计划,争取在各有关方要求完成的日期前完成。从网络计划的观点来看,进度后备措施就是在关键路线上设置一段时差或浮动时间。压缩关键路线上的各工序时间有两大类办法:减少工序(活动)时间和改变工序间逻辑关系。一般来说,这两种办法都要增加资源的投入,甚至带来新的风险。

其三是技术后备措施。技术后备措施专门用于应付项目的技术风险,它是预先准备好了的一段时间或一笔资金。当预想的情况未出现,并需要采取补救行动时才动用这笔资金或这段时间。预算和进度后备措施很可能用上,而技术后备措施很可能用不上。只有当不太可能发生的事情发生而需要采取补救行动时,才动用技术后备措施。技术后备措施分两种情况:技术应急费和技术后备时间。

四、物流工程风险监控

(一) 物流工程风险监控的依据

风险监控依据包括风险管理计划、实际发生了的风险事件和随时进行的风险识别结果,主要内容包括以下几方面。

(1) 风险管理计划。

(2) 风险应对计划。

(3) 物流工程报告文档。工作成果和多种报告可以表述进展和物流工程风险。一般用于监督和控制物流工程风险的文档有事件记录、行动规程和风险预报等。

(4) 附加的风险识别和分析。随着工程的进展,在对工程进行评估和报告时,可能会发现以前未曾识别的潜在风险事件。应对这些风险继续进行风险识别、评估和制订应对计划。

(5) 工程评审。风险评审者检测和记录风险应对计划的有效性以及风险主体的有效性,以防止、转移或缓和风险的发生。

(二) 物流工程风险监控过程

1. 风险监控过程目标

当风险监控过程满足下列目标时,就说明它是充分的:

(1) 监控风险设想的事件和情况;

(2) 跟踪控制风险指标;

(3) 使用有效的风险技术和工具;

(4) 定期报告风险状态;

(5) 保持风险的可视化。

2. 风险监控过程活动

风险监控过程活动包括监视项目风险的状况,如风险是已经发生、仍然存在还是已经消失;检查风险应对策略是否有效,监控机制是否在正常运行,并不断识别新的风险,及时发出风险预警信号并制定必要的对策措施。其主要内容包括：

(1) 监控风险设想；
(2) 跟踪风险管理计划的实施；
(3) 跟踪风险应对计划的实施；
(4) 制定风险监控标准；
(5) 采用有效的风险监视和控制方法、工具；
(6) 报告风险状态；
(7) 发出风险预警信号；
(8) 提出风险处置新建议。

(三) 物流工程风险监控方法

风险监控还没有一套公认的、单独的技术可供使用，其基本目的是以某种方式驾驭风险，保证物流工程可靠、高效地完成工程目标。由于物流工程风险具有复杂性、变动性、突发性、超前性等特点，风险监控应该围绕物流工程风险的基本问题，制定科学的风险监控标准，采用系统的管理方法，建立有效的风险预警系统，做好应急计划，实施高效的物流工程风险监控。

1. 系统的工程监控方法

风险监控，从过程的角度来看，处于物流工程风险管理的末端，但这并不意味着物流工程风险监控的领域仅此而已。风险监控应该面向物流工程风险管理的全过程，工程预定目标的实现是整个流程有机作用的结果。系统的监控方法有助于避免或减少引起这种不利后果的风险。运用这套方法的目的是为有效率、有效果地领导、定义、计划、组织、控制及完成物流工程提供指导和帮助。

风险监控应是一个连续的过程，它的任务是根据整个物流工程(风险)管理过程规定的衡量标准，全面跟踪并评价风险处理活动的执行情况。有效的风险监控工作可以指出风险处理活动有无不正常之处，哪些风险正在成为实际问题，掌握了这些情况，工程管理组就能有充裕的时间采取纠正措施。建立管理指标体系，使其能以明确易懂的形式提供准确、及时而关系密切的物流工程风险信息，是进行风险监控的关键所在。

2. 风险预警系统

传统的风险管理是一种"回溯性"管理，属于亡羊补牢，对于一些重大的物流工程项目，往往于事无补。因此，建立有效的风险预警系统，对于风险的有效监控具有重要作用和意义。

风险预警管理是指对物流工程设计和实施过程中可能出现的风险，采取超前或预先防范的管理方式，一旦在监控过程中发现有发生风险的征兆，及时采取校正行动并发出预警信号，以最大限度地控制不利后果的发生。因此，物流工程风险管理的良好开端是建立一个有效的监控或预警系统，及时觉察计划的偏离，以有效地实施物流工程风险管理。

所以，风险监控的关键在于培养风险意识，建立科学的风险预警系统，从"救火式"风险监控向"消防式"风险监控方向发展，从注重风险防范向风险事前控制方向发展。

第九章
物流工程风险分析

3. 制订应对风险的应急计划

风险监控的价值体现在保持物流工程在预定的轨道上进行,不至于发生大的偏差,造成难以弥补的重大损失,但风险的特殊性也使监控活动面临着严峻的挑战。环境的多变性、风险的复杂性,这些都对风险监控的有效性提出了更高的要求。为了保证物流工程有效果、有效率地进行,必须对工程设计和实施过程中各种风险(已识别的和潜在的)进行系统管理,并对工程风险可能的各种意外情况进行有效管理。因此,制订应对各种风险的应急计划是物流工程风险监控的一项重要工作,也是实施物流工程风险监控的一个重要途径。

应急计划是为控制物流工程设计和实施过程中有可能出现或发生的特定情况而编制的。应急计划包括风险的描述、完成计划的假设、风险发生的可能性、风险的影响以及适当的反应等。一份有效的应急计划往往把风险看作是由某种"触发器"引起的,即物流工程中的风险存在着某种因果关系。在物流工程风险管理中,仅仅接受风险而不重视风险原因只是鼓励做出反应,而不是预先行动。计划应对风险来源做出判断。

4. 合理确定风险监控时机

风险监控既取决于对物流工程风险客观规律的认识程度,同时又是一种综合权衡和监控策略的优选过程,即既要避险又要经济可行。解决这个问题有两种办法:第一种办法是把接受风险之后得到的直接收益与可能蒙受的直接损失比较一下,若收益大于损失,项目继续进行,否则,没有必要把项目继续进行下去;第二种办法是比较间接收益和间接损失,比较时,应该把那些不能量化的方面也考虑在内,如环境影响。在权衡风险后果时,必须考虑纯经济以外的因素,包括为了取得一定的收益而实施规避策略时可能遇到的困难和费用。

根本未采取任何风险规避策略,即没有投入任何资金,物流工程成功还是失败,完全顺乎自然。沿着横坐标向右,随着资金投入的增加,风险规避策略的效果增强。在最右边,风险被削弱到最低限度。但是,这个最低限度不是零风险,而是一种人们不视其为风险的水平。这个最低限度是根据主观判断确定的,是物流工程各方一致认为不是风险的水平。

5. 制定风险监控行动过程

风险监控过程有助于控制物流工程进程或产品的偏差。风险行动计划是一种中间产品,它可能需要控制行动来修改没有产生满意结果的途径。物流工程风险监控,重要的是应根据监控得到的风险征兆做出合理的判断,采取有效的行动,即必须制定物流工程风险监控行动过程。根据控制的 PDCA 循环,物流工程风险监控行动过程一般包括以下四个步骤。

(1) 识别问题。找出过程或产品中的问题,产品可能是中间产品,如风险行动计划。

(2) 评估问题。进行分析以便理解和评估记录在案的问题。

(3) 计划行动。批准行动计划来解决问题。

(4) 监视进展。跟踪进展直至问题得以解决,并将经验教训记录在案,供日后参考。

小结

(1) 所谓物流工程风险,就是指物流工程的设计与实施的活动或事件的不确定性和可能发生的风险。大量的风险存在于物流工程的设计和实施阶段,而早期决策对物流工程后续阶段和工程目标实现影响也非常大。为了消除或有效控制物流工程风险,必须对物流工程风险进行科学的认识和剖析。

(2) 物流工程风险存在以下几个特点:风险存在的客观性和普遍性;某一具体风险发生的偶然性和大量风险发生的必然性;风险的可变性;风险的多样性和多层次性。

(3) 物流工程风险管理规划的主要内容有:风险管理;人员管理;时间周期的管理;物流风险管理类型级别及说明;风险管理基准;管理汇报形式;风险管理跟踪。

(4) 物流工程风险识别过程主要包括:确定目标,明确最重要的参与者;收集资料;物流工程风险形势的估计;得到风险识别的成果。

(5) 在物流工程风险识别过程中一般要借助于一些技术和方法,比如历史经验分析法、流程图法、头脑风暴法、专家调查法、问卷调查法、环境分析法、情景分析法等。

(6) 物流工程风险评估是评估风险存在的影响、意义以及应采取何种对策处理风险等问题,为了解决好上述问题,风险评估应遵循一些基本的准则:风险回避准则、风险权衡准则、风险处理成本最小原则、风险成本效益比准则、社会费用最小准则。

(7) 风险应对过程活动是指执行风险行动计划,以求将风险降至可接受程度所需完成的任务,风险应对的对策包括:减轻风险、预防风险、回避风险、转移风险、接受风险、储备风险。

(8) 风险监控还没有一套公认的、单独的技术可供使用,其基本目的是以某种方式驾驭风险,保证物流工程可靠、高效地完成工程目标。所以我们可以从以下几方面入手:系统的工程监控方法;风险预警系统;制订应对风险的应急计划;合理确定风险监控时机;制定风险监控行动过程。

综合案例

亚马逊 B2B 升级模式的启示

不久前,世界第一大电商亚马逊美国正式关闭了存在了两年多的 Amazon Supply 独立网站,将其正式整合进 amazon.com,升级为 Amazon Business 频道,并且几乎同时在印度发

第九章
物流工程风险分析

布了印度版的独立站 Amazonbusiness.in,这意味着一种在 Amazon Supply 上测试了两年的创新 B2B 电子商务模式基本取得了成功。从当初的 Amazon Supply 处处低调,避人耳目,财报中只字不提,再到 Amazon.com 以及印度的 Amazon Business 的高调上线,亚马逊正以一种经过验证的创新模式迅速地切入 B2B 市场。同时,Amazon Supply 与 Amazon.com 的融合也在逻辑上解决了以下几个 B2B 重要的谜题:

(1) B2B 和 B2C 产品到底有没有绝对的品类差别?

(2) 这种品类上的差别会不会导致 B2B 和 B2C 电子商务模式的绝对差异?

(3) 作为商业模式的延伸,从营销的角度去问,B2C 和 B2B 会不会由于以上两点差异的存在而导致 B2C 和 B2B 营销方式的根本性差异?

B2C 与 B2B 在品类、电子商务模式以及营销上确实存在一定的差别,但是这些差别并非不可逾越,商业模式决定营销模式,B2B 与 B2C 并不存在绝对意义上的品类、模式和营销差别,只不过是购买主体的特性导致了数量和领域的不同而已,而这种产品数量和领域的不同,完全可以同一套电子商务模式整合在一起。所谓"B2B 和 B2C 品类区别造成的 B2B 与 B2C 电子商务模式的根本性差别"这一行业内的普遍共识,在实践中被证明是个伪命题,这可以说彻底颠覆了作为一个 B2B 从业人员的基本传统行业观念。

任何事情能够成功都是有前提的,要解析清楚亚马逊大规模靠 B2C 模式做 B2B 之所以实验成功的秘密,必须了解清楚几个大的前提。

1. B2B 电子商务中间交易商的崛起带来的贸易 B2C 化

一般认为,电子商务由于取消了商业的中间商和中间环节,从而实现了更低成本的产品传递,即减少了中间流通和沟通的成本,从而使消费者能买到更低价格的产品,这在很长时间里被认为是电子商务能够崛起的一个重要原因之一。尤其是对于 B2B 电子商务来说,被认为大大节省了中间贸易商环节的成本,使制造商和最终采购商达成贸易进而能实现更低价的贸易。

但是,国际贸易中的 B2B 电子商务的发展真的如设想的一样,导致了贸易或者说交易中间商的没落吗?

根据最新的权威调查报告,事实恰恰相反,在 B2B 电子商务发展了近 15 年之后,中小 B2B 中间商似乎刚刚迎来春天:从 B2B 交易意图来看,虽然最终使用的购买意图依然占据最高比例,但 70%(交叉占比)的 B2B 交易目的是分销;从 B2B 交易的总金额来看,50 万美元以下的小型交易占总交易金额的 60%;从交易频次上看,50 万美元以下交易绝大多数通过 3~5 次交易完成;从交易单价上看,以几千至几万美元单次交易为主;从 B2B 和 B2C 主要区别类目看,98% 以上完全重复。这些数据表明的商业含义是:跨境 B2B 中中小型中间电子商务经销商数量巨大;中小型中间电子商务经销商采购需求和金额巨大;中小型中间电子商务经销商采购频繁;中小型中间电子商务经销商采购单笔交易额不大;中小型中间电子商务经销商采购的品类基本相同。

所以,中小型中间电子商务经销商 B2B 采购行为和 B2C 消费行为极为类似。即对于跨境 B2B 电子商务市场中 60% 左右的市场来说,B2B 的实际发生方式和 B2C 的很像,这部分市场就为取代传统的 B2B 交易流程环节提供了可能,也就是说用 B2C 的在线购买方式能够完全省去发讯盘、来回复盘、索要样品、签合同、订货等这些麻烦。

2. Amazonsupply.com 用 B2C 模式整合 B2B 贸易实验的成功

基于上面的分析，亚马逊看到了用 B2C 模式整合 B2B 贸易至少在这 60％市场中的可行性，从而开始了 Amazonsupply.com 非常大胆的为期两年的测试。

Amazonsupply.com 的商业模式优点如下。

B2C 在线交易模式能有效地解决非重复信息标准化展示，营销流量最大化，用户原创内容生产以及用户忠诚度和品牌效应的问题；标准化高利润选品，确保物流体系能支持，以及不会亏太多钱；自有物流体系(FBA)的全球化强力支持，省去了 B2B 买家大量的物流支持工作；自有支付系统(Amazon Payment)对金融风险的抵消，自由支付系统能够在很大程度上解决 B2B 中买家对于资金被骗的问题。

依靠以上几个 B2B 商业模式的创新点，Amazon 成功证明了依靠 B2C 能成功融合 B2B 这种商业模式，并且也证明了这种融合是完全符合 B2B 本身电子商务发展趋势的。这一实验的成功，不仅仅证明了用 B2C 模式做 B2B 逻辑的可行性，同时也颠覆了一个长期以来中国 B2B 电子商务从业者根深蒂固的传统观念——B2B 由于商业模式、购买主体、交易规模的差异与 B2C 的电子商务模式完全不能兼容！Amazonsupply.com 实验的成功无疑是激动人心的，但是仔细想想，Amazonsupply.com 这种模式真的已经是 B2B 电子商务未来发展的完美路径了吗？其实不然。

Amazon supply 商业模式的缺点如下。

(1) B2C 交易模式虽然能解决很多问题，但对于那部分购买意图不在 B2B 和 B2C 重合 70％之中的 30％纯 B2B 购买的主体来说，如何突出 B2B 购买主体以及购买数量上的差别呢？虽然 B2B 贸易越来越倾向于 B2C 交易，并且这部分电商交易也占了较大的比重，但是对于那部分还停留在纯 B2B 流域中的贸易该如何解决呢？这个问题在 Amazonsupply.com 的试验中从一开始就被 Amazon 巧妙地回避了，Amazon supply 从一开始瞄准的市场就是 B2B 贸易和 B2C 交易重合的部分，选品上更是为了回避这个问题而选择了 B2B 贸易和 B2C 交易中重合的标准化高利润商品，这也正是 Amazonsupply.com 实验能够取得成功的一个大前提。从这个角度看，可以说，从一开始 Amazonsupply.com 实验就有"取巧"的成分存在，而正是这种"取巧"使得 Amazonsupply.com 先天存在固有的缺陷——无法承载规模较大的纯粹 B2B 商业目的的贸易。

(2) Amazonsupply.com 实验从一开始就是一种商业模式的实验，那就意味着它的最终目的不是为了赔钱，而是盈利。Amazonsupply.com 为了解决盈利的问题而将选品集中在了高利润的标准化产品。这确实解决了 amazonsupply.com 的盈利问题，同时也暴露了 amazonsupply.com 在盈利上的一个先天不足——高利润标准品的数量和规模毕竟有限，这种前提下的盈利只能是相对来说"小规模"的盈利，而且必须依靠非常精密的定价和成本核算系统，而相对而言的"大规模"盈利则不可能了。那么有没有一种方法能在 B2C 模式下做 B2B 并能实现突破高利润标准品的"小众"选品限制，实现大规模的选品？实现相对而言较大规模的盈利呢？应该办得到！

以上 Amazon supply 的两大先天缺陷，总结如下。

(1) 不能服务于传统的纯 B2B 购买主体的需求，即大批量购买者。

(2) 选品范围窄。注定了它只能是小规模的实验性质，然后 Amazonian 确实有这电子商务方面独特的创造性，而从 Amazon supply 到 Amazon Business 的升级不仅仅彻底解决

第九章
物流工程风险分析

了 B2C 模式做 B2B 的先天缺陷，同时各种相应的其他措施更让 B2C 做 B2B 的商业逻辑和模式变得完美。

3. B2C 做 B2B 商业逻辑和模式的完美

对比 Amazon supply 升级到 Amazon Business 前后的不同点，Amazon 将"用 B2C 做 B2B"的商业逻辑和模式做到近乎完美。

Amazonsupply.com 取消独立运营，并入 Amazon.com，成为一个独立的 Category，命名为 Amazon Business，作为整体形象对外开放。

从 Amazonsupply.com 升级到 Amazon Business，标志着 Amazon 正式大规模地切入 B2B 市场。同时，Amazon Business 也作为 B2B 业务的整体品牌对外开放业务。除了品牌上的考虑，Amazonsupply.com 并入 amazon.com 更是为了节省系统资源，扩大 B2B 选品，以及迅速铺开这个 B2B 业务所做的战略选择。

在把所有 B2B 变为 B2C 交易的前提下，为了更好地承接那一部分的纯 B2B 电子商务的交易和交易主体，在 Amazon supply 升级到 Amazon Business 的过程中 Amazon 单独设计了一套 Amazon Business Seller 和 Amazon Business Buyer 账户体系。

为了更好地承接纯粹的 B2B 交易模式，在 Amazon supply 升级到 Amazon Business 的过程中加入了 Live Expert 系统和 Email 询盘系统。询盘是大家所熟知的，这里就不过多介绍。但 Live Expert 系统却颇具新意，这是在 amazon live customer 系统基础上，以制造商本身的专业客服为基础形成的专业化咨询系统，是非常典型的服务演化为商业模式，这一点也是国内各家 B2B 值得学习的地方。

同时 Live Expert 让买家和卖家的沟通变得更加高效和专业，也许很多 B2B 从业者会想到这样的直接沟通会导致"跑单"，也就是买卖家绕开平台自己进行交易，但是在 Amazon Business 这个平台上并不存在这样的问题。B2C 直接交易的模式在平台上进行，简单、方便，买家没有必要再通过复杂的流程与卖家单独交易。Amazon 本身的 FBA（Fulfillment by Amazon，代发货业务）和金融保障能够充分地保证买家、卖家在物流和金融方面的安全和快捷，从而使买家和卖家规避了私下交易的物流和金融风险。

FBA 物流系统一直是 Amazon 电商系统中一个非常强大的支柱，在这次 Amazon 全面切入 B2B 市场的过程中，FBA 再次扮演了非常重要的角色。众所周知，在 B2B 交易中大量的货物往往导致物流时间非常长，并且不能实时追踪物流的进度，这其实极大地增加了整个交易的成本和风险。而 Amazon Business 则依靠其强大的物流体系将这两个以前看似不可能的点变成了现实。

更有一点比较新奇的是，Amazon Business 竟然融入了 Amazon Prime 的服务，在这次 Amazon Business 对外的宣传中，"Free Two-Day Shipping"是一个非常重要的卖点，对于 B2B 买家来说，往往习惯了长时间的等待。但是，如果 Amazon Business 真的能做到 2 天之内免费送达的话，那将是对北美 B2B 市场非常强烈的冲击。

在交易支付方面，Amazon Business 基本上是沿用了 Amazon.com 的支付流程和保障流程，以信用卡为主，并借助国外非常完善的信用保证体系帮助买家规避掉资金的风险。

4. Amazon B2C 模式做 B2B 逻辑对中国 B2B 的启发

在考察了 Amazon Business 的电子商务模式和逻辑之后，不禁让人反思，这样的思路和商业模式到底对于中国的 B2B 电子商务有什么启发呢？

启发一：Wholesale模式的改造

所谓Wholesale,就是批发的意思。其实无论是国内各大B2B平台的Wholesale频道还是Amazon用B2C模式做B2B而产生的Amazon Business,两者都是为了应对B2B交易碎片化的趋势而诞生的。但是,两者有着非常明显的区别。

Wholesale模糊不清的逻辑衍生出来模糊不清和半死不活的电子商务模式。B2B的从业者不难发现Wholesale这个词,它是一个B2B领域的专业词汇,但并不被这个行业普遍接受。如果你在搜索引擎中搜索一下,便不难发现在做所谓"Wholesale"模式的,都是一些非常小的电子商务网站,而且多集中于中国。这从一个侧面反映出了一个事实,Wholesale B2B的模式并不为广阔的国际市场所接受。同时,中国各大B2B对于Wholesale这种模式大多也是实验的态度,因而没有非常深入地理解和运营。

启发二：电商生态系统与单一平台

中国电子商务15年,平台思维影响根深蒂固,一方面做平台确实在较短的时间内让各家大型B2B赚得盆满钵满。然后,放到今天的背景下去看,单一平台的思维也让我们错过了建立强大生态系统的时机,而这一生态系统的重要性在今天显得格外重要,甚至从长远发展来看,生态系统才是生存与发展的关键。从Amazon supply到Amazon Business的电子商务模式升级中看,没有Amazon强大的生态系统支持是根本不可能实现的。放弃单一平台思维是历史的必然,努力建设电子商务平台的生态系统是今天竞争的客观要求。应该清晰地看到在B2B电子商务激烈竞争的今天,比拼的不再是平台的信息量,而是电子商务平台作为一个生态系统能够提供的综合服务能力！

启发三：由C入B,由B入C

Amazon Business的升级是由B2C来统领B2B模式,以实现整个B2B电子商务模式的建立,并突破流量瓶颈。作为国内各大B2B,更多的则是自始至终在做B2B,那么既然Amazon Business可以从B2C进入B2B,中国的各大B2B电商更可以从B2B进入B2C成为一个B2B和B2C兼容的综合体。其实,中国各大电商由B入C尤其具有先天的优势,因为中国的各大B2B网站占据着数量极为庞大的产品信息量,同时B2C的玩法和思路已经相对清晰和成熟,快速铺开应该不会有太大逻辑上的困难。

总而言之,在B2B碎片化的趋势下,以B2C的模式统御B2B是B2B电子商务未来发展的必然,希望各家B2B平台能够搭上这个"顺风车"实现电子商务模式转型,并获得成功。

案例讨论

1. 亚马逊是如何对B2B业务进行模式升级的？
2. 亚马逊B2B升级模式对你有何启发？

练习与思考

一、填空题

1. 按照风险后果的不同,风险可划分为＿＿＿＿、＿＿＿＿;按照风险来源或损失产生的原因,物流工程风险可划分为＿＿＿＿、＿＿＿＿。

2. 风险管理过程包括 _____、_____、_____、_____、_____ 等。

3. 确定风险设想一般有三个步骤：① _____ ；② _____ ；③ _____ 。

4. 物流工程风险识别具有如下一些特点：_____、_____、_____、_____。

5. 物流工程风险识别的主要依据包括 _____、_____、_____、_____ 和 _____。

6. 风险评估的依据主要有 _____、_____、_____、_____、_____。

二、简答题

1. 什么是物流工程风险？物流工程风险有什么特点？
2. 物流工程风险有哪些类别？
3. 物流工程风险管理的过程是怎样的？
4. 什么是物流工程风险管理规划？物流工程风险管理规划的成果是什么？
5. 物流工程风险识别的方法有哪些？
6. 评估物流工程风险的方法有哪些？
7. 什么是风险预警系统？风险预警系统的作用是什么？

第十章 物流工程创新

学习目标

1. 了解创新的概念以及创新所涉及的范围；
2. 了解物流创新内涵、意义以及内容，对物流创新的必要性有进一步认识；
3. 了解物流理念，对物流装备技术、软件技术以及服务方面创新的现状和发展趋势有初步认识。

第一节 概　　述

一、创新概论

（一）创新的概念

我国前国家主席江泽民指出：创新是一个民族进步的灵魂，是一个国家兴旺发达的不竭动力，也是一个政党永葆生机的源泉。

福特公司创始人亨利·福特说：不创新，就灭亡。

著名学者周海中说：没有思想自由，就不可能有学术创新。

畅销书《追求卓越》作者托马斯·彼得斯说：要么创新，要么死亡。

在市场竞争激烈、产品生命周期短、技术突飞猛进的今天，不创新，就会灭亡。创新是企业生存的根本，是发展的动力，是成功的保障。在今天，创新能力已成了国家的核心竞争力，也是企业生存和发展的关键，是企业实现跨越式发展的第一步。

创新从哲学上说是人的实践行为，是人类对于发现的再创造，是对于物质世界的矛盾再创造。人类通过物质世界的再创造，制造新的矛盾关系，形成新的物质形态。

创新在经济学领域是指以现有的知识和物质，在特定的环境中，改进或创造新的事物（包括但不限于各种方法、元素、路径、环境等），并能获得一定有益效果的行为。从企业角度,创新是指企业家抓住市场潜在的盈利机会,或技术的潜在商业价值,以获取利润为目的,对生产要素和生产条件进行新的组合,建立效能更强、效率更高的新生产经营体系,从而推出新的产品、新的生产(工艺)方法,开辟新的市场,获得新的原材料或半成品供给来源或建立企业新的组织,它包括科技、组织、商业和金融等一系列活动的综合过程。

创新作为人类特有的认识能力和实践能力,是人类主观能动性的高级表现形式,是推动民族进步和社会发展的不竭动力。一个民族要想走在时代前列,就一刻也不能没有理论思维,一刻也不能停止理论创新。创新在经济、商业、技术、社会学以及建筑学这些领域的研究中有着举足轻重的分量。既然改革被视为经济发展的主要推动力,促进创新的因素也被视为至关重要。准确地说,创新是创新思维蓝图的外化、物化。

所以,创新是指以现有的思维模式提出有别于常规或常人思路的见解为导向,利用现有的知识和物质,在特定的环境中,本着理想化需要或为满足社会需求,而改进或创造新的事物,包括但不限于各种产品、方法、元素、路径、环境,并能获得一定有益效果的行为。创新包括方法创新、学习创新、教育创新、科技创新、物流创新、物流工程创新等。科技创新只是众多创新中的一种,科技创新通常包括产品创新和工艺方法等技术创新,因此技术创新是科技创新中的其中一种表现方式。

(二)技术创新

技术创新,指生产技术的创新,包括开发新技术,或者将已有的技术进行应用创新。科学是技术之源,技术是产业之源,技术创新建立在科学道理的发现基础之上,而产业创新主要建立在技术创新基础之上。

技术创新和产品创新有密切关系,又有所区别。技术的创新可能带来但未必带来产品的创新,产品的创新可能需要但未必需要技术的创新。一般地,运用同样的技术可以生产不同的产品,生产同样的产品可以采用不同的技术。产品创新侧重于商业和设计行为,具有成果的特征,因而具有更外在的表现;技术创新具有过程的特征,往往表现得更加内在。产品创新可能包含技术创新的成分,还可能包含商业创新和设计创新的成分。

技术创新可能并不能带来产品的改变,而仅仅带来成本的降低、效率的提高,如改善生产工艺、优化作业过程从而减少资源消费、能源消耗、人工耗费或者提高作业速度。另一方面,新技术的诞生,往往可以带来全新的产品,技术研发往往对应于产品或者着眼于产品创新;而新的产品构想,往往需要新的技术才能实现。

对技术创新的全新理解是一个从产生新产品或新工艺的设想到市场应用的完整过程,它包括新设想的产生、研究、开发、商业化生产到扩散这样一系列活动,本质上是一个科技、经济一体化过程,是技术进步与应用创新共同作用催生的产物,它包括技术开发和技术应用这两大环节。这样理解的技术创新的最终目的是技术的商业应用和创新产品的市场成功,在这一点上,技术开发与技术应用的观点一致,这一观点并不仅仅关注技术创新中的市场导向,它也关注技术开发本身。

技术创新的完成主体是人,在社会大生产发展的时代,是人组成组织。技术创新既可以是企业、高校、科研院所,也可以是多种组织协同完成。需要强调的是,技术创新是一种经济行为,其过程的完成,是以产品的市场成功为全部标志,因此,技术创新的过程,无论如何是少不了企业的参与。具体从企业的角度看,采取何种方式进行技术创新,要视技术创新的外部环境、企业自身的实力等有关因素而定。对于大企业,技术创新的要求具体表现为,企业要建立自己的技术开发中心,提高技术开发的能力和层次,营造技术开发成果有效利用的机制;对于中小企业,主要是深化企业内部改革,建立承接技术开发成果并有效利用的机制;而对于政府,就是要努力营造技术开发成果有效转移和企业充分运用的社会氛围,确立企业在技术创新中的重要地位。至于提供技术开发成果的科研院所和高校,需要强化科技成果转化意识,加大技术开发成果面向市场的力度,使企业有可能获得更多的、有用的技术开发成果。

对技术创新的认识,无论是只强调技术,还是只强调经济,都是不全面的认识。只有两者结合,才有可能是理性、现实的。技术创新并不是技术开发和技术利用简单的相加,即不是 $1+1=2$,而是技术开发和技术利用相加后的整体,是 $1+1>2$ 的加法,整体大于部分之和。换句话说,技术开发和技术利用是要组成一个有机的整体,在这个整体中,不仅需要从技术的角度、技术发展的规律,考虑技术开发的可能性,还要以市场为导向,考虑技术开发的有效性。市场引导着技术开发的方向,技术本身的发展规律决定这种引导实现的状况和程度。循着这一认识路径,可以看到,技术开发、开发成果的转移、技术开发成果的利用,才构成一个完整的技术创新过程。

从广义上讲,技术进步是指技术所涵盖的各种形式知识的积累与改进。在开放经济中,技术进步的途径主要有三个方面,即技术创新、技术扩散、技术转移与引进。对于欠发达国家而言,工业化的赶超就是技术的赶超。根据当前的情况,欠发达国家技术赶超应该分为以下三个阶段。

第一阶段,以自由贸易和技术引进为主,主要通过引进技术,加速自己的技术进步,促进产业结构升级。

第二阶段,技术引进与技术开发并重,实施适度的贸易保护,国家对资源进行重新配置,通过有选择的产业政策,打破发达国家的技术垄断,进一步提升产业结构。

第三阶段,必须以技术的自主开发为主,面对的是新兴的高技术产业,国家主要通过产业政策,加强与发达国家跨国公司的合作与交流,占领产业制高点,获得先发优势和规模经济,将动态的比较优势与静态的比较优势结合起来,兼顾长期利益与短期利益,注重宏观平衡与微观效率,有效配置资源,实现跨越式赶超。目前国内城市主要通过各类高新技术园区和开发区来完成国家的技术赶超工作,政府通过政策等引导资金、技术、人才、产业等的集聚来孵化高新企业和高新技术。

(三) 技术创新模式

技术创新分为原始创新、集成创新、引进消化再创新三种模式。

1. 原始创新

原始创新是指前所未有的重大科学发现、技术发明、原理性主导技术等创新成果。原始性创新意味着在研究开发方面,特别是在基础研究和高技术研究领域取得独有的发现或发明。原始性创新是最根本的创新,是最能体现智慧的创新,是一个民族对人类文明进步做出贡献的重要体现。

与一般的科技创新不同,原始性创新具有其独特内涵的影响因素,分为内、外两类因素。

内在因素有原始积累、核心人物、团队协作、原创技巧、科研兴趣,外在因素包括创新氛围、激励机制(包括经费支持、合理的立项审查和成果评价体系、待遇等政策体系及相应制度)等。

原始创新成果通常具备三大特征:①首创性,需要前所未有、与众不同;②突破性,需要在原理、技术、方法等某个或多个方面实现重大变革;③带动性,需要在对科技自身发展产生重大牵引作用同时,对经济结构和产业形态带来重大变革,在微观层面上将引发企业竞争态势的变化,在宏观层面上则有可能导致社会财富的重新分配、竞争格局的重新形成。

原始性创新成功与否,也有其独特的研究技巧和方法,包括这些规则:

(1) 善于发现已有理论与实际的矛盾,勇于挑战传统理论;
(2) 独具创意的实验和对实验事实敏锐的观察;
(3) 在良好的科学基础上的前沿性、交叉性研究;
(4) 对已有知识的科学整理与发掘;
(5) 重要科学发现直接用于技术领域;
(6) 理论成果的应用形成全新技术原理,并在此基础上开发研究;
(7) 利用特殊的仪器(设备)对自然现象进行探索或对理论预言进行检验;
(8) 运用众多基础研究理论解决重大技术创新中的难题;
(9) 利用数据与计算机手段创造出过去技术原理的实现条件。

科研创新的最大动力来自兴趣。只有兴趣盎然,原创人员才会潜下心去搜集、研究、分析数据和资料,了解学科发展前沿,才会不厌其烦地重复实验,即使屡屡失败也乐在其中。有时,浓厚的兴趣会促使原创人员去忍受常人难以想象的困苦。原始性创新是在原始积累、核心人物、创新文化、激励机制、原创技巧、科研兴趣以及团队协作等七个影响因素的综合作用下发生的。

2. 集成创新

集成创新是利用各种信息技术、管理技术与工具等,对各个创新要素和创新内容进行选择、集成和优化,形成优势互补的有机整体的动态创新过程。集成创新强调灵活性,重视质量和产品多样化。

集成创新的主体是企业,集成创新的目的是有效集成各种要素,在主动寻求最佳匹配要素的优化组合中产生"1+1>2"的集成效应,能更多地占有市场份额,创造更大的经济效益。现代企业集成创新以提高企业持续的整体竞争力为目标,创新过程与创新资源创造性地集成与协同。

"集成"的意思是指将某类事物中各个好的、精华的部分集中、组合在一起,达到整体最佳的效果。英文单词为 Integration,其意为融合、综合、成为整体、一体化之意。集成不是简单地连入、堆积、混合、叠加、汇聚、捆绑和包装,而是将各种创新要素通过创造性的融合,使各项创新要素之间互补匹配,从而使创新系统的整体功能发生质的变化,形成独特的创新能力和竞争优势。

集成从管理学的角度来说是指一种创造性的融合过程,即在各要素的结合过程中注入创造性思维。要素仅仅是一般性地结合在一起,并不能称为集成。只有当要素经过主动的优化、选择搭配,相互之间以最合理的结构形式结合在一起,形成一个由适宜要素组成的、相互优势互补、匹配的有机体时,这样的过程才称为集成。所以,集成从一般意义上可以理解为两个或者两个以上的要素（单元、部件、子系统等）集合成为一个有机系统，这种集合是要素之间的有机结合，即按照某种集成规则进行的组合和构造，其目的在于提高有机系统的整体功能。

集成创新，英文为 Integration Innovation，1912 年 Joseph Schumpeter 首次提出了创新理论。他认为创新是"建立一种新的生产函数"，即实现生产要素和生产条件的一种新组合，这种新组合包括以下五种形式：引进新产品、引入新技术、开辟新市场、控制原料新的供应来源、实现工业的新组织。整个社会不断地实现这种组合，从而促使经济向前发展。

在现代化大生产过程中，产业关联度日益提高，企业的相互依存度增强，企业已开始从过去注重单个企业之间的竞争转向关注供应链之间的竞争，通过集成创新的方式发展企业新的优势。集成创新的形式包括：

（1）技术集成创新，按照市场需求开发新产品，将有关的技术单元组织集成创新，使新产品快速进入市场；

（2）服务集成创新，让处于同行业或同一供应链中的企业进入大市场，把物流、资金流、信息流等组织集成服务，以提高市场的经营效率；

（3）资源集成创新，将不同企业的优势资源进行整合，以达到互惠互利的目的，比如拥有足够资金的企业与拥有好项目并有经营能力的企业进行合作；

（4）平台集成创新，将供应商、客户、合作商等不同功能的组织平台集成为一个有机组织体，使其整体效率得到极大提高。

在集成创新过程中要解决好三个关键问题：一是系统集成，集成创新不是简单的叠加过程，而是系统化的整合过程；二是协同集成，协同是集成的要素问题，通过信息化网络应用实现协同运作；三是人才集成，集成创新最为关键的是要有能担当集成创新大任的人才。

集成创新包括以下特点。

（1）用户至上。用户的需求决定了产品的设计，如希望达到的功能、足够好的质量、合理的价格和可接受的交货期等。企业的新产品开发项目成功与否有众多的关键因素，除了企业的人、财、物和项目设计过程的各个环节，最终的最重要的决定因素是用户。集成创新强调的是企业产品开发环境与市场用户信息之间的相互匹配。

（2）多元化。集成创新内容呈多元化，涵盖技术、知识、资源、能力、文化等方面，并要求各要素间协同作用。集成创新要求不同类型的创新资源和能力相互激发和协同作用，在本质上是创新要素的交叉和融合。传统的技术创新主要特征是产品或工艺的创新，而在集成创新模式过程中，技术创新逐渐被提升到战略高度，并涉及组织结构、企业文化、人力资源等方面的协同创新。

（3）能动性。集成创新要求各创新主体能积极思考、有效沟通和协作创新，创造协同效益。集成创新关键在于集成创新过程包含了集成主体积极能动的优选行为过程。其特点是经过有目的、有计划的比较选择，各集成创新主体既能够发挥各自最大优势，相互之间又能够实现优势互补。

（4）网络化。经济全球化的条件下，市场需求的不确定性日益增加，企业研发的技术难度和创新过程的复杂性大大增强，单个创新主体（个体、团队、职能部门、企业）很难独自完成越来越复杂的创新活动。在技术发展迅速、用户需求变化多样的环境中，要完成资源密集型的复杂任务，建立企业与企业间的网络联系，采取合作的形式整合资源，是企业间优势互补、降低风险的重要途径。集成创新已经从创新的线性过程走向网络化过程。

3. 引进消化再创新

引进消化再创新是最常见、最基本的创新形式。其核心概念是利用各种引进的技术资源,在消化吸收基础上完成重大创新。它与集成创新的相同点在于,都是利用已经存在的单项技术为基础;不同点在于,集成创新的结果是一个全新产品,而引进消化再创新的结果是产品价值链某个或者某些重要环节的重大创新。引进消化再创新是各国尤其是发展中国家普遍采取的方式,这也是我国最为薄弱的环节之一。

过去的一些年,通过技术引进和引进技术的消化、吸收、再创新,对增强中国的国际竞争力发挥了重要作用,不仅带动了传统产业的技术改造,提高了重大技术装备的设计制造能力,而且加快了高新技术产业的建立,增强了国家的自主创新能力。

(1) 技术引进和消化、吸收、再创新,促进了高技术产业的迅速发展。技术引进和消化吸收,能够使企业快速掌握一些关键技术,增强了企业自主创新能力,提升了产业技术水平,优化了产业技术结构。通过技术引进,高新技术产业迅速发展,对传统产业的技术改造成效显著,重点产业实现了跨越式发展。

(2) 技术引进和消化、吸收、再创新,带动了传统产业的技术改造和技术创新。传统产业通过引进技术,并进行消化吸收,技术水平和劳动生产率大大提升,增强产业竞争力,坚持自主创新与引进消化吸收相结合,实现核心技术和系统集成技术的突破,经济效益明显提升。

(3) 技术引进和消化、吸收、再创新,加快了重点产业的技术跨越。近年来,通过一批国家重大专项的实施,国内企业引进了大量先进适用技术。通过进行消化吸收和再创新,掌握了一批关键技术,提高了技术装备水平。

(4) 外资企业的技术溢出增强了产业配套能力。随着外资企业相关业务的本地化,国内与其配套的产业也得到了相应发展。外资企业的技术引进及技术溢出不但促进了国内的技术进步,推动了产业结构升级,还提升了国内产业的技术水平及配套能力。

(5) 技术引进和消化、吸收、再创新,增强了自主创新能力。关键技术的引进,提高了企业自主创新的起点,对引进技术的消化吸收,提升了企业的自主创新能力。

我国通过直接引进国外先进技术,增加了技术积累,为增强自主创新能力奠定了基础。但是,一些企业往往只重视引进技术,不注意进行消化、吸收、再创新,结果导致自主创新能力不足、国际竞争力不强。在国际经济科技竞争日趋激烈的今天,如果仅仅满足于引进技术,忽视通过引进技术培育和形成自主创新能力,就会永远落在别人的后面。因此,必须明确把增强国家创新能力作为引进消化、吸收、再创新的出发点,努力形成通过引进技术促进自主创新能力提高的体制机制。

二、物流创新的内涵及意义

(一) 物流创新的内涵

物流概念引入我国近二十年,在此期间,许多物流园区、物流企业应运而生。现代物流业已经被确定为我国国民经济的重要产业和经济发展的新增长点。不过,也要清楚地意识到,如果说物流是第三利润源泉,那么物流创新就是打开第三利润源泉的钥匙。现代物流的发展离不开创新,无论是物流的技术创新还是物流的管理模式创新,都是推动企业物流发展,为企业带来商机与利润的重要因素。

物流创新是指在物流活动中,引入新的经营管理概念,实施新的经营管理方法,运用新的科学技术手段,对物流管理和物流运营进行改造和革新,从而全面提高物流活动的效率,取得最大化的企业经济效益和社会效益的创新活动实践。

物流创新是对整个物流过程进行全方位的革新,创新活动融入物流活动的各个方面、各个环节。根据物流创新的内容和作用,可归结为物流制度创新、物流管理创新、物流技术创新三个方面。这三个方面的创新活动各有其特定的内容和特点,又必须紧密相连,才能实现物流活动的高效率和效益。其中物流技术创新是核心,制度创新是前提,管理创新是保障。

(二)物流创新的意义

古人云:"不谋全局者,不足谋一域;不谋万事者,不足谋一时。"在 20 世纪二三十年代,福特公司以大规模生产黑色轿车独领风骚数十载。但随着时代变迁,消费者的需求发生了变化,人们希望有更多的品种、更新的款式、更加节能省耗的轿车。而福特集团毫无危机意识,继续墨守成规地生产。此时,通用汽车公司和其他几家公司紧扣市场脉搏,制订出正确的战略计划,生产节能省耗、小型轻便的汽车,在 20 世纪 70 年代的石油危机中,跃然居上,使福特公司一度濒临破产。所以,福特公司前总裁亨利·福特深有体会地说:"不创新,就灭亡。"

物流行业亦是如此。如果物流企业不进行创新,致使物流技术不加以改进、物流成本不控制,物流服务不及时提高,物流意识不跟紧市场动态……那么物流企业必然被市场淘汰,物流行业也将退出社会的大舞台。因此,能否创新已成为一个企业,乃至一个行业成败的关键所在。物流创新具有以下重要意义。

1. 提高竞争力的需要

在知识经济的背景下,企业生存与发展越来越取决于其核心竞争力的培育和发挥的程度。对于物流企业来说,高效率、高效益、不断创新的物流服务不仅是工商企业获取利润的基本保障,而且也是物流企业有效培育核心竞争力的基本前提。因此,物流企业应充分利用专业化优势,坚持持续创新,以创新的理念和服务满足工商企业的物流需求。

2. 经济发展国际化的需要

随着经济全球化的发展,世界范围内的社会分工不断深化,整个物流链的利益主体的空间分布日益分散,工商企业的采购、生产与销售活动的范围也已延伸到世界的每个角落。因此,在大多数工商企业不具备物流创新能力的情况下,就对物流企业的创新提出了更高的要求,这对物流企业而言既是机遇又是挑战。物流企业必须通过物流创新,提高在全球范围内整合物流资源的能力,为工商企业的全球化战略服务。

3. 物流企业拓展经营的重要途径

通常来看,物流企业拓展经营主要是通过成本、价格或服务的竞争来实现。当一项服务刚推出时,竞争的焦点是服务的特色;当竞争者蜂拥而至时,竞争就转向成本和价格上;当竞争不断加剧时,竞争的焦点又转向服务的质量上。因此,成本、价格或服务质量都不能为物流企业带来持续的竞争优势和盈利能力,物流企业拓展经营的有效途径就是创新。

三、物流创新的内容

(一)物流制度创新

制度创新是指在现有的经济生活环境条件下,通过创立新的、更具有效激励效能的制度来提高制度效率及其合理性的创新活动。制度创新的直接效果是激发人们的积极性和创造性,并以制度化的方式加以固化,使之持续发挥作用。可见,制度创新是基础,所有创新活动都依赖于制度创新的积淀和持续激励。

物流制度创新主要包括有:

(1)体制创新的要点是切实发挥市场机制在流通产业中的基础性的调节作用;

(2)中介组织创新的要点是使物流产业形成独立自治的行业协会,建立起自我约束、为企业提供全方位物流服务的社会经济组织;

(3)产业政策创新包含两层含义,一是提升物流产业政策的地位,二是在物流领域表达"鼓励、发展什么或者限制、抑制什么"的理念。

(二)物流管理创新

管理创新是创造一种新的更有效的方法来整合企业内外资源,以实现既定管理目标的活动。企业管理创新是一项复杂的系统工程,是企业的管理者根据市场和社会变化,利用新思维、新技术、新方法、新机制,创造一种新的更有效的资源组合方式,以适应和创造市场,从而促进企业管理系统综合效益的不断提高。这一项系统工程通常包括以下几个方面的内容。

1. 经营创新

经营是企业自主地适应和利用环境,面向市场,以商品生产和商品交换为手段,旨在实现自身经济目标的经济活动。现代企业要在需求变化快、竞争激烈的市场环境中生存和发展,就必须在经营上创新,形成自身的特色和优势,才能实现预期经营目标。

2. 管理组织创新

管理是实现企业经营目标的手段和重要保证。企业组织形式不是一成不变的,必须根据企业发展与市场竞争的需要进行调整和创新。管理创新过程中必须重视增加组织的柔性,创建更高效、更灵活的组织结构方式。

3. 管理技术与方法创新

企业是一个复杂的大系统,在企业内部流动着劳务流、资金流、物流、信息流、能量流等资源,要提高竞争能力,必须使所有资源处于一种科学、合理并且先进的管理模式下运行。这种模式实质就是以市场需求为导向,以系统观念工程为指导,以现代管理技术和方法为支撑的综合的、系统集成的、整体优化的管理系统。

4. 管理模式创新

管理模式是管理内容、管理方法、管理手段和形式的有机统一结合体。它是一种系统化的指导与控制方法,把企业中的人、财、物和信息等资源,高质量、低成本、快速及时地转换为市场所需要的产品和服务。因此,质量、成本和时间(生产周期)就一直是一个企业的三个核心活动,企业管理模式也是围绕着这三个方面不断发展的。为了实现高质量、低成本、短周期,企业一直都在寻找最有效的管理方法,尝试新的管理模式,以实现自身的经营管理目标。

(三)物流技术创新

技术创新,是指创新技术在企业中的应用过程。新技术在企业生产中的应用一般通过创新产品和创新的生产工艺两种方式体现出来。物流技术创新主要包括以下内容。

(1)物流基础设施创新的要点是流通产业中商流、物流、信息流和资金流所必须具备的硬件支持系统,在数量和质量上增加投入,从传统设施为主走向现代设施为主,运用现代设施装备起来。

(2)物流技术手段创新的要点是运用信息技术全面提升与整合商、物流、信息流和资金流,大幅度增加科技含量,促进流通业从慢节奏、高成本的传统流程走向快节奏、低成本的现代流程。从操作层面而言,物流技术手段的创新一般须具备以下四个阶段。

第一阶段是创新思想的形成阶段。就企业层面看,创新思想的形成动力主要来源于技术推动、市场需求的拉动及制造的需要等方面,其中最大的动力是市场需求的拉动。

第二阶段是创新技术的获取阶段。创新技术的获取也主要有三种方式:一是企业依靠自己的力量进行技术创新活动;二是企业与其他部门合作获取,主要是与科研部门、高等院校等合作;三是从外部引进。就第三种方式而言,企业引进技术软件和引进硬件的效果与条件也是不相同的。

第三阶段是企业生产要素的投入和组织、管理阶段。主要包括企业的人力、物力、资金、技术、信息等基本要素的投入与组织管理。资金的投入与管理,一般来说要把握好几个比例关系:一是研究与发展费用占企业销售额或利润的比例;二是在研究与发展费用中,基础研究、应用研究和试验发展各部分的资金比例;三是引进技术的费用与吸收费用的比例。

第四阶段是企业技术创新的效果展示阶段。企业技术创新的效果可以在经济指标和产品的物理化学性能上得到反映,改进产品的物理化学性能也常常是企业进行技术创新的出发点。在现实中,往往也只有在改进产品的物理化学性能方面取得成果后,才能获得相应的经济效益。

物流创新是对整个物流过程进行全方位的革新,创新活动融入物流活动的各个方面、各个环节。

第二节 物流创新的必要性

物流被认为是国民经济发展的动脉和基础产业,其发展程度成为衡量一国现代化程度和综合国力的重要标志之一,被喻为促进经济发展的"加速器"及"第三利润源"。物流企业创新不仅是更好地满足客户需求的必要手段,更是企业实现自我发展的重要途径。

伴随着电子商务时代的来临和全球化趋势的确立,传统物流的概念发生了颠覆性的改变,现代物流得到了越来越充分的认可和重视,物流产业的发展呈现出新的趋势,物流企业的竞争手段和经营服务方式也产生了根本性的变化,这就给传统物流企业的生存和发展提

第十章
物流工程创新

供了新的机遇和挑战。

由于种种原因,我国的物流企业的运营还基本停留在传统物流的运营方式上。与其他行业的企业类似,我国物流企业大多都规模偏小,生存和发展也更多地基于廉价劳动力等因素的低成本竞争策略上。但是,随着电子商务和其他软硬件技术在物流行业中的引入和广泛应用,使得物流企业的服务方式和效率令人耳目一新;国外发达国家的物流企业巨头(比如联邦快递)进入和借助服务模式、效率、信誉等方面的优势对高端客户的掠夺使得物流企业的市场竞争环境空前激烈,发展空间进一步压缩。

面对国内外市场上竞争对手的挤压和冲击,越来越多的物流企业意识到,仅仅依靠低成本服务已经无法在竞争中立足。随着劳动力成本优势的丧失,摆在我国物流企业管理者面前的事实是,为了适应现代物流的发展趋势,我国的物流企业迫切需要新的立足点和增长点,即需要强大的技术创新能力。只有通过有效的技术创新,引入高科技手段,及时响应客户需求变换服务模式,不断提升运营和服务效率,才能在新的竞争环境中站稳脚跟。

一、创新是促进企业竞争和发展的有效手段

长期以来,我国的物流企业在市场中并未建立起自己的竞争优势,大多处于不利的竞争地位,如融资困难、人才奇缺、技术与管理落后等。导致这种状况的根本原因是企业获得竞争优势的基础不强,即企业缺乏核心竞争力,具体表现在以下几个方面。

(一)对核心竞争力的内涵认识不准确

企业对核心竞争力的认识存在以下误区。一是把企业竞争优势认作企业核心竞争力。竞争优势是企业在竞争中优于其他企业的表现,核心竞争力是企业竞争优势之"本"。虽然企业竞争优势也可以来自于企业一般性的竞争力,然而只有核心竞争力才能产生可持续的竞争优势。二是把企业一般意义的资源认作核心竞争力。核心竞争力是企业独自拥有的资源,是处于核心地位的资源,是有长远战略价值的资源。三是把企业某一方面的能力认作核心竞争力。核心竞争力是企业所有能力的精髓。具有核心竞争力的企业不必具备同类企业的所有基本能力,而具备所有基本能力的企业不一定具备核心竞争力。

(二)大多数企业战略意识淡薄,战略意图不明确

持续竞争优势的发挥需要有与之匹配的发展战略。企业战略意图表明了企业未来的前进方向、自己的业务定位、计划发展的能力。从目前来看,我国物流企业普遍存在着重战术、轻战略,依赖经验和靠关系决策的思维定式。由于没有明确的战略意图,导致了许多企业经营方向迷失,经营领域模糊,经营的盲目性、投机性、随意性特点突出。

(三)企业组织结构调整滞后,管理落后和不到位

目前我国大多数物流企业的结构还是传统的直线型组织结构,组织结构调整滞后,管理落后和不到位,尤其是企业的战略管理、成本管理、人力资源管理等方面,很难适应激烈的市场竞争。企业组织结构不合理,经营机制不活,是影响企业竞争力的带有根本性的深层次原因。

在知识经济的背景下,企业生存与发展越来越取决于其核心竞争力的培育和发挥的程度。对于物流企业来说,高效率、高效益的不断创新的物流服务不仅是工商企业获取利润的基本保障,而且也是物流企业有效培育核心竞争力的基本前提。因此,物流企业应充分利用专业化优势,坚持持续创新,以创新的理念和服务满足工商企业的物流需求。

意识到技术创新的重要性的同时,越来越多的国内外企业开始了在技术创新方面的投入。但从采取的实际行动上,中外企业有着明显的差异。例如,微软将其约15%的销售收入用于研发,新浪的研发投入占销售收入的8.6%。而根据统计局数据,截至2006年,中国企业平均约有不到2%的销售收入用于研发。技术创新成为推动物流企业发展的重要动力源,具体表现在如下几方面。

(1) 技术创新使得物流技术得到进一步的丰富和发展。物流技术是指与物流要素活动有关的实现物流目标的所有专业技术的总称,包括人们在物流活动中所使用的各种工具、装备、设施和其他物质手段,以及由科学知识和劳动经验发展而形成的各种方法、技能和作业程序等。传统的物流概念中物流技术主要是指物资运输技术或者物资流通技术;而现代物流技术包括各种操作方法、管理技能等,也包括物流规划、物流评价、物流设计、物流策略等。随着计算机网络技术的应用普及,物流技术中综合了越来越多的现代技术,如GIS/GPS、EDI、条码和RFID技术等。

(2) 技术创新使各种电子、通信手段得到更为广泛的应用,使得企业之间的距离缩短了,联系更为密切。另外,技术创新使企业之间分工细化,生产同构性降低。由此,企业对物流的需求越来越迫切。比如,电子商务是技术创新的产物之一,电子商务和物流配送有着天然的联系,电子商务的迅速发展也使物流市场的需求急剧增加。

(3) 技术创新直接引起生产方法、经营与管理理论和方法的变革,从而导致资源配置方式、企业组织形式的变化。因此,技术创新间接地使物流组织形式发生了改变,技术创新使物流从生产企业中分离出来,成为独立的企业,使物流从依附于生产企业布局转变为单独地选择分布区位。

在经济全球化背景下,企业寻求的是整个产业链上的利益最大化,部分企业开始关注自身核心能力的培养,并广泛利用外部资源,第三方物流企业开始得以发展,并逐渐成为物流行业发展的必然。

(4) 技术创新使得各种计算机技术和信息手段不断进步,加速了这些先进技术在物流业中的应用。现阶段,信息技术已渗透到物流业的各个环节,已逐步建立起进货、库存、发送、接运等信息系统以及物流质量管理系统等,使物流管理水平、效益有了大幅度的提高。

二、创新是物流企业应对不确定环境的必备手段

物流企业所面临的不确定环境主要是指以下内容。

(一) 供应链运行的不确定性

从供应链运行的本身属性而论,主要表现在以下两个方面。

(1) 需求信息偏差,逐级放大引起的供应商库存不确定性,最终导致"牛鞭效应"。在供应链运行过程中,供应链上每一级节点的企业只根据相邻节点企业的需求信息确定自己的采购计划和库存并进行生产,需求信息的偏差就会随信息流逐级放大,造成物流运行呈现出层级式的效率衰减,致使运行速度缓慢,库存成本大大增加。

(2) 物流供应时间延迟累计效应导致交货期不确定。这种不确定性从最初的物流供应商开始沿供应链逐级传递,直接影响产品的生产组装和交付时间,甚至导致顾客退货造成积压损失。

(二) 物流系统中的变异现象

变异是指破坏系统表现的任何意想不到的事件。变异现象可以产生于任何一个领域的物流作业,诸如顾客收到订货的期望时间被延迟、制造中发生意想不到的损坏、货物交付到不正确的地方,这些对于整个物流系统的顺利运作往往产生重要影响。

(三) 其他方面的不确定性

其他方面的不确定性包括:未来的需求不确定;在基于成本效率平衡的考虑下,在一定的时间窗口内供给与需求并不总是同步的;供应商履行配送承诺的能力不确定;原材料和配件的质量不确定;经济日益市场化、自由化和全球化的趋势,使得企业面临缩短交货期、提高产品质量、降低成本和改进服务的压力,企业之间的竞争变得越发激烈;商业、经济和政治环境的不确定和不连续性,等等。

通过创新,提高物流的快速反应能力,它是应对不确定性市场环境的一种竞争能力策略,是一种持续成长的竞争能力。它是信息系统和及时制物流系统结合起来,实现"在特定的时间和特定的地点将特定的产品交予客户"的产物。

随着市场竞争和需求的随机波动日益白热化,各种不确定性环境使得供应链中企业面临的风险增加,降低了企业内部资源优化配置的效率,给供应链中的企业带来负面影响,从而降低了整个供应链的效益。而物流快速反应能力可以针对无法预测、持续变化的市场环境以及顾客的需求因时而变,以相应的速度进行调整,适应环境的迅速变化,并利用这一变化来获取竞争优势。

三、创新是物流企业发展的必然

相对于发达国家的物流产业而言,我国物流产业尚处于起步发展阶段。尽管我国物流业经过十几年的高速发展,并具备了一定的规模和实力,但与国际先进水平和现代物流的发展要求相比还有很大差距。具体来说,我国物流及相关产业表现为如下的现状和特点。

(1) 物流企业数量多、规模小、区域分布散、基础装备落后,物流专业人才缺少,条块分割缺少统一规划,物流行业尚无著名品牌企业出现。

(2) 各地生产资料市场、商品交易市场以及连锁超市等发展已初具规模,资源配量由计划转向市场必然会导致对物流的需要大大增加,而且,传统批发机制阻断了生产与消费信息的畅通。

(3) 电子商务、电话订购、电视导购等新型流通模式普及应用,催生了巨大的快递物流需求。

(4) 企业物流仍然是全社会物流活动的重点,提出专业化物流服务新需求。

(5) 生产领域采购方式的革新,即时采购和零库存,物流业产生新机遇。

(6) 市场需求促进了物流业的发展,以第三方物流(TPL)为特色的现代物流企业蓬勃发展。

物流企业及相关行业表现出来的特点,既体现了物流企业的差距,又揭示了我国物流行业的发展空间。为了抓住稍纵即逝的发展机遇,进行有针对性的技术创新,是我国的物流企业适应和迎接现代物流环境下竞争的必由之路。

物流企业的生存和发展空间将主要取决于其技术创新能力。一般地,物流企业发展主要是通过成本、价格或服务的竞争来实现。当一项服务刚推出时,竞争的焦点是服务的特色;当竞争者蜂拥而上时,竞争就转向成本和价格;当竞争不断加剧时,竞争的焦点又转向服务的质量上。因此,成本、价格或服务质量都不能为物流企业带来持续的竞争优势和盈利能力,物流企业发展的有效途径就是创新。物流企业创新应有的基础如下。

(一) 满足顾客需求

目前,顾客的需求发生了重大变化,消费市场顾客需求已从"少品种、大批量、少批次、长周期"转变为"多品种、小批量、多批次、短周期"。为适应顾客需求的这一重大变化,商流渠道发生大规模重组,带来物流渠道的重组。在物流领域出现了为顾客提供物流、配送服务的物流中心、配送中心,传统的储存、运输、包装等服务在物流渠道的重组逐步被集成化、系列化、增值化的现代物流、配送服务所取代。

(二) 立足物流企业自身发展

首先,现代物流强调的是对客户的全方位服务,而不仅仅是完成货物位移。因此,向现代物流业的拓展,将给物流企业带来全新的经营思想和管理理念,极大地促进服务质量与管理水平的提升。

其次,现代物流业是一个基于信息化和网络化的高新技术产业,它所要求的物流信息交流和共享系统、信息技术、自动化仓储和装卸系统、联运化和标准化、全球卫星定位系统、通信系统、条形码、电子数据交换系统等技术,将极大地推进工作的进步,推进产业进步和产业升级。

目前,美国的物流业所提供的服务内容已远远超过了仓储、分拣和运送等服务。物流公司提供的仓储、分拨设施、维修服务、信息跟踪和其他具有附加值的服务日益增加。物流服务商正在变为客户服务中心、加工和维修中心、信息处理中心和金融中心,根据顾客需要而增加新的服务是一个不断发展的观念。

第三节 物流工程创新

一、理念创新

理念,是一切行动的先导。物流企业的经营理念决定着物流创新的思路、范围、深度和最终结果,积极转变经营理念,是进行物流创新首先要解决的问题。理念创新是对企业从事经营时遵循的基本原则、规范和思路所进行的创新。物流企业的理念创新包括整体优化和一体化物流服务。

（一）整体优化理念

1. 整体优化的概念

整体优化是指导物流产业发展的基本理念。所谓优化，即创造使各相关利益主体都能接受的利益增量。它涉及两个层面的内涵：一是必要的利益增量；二是该利益增量在相关利益主体之间的合理分配。两者缺一不可。物流产业正是在这样的优化理念指导下发展的。

2. 优化理念的特征

（1）相对性特征。即优化理念是相对于行为主体所处的环境（包括社会生产力、认识水平、技术条件、经营管理能力、行动动机等）来评价优劣的。正是优化的相对性特征，促使物流企业各自充分考虑自身的优势来拓展空间，整个物流系统呈现多样化、个性化发展趋势。

（2）主观性特征。即优化理念是行为主体根据自己的主观认识并从自身的得失来评价优劣。对于物流企业来说，主观认识尽可能全面、系统地反映客观现实，是维持企业健康发展的重要条件。

（3）预见性特征。即优化理念是行为主体根据自己的预见来策划优化方案的。优化首先表现在期望上，只有当优化按期望那样准确实施时，才能成为结果。一旦由于主观认识上的偏差发生了未预见到或不可预见的不利因素，结果有可能与初衷完全相反。这是物流业发展很难彻底规避的风险。

3. 整体优化的实现方式

整体优化实现方式是多种多样的，从大的方面来看，包括时间上的优化和空间上的优化。而优化的标准不在于时间和空间本身，在于与时间和空间相联系的利益总量。只要整合后实现的利益总量大于整合前的利益总量，涉及的利益主体都能从中获得可接受的效益，则意味着优化，否则不优。

（二）一体化物流服务理念

要发展一体化物流，首先要认清一体化物流与功能性物流在服务性质、服务目标和客户关系上的本质区别，树立全新的服务理念。

20世纪80年代，西方发达国家，如美国、法国和德国等就提出了一体化的现代理论，应用和指导其物流发展取得了明显的效果，使它们的生产商、供应商和销售商均获得了显著的经济效益。亚太物流联盟主席指出，物流一体化就是利用物流管理，使产品在有效的供应链内迅速移动，使参与各方的企业都能获益，使整个社会获得明显的经济效益。

一体化是指物流业发展占到GDP的一定比例，处于社会经济生活的主导地位，使跨国公司从内部职能专业化和国际分工程度的提高中获得规模经济效益。

物流一体化的实质是一个物流管理的问题，即专业化物流管理人员和技术人员充分利用专业化物流设备、设施，发挥专业化物流运作的管理经验，以求取得整体最佳的效果。德国、美国、日本等发达国家认为，实现物流一体化，关键是具备一支优秀的物流管理队伍；要求管理者必须具备较高的经济学和物流学专业知识和技能，精通物流供应链中的每一门学科,整体规划水平和现代管理能力都很强。

(1) 一体化物流服务不是多个功能服务的简单组合,而是提供综合管理多个功能的解决方案。

根据美国物流管理协会的定义,一体化物流是运用综合、系统的观点将从原材料供应到产品分发的整个供应链作为单一的流程,对构成供应链的所有功能进行统一管理,而不是分别对各个功能进行管理。物流供应商将为客户提供多个物流服务,其最好的选择是将这些服务一体化的企业。可以看出,现代物流企业以一体化的物流服务为发展方向。一体化物流不是单纯提供运输、仓储、配送等多个功能性物流服务的组合,扮演物流参与者角色,而是需要将多个物流功能进行整合,对客户物流运作进行总体设计和管理,扮演物流责任人角色。

由于物流功能之间存在成本的交替损益,一体化物流服务不是简单地就功能服务进行报价,而是要以降低客户物流总成本为目标制定解决方案,并根据优化的方案进行整体服务报价。美国物流专家 Bob Delaney 将物流定义为"管理移动和静止的库存",认为真正的物流节省来自于通过库存管理和控制来降低库存水平。比如将美国平均销售库存期从 1.37 个月降到 1.3 个月,就可以节省物流成本 250 亿美元。但功能性物流公司只专注于自己提供服务的运输、仓储等功能领域的成本降低,而不能从整个供应链的角度来"管理移动和静止的库存"。因此,他们只能得到有限的成本节省,且很难持续,而不能提供优化整个或大部分供应链的物流解决方案,最多只是提供次优方案。

所以,一体化物流服务的市场竞争,实际上是物流解决方案合理性的竞争。物流企业在开发一体化物流项目时,必须对目标客户的经营状况、物流运作及竞争对手的情况等有透彻的了解,根据物流企业自身优势找出客户物流可以改进之处,为客户定制物流解决方案。而要做到这些,物流企业必须不断研究目标市场行业的物流特点和发展趋势,成为这些行业的物流服务专家。

(2) 一体化物流服务的目标,不仅仅是降低客户物流成本,而是全面提升客户价值。

实际上,货主企业的不同管理者对物流价值的理解各不相同。运营总监做出将企业物流运作外包给第三方物流的决策常常只是依据第三方物流更具效率的服务价格与企业现有运作更高的成本之间的差别优势;市场总监则看重第三方物流在提升服务和兼而有之现有的新增市场的能力,以便提高销售额,与客户建立更好的长期关系;财务总监愿意看到设施、设备甚至库存等资产从企业财务平衡表上消失,释放资金用于生产性的活动,即刻和不断改进企业的资产回收;信息总监则常常因能够利用第三方物流的系统与技术资源,避免自建系统不断升级带来成本和麻烦而高兴。

总的来看,物流外包可以使企业资源专注于核心竞争力,做更多自己擅长的,而将不擅长的交给第三方物流去做,使企业的物流总监可以不必拥有资源而能够控制物流动作的结果,并得到"一站式"物流服务。因此,物流企业在开发一体化物流项目时,一方面,不要简单地与客户或竞争对手比服务价格,而是要让客户全面了解物流服务所带来的价值;另一方面,要由企业高层管理人员与客户的物流总监或更高层管理人员商讨物流合作问题,以便于在物流价值方面达成共识。

(3) 一体化物流服务的客户关系,不是此消彼长的价格博弈关系,而是双赢的合作伙伴关系。

第十章

物流工程创新

虽然我国现有的物流服务还没有摆脱传统的以运输费、仓储费为指标的结算方式,但物流企业在开发一体化物流项目时,仍应避免与客户纠缠于就功能性服务收费进行讨价还价。物流企业的业务,一切围绕客户的需求展开,从客户物流运作的不足切入,与客户共商如何改进,让客户先认识到物流企业的服务能带来的好处,再商谈合理的服务价格。实际上,客户因为物流合理化而发展壮大,物流外包规模自然会相应扩大,双方合作的深度与广度也会随之增加,物流服务的收益和规模效益必然会提高,这就是双赢的合作伙伴关系。

二、物流装备技术创新

(一)国内自动化物流装备技术现状

经过近20年的高速发展,我国物流装备技术取得了巨大成就,在一定程度上代表了我国物流行业的技术水平。面对市场需求和科技水平的快速发展,物流装备市场快速增长,自动化物流系统在各个行业表现出旺盛的需求,物流装备技术已经进入普及与提高阶段。

自动化物流装备按照功能可以划分为自动化仓储设备、自动化输送设备、自动化搬运设备、工业机器人、自动化分拣设备等几大类。自动导引车(AGV)、堆垛机、机器人、输送和分拣分类设备技术等是具有代表性的产品。以下通过几种典型设备的发展水平分析我国物流装备的技术现状。

1. AGV产品技术现状

AGV作为物流装备中自动化水平最高的产品,几乎囊括了所有物流装备的技术内容。AGV在国内的技术发展过程,历经了引进技术或基于国外技术平台从事工程开发,到自主开发和掌握核心技术等阶段。目前,国内企业不仅提供基于进口技术的AGV系统,更是在多年来持续投入研发力量,独立开发出具有自主知识产权的AGV系统,独立掌握了各种导航技术和驱动技术,拥有成熟的系统任务管理、车辆调度和交通管理软件,已经具备了AGV产业化的能力,并具有完整的产品研发、工程设计和工程实施能力,可为用户提供路径设计、工作流程设计服务,使AGV产品应用覆盖家电、汽车、烟草、金融、流通等行业领域。AGV的技术发展在一定程度上代表了我国物流装备技术从引进吸收到自主创新的发展历程。

2. 堆垛机产品技术现状

堆垛机是自动化仓储系统中的核心装备,目前市场需求的主流堆垛机产品已基本实现国产化。各厂家在堆垛机产品上广泛采用红外、激光、无线、伺服驱动、无接触供电以及RFID等技术。堆垛机使用的基础技术、关键器件以及配套件与国际知名制造厂商已经十分接近,通用系列的技术规格和技术参数与国外产品相差不大。

国内企业已经基本上具备制造高度在50 m以下、承载量3000 kg以下、行走速度达到240 m/min的堆垛机的能力,单台设备可以满足45~50盘/小时的出入库能力需求,但代表堆垛机技术发展前沿的行走速度超过300 m/min的高速堆垛机在国内只有少数企业完成了技术攻关。从堆垛机产品技术发展现状可以看出,目前国内的物流产品生产虽然初具规模,但在高端产品和技术方面依然处于跟随和学习地位。

为了实现大流量、高速度的出入库能力,采用多层穿梭车的仓储模式已经研究成功,为我国高速发展的电子商务提供了设施保障。还有针对粮食、茶叶、烟叶、白糖等袋装物料的存储特性,国内已经有了成熟的技术保障方案。

3. 机器人发展现况

工业机器人是综合计算机、控制论、机构学、信息和传感技术、人工智能、仿生学等多学科而形成的高新技术,其研发与应用情况是工业自动化水平的重要标志。

目前,全球面临一个技术变革的时代,无论美国的制造业复兴计划还是欧盟的工业4.0战略,机器人都是其中的重要内容。未来,机器人加"互联网+"的数字化生产方式将极大地改变制造业。在2008年以前,我国基本上没有机器人产业。随着人口红利消失和用工荒蔓延,2013年我国已成为全球最大的工业机器人市场。近10年来机器人成本以每年5%的速度下降,而劳动力成本以每年10%的速度增长,前者的比价优势愈发突出。

虽然总量很大,但我国的机器人密度非常低。统计显示,万名工人的机器人拥有量,中国是23台,全球平均水平是58台。在我国机器人市场上,瑞士ABB、德国库卡等外资企业占据主导地位,销量占比在70%以上,而国产机器人只占四分之一的市场,而且,机器人的核心部件中,高档变速器、伺服器等几乎全部依赖进口。

随着市场容量不断增长和各种政策的支持,国产机器人的追赶步伐非常快。国内机器人注册企业约420家,各省市在建机器人工厂超过30个。资本市场上,具备机器人概念的上市公司达40多家。

机器人的快速发展和应用,低层次的劳动岗位被机器人替换,将促进我国工业生产水平的提高,促进生产工艺和管理模式的变革。

4. 输送和分拣分类设备技术现状

随着国内物流装备技术发展进入快速增长阶段,技术水平要求不高的输送设备已经出现了相对专业的制造企业,并形成规模化生产。

单元物料的分拣设备技术能力与国际领先水平相当,我国单元物料分拣设备的最大能力突破48000单元/小时,特别是针对不同商业模式的需求,将随机控制理论、轮询理论引入单元物料分拣设备的控制系统内,有效地提高了其技术水平,这些自主知识产权技术都在国内有了应用实例。

但自动分类机与国外相比,仍有差距。以滑靴式分拣机为例,国内主流分拣机运行速度约为60 m/min,分拣能力在5000件/小时以下,设备的噪声、分拣系统控制技术等方面较国外先进技术仍有较大差距。

面对增长最快和规模最大的中国物流市场,近年来越来越多的国外物流装备企业纷纷在中国投资设厂,生产或组装物流设备,给国内企业带来更高层次的市场竞争的同时,也将在一定程度上推动国内物流装备制造企业的产品升级和技术进步。但是,我国物流装备技术整体水平依然落后于国外先进水平,与欧美、日本等发达国家相比,我国企业在产品创新能力、产品质量、产业规模方面仍有较大差距,技术基础薄弱和原创技术匮乏。我国物流装备企业需要通过分析掌握技术发展趋势,引导行业技术发展方向,促进物流装备整体技术水平快速提升。

(二)自动化物流装备技术发展趋势

尽管国内自动化物流装备制造业的技术在逐步完善,但在高端产品研发生产和创新性集成应用等方面依然不能满足市场需求。综合国外知名厂商的典型产品和技术分析,自动化物流装备技术呈以下发展趋势。

1. 绿色节能

近年来,在全球倡导节能减排的大趋势下,物流装备企业以提高效率、降低成本为技术宗旨,大力推广绿色节能技术,许多厂家不遗余力发掘设备潜力,推动产品轻量化设计带动产品升级;以堆垛机等为代表的设备则采用能量回收技术,将制动再生的电能回馈至电网达到减少能量损耗的目的;高效节能电机的使用将越来越广泛,国内已经有厂家将高效节能电机作为标准配置。

系统设计层面同样体现绿色节能设计,如国内外开发和应用的热点技术——多层穿梭车系统,由于有效作业载荷与设备自重比值较小,大大降低了每个仓储单元存取作业的能耗;AGV 系统采用最短和高效的路径规划,为用户节省使用能耗,并在调度管理方面将最低能耗原则作为系统调度策略之一,以达到节能目的;堆垛机运动控制采用智能运行曲线,降低每一个运动周期的电能消耗来节约电能。

2. 高能力、高效率

从仓储到输送,再到分拣,整个过程的物流设备均体现出高速、高效的特点。特别是当前电子商务、快速消费品、服装等行业的配送中心规模巨大,需要快速完成分拣和配送作业,必须大幅度提高物流装备的运行效率和处理能力,对堆垛机、输送系统、分拣系统等都提出了高效率、高能力的要求。

国外物流装备企业均拥有行走速度超过 500 m/min、加速度超过 2 m/s^2 的高速堆垛机;最快的多层穿梭车的行走速度超过 600 m/min,一个夹抱货物循环周期仅用时 3.5 s。这些设备将仓储系统的出入库能力提升了 5~10 倍。采用滚轮链板的设计,将配送中心使用的高速合流系统的最高合流能力提高到 8000 件/小时,专业分拣设备供应商均推出了超过 10000 件/小时的高速滑靴式分类机。

3. 智能化

在物联网、智能识别、自适应等技术的支撑下,物流设备在智能化、自动化方面将达到更高水平。以欧美国家为代表的 AGV 特别强调全自动化,配置品种丰富和专业化的搬运移载工装,使其能够运用在几乎所有的搬运场合,甚至设备和设备之间可以进行信息交互,自主完成任务分配和路径选择,几乎不需要人工的干预。

用于机场行李长距离搬运的行李搬运小车的单机智能化特点更加显著,小车具有选择任务和路径的能力,整个系统犹如智能驾驶的高速公路系统。将更多的物联网技术应用到输送系统中,被输送的物体搭载信息,在整个输送过程中物料状态被系统自动感知,系统会智能选择最高效的输送路径完成搬运,这也是未来的智能运输技术可借鉴的。

4. 高品质、高质量

物流系统在企业的生产活动中,不仅仅是完成物料的存储和搬运,常常影响或决定了企业的整个生产环节,是企业生产活动的生命线和保障线,而由于使用企业一般缺乏相关的专业技术人才,高可靠性、快速可维修和低成本运营等特性是自动化物流装备必然的发展趋势。

对于堆垛机、穿梭车等主机设备,欧美、日本知名厂家依托自身的加工工艺和先进的制造工艺持续改进,使产品质量始终保持高水平。而国内厂家在产品设计理念和产品生产过程中,对产品品质的重要性认知不足,国产产品品质较国外还有一定差距,需要继续创新、不断进步。

5. 技术专业化、产品产业化

国际化的物流装备制造企业以持续的技术积累实现了产品模块化、系列化和通用化,以提高制造效率和降低制造成本为目的,对输送设备、堆垛机等产品实施持续改进,其生产规模和效率远远高于我国企业。我国物流装备企业不仅需要在先进技术方面紧跟国际步伐,更需要结合自身条件研究专业化和产业化技术,以适应国内物流产业化提升的发展趋势。

6. 应用行业领域更加广泛和深入

在应用领域层面上,随着制造企业自动化水平的提高,各种行业出现丰富多样的物流技术的应用,新产品和新技术不断出现。以 AGV 系统为例,国外在装备制造、冶金、化工、港口、码头等行业对重载和复杂功能的 AGV 的需求呈逐年增多的趋势,承载量从 $10 \sim 125$ t 的重载 AGV 产品均已得到应用。

目前,我国企业在重载 AGV 技术方面已经有了突破,采用多轮独立悬挂驱动技术可以生产出载重量达到 20 t 的 AGV 产品;视觉导引等先进的导引技术即将走出实验室,走向市场;面对复杂使用环境的 AGV 导航技术已经从单独的激光、电磁、磁条导航发展到复合导航,以应付更加复杂的路径规划。

堆垛机技术扩展更加明显。随着自动化仓储系统越来越广泛地运用于各行业,出现了越来越多的特种堆垛机,如转轨堆垛机、换轨堆垛机、存取不同形状货物的特种堆垛机等。需求的变化考验着一个企业的产品设计能力和制造加工能力,国内企业需要对物流设备和系统的控制技术、调度技术进行更加细化和深入的研究。

由于冷链、洁净环境、防爆环境、辐射环境等领域对相关技术要求更加严格,使得物流产品和技术更加细化。目前,国内大多数应用在上述行业领域的物流系统项目几乎都是国外厂家实施的。这些专业领域的物流技术研究将是国内物流技术走向高端实施创新的主要方向。

7. 单机及系统技术的开发与创新

在技术层面,单机设备与系统的划分界限逐渐模糊,重视流程设计和完整系统的解决方案成为物流装备技术关注的热点。近年来出现的面向仓储领域并具备分拣功能的多层穿梭车系统,可以用于分拣存取货物,灵活实现货位数量的增减,多车系统需要在高效的前提下承担分拣排序等功能,体现出物流设备和系统功能多样化的特点。

在生产物流和配送物流领域需要解决大流量货物的输送和搬运问题。当搬运系统能力需求超过 200 托盘/小时,采用传统的输送线解决方案耗资巨大,能力不足,因此,新的系统解决方案,如采用多车 RGV 系统,或者采用组合式集装化搬运方案,来解决大流量货物的搬运问题。这样的系统不仅具有大流量和高能力的输送和搬运的功能,甚至在系统中承担了区域到区域、货到人的拣选功能。

另外,EMS 系统、地面 EMS 系统将得到深入的研发,以适应不同用户的需求。

总之,企业的物流系统继续向信息化、数字化、网络化、集成化、智能化、柔性化、敏捷化、可视化、节能化、绿色化方向发展，出现了数字物流、网络物流、信息物流、虚拟物流等集成化的高级物流、精细物流、精细供应链、物流与生产一体化等概念。以数字技术、网络技术为基础的信息化是现代物流技术的核心，是物流硬件设备的灵魂，自动化物流系统装备是集光、机、电、信息等技术为一体的多学科的高技术系统工程，通过应用系统集成的方法，使物流更加合理、经济、有效地流动，并使物流、信息流、商流在计算机的集成控制管理下，实现物流的信息化、自动化、网络化、智能化、快捷化、合理化、集成化。

三、物流软件技术创新

以信息化为突破口，推动物流业创新发展。应以互联网思维改造传统物流企业，加快企业物流信息系统建设。发挥核心物流企业整合能力，打通物流信息链，实现全程透明可视化管理。支持有实际需求、具备可持续发展前景的物流信息平台发展，推进全社会物流信息资源的开发利用，实现物流信息与公共服务信息的有效对接。建议鼓励区域间和行业内的物流平台信息共享，促进物流信息互联互通；结合军事物流和民用物流的优势和特点，探索物流信息化军民共建互促机制。

（一）我国物流信息技术发展现状

从 2012 年开始，经过 30 多年高速发展的中国经济进入中速增长阶段。在"新常态"下，中国物流进入转型升级的发展阶段。物流业能否成功地转型升级取决于我国物流信息化的发展水平的高低。我国物流信息化发展的现状，从以下七个方面进行描述。

（1）物流企业信息化投资有所下降，但物流信息技术的应用更加普及，物流信息化应用效果显著。

① 物流信息化基本建设情况。

2013 年，受到经济大环境的影响，物流企业在信息化相关领域的投资率较前两年有所下降，在物流信息化建设形式的选择上，选择外包服务的企业略多于自建信息系统的企业。

物流企业的信息平台/门户网站的作用由单纯的信息发布逐渐向电子交易等多种形式拓展。物流信息集成受到大多数企业的关注，部分企业将软件开发、条形码、RFID、GIS/GPS 等信息技术的应用、数据分析、数据挖掘等作为物流信息化建设的重点。

资金和人才问题持续制约企业物流信息水平提升。

② 物流信息技术应用情况。

条形码和 RFID 等技术在物流业务中的应用程度继续提升。物流信息技术的创新应用是推进物流信息化发展的重要手段。

近年来物流软件应用率逐步提升，应用种类更加丰富，不同软件间的均衡性更加明显，更加注重软件与业务的切合度以及与企业未来发展的相关性。

物流企业与外部主体业务信息交换中，以 EDI（电子数据交换）和互联网为代表的信息化交换方式逐渐成为市场主导。信息交换方式的变革直接影响着物流业务进行中信息交换速率和准确度的提升。

③ 物流信息化应用效果。

随着市场竞争日益激烈，企业仍需继续加大信息化建设力度，提升信息技术的应用水平,提高订单(运单)准时率,满足客户需求。

车辆追踪水平较高。据中国物流与采购联合会的检测,目前,我国87.38%的企业实现了对自有车辆的追踪,其中,有61.11%的企业自有车辆追踪率达到100%。全程透明可视化率较高,有63.64%的企业全程透明可视化程度超过50%;36.36%的企业的全程透明可视化能力达到100%。

(2) 产业物流以流程透明化为基础,通过流程优化和提高管控能力提高效率,并通过融合增值服务来提升效益。

通过流程监测和追溯,产业物流信息化实现流程透明化,从而通过流程优化和管控来提高物流效率。

供应链与电子商务的融合发展是产业物流发展的方向。企业将电商、电销、金融、现代物流,四流合一,有机融合,创造了独具特色的经营模式。供应链与电子商务的分销整合,通过互联网将上下游合作企业之间的内部局域网进行有效对接,将从生产到销售的整个过程进行有效整合,从而优化供应链环节,优化物流路径。

商业智能技术的应用为产业物流发展的决策提供了依据。物流公司随着多年的信息化的深入发展,各软件系统积累了海量的财务数据和物流业务数据资源。经认真分析,认为建立企业的决策支持系统,通过决策支持系统的数据挖掘、展现和分析工具,快速获取与关键业绩指标相关的业务数据,从多个层次、多维度对业务数据进行联机分析处理,揭示企业经营指标运行质量,有效及时地反映企业运营状况和发展趋势,为领导决策提供准确、及时、全面的信息依据。

(3) 向供应链方向延伸是物流公共信息平台的发展方向,融合电子商务使平台充满活力。

供应链物流信息平台发展迅速。开放式供应链物流信息平台定义为面向物流服务构架的供应链物流信息平台,其含义包括两方面:一方面为供应链物流服务,即站在供应链物流纵向一体化的角度,实现货物生产、流通、销售关联环节的物流信息及应用整合;另一方面指面向服务构架的开放式接入集成平台应用,通过提供业务和技术上的支持,实现整合区域性供应链物流资源,提升区域物流产业信息化应用层次。

物流电子商务平台是发展趋势。企业综合物流业务订单管理系统主要通过互联网服务于仓储、运输、货代等各类综合性物流公司和货主。针对这些服务对象,系统提供了统一的接单服务窗口,通过线上和线下集中接受货主的物流订单委托,并根据货主的要求,将订单分拆分发给仓储信息系统、运输信息系统、货运代理系统等各作业层面的物流信息系统,同时接收各操作系统的操作状态反馈,并通过与应用门户集成、短信消息服务等方式,为用户提供快捷、透明的"一站式"服务。

云服务在物流信息平台的应用越来越广泛。基于自主知识产权的北斗技术,对电商快递运输过程进行透明管理的云服务平台,专门针对电商快递企业的物流运输环节而搭建的物流信息化管理系统,通过应用"运输过程透明管理"的现代物流管理理念,旨在为传统物流行业提供全新的物流管理理念和操作方法。系统通过现代信息技术手段,把物流运输过程中的"人、车、货"信息展现在互联网上,做到运输过程信息"实时、在线、透明、可控",真正做到优化物流运输过程,达到提高物流运输效率的目的。

(4) 物联网等新技术推动物流信息化快速发展。

在物联网技术推动中,出现了两类智能终端:一类是跟着物走的,叫车载终端,记录了对货物管理的种种要求;另一类叫手持终端,它记录其中涉及人的部分。这两类终端都具有四种基本功能:识别功能、定位功能、传感功能、无线通信功能。这些渐渐成为所有智能终端的底层编配,推动着基础的信息标准的建设,也推动物流信息化的快速发展。

(5) 互联网金融开创了物流业新的商业模式。

近来物联网技术开启了商流、物流、信息流、资金流等四流合一的时代,互联网金融大行其道,物流业出现很多创新的商业模式,四流合一的基础正是物流管控能力,即流程的现场管理能力提升,极大降低了流程中的风险,物流有机会加入如商贸、金融、租赁、保险高风险产业。首先是交易可以上线,其次是交易后的流程可跟踪。

(6) 云平台等新技术推动物流信息化快速发展。

在云平台上,所有的物流公司、代理服务商、设备制造商、行业协会、管理机构、行业媒体、法律机构等都集中在云整合成资源池中,各个资源相互展示和互动,按需交流,达成意向,从而降低成本,提高效率。

通过对物流行业各方面的基础需求分析,以及对现阶段国内物流行业的信息化现状的把握,物流云计算服务平台可划分为物流公共信息平台、物流管理平台及物流园区管理平台三个部分。

这三类平台有各适合的作业层面:物流公共信息平台针对的是客户服务层,其拥有强大的信息获取能力;物流管理平台针对的是用户作业层,其可以大幅度地提高物流及其相关企业的工作效率,甚至可以拓展出更大范围的业务领域;物流园区管理平台针对的是决策管理层,其可以帮助物流枢纽中心、物流园区等管理辖区内的入驻企业,帮助他们进行规划和布局。

(7) 物流信息化是电子商务的必然要求。

从阿里的"菜鸟"网络,到苏宁的物流云平台,再到京东的自建物流体系,不难看出,电子商务的竞争就是物流的竞争,也就是物流信息化应用效果的竞争。电子商务需要通过信息技术方便、迅速地收集和处理大量信息,使供应商、制造商、销售商、客户及时得到准确的数据,制订切实可行的需求、生产、供货、销售计划。建立电子商务体系,物流需要及时处理信息,跟踪客户订单执行情况,并进行有效的采购管理、存货控制以及物流配送等系统服务,促进供应链向动态、柔性、虚拟、全球网络化的方向发展,提高物流的持续竞争优势。

(二) 物流信息技术发展趋势

2014年6月11日,国务院常务会议讨论通过了《物流业发展中长期规划》,这是新一届中央政府面对新的经济形势,"定向调控""精准发力"的重大决策,也是进入发展新阶段的中国物流业重大利好消息。

《物流业发展中长期规划》提出,到2020年基本建立现代物流服务体系,提升物流业标准化、信息化、智能化、集约化水平,提高经济整体运行效率和效益。这既是对原有规划的延续,又体现了新形势对物流业发展的新要求。特别是提出了"标准化、信息化、智能化、集约化"的"四化"要求,这进一步明确了物流业的发展方向和目标,将极大地促进物流信息化的快速发展,我国物流信息化将会呈现快速发展的势头。

1. 云服务将会在物流行业广泛应用

根据云计算服务性质的不同,可以将云计算区分为公有云和私有云。公有云具备更好的灵活性和可扩展性;而私有云更加安全且便于控制。为了节约成本,公有云在中小物流企业的应用将会越来越广,私有云在大中型物流企业的应用会比较多,而更多的时候公有云、私有云会同时存在。

随着公有云安全性等核心问题的解决,最终目标是私有云尽可能转移到公有云。物流企业更需要的是对自己的相关业务进行详细的分析,选择符合自身需要的云服务方式。

2. 大数据挖掘技术将会提升物流信息化的发展水平

大数据在我国的推广应用逐渐普及,国家正式把大数据纳入到物联网产业领域。大数据时代,数据已经变成比肩人、财、物的战略资源,如何管理及应用这种资源是政府部门和企业都要学习的新技能。

经过多年的发展,物流企业都积累了海量的财务数据和物流业务数据资源,同时还有上下游企业的共享数据。如何整合数据并进行深入的数据挖掘,为领导者经营决策提供支持,为经济运行提供分析与预警,与供应链上下游企业共享数据,从而实现相互协同呢?这就需要对杂乱无章的原始数据进行分类整理,运用数据挖掘技术分析出需要的信息,发现新的需求,开发新的技术及装备,为领导者经营决策提供依据,切实提升我国物流信息化发展水平。

3. 物流业将全面走向智慧物流的时代

随着互联网技术、物联网技术、云计算技术以及数据挖掘技术在物流行业的应用越来越深入,越来越普遍,物流业将全面走向智慧物流的时代。何为智慧物流,这里有三项关键技术,信息采集技术的突破是实现智慧的前提,移动通信技术是实现智慧的关键,数据加工是实现智慧的基础。

智慧物流让时代的装备越来越智能,让人的工作越来越科学,让物流越来越有效率。

四、物流服务的创新

(一)物流服务概述

物流服务是指物流企业或是企业的物流部门从处理客户订货开始,直至商品送达客户过程中,为满足客户要求,有效地完成商品供应、减轻客户物流作业负荷所进行的全部活动。物流服务的要素包括:①拥有客户所期望的商品(备货保证);②在顾客所期望的时间内传递商品(输送保证);③符合顾客所期望的质量(品质保证)。

物流服务的目的,就是提供更多能满足客户要求的服务,扩大与竞争对手之间的差距,从而通过销售额增加来获得或增加企业的利润,包括有效地完成商品的供应,减轻客户的物流作业负担。

企业的物流服务具有结构性、差异性、增值性和网络性四个主要特点。

(1)物流服务的结构性。企业提供的物流服务表现出明确的结构性特征。首先,服务物流是由多种物流资源和多种物流功能要素通过合理配置形成的,必然反映出结构性要求;其次,企业生产经营发展导致物流需求呈现多元化、综合化趋势,与之相适应的物流服务也就会体现结构性变化。提升物流服务水平,就需要重视物流服务的结构性。

(2)物流服务的差异性。不同的物流系统提供的服务不可能完全相同,同一个物流系统也不可能始终如一地提供完全相同的服务。物流服务表现出差异性,主要受企业物流系统提供的能力和服务方式的影响,同时也受客户参与物流服务过程、对服务不同的评价和认识的影响。当然,物流需求的个性化和独特化发展需要有个性化、柔性化的物流服务。

(3)物流服务的增值性。物流服务能够创造出时间效用和空间效用,通过节省成本费用为供应链提供增值利益,表现为突出的增值性。服务的增值性直接体现了物流服务作为价值创造活动的成果;同时,也反映了物流服务对企业生产经营过程中产品和服务价值的增值作用。在现代经济发展过程中,物流服务的增值性引起了人们广泛的重视。

(4)物流服务的网络性。任何物流服务都依赖于经营者和消费者的互相协作和共同努力。在物流资源和物流功能要素的组合中,现代网络理念和网络技术促进了物流服务的网络化发展。物流服务网络性不仅表现在企业物流组织的网络化、企业物流服务技术的网络化,而且还表现在物流服务需求的网络化。

物流服务包括以下四种方式。

一是以客户为核心的物流服务。以客户为核心的增值服务,包括向买卖双方提供利用第三方专业人员来配送产品的各种可供选择的方式。处理客户向制造商的订货、直接送货到商店或客户家中,以及按照零售店货架储备所需的明细货品规格持续提供递送服务。这类专门化的增值服务可以被有效地用来支持新产品的引入,以及基于当地市场的季节性配送。

二是以促销为核心的物流服务。以促销为核心的增值服务,涉及独特的销售点和展销人的配置,以及旨在刺激销售的其他范围很广的各种服务。销售点展销可以包含来自不同供应商的多种产品,组成一个多节点的展销单元,以便于适合特定的零售商店。在有选择的情况下,以促销为核心的增值服务还对储备产品的样品提供特别介绍,甚至进行直接邮寄促销。许多以促销为核心的增值服务包括销售点广告宣传和促销材料的物流支持等。

三是以制造为核心的物流服务。以制造为核心的增值服务,是通过独特的产品分类和递送来支持制造活动的。既然每一位客户的实际设施和制造装配都是独特的,那么从理想上来说,递送和引入内向流动的材料和部件应进行客户定制化。以制造为核心的服务,与其说是在预测基础上生产独特的产品,还不如说是对基本产品进行了修正,以适应特定的客户需求,其结果改善了服务。

四是以时间为核心的物流服务。以时间为核心的增值服务,涉及使用专业人员在递送以前对存货进行分类、组合排序,主要采用准时化形式来最大限度地满足物流服务对象的各种时间需要。以时间为核心的服务,就是排除不必要的仓库设施和重复劳动,以期最大限度地提高服务速度。

(二)物流服务的创新

服务方式是物流供需双方在物流服务产品交易过程中共同选择的,它的灵活性和科学性在一定程度上影响着双方未来交易与合作的稳定性。物流服务的创新表现为以下几个方面。

1. 从短期交易服务到长期合同服务

功能性物流服务通常采用与客户"一单一结"的交易服务方式,物流企业与客户之间是最短期的买卖关系。而一体化物流服务提供商与客户之间建立的是长期合作关系,需要与客户签订一定期限的服务合同。

物流合同内容包括服务性质、期限和范围,建立服务绩效考核 KPI 指标体系,确定服务方式等。合同谈判中一些关键问题如 KPI 基准、服务费率、问题解决机制、保险与责任等,要有明确约定,否则容易引起纠纷,甚至断送双方的合作。物流供应商寻求的是与客户长期合作,因而合同的签订只是合作的开始,要特别注意客户关系的维护,不断深化与客户的合作。

2. 从完成客户指令到实行协同运作

传统物流是作业层面的功能性服务,通常只需要单纯地按照客户指令完成服务功能。而一体化物流服务由于要参与客户的物流管理,运作与客户共同制定的物流解决方案,因而物流企业需要自始至终与客户建立有效的沟通渠道,按照项目管理模式协同完成物流运作。

调查显示,客户不满意物流服务的主要原因是服务商不能兑现服务与技术承诺,不能实现成本降低目标和缺少战略改进;人们一般把这些不足归结于合作伙伴的选择过程,但实际上,更多情况下问题出在没有管理好项目的实施。因此,在签订合同后,双方在互信的基础上,协同完成项目的实施至关重要。双方要各自设立项目经理,并在相关功能上配备相应人员;物流企业要详细了解客户的销售、财务、IT、人力资源、制造和采购等各个部门的需求,与客户共同制定详细的实施方案;双方实施小组要共同拟定绩效衡量指标以及奖惩办法,关注项目运作细节、对例外情况的处理。在项目正式运行前,还应进行试运行,以发现和解决存在的问题。

为保障项目的顺利运行,物流企业应当建立与客户双方物流人员联合办公制度,或成立由双方物流人员联合组成的运作团队,以及时处理日常运作的问题。为了保证物流服务的质量,双方应共同商定绩效监测与评估制度,使合作关系透明化,通常应保持运作层每天的交流、管理层每月的绩效评估以及不定期的检查与年度评估。

3. 从提供物流服务到进行物流合作

物流供应商可以基于自己的专业技能、信息技术等为客户提供管理服务,因而可以根据客户的需求和双方的战略意图,探讨在物流资产、资金技术方面与客户进行合作,以取得双赢的效果。

系统接管客户物流资产。如果客户在某地区已经有车辆、设施、员工等物流资产,而物流企业在该地区又需要建立物流系统,则可以全盘买进客户的物流资产,接管并拥有客户的物流系统甚至接受客户的员工。接管后,物流系统可以在为该客户服务的同时为其他客户服务,通过资源共享以改进利用率并分担管理成本。如东方海外物流公司接管旺旺集团在杭州的仓库,将其改造为东方海外华东区域物流中心。

与客户签订物流管理合同。与希望自己拥有物流设施(资产)的客户签订物流管理合同,在为客户服务的同时,利用其物流系统为其他客户服务,以提高利用率并分担管理成本。这种方式在商业企业的物流服务中比较常见,如和黄天百物流为北京物美商城提供的物流管理服务。

第十章

物流工程创新

与客户合资成立物流公司。第三方物流提供商对具有战略意义的目标行业，常常会根据客户的需求，与客户建立合资物流公司。既使客户保留物流设施的部分产权，并在物流作业中保持参与，以加强对物流过程的有效控制，又注入了第三方物流的资本和专业技能，使第三方物流提供商在目标行业的物流服务市场竞争中处于有利地位。这种方式在汽车、电子等高附加值行业较为普通。

4. 个性化全方位物流订制服务

所谓"个性化全方位物流订制服务"是物流企业在积累了丰富行业经验基础上，为客户量身打造的服务。根据客户的具体情况与不同需求，物流企业可以订制出有针对性的物流流程及方案，并通过全方位的贴心咨询和服务提供。

随着互联网的发达与电子商务的兴起，物流行业自身也经历了诞生、发展、转型的重要阶段。近年来，国内外不少大型企业纷纷入驻物流产业，形成互相竞争的多元化格局。在这一背景下，"个性化全方位物流订制服务"占据了市场的制高点，同时推动物流行业摆脱无序、低效、模式化的困境，全面进入以服务为核心的新时代。

经济有效、方便快捷是物流企业在提供服务时的最大优势，包括仓储物流服务、地面运输、空运、报税和现场转运等项目。"个性化全方位物流订制服务"还体现在服务的灵活性和可调节性上，其第三方物流团队（3PL）能够满足所有客户和配送中心的个性要求，他们是"个性化全方位物流订制服务"的实际执行人，结合稳定安全的平台资源和专家资源，通过量身定制的经济有效的物流方案，依托安全高效的运输网络、个性化十足的增值服务，实现合理可控的物流成本，为客户打造仓储物流及各项增值服务，与客户一起创造出独一无二的物流价值。

5. 按需物流服务

基于先进的网络化的组织方式和聚合资源，以虚拟化的方式为用户提供可以缩减或扩展规模的物流资源，增加了用户对于物流服务的需求面，按照物流需求，为用户服务。

按需物流服务就是改变以前的只强调把企业生产的商品运送到顾客的手中，而是把创造的"企业价值"传达到顾客作为使命。按需物流的对象是 E to E(END to END)价值链上的全部内容，即涵盖供应、生产、销售的全部环节。也就是供应链所致力的规划、计划、执行所有参加价值链的企业，低成本的缩短循环周期。

按需物流服务的执行过程必须是实时、可视化、信息共享、协同化。实时就是实时掌握材料仓、产品仓、配送中心、物流中心等网点的状况和状态。可视化就是利用先进技术 RFID 或 IT 技术、互联网技术来捕捉各种信息，而且可以利用事件管理提供例外信息予以指示。信息共享就是建立集成的信息化平台，打通信息孤岛。协同化就是在整个端到端(E to E)利用 APS 优化引擎来快速协同响应客户的需求，以所有的信息为基础，对需求进行需求管理、预测、计划、追踪、警告、指示及引导，实现全过程的最优化。

按需物流服务具有以下目的：按交货期将所订货物适时而准确地交给用户；尽可能地减少用户所需的订货断档；适当配置物流据点，提高配送效率，维持适当的库存量；提高运输、保管、搬运、包装、流通加工等作业效率，实现省力化、合理化；保证订货、出货、配送的信息畅通无阻；物流成本降到最低。围绕物流系统的"7R"原则，即 Right Quality（优良的质量）、Right Quantity（合适的数量）、Right Time（适当的时间）、Right Place（恰当的场所）、Right

Impression(良好的印象)、Right Price(适宜的价格)、Right Commodity(适宜的商品),进行创新,为用户提供完美的服务。

小 结

(1) 在市场竞争激烈、产品生命周期短、技术突飞猛进的今天,不创新,就会灭亡。创新是企业生存的根本,是发展的动力,是成功的保障。在今天,创新能力已成了国家的核心竞争力,也是企业生存和发展的关键,是企业实现跨越式发展的第一步。

(2) 物流被认为是国民经济发展的动脉和基础产业,其发展程度成为衡量一国现代化程度和综合国力的重要标志之一,被喻为促进经济发展的"加速器"及"第三利润源"。物流企业创新不仅是更好地满足客户需求的必要手段,更是企业实现自我发展的重要途径。

(3) 企业物流创新效益的实现方式有物流制度创新、物流管理创新、经营创新、管理组织创新、管理技术与方法创新、管理模式创新、物流技术创新。

(4) 物流企业的技术创新包括物流装备技术创新和软件技术创新两类,其中物流装备技术包括AGV技术、堆垛机技术、机器人技术、输送和分拣分类设备技术等;软件技术包括以条形码、RFID、GIS/GPS为代表的物联网技术、电子商务平台、云计算平台等。

综合案例

联合利华的供应链内幕揭秘

当你从超市货架上取走一瓶清扬洗发水时意味着什么?对联合利华中国来说,答案是1500家供应商、25.3万平方米的生产基地、9个区域分仓、300个超商和经销商都因此而受到牵动。

这是构成这家公司供应链体系的一些基本节点。如果让它的全貌更明晰一些,你将会看到它的一头连接着来自全球的1500家供应商,另一头则是包括沃尔玛、乐购、屈臣氏和麦德龙等在内的总共约300个零售商与经销商所提供的超过8万个销售终端。但仅凭这条单一的纵贯线,还不足以支撑起它复杂和庞大的体系——另外两个维度的填充物是:清扬洗发水、力士香皂、中华牙膏、奥妙洗衣粉等16个品牌将近3000多种规格(SKU,库存量单位)的产品,以及这家公司在中国超过100亿元人民币的年销售额。

如何让这个体量庞大的组织灵活运转起来呢?事实上,每当你从超市货架上取走一瓶清扬洗发水时,这个极为平常的、每天每时都有可能发生的小行为便开始对联合利华整个供应链组织的运转造成影响。

第十章 物流工程创新

1. 深度数据挖掘与需求分析

与家电、汽车等耐用消费品能够比较容易预测消费的趋势和周期性不同,快消行业的预测有点麻烦,因为消费者的购买频次更高,消费结构也更为复杂,同时还充满许多不确定性——如果让一个联合利华的销售人员列举他最头疼的情况,大客户采购一定是其中之一,因为超市的现有库存可能顷刻间被耗尽,货架上随即贴出的明黄色的"暂时无货"标签会在一堆价签牌中发出一个不和谐的信号,告知推着购物车前来的顾客无需靠近,而他手头的工作内容会立即变为去修复这个棘手的问题。

为了避免类似的手忙脚乱,或者说得更商业一些——如果不想产生多余的库存,继而带来更多的成本,也不想丢掉生意,联合利华需要准确地预测出自己未来的销售情况。这份工作的第一步看上去更像是一个需要精力和耐力的体力活:千方百计去捕捉消费者们随时产生的购买行为,或者换种称呼方式——"历史销售数据"。

每一天,分散在全国各地的联合利华销售人员巡店后,会将数据输入一个类似手机的手持终端,源源不断地把销售情况汇总到公司数据库中心的主机里,再加上直接对接着的诸如沃尔玛 POS 机系统和经销商的库存系统等,联合利华的管理人员不管是在上海的中国总部办公室,还是在伦敦的全球总部办公室里,都可以了解到在中国超过 1 万家零售门店任何一天内的销售情况。其余还有 7 万多个销售终端,数据更新以周为单位。

数理逻辑高强的计划经理们热爱这些在统计学上被视为大样本的数据来源,这可以保证对销售预测的波动——所谓波动,便包括上面那位销售人员所头疼的难以预料的团购情况将能控制在合理的水平。

但仅仅是通过汇总顾客的购买行为这类数据,还不足以让需求计划经理准确预测出联合利华对未来一段时间(如 13 周内)的销售情况——尽管那些代表预测销量和实际销量的分析曲线,也实时在他们的计算机屏幕上循环滚动着——依赖数学模型和复杂计算只能在理论上完成工作。

联合利华的市场部门对特定一款洗发水制定了是降价还是买赠的促销方案、在多长时间段内投入了多少宣传力度、覆盖了多少区域或渠道等,都会影响这款洗发水最终增加的销量。因此,需求计划经理也同时要懂营销、懂生产,常常去和销售、财务、市场等团队进行沟通。

联合利华按照 16 个品牌的产品形态划分出四大业务类别,每个品类都有这么一组团队来预测产品的销售情况。只有通过他们,诸如从超市货架上取走一瓶清扬洗发水的这一小小行为,才得以进一步影响采购生产环节的实际运作。例如,当洗发水成品按瓶为单位被销售出去时,联合利华的采购部门得到的信息则是原材料 A 和包装材料 B,又将会有新的需求录入到采购人员的计算机里,一瓶洗发水会被分解成 40 多种原材料,在材料清单表(Bill of Material)上化身为许多个普通人不太接触的专业名词。

2. 全球协同采购

按照联合利华实行的全球化范围的采购与生产体系,消费者购买行为对采购生产的影响甚至是全球性的。

目前,联合利华公司旗下 400 多个品牌的产品在六大洲 270 个生产基地生产,所有涉及原料和包装材料的采购问题,包括采购地和供应商的选择,以及采购规模及频次的安排,都由全球统一进行调配。这种全球化的操作将在成本集约上体现出规模效应,但也对公司的供应商管理水平提出了挑战。

2002年,随着中国加入WTO,联合利华在上海成立了全球采购中心,在世界最大原材料生产地之一的中国向全球出口原料及成品。它在合肥的生产基地就是在这之后建立起来的,这里生产的牙膏最远要销售到智利。目前,针对联合利华中国的供应商总数规模在1500家左右。而公司的采购、质量管理和研发部门将共同承担对供应商的管理工作。

对供应商进行分级管理,一些能够同时提高双方效率的合作由此开展。如一些在内部被评定为A级的供应商被视作公司的战略合作伙伴,它们会为联合利华生产定制化的材料,而联合利华自己的设计人员、研发人员往往也要对供应商的设备、流程等很熟悉,双方会针对一款新产品在很早期就开始合作,联合利华会从技术方面对供应商提供指导。

但这样的合作是有前提的,联合利华对供应商有一套全球共同执行的标准。公司一个跨部门的管理团队每年会对这些A级供应商到场审计两次,除了技术水平、产品质量、资金规模等常规方面外,还包括检查污水处理装置这类关于环保、用工条件等社会责任方面的原则。供应商如果在其中哪个方面没能达到要求,就将面临从联合利华的采购名单里消失的风险。

3. 高效协同生产

接下来,生产部门也将和计划部门对接,对这瓶从货架上被你拿走的清扬洗发水做出响应。

根据你所购买的是具体哪款洗发水,生产计划经理将做出决策。他必须通过采购团队掌握所有供应商的交货能力,通过工厂负责人了解目前生产线上的实际产能,通过需求计划经理们得到销售预测——它来自于这家公司对你最初那个购买行为的灵敏捕捉。之后,他将这三类信息汇聚在一起,统筹出下一段时期内(如13周至一年)的产能供应水平。

根据你所购买的是具体哪款洗发水,最终的生产安排将被制定出来,去指挥一个年产值为140亿元的生产基地具体在每一周、每一天里如何动用它的每一家工厂、每一条生产线。如按照速度和专长不同,十来条洗发水生产线该如何安排,去生产联合利华旗下300多个规格(SKU)的洗发水,以尽可能达到产能最大化,让那些分散在全国各地、甚至世界其他地区不断增长的购买需求得到满足。

2003年,联合利华在合肥工业园建立了家庭及个人护理产品生产基地。目前,该基地的面积已扩张到了25.3万平方米,2011年的产值已是2003年时5亿元的28倍,成为联合利华全球最大的生产基地。

至于你打算在何时何地购买这瓶清扬洗发水这个小行为,将给联合利华的分销资源计划员(Distribution Resource Planner)带来一道复杂的统筹学问题。

4. 渠道供应链管理,赢在货架

联合利华在全国设有9个销售大区,合肥生产基地制造出的成品将首先从总仓发往上海、广州、北京、沈阳、成都等9个城市的区域分仓中。为了保证这瓶洗发水能够准时到达最终的货架上,这位分销资源计划员既要规划路线,又要考虑库存成本和各条运输线上波动的运输能力。

比如,春节将是联合利华产品的销售旺季,而临近春节时往西方向的铁路线会很拥挤,公路运输也比较忙,这还没算上很多会在路上临时突发的状况。联合利华的分销资源计划部门就要和业务部门、生产部门、物流部门等沟通,规划如何在西区提前建立库存。

第十章

物流工程创新

最终,这瓶洗发水在从工厂出发的路途上经历诸如交付和收货的环节后,它被联合利华的供应链团队移交给了超商或经销商的供应链团队,到达超市货架。

然而,联合利华还得努力确保消费者在货架前取下的那瓶洗发水恰好来自于自己,而不是竞争对手——那些和自己做着类似的广告、把产品摆进类似超市的其他品牌供应商。这又取决于品牌影响力、市场营销策略,那是这瓶洗发水另一个版本的故事。

这家公司庞大的供应链条还会为你在货架前那个小小的行为做些什么呢?

事实上,联合利华并不直接和超市货架前的你产生联系,普通消费者和联合利华的中间隔着诸如乐购、沃尔玛这样的大型连锁超市。因此,为了让客户更愿意帮助自己卖出产品,联合利华的做法是把供应链一直延伸到货架前,站在客户的角度提供服务。

货架上的缺货标签代表着供应链的某个环节出现了偏差,而缺货将导致一堆合作伙伴的生意受到影响。当很多供应商都把改善缺货问题的努力集中在满足订单这个环节时,联合利华则走得稍微靠前一些,它为自己设置了一个"货架有货率"(On-Shelf Availability,OSA)的指标。这之后,联合利华客服团队的成员将成为对乐购货架的直接负责人,他们进入一个个乐购门店的后仓察看,追踪所有联合利华产品在那里的入库、上架及销售数据,分析出导致一瓶清扬洗发水在货架上缺货的真正原因——到底是门店方面没有及时下单,还是系统虚库存,又或者是因为库存堆放问题,让负责货架的促销小姐总是不能及时在后仓找到商品……之后通过示范和建立流程,例如给乐购门店的仓储管理人员做培训,帮助其建立起一个更好的库存整理模式。

乐购货架的直接负责人的角色,看上去更像是那种提供建议和解决方案的商业顾问。在大约三年前,联合利华100多人规模的客服团队还在以处理订单问题为工作重心,比如响应客户投诉、反馈物流情况等,整天和电话、邮件、表格和报告打交道。2010年,联合利华通过改造计算机系统来处理此类工作,客服们被解放出来,"去做一些更有意思的事",这在联合利华被称为客户增值服务,作为供应链服务的一种延伸。

这番努力的结果是,联合利华的产品在乐购上海重点门店的货架满足率提高到了98%,也就是理应出现在货架上的100种商品实际出现98种,而之前的这一水平一直停留在90%左右。对于联合利华和乐购来说,数字指标提升的背后是生意的切实增长,以整个联合利华在全球重点客户门店实行OSA项目的经验来看,货架有货率每提高3%,就会带动产品销售提高1%。

5. 全员增值服务

在联合利华内部,这种对客户提供增值服务的理念最早要追溯到5年前。当时,联合利华被一些大客户批评服务水平低下。在尼尔森2004年针对国际连锁零售商所做的一项调研中,联合利华作为供应商所受到的综合评价排在了20名以外。为了改变留给客户的这种印象,联合利华的销售部、市场部、财务部、物流部、客服部在一起研究后,在公司内部建立了一个名为"Winning With Customer"的项目,使公司服务面貌焕然一新。

这一过程中,整个公司层面为之也投入了相应的支持,如升级信息系统,投入大量人员培训,从总部借鉴好的做法和经验等,并且公司管理层开会时也总是会花大量时间去琢磨如何进一步提高效率和客户的投资回报率。2011年,联合利华的这一排名上升至第二名,第一名是宝洁公司。而前者在食品类的排名为第一名。

在2011年联合利华和乐购供应链部门的商业合作计划(Joint Business Plan)里,双方启动了回程车项目(Backhaul)，在联合利华合肥总仓、乐购嘉善总仓、乐购合肥门店之间，把双方的取货、发货和运输线路放在一起进行设计，减少返程时的空车率。回程车项目可以节约10%左右的物流成本，同时也在完成公司对碳排放降低的要求。类似的合作还在双方的冷链车上进行。

当联合利华的客户服务团队在通过诸如OSA这样的项目想办法把更多的产品摆上货架时，客户发展团队（即销售团队）则在想办法帮助乐购利用同样的货架空间卖出更多的产品。这时候，关于一款清扬洗发水该如何在乐购超市货架上陈列的讨论就可能会在一个270度的大屏幕前展开，这个屏幕是联合利华客户洞察力及创新中心（Customer Insight & Innovation Center）的一部分，它以实景模拟的方式显示着顾客在货架前的行为，从走路的路线到目光的移转。

当联合利华的消费者研究专家得到一些结论后，这些研究经验也会很快被分享给零售商。例如，在给麦德龙运送货物的物流车里，将会看到同样的清扬洗发水被放进一种特别印制了颜色和图案的包装箱，考虑到麦德龙的消费者以批发采购为主，更经常直接成箱购买，联合利华使用了可以直接放上货架的运送包装。而其他一些出自消费者研究室的经验则通过联合利华客户发展团队被传递给一线的门店促销人员。

现在，联合利华的客服人员已经被编入一个个小组，直接对应某一个特定的连锁零售商。过去，他们只需要待在上海联合利华总部，如今这些团队则分散在深圳、广州、北京等5个不同的城市工作，与客户发展团队一起驻扎在对方中国总部所在地，方便进行更多面对面的拜访、会议，其中的一些人甚至成为在场客服，每周花两天到客户的办公室去上班。在组织结构调整后，客服人员受到的考核，也不再是简单地在什么岗位该完成什么，而是在多大程度上全面协助那些零售商在采购、库存、物流等方面提高效率，对双方的业务带来帮助。

某一个周末下午，促销员刚刚在当天定时开仓的时间段里取到了清扬洗发水，"为货架补齐了门牙"。在此之前的两天里，这瓶洗发水经历了一次旅行。无论是颇具大工业生产的魅力，追求有序、精确和高效的采购生产体系，还是直接在为客户的生意操心，把供应链服务一直延伸到超市货架前的客户服务与发展团队——联合利华这些庞大的组织体系里所有环节的存在，都是在对你购买一瓶清扬洗发水的小行为做出回应。

案例讨论

1. 分组讨论联合利华的供应链服务。
2. 设想联合利华供应链管理信息系统的架构。

练习与思考

一、填空题

1. 在开放经济中，技术进步的途径主要有三个方面，即_____、_____、_____。
2. 技术创新分为_____、_____、_____等三种模式。
3. 原始创新成果通常具备三大特征，即_____、_____、_____。

4. 物流管理创新包括_____、_____、_____、_____。

5. 企业的物流系统继续向信息化、数字化、网络化、集成化、智能化、柔性化、敏捷化、可视化、节能化、绿色化方向发展，出现了_____、_____、_____、_____等集成化的高级物流、精细物流、精细供应链、物流与生产一体化等概念。

二、选择题

1. 物流创新包括(　　)。
A. 物流制度创新　　　　　　　　B. 卡车运输创新
C. 物流管理创新　　　　　　　　D. 物流技术创新
E. 配送方法创新

2. 在集成创新过程中要解决好三个关键问题：(　　)。
A. 系统集成　　　B. 协同集成　　　C. 人才集成
D. 设施集成　　　E. 物流中心集成

3. 物流技术手段的创新一般须具备(　　)等。
A. 创新思想的形成阶段
B. 创新技术的获取阶段
C. 企业生产要素的投入和组织、管理阶段
D. 企业技术创新的效果展示阶段
E. 规划与评审阶段

4. 企业的物流服务具有(　　)四个主要特点。
A. 结构性　B. 差异性　C. 增值性　D. 网络性　E. 可靠性

三、简答题

1. 创新对现代经济发展的意义是什么？
2. 物流创新的目标是什么？
3. 企业物流创新效益的实现方式有哪些？
4. 物流企业的技术创新包括哪些内容？
5. 物流企业为什么要进行创新？

参考文献

[1] 齐二石,赵道致.物流工程[M].北京:中国科学技术出版社,2005.
[2] 艾伦,哈里森,雷姆科,等.物流管理[M].北京:机械工业出版社,2006.
[3] 叶怀珍.现代物流学[M].北京:高等教育出版社,2006.
[4] 汪应洛.系统工程理论、方法与应用[M].北京:高等教育出版社,2006.
[5] 周三多.管理学[M].北京:高等教育出版社,2005.
[6] 王益众.运输计划编制优化方案的研究[J].研究与开发,2006,15(2):12-14.
[7] 徐助胜.对绿色包装的探讨[J].物流科技,2007,30(3):84-85.
[8] 周承君.关于绿色包装的深层次探索[J].科技创业,2007(9):101-103.
[9] 张晓川.物流学——系统、网络和物流链[M].北京:化学工业出版社,2005.
[10] 贺东风.物流系统规划与设计[M].北京:中国物资出版社,2005.
[11] 翟学智.现代物流管理概论[M].北京:中国水利水电出版社,2005.
[12] 齐二石,方庆琅.物流工程[M].北京:机械工业出版社,2006.
[13] 何明珂.物流系统论[M].北京:高等教育出版社,2004.
[14] 吴清一.物流系统工程[M].2版.北京:中国物资出版社,2006.
[15] 王国华.现代物流工程[M].北京:国防工业出版社,2005.
[16] 蒋长兵.物流系统与物流工程[M].北京:中国物资出版社,2007.
[17] 潘文安.物流园区规划与设计[M].北京:中国物资出版社,2005.
[18] 贾争现,刘康.物流配送中心规划与设计[M].北京:机械工业出版社,2005.
[19] 谢如鹤,张得志,罗荣武,等.物流系统规划[M].北京:中国物资出版社,2007.
[20] 董维忠.物流系统规划与设计[M].北京:电子工业出版社,2006.
[21] 董千里.高级物流学[M].北京:人民交通出版社,2006.
[22] 黄远新.物流运输管理[M].成都:四川大学出版社,2006.
[23] 田红英,黄远新.仓储管理实务[M].成都:西南交通大学出版社,2007.
[24] 张耀平.仓储技术与库存管理[M].北京:中国铁道出版社,2007.
[25] 田红英,黄远新.第三方物流管理[M].成都:四川大学出版社,2008.
[25] 骆温平.第三方物流教程[M].上海:复旦大学出版社,2006.

[26] 骆温平. 第三方物流与供应链管理互动研究[M]. 北京:中国发展出版社,2007.
[27] 赵秋红,汪寿阳,黎建强. 物流管理中优化方法与应用分析[M]. 北京:科学出版社,2006.
[28] 唐纳德·J. 鲍尔索克斯,戴维·J. 克劳斯. 供应链物流管理[M]. 2版. 李习文,等,译. 北京:机械工业出版社,2006.
[29] 马汉武. 设施规划与物流系统设计[M]. 北京:高等教育出版社,2005.
[30] 陈子侠,张丙,陈颖. 物流中心规划设计[M]. 北京:高等教育出版社,2005.
[31] 伊俊敏. 物流工程[M]. 北京:电子工业出版社,2006.
[32] 伊俊敏. 物流工程[M]. 北京:电子工业出版社,2005.
[33] 顾孟迪,雷鹏. 风险管理[M]. 北京:清华大学出版社,2005.
[34] 徐蓉,王旭峰. 工程造价管理[M]. 上海:同济大学出版社,2005.
[35] 王国华. 丰田制造业真经[M]. 2版. 北京:北京工业大学出版社,2006.
[36] 王国华,董绍华. 制造业物流系统规划设计、运作与控制[M]. 北京:机械工业出版社,2006.
[37] 彭俊松. 汽车行业供应链战略、管理与信息系统[M]. 北京:电子工业出版社,2006.
[38] 大野耐一. 丰田生产方式[M]. 谢克俭,李颖秋,译. 北京:中国铁道出版社,2006.
[39] 门田安宏. 新丰田生产方式[M]. 2版. 石家庄:河北大学出版社,2006.
[40] 何氓. 广州本田的物流信息系统[J]. 物流,2007(7):21-24.
[41] Gabor Nagy, Said Salhi. Heuristic algorithms for single and multiple depot vehicle routing problems with pickups and deliveries[J]. European Journal of Operational Research, 2005(162):126-141.
[42] 陈美军. 多车场车辆路径问题的新型聚类蚁群算法[J]. 企业管理与信息化,2008(6):1-5.
[43] 李严锋,张丽娟,冉文学,等. 现代物流管理[M]. 3版. 大连:东北财经大学出版社,2009.
[44] 冉文学,李严锋,宋志兰,等. 物流质量管理[M]. 北京:科学出版社,2008.
[45] 冉文学,宋志兰. 物流管理信息系统[M]. 北京:科学出版社,2010.
[46] 崔逊学,左从菊. 无线传感器网络简明教程[M]. 北京:清华大学出版社,2009.
[47] 刘云浩. 物联网导论[M]. 北京:科学出版社,2010.
[48] 吴功宜,吴英. 物联网工程导论[M]. 北京:机械工业出版社,2012.
[49] 杨卓静,孙宏志,任晨虹. 无线传感器网络应用技术综述[J]. 中国科技信息,2010.
[50] 邓安远,于林峰. 无线传感器网络传输协议研究进展[J]. 科技传播,2010.
[51] 王艳琴,彭刚,刘宇. 浅析无线传感器网络及其路由技术[J]. 电脑知识与技术,2010.
[52] 窦中兆. WCDMA系统原理与无线网络优化[M]. 北京:清华大学出版社,2009.
[53] 王立宁. WCDMA无线接入网原理与实践[M]. 北京:人民邮电出版社,2009.
[54] 杨家玮. 移动通信基础[M]. 北京:电子工业出版社,2010.
[55] 严紫建,刘元安. 蓝牙技术[M]. 北京:北京邮电大学出版社,2001.
[56] 郭峰,曾兴雯,刘乃安. 无线局域网[M]. 北京:电子工业出版社,2001.
[57] Niculescu D. American Communication paradigms for sensornetworks[J]. IEEE

Communications Magazine,2005,43(3):116-122.

[58] Intanagonwiwat C., Govindan R., Estrin D., Heidemann J.. Directed diffusion for wireless sensor networking[J]. IEEE/ACM Trans. On Networking,2003,11(1):2-16.

[59] Akyildiz I. F.,Su W.,Sankarasubramaniam Yet al.. A survey on sensor networks [J]. IEEE Communications Magazine,2002,40(8):102-114.

[60] 郎为民. WiMAX 技术原理与应用[M]. 北京:机械工业出版社,2008.

[61] 刘培植. WiMAX 技术及其应用[J]. 世界电信,2006(5):38.

[62] 固定和移动宽带无线接入系统空中接口标准[S]. IEEE Std 802.16e-2005.

[63] 张辉,于建江,汤克明. 基于整合 SOA 与 EDA 的智能化时间驱动模型[J]. 计算机应用研究,2009,26(9):3354-3357.

[64] 叶宇风. 基于 SOA 的企业应用集成研究[J]. 微电子学与计算机,2006,23(5):211-213.

[65] 魏东,陈晓江,房鼎益. 基于 SOA 体系结构的软件开发方法研究[J]. 微电子学与计算机,2005,22(6):73-76.

[66] 沈苏彬,范曲立. 物联网的体系结构与相关技术研究[J]. 南京邮电大学学报,2009,29(6):1-10.

[67] 唐明光,金乃辉,周东. 有线电视宽带 HFC 网络技术[M]. 北京:中国广播电视出版社,2004.

[68] 王延尧. 用户接入网技术与工程[M]. 北京:人民邮电出版社,2007.

[69] 廖洪涛. 数字电视业务支撑系统[M]. 北京:电子工业出版社,2011.

[70] 周三多,陈传明,鲁明泓. 管理学:原理与方法[M]. 5版. 上海:复旦大学出版社,2011.

[71] 沈苏彬,范曲立,宗平,等. 物联网的体系结构与相关技术研究[J]. 南京邮电大学学报(自然科学版),2009,29(6).

[72] 刘鹏. 云计算[M]. 北京:电子工业出版社,2010.

[73] 杨文志. 云计算技术指南——应用、平台与架构[M]. 北京:化学工业出版社,2010.

[74] Thomas Rings, Jens Grabowski, Stephan Schulz. Grid and Cloud Computing: Opportunities for Integrarion with the Next Generation Network[J]. J Grid Computing,2009,(7):375-393.

[75] Chang F., Dean J., GHEMAWATS, et al. Big table: A distributed strorage system for structured data[J]. ACM Transaction on Computer Systems,2008,26(2):1-26.

[76] 雷万云. 云计算企业信息化建设策略与实践[M]. 北京:清华大学出版社,2010.

[77] 陈全,邓倩妮. 云计算及其关键技术[J]. 计算机应用,2009,29(9):2562-2566.

[78] 王鹏. 云计算的关键技术与应用实例[M]. 北京:人民邮电出版社,2010.

[79] John W. Rittinghouse, James F. Ransome. Cloud Computing: implementation, Management, and Security[M]. Beijing: China Machine Press, 2010.

[80] (美)Abraham Silberschatz,Henry F. Korth.. 数据库系统概念(原书第6版)[M]. 北京:机械工业出版社,2012.

[81] (美)厄尔曼. 数据库系统基础教程(原书第3版)[M]. 北京:机械工业出版社,2009.

[82] (美)西尔伯沙茨.数据库系统概念[M].北京:机械工业出版社,2013.

[83] (英)戴特.数据库系统导论(原书第8版)[M].北京:机械工业出版社,2007.

[84] 张红娟,傅婷婷,郭盈发.数据库原理[M].3版.西安:西安电子科技大学出版社,2012(1).

[85] 关可,王建新,亓淑敏.信息论与编码技术[M].北京:清华大学出版社,2009.

[86] 张铎.自动识别技术产品与应用[M].武汉:武汉大学出版社,2009.

[87] 中国物品编码中心/中国自动识别技术协会.自动识别技术导论[M].湖北:武汉大学出版社,2007.

[88] 蒋长兵,白丽君.物流自动化识别技术[M].北京:中国物资出版社,2009.

[89] 屈军锁.物联网通信技术[M].北京:中国铁道出版社,2011.

[90] 夏华.无线通信模块设计与物联网应用开发[M].北京:电子工业出版社,2011.

[91] 董健.物联网与短距离无线通信技术[M].北京:电子工业出版社,2012.

[92] 吴巍.物联网与泛在网通信技术[M].北京:电子工业出版社,2012.

[93] (美)阿基迪兹,沃安.无线传感器网络[M].北京:电子工业出版社,2013.

[94] J.M.Kahn, R.H.Katz, K.S.J.Pister. Emerging Challenges: Mobile Networking for Smart Dust. J. of Commun. and Networks, September 2000, 2 (3): 188-196.

[95] B.Atwood, B.Warneke, K.S.Pister. Preliminary cir2cuits for Smart Dust. SSMSD 00: IEEE Southwest Symposium on Mixed-Signal Design. 2000 San Diego.

[96] 李建中,李金宝,石胜飞.传感器网络及其数据管理的概念、问题与进展[J].软件学报,2003,14(10):1718-1724.

[97] 冉文学,宋志兰.物联网技术[M].北京:高等教育出版社,2014.

[98] 李泉林,郭龙岩.综述RFID技术及其应用领域[J].RFID技术与应用,2006(1).

[99] 游战清,李苏剑.无线射频识别技术(RFID)理论与应用[M].北京:电子工业出版社,2004.

[100] 朱晓蓉,齐丽娜,孙君,等.物联网泛在通讯技术[M].北京:人民邮电出版社,2010.

[101] 高红梅.物联网在农产品供应链管理中的应用[J].COMMERCIAL TIMES,2010(22).

[102] 黄志雨,嵇启春,陈登峰.物联网中的智能物流仓储系统研究[J].自动化仪表,2011(32).

[103] 解海东,李松林.基于物联网的智能矿山体系研究[J].工矿自动化,2010(3).

[104] 施祖建,汪丽莉.物联网在安全生产领域的应用研究[J].能源技术与管理,2010(6).

[105] 陈国靖,段云昌.基于RFID和传感器网络的在运物资可视化系统[J].工业仪表与自动化装置,2007,1.

[106] 张锋,顾伟.物联网技术在煤矿物流信息化中的应用[J].中国矿业,第19卷,2010,8.

[107] 陈志,高莉.物联网技术在冶金企业应用中的探索与实践[J].冶金自动化,第35卷,2011(1).

[108] 焦宗东.EPC物联网中流通信息的研究[D].合肥工业大学,2007,12.

[109] 田锋,王权.数字油田研究与建设的现状和发展趋势[J].油气田地面工程,2004,11.

[110] 李静雅. 物联网技术在城市公交系统中的应用研究[J]. 机械工程与自动化,2010,12.

[111] 白树忠. 欠定盲源分离算法及在语音处理中的应用研究[D]. 山东大学,博士学位论文. 2008.

[112] 林秋华. 基于盲源分离的图像与语音加密新方法研究[D]. 大连理工大学,博士学位论文,2005.

[113] 孙赫. 知识产权保护与企业创新[M]. 上海:上海三联书店,2009.

[114] 郁滨等. 系统工程理论[M]. 合肥:中国科学技术大学出版社,2009.

[115] Donald J Boweisox, David J Closs, M Bixby Cooper. 供应链物流管理[M]. 北京:机械工业出版社. 2003.

[116] Fred E Meyers, Matthew P Stephens. Manufacturing Facilities Design and Material Handling[M]. 2版. 北京:清华大学出版社,2002.

[117] 罗纳德·H. 巴罗. 企业物流管理——供应链的规划、组织和控制[M]. 王晓东,胡瑞娟,等,译. 北京:机械工业出版社,2002.

[118] 唐纳德·J. 鲍尔索克斯,戴维·J. 克劳斯,等. 供应链物流管理[M]. 2版. 李习文,等,译. 北京:机械工业出版社,2006.

[119] 大野耐一. 丰田生产方式[M]. 谢克俭,李颖秋,译. 北京:中国铁道出版社,2006.

[120] 门田安宏. 新丰田生产方式[M]. 2版. 石家庄:河北大学出版社,2006.

[121] Tai-Hsi Wu, Chinyao Low, Jiunn-Wei Bai. Heuristic solutions to multi-depot location-routing problems [J]. Computers & Operations Research, 2002 (29): 139-1415.

[122] Gabor Nagy, Said Salhi. Heuristic algorithms for single and multiple depot vehicle routing problems with pickups and deliveries[J]. European Journal of Operational Research, 2005(162):126-141.

[123] L Muyldermans, D Cattrysse, D Van Oudheusden. District design for are-routing Applications[J]. Journal of the Operational Research Society, 2003 (54):1209-1221.

[124] ID Giosa, IL Tansini, O. Viera. New assignment algorithms for the multi-depot vehicle routing problem [J]. Journal of the Operational Research Society, 2002(53): 977-984.

[125] 叶怀珍. 物流工程学[M]. 北京:机械工业出版社,2008.

与本书配套的二维码资源使用说明

本书部分课程及与纸质教材配套数字资源以二维码链接的形式呈现。利用手机微信扫码成功后提示微信登录,授权后进入注册页面,填写注册信息。按照提示输入手机号码,点击获取手机验证码,稍等片刻收到4位数的验证码短信,在提示位置输入验证码成功,再设置密码,选择相应专业,点击"立即注册",注册成功。(若手机已经注册,则在"注册"页面底部选择"已有账号? 立即注册",进入"账号绑定"页面,直接输入手机号和密码登录。)接着提示输入学习码,需刮开教材封面防伪涂层,输入13位学习码(正版图书拥有的一次性使用学习码),输入正确后提示绑定成功,即可查看二维码数字资源。手机第一次登录查看资源成功以后,再次使用二维码资源时,只需在微信端扫码即可登录进入查看。